Ciencia de los alimentos, Nutrición y Salud

Ciencia de los alimentos, Nutrición y Salud

Brian A. Fox

Allan G. Cameron

LIMUSA
NORIEGA EDITORES

MÉXICO • **España** • **Venezuela** • **Colombia**

Fox, Brian
   Ciencia de los alimentos, nutrición y salud = Food science,
nutrition and health / Brian Fox. -- México : Limusa, 2004.
460 p.: il.; 14 cm.
ISBN 968-18-4257-X.
Rústica.
1.Alimentos
I. Allan G. Cameron, coaut. II. Carlos Alberto García Ferrer, tr.

LC: TX353   Dewey: 664 – dc21

VERSIÓN AUTORIZADA EN ESPAÑOL DE LA OBRA PUBLICADA EN
INGLÉS POR EDWARD ARNOLD, A DIVISION OF STOUGHTON
LIMITED, CON EL TÍTULO:
FOOD SCIENCE, NUTRITION AND HEALTH
© BRIAN A. FOX & ALLAN G. CAMERON.

COLABORADOR EN LA TRADUCCIÓN:
CARLOS ALBERTO GARCÍA FERRER
INGENIERO QUÍMICO E INGENIERO CIVIL POR LA UNIVERSIDAD
DE LA HABANA, CUBA.

LA PRESENTACIÓN Y DISPOSICIÓN EN CONJUNTO DE

CIENCIA DE LOS ALIMENTOS,
NUTRICIÓN Y SALUD

Prólogo

Esta quinta edición en inglés (primera en español) es nueva en gran parte. Como lo indica el cambio en el título (de *Food Science: a chemical approach* a *Food Science, Nutrition and Health*), el libro se reestructuró a fin de dar, en lo que concierne a los alimentos y la nutrición, mayor importancia a establecer lo que constituye una alimentación sana que a analizar los alimentos para determinar qué nutrientes contienen. Desde que se publicó la obra por primera vez en 1961, han ocurrido cambios en casi todas las áreas que se examinan en el libro, por lo que se ha requerido no sólo actualizar cada tema sino también cambiar radicalmente la importancia dada al mismo. Así, muchos de los capítulos son nuevos a fin de estudiar a fondo la relación entre los alimentos, la salud y la enfermedad.

Aun cuando una gran parte del libro se ha vuelto a escribir e incluye muchas tablas y diagramas nuevos, conserva el estilo claro y conciso de manera que, como las ediciones anteriores: "puede ser recomendada como una introducción de un importante tema a todos los interesados en el efecto de la alimentación en el bienestar humano" (*British Medical Journal*).

El propósito general de esta nueva edición continúa siendo el mismo que el de las ediciones anteriores, es decir: proporcionar una relación elemental pero completa y puesta al día de la ciencia de los alimentos. Con este fin, el libro se inicia con tres capítulos que presentan un resumen sencillo de la naturaleza y función de los alimentos y la digestión de éstos, junto con una explicación de cómo se ha logrado dilucidar las relaciones entre dieta y salud y entre dieta y enfermedad.

La parte principal del libro se dedica a describir la naturaleza de los nutrientes y los alimentos que contienen a éstos, así como lo que les ocurre a los alimentos cuando se cultivan, almacenan, procesan, conservan, cuecen y comen. Se dedican capítulos completos a los importantes temas de cocción, deterioro y conservación de los alimentos, envenenamiento alimentario e higiene de los alimentos. Asimismo, se dedica un capítulo a la dieta y la salud, en el que se estudian las maneras de cambiar la dieta a fin de promover la salud y combatir las modernas "enfermedades de la abundancia". En este mismo capítulo se explica a fondo la importancia de las recomendaciones sobre nutrición del *National Advisory Committee on Nutrition Education* (Comité consultivo británico de educación sobre nutrición).

El último capítulo trata del importante y controvertido tema de los contaminantes y los aditivos de los alimentos, busca presentar una visión equilibrada y constituir un informe completo de lo que se ha convertido en un tema emotivo. Se intenta evaluar tanto los riesgos como las ventajas de utilizar aditivos y explicar cómo el ingreso de Gran Bretaña a la Comunidad Económica Europea ha originado una reevaluación de los aditivos y la necesidad de nuevas leyes, que incluyen la adopción de los números E (que tanta desconfianza despiertan) para denotar aditivos permisibles.

Finalmente, esperamos que este libro resulte interesante y útil para todos los interesados en la ciencia de los alimentos. Está destinado, en particular, a los estudiantes de ciencia y tecnología de alimentos, economía doméstica, restaurantería y nutrición, así como para los estudios del Certificado general de educación nivel "A" y los cursos en los colegios de educación para adultos. Del mismo modo, los estudiantes de medicina y enfermería lo encontrarán provechoso como lectura complementaria.

Brian A. Fox
Allan G. Cameron

Reconocimientos

Los autores desean expresar sus agradecimientos al director de *Her Majesty's Stationery Office* por la autorización para reproducir el apéndice I y usar datos que aparecen en *The Composition of Foods* y *Report on the Prevention of coronary Heart Disease* del COMA.

Contenido

	Prólogo	5
1	Los alimentos y sus funciones	9
2	Las enzimas y la digestión	23
3	Alimentos, salud y enfermedades	41
4	Lípidos y coloides	57
5	Productos lácteos	87
6	Carbohidratos	113
7	Alimentos que contienen carbohidratos	135
8	Aminoácidos y proteínas	179
9	Alimentos que contienen proteínas	207
10	Agua y bebidas	231
11	Elementos minerales	253
12	Vitaminas	271
13	Frutas y hortalizas	299
14	Métodos de cocción	321
15	La dieta y la salud	343
16	Descomposición y conservación de los alimentos	369
17	Envenenamiento por alimentos e higiene de los mismos	403
18	Contaminantes y aditivos de los alimentos	419
	Lista de lecturas generales	441
	Apéndices	445
	Índice	449

Algunas personas de manera necia no se preocupan, o hacen como que no se preocupan, de lo que comen. En lo que a mí respecta, cuido de mi estómago asidua y cuidadosamente, ya que considero que quien no se preocupa de su estómago difícilmente se preocupará de cualquier otra cosa.

Samuel Johnson

CAPÍTULO 1

Los alimentos y sus funciones

La función básica de los alimentos es la de mantenernos vivos y saludables, y en este libro se estudiará cómo los alimentos efectúan lo anterior, aunque será asimismo necesario considerar otros puntos relacionados. En realidad no es posible contestar la pregunta fundamental 'Cómo' sin primero hallar la respuesta a preguntas más sencillas del tipo 'Qué', como qué son los alimentos, qué les ocurre cuando se almacenan, procesan, conservan, cocinan, comen y digieren. La respuesta a tales preguntas sólo puede encontrarse por medio de la experimentación, y son muchas las ramas de la ciencia que contribuyen a proporcionar las respuestas. En años recientes, el estudio de los alimentos se ha aceptado como una propia y diferente disciplina que se ha bautizado como *ciencia de los alimentos*.

La ciencia de los alimentos, no obstante incluir varias disciplinas científicas independientes, es una actividad con personalidad propia. Es, en cierto sentido, ''una ciencia pura aplicada'' ya que no sólo busca el conocimiento académico, sino satisfacer una necesidad humana básica, misma que consiste en una dieta que mantenga la vida y la salud. Por tanto, para ser eficaz, la ciencia de los alimentos debe aplicarse y esto constituye la esfera de acción de la *tecnología de los alimentos*.

La línea divisoria entre la ciencia y la tecnología de los alimentos resulta a menudo poco precisa, ya que la segunda utiliza y aprovecha los conocimientos de la primera. El enlace entre la ciencia de los alimentos y la tecnología de los mismos queda bien ejemplificada al considerar la manera de resolver lo que constituye el problema de mayor importancia de nuestros días: encontrar la manera de alimentar de modo adecuado a la población mundial en rápido crecimiento. Los problemas relacionados con la determinación de qué alimentos son los que satisfacen mejor las necesidades alimenticias de los diferentes países, lo que constituye una dieta adecuada, el valor nutritivo de los nuevos alimentos, la manera de almacenar y conservar los alimentos con un mínimo de pérdida en sus valores nutritivos; todas estas cuestiones constituyen el campo de acción de la ciencia de los alimentos. Mas para que esta información sea útil, debe aplicarse; es decir, los alimentos se deben producir, elaborar, conservar y transportar en gran escala, y de esto se ocupa la tecnología de los alimentos. El tema de la ciencia de los alimentos y la nutrición es absorbente. Esto se debe en parte al interés inherente del tema, pues a todos nos interesa lo que comemos, como lo expresó Samuel Johnson (página 8) "considero que quien no se preocupa por su estómago, difícilmente se preocupará de cualquier otra cosa". El interés estriba en el hecho de que nuestro conocimiento sobre el tema está aumentando, lo que lleva al surgimiento de nuevas perspectivas acerca de lo que tiene importancia, al mismo tiempo que se crean nuevas técnicas que conducen a nuevos métodos de elaboración de los alimentos y de análisis de los nutrientes, aditivos y posibles contaminantes que se hallan en los alimentos.

Ya se ha hecho notar que una de las principales funciones de los alimentos es la de mantenernos sanos, pero en años recientes la relación entre los alimentos y las enfermedades ha sido el tema de muchos estudios y se ha convertido en una gran preocupación no sólo de científicos, nutriólogos y médicos, sino también del público en general y las publicaciones populares.

En las siguientes páginas se estudiará la relación entre la ciencia de los alimentos, la nutrición y la salud, pero primero es importante comprender lo que se entiende por el término alimento.

NATURALEZA DE LOS ALIMENTOS

El alimento constituye una parte tan esencial de la vida diaria que podría suponerse que su naturaleza es universalmente comprendida. Sin embargo, no sucede así. Para expresarlo en forma de paradoja: el alimento es lo que comemos, pero no todo lo que comemos es alimento. La explicación de esta paradoja estriba en el hecho de que el alimento tiene una función, mantenernos vivos y saludables, y a menos que lo que comamos contribuya a esta función de alguna manera, no debe considerarse estrictamente como alimento.

La dificultad de definir con exactitud la naturaleza del alimento se juzga por las diferentes definiciones utilizadas. Por ejemplo, el *Illustrated Medical Dictionary* de Dorland, lo define como "Todo lo que cuando se introduce en el cuerpo, sirve para nutrir o formar tejidos, o bien suministrar calor al cuerpo; alimento; nutrimento". El *Dictionary of Nutrition and Food Tecnology* de Bender establece que los alimentos son "Las sustancias que entran por la boca y mantienen la vida y el crecimiento, es decir: suministran energía y forman y reparan los tejidos".

La esencia de estas definiciones es que a menos que lo que se coma cumpla las funciones establecidas, no debe ser clasificado como un alimento. Por ejemplo, la sal y la pimienta se utilizan como condimentos, pero esta utilización por sí sola, no los califica para ser considerados como alimentos. La sal es un alimento debido a que, además de ser un agente sazonador, actúa como regulador de las funciones del cuerpo, pero la pimienta no tiene otra función que la de ser un agente para condimentar y, por consiguiente, no es un alimento.

El té, el café o el chocolate son bebidas muy utilizadas que muchas personas las clasifican como alimentos. Sin embargo, la infusión que se obtiene añadiendo agua hirviente a las hojas de té posee un valor nutritivo apenas un poco mayor que el de la propia agua. El té y el café son ambos apreciados debido a su sabor y a su leve efecto estimulante, esto último se debe a la presencia de *cafeína*. En realidad son drogas y no alimentos, ya que actúan sobre el sistema nervioso y no sobre el aparato digestivo. El valor nutritivo de una taza de té o de café se deriva casi en su totalidad de la leche, el azúcar y el agua que contiene. Por otra parte, la cocoa contiene la semilla de cacao triturado y es, por consiguiente, un verdadero alimento, ya que los nutrientes del grano están presentes en la bebida.

Las bebidas alcohólicas contienen *etanol* (*alcohol etílico*). Esta sustancia constituye tanto una droga como un alimento, puesto que afecta al sistema nervioso y también es descompuesto dentro del cuerpo con liberación de energía. Por consiguiente, las bebidas alcohólicas se clasifican apropiadamente como alimentos.

En *The Shorter Oxford English Dictionary* el alimento se define como "Lo que se introduce en el sistema a fin de mantener la vida y el crecimiento, y proveer de desechos; alimento, comida, comestibles". Así, sobre esta base, un suero glucosado intravenoso y la fibra de la dieta se podrían considerar como alimentos. El suero glucosado suministra energía al cuerpo mientras que la fibra, a pesar de no ser digerible, se consideraría como un alimento puesto que contribuye a los desechos del cuerpo en forma de heces o excrementos.

Para los fines de este libro sólo se considerarán como alimentos aquellas sustancias que, cuando son comidas y absorbidas por el cuerpo, producen energía, promueven el crecimiento y la reparación de los tejidos o regulan estos procesos. Los componentes químicos de los alimentos que realizan dichas funciones se llaman *nutrientes* y se desprende de esto que ninguna sustancia puede ser llamada alimento a menos que contenga cuando menos un nutriente. Algunos alimentos particularmente nutritivos, como la leche, contienen una variedad tal de nutrientes que realizan todas las funciones de los alimentos antes mencionados, en tanto que otros, como la glucosa, están compuestos enteramente de un solo nutriente y tienen por tanto una sola función. El estudio de los diversos nutrientes en relación con el efecto que ejercen sobre el cuerpo humano se conoce como *nutrición*.

Tipos de nutrientes

Los nutrientes son de seis tipos, todos los cuales están presentes en las comidas de las personas saludables. La falta de la cantidad mínima necesaria de cuaquier nutriente lleva a un estado de *malnutrición*, mientras que una deficiencia general de todos los nutrientes produce la *desnutrición* y, en casos extremos, la inanición. Los seis tipos de nutrientes son: *grasas, carbohidratos, proteínas, agua, elementos minerales* y *vitaminas*. No siempre se incluye el agua como nutriente, pero parece aconsejable hacerlo así puesto que es esencial que nuestros alimentos nos provean de la suficiente agua que se requiere para muchas de las funciones del cuerpo. Por ejemplo, proporciona el medio para que tengan lugar los complejos procesos químicos que se realizan en el cuerpo.

Además de los nutrientes ya mencionados, el cuerpo requiere asimismo un suministro continuo de oxígeno. Sin embargo, el oxígeno no se considera normalmente como un nutriente, pues es suministrado por el aire y pasa al cuerpo, no por medio del sistema digestivo, sino a través de los pulmones.

Los nutrientes pueden ser considerados desde dos puntos de vista, sus funciones en el cuerpo y su composición química. Estos dos aspectos están estrechamente relacionados, por lo que la función del nutriente depende de la composición, y en capítulos posteriores dichos aspectos se considerarán en conjunto.

Las dos funciones básicas de los nutrientes son proveer materiales para el crecimiento y restauración de los tejidos, o sea, proporcionar y mantener la estructura básica del cuerpo, y suministrar al cuerpo la energía requerida para efectuar las actividades externas, así como realizar sus propias actividades internas. El hecho de que el cuerpo sea capaz de sostener la vida depende de su capacidad para mantener sus propios procesos internos. Esto significa que a pesar de que comamos toda clase de alimentos y nuestro cuerpo tome parte en toda clase de actividades externas y hasta sufra daños o enfermedades, los procesos internos del cuerpo deben absorber y neutralizar los efectos de estas contingencias y seguir adelante con un ritmo constante. Esto resulta posible sólo gracias a que los componentes de nuestro cuerpo están empeñados en un incesante proceso de descomposición y renovación, un tema que se volverá a tratar.

Resulta evidente que si los procesos internos del cuerpo tienen que mantenerse constantes a pesar de su incesante actividad, y ante las presiones externas, es necesario ejercer alguna forma de control y, cuando se considera la complejidad de las actividades del cuerpo, es claro que este control debe ser muy preciso. De esta manera, los nutrientes tienen una tercera función, a saber, la de controlar los procesos del cuerpo, una función que se considerará en el capítulo siguiente.

Ya se ha visto que los alimentos nos proporcionan nutrientes que realizan tres funciones en nuestros cuerpos. A pesar de que los hábitos y pa-

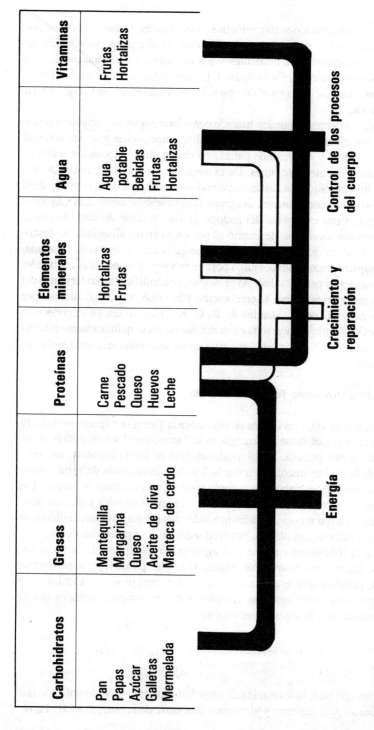

Carbohidratos	Grasas	Proteínas	Elementos minerales	Agua	Vitaminas
Pan	Mantequilla	Carne	Hortalizas	Agua	Frutas
Papas	Margarina	Pescado	Frutas	potable	Hortalizas
Azúcar	Queso	Queso		Bebidas	
Galletas	Aceite de oliva	Huevos		Frutas	
Mermelada	Manteca de cerdo	Leche		Hortalizas	

Energía   **Crecimiento y reparación**   **Control de los procesos del cuerpo**

Figura 1.1 Funciones de los nutrientes y alimentos representativos en los que se encuentran.

trones de alimentación varían entre una y otra persona, y que las dietas se pueden seleccionar a partir de cientos de diferentes alimentos, todo mundo necesita los mismos seis nutrientes y los necesita en aproximadamente las mismas proporciones. En la figura 1.1. se muestra la relación entre los nutrientes, sus funciones en el cuerpo y los principales alimentos que los suministran.

Los nutrientes se pueden también considerar según su composición química. Por ejemplo, a pesar de que los diferentes aceites y grasa, como el aceite de oliva y el aceite de palma, no tienen una composición idéntica, son químicamente semejantes. De la misma manera, las diferentes proteínas (y los carbohidratos) están constituidos de acuerdo con el mismo patrón químico y, por consiguiente, se agrupan convencionalmente. Las vitaminas constituyen una excepción del método de clasificación de acuerdo con el tipo químico; cuando se descubrió su presencia en los alimentos, se desconocía su naturaleza química, la que es compleja en la mayoría de los casos. Se agruparon en un solo conjunto porque se sabía que pequeñas cantidades eran esenciales para la salud. Al principio, se identificaron en términos del efecto que ejercían sobre el crecimiento y la salud, y se les distinguía por medio de letras como vitamina A, B, C, etc. Hoy en día ya se conoce su composición química y resulta evidente que no están químicamente relacionadas entre sí. No obstante, resulta todavía conveniente considerarlas en conjunto.

Los alimentos como fuente de energía

Para mantener todas las formas de vida sobre la Tierra se requiere energía. El sol es la principal fuente de energía en la Tierra; sin el sol no podría existir la vida en este planeta. El sol irradia energía en forma continua, una fracción de la cual es interceptada por la Tierra y almacenada de varias maneras; las plantas y el carbón por ejemplo constituyen almacenes de energía. Las plantas vivas convierten la energía solar en energía química y algunas plantas que vivieron en eras pasadas han sido convertidas, durante millones de años, en carbón. Las plantas, por medio del proceso de la *fotosíntesis*, convierten el bióxido de carbono y el agua en carbohidratos. La fotosíntesis, que se describe en el capítulo 6 (página 113), sólo puede tener lugar durante el día, debido a que se utiliza la energía solar en el proceso. Asimismo, en la fotosíntesis tiene lugar una compleja serie de cambios químicos que se representan por la siguiente ecuación:

$$x\mathrm{CO}_2 + y\mathrm{H}_2\mathrm{O} \xrightarrow{\text{luz solar}} \mathrm{C}_x(\mathrm{H}_2\mathrm{O})_y + x\mathrm{O}_2$$

Carbohidrato

Por consiguiente, la formación de carbohidratos es el método utilizado por las plantas para capturar y almacenar una parte de la energía solar. La remolacha azucarera, que sintetiza el carbohidrato en la forma del azúcar conocido como *sacarosa*, sirve de ejemplo:

$$12CO_2 + 11H_2O \xrightarrow{\text{luz solar}} C_{12}(H_2O)_{11} + 12O_2$$

Sacarosa

Cuando se forma sacarosa a partir de bióxido de carbono y agua, la energía se absorbe y se almacena dentro de la molécula de sacarosa.

Los animales, a diferencia de las plantas, no pueden almacenar directamente la energía solar y por tanto tienen que obtenerla indirectamente utilizando las plantas como alimento; los animales carnívoros y el hombre llevan este proceso un paso más adelante y utilizan además otros animales como alimento. De esta manera, los compuestos químicos que se forman en la fotosíntesis y se hallan almacenados en las plantas son comidos por el hombre y los animales con lo cual se hace disponible la energía almacenada. Por ejemplo, la energía que se almacena dentro de la molécula de sacarosa al ser sintetizada por la remolacha azucarera es liberada cuando la sacarosa vuelve a ser bióxido de carbono y agua. Esta descomposición de la sacarosa en unidades más simples se realiza en el cuerpo mediante la digestión y la oxidación, pero la reacción global es sencillamente la reacción representada anteriormente a la inversa:

$$C_{12}(H_2O)_{11} + 12O_2 \rightarrow 12CO_2 + 11H_2O$$

Sacarosa

Cuando la sacarosa se convierte en bióxido de carbono y agua como se acaba de mostrar, la energía almacenada durante la síntesis se libera y queda disponible para ser utilizada por el cuerpo.

Asimismo, la sacarosa se convierte en bióxido de carbono y agua por combustión en el aire. La reacción química es similar a la representada por la ecuación anterior, y se libera exactamente la misma cantidad de calor que cuando la oxidación tiene lugar en el cuerpo. La diferencia entre las dos reacciones estriba en la velocidad a la que ocurren y en la eficiencia. La oxidación en el cuerpo tiene lugar mucho más lentamente que la combustión en el aire, ya que ocurre en una serie de etapas, asegurando así la liberación lenta, controlada y gradual de la energía a los tejidos del cuerpo. La eficiencia de la combustión dentro del cuerpo es menor que en el aire, debido a que sólo alrededor de dos tercios de la energía de la sacarosa queda disponible como energía biológica, el otro tercio se "pierde" como calor que ayuda a mantener la temperatura del cuerpo.

Ahora ya se puede entender por qué el cuerpo se compara a veces con un horno de combustión lenta y los carbohidratos se describen como el combustible. Resulta obvio que la oxidación en el cuerpo constituye un proceso muy importante ya que permite que la energía almacenada en los carbohidratos (y en las grasas y las proteínas) se libere y quede disponible para su empleo por el cuerpo.

VALOR ENERGÉTICO DE LOS ALIMENTOS   La energía se mide en unidades de calor llamadas *calorías*. Una caloría es la cantidad de calor requerida para elevar la temperatura de 1 g de agua en 1°C. Como ésta es una unidad bastante pequeña, la energía derivada de los alimentos se expresa en unidades que son mil veces mayores y que se conocen como *kilocalorías* (kcal). Una kilocaloría es la cantidad de calor requerido para elevar la temperatura de 1 kg de agua en 1°C.

El joule (J) es la unidad de energía universalmente reconocida, pero a semejanza de la caloría resulta demasiado pequeño para expresar el valor energético de los alimentos, de modo que por lo general se utiliza el kilojoule (kJ), que es mil veces mayor que el joule. A veces se utiliza una unidad todavía mayor, el *megajoule* (MJ). Un megajoule es mil veces mayor que un kilojoule.

La relación que existe entre estas unidades se expresa como sigue:

$$1 \text{ kcal} = 4.19 \times 10^3 \text{ J} = 4.19 \text{ kJ} = 4.19 \times 10^{-3} \text{ MJ}$$

En lo que resta de este capítulo (y en el apéndice I) se emplean ambos tipos de unidades, a fin de que el estudiante se familiarice con ellos y la relación que existe entre ambas. Empero, en otros lugares, se utilizan kilojoules (y megajoules).

A fin de comparar la energía de los diferentes alimentos, lo más sencillo es determinar la cantidad de energía producida, calculada como calor, cuando un gramo de la sustancia se oxida totalmente por ignición en una pequeña cámara llena de oxígeno a presión. El resultado obtenido representa el calor de combustión del alimento, el cual se expresa por lo general como kcal o kJ por gramo. Si el valor en calorías de la sacarosa se expresa de esta manera, se encuentra que es de 3.95 kcal/g. Esto significa que cuando se oxida totalmente 1 g de sacarosa, el calor producido es suficiente para elevar la temperatura de 1000 g de agua en 3.95°C. Los valores promedio de los calores de combustión de los nutrientes que proporcionan energía se muestran en la tabla 1.1.

A fin de expresar el valor energético de los nutrientes en términos de la energía que realmente se hace disponible para el cuerpo, es necesario calcular los valores de la energía disponible. Dichos valores son siempre más bajos que los calores de combustión debido a las pérdidas dentro del cuerpo. Hay una pequeña pérdida debida a la absorción incompleta; esta pérdida es experimentada por los tres nutrientes y en el caso de las proteínas hay una pérdida adicional debido a que éstas, a diferencia de los carbohidratos y las grasas, se oxidan de manera incompleta en el cuerpo. Además, es posible que sea necesario hacer una pequeña corrección para tomar en cuenta a la fibra. La fibra insoluble no se oxida en el cuerpo y por consiguiente

Tabla 1.1 Valor energético promedio de los nutrientes (por gramo)

Nutriente	Calor de combustión		Valor de la energía disponible	
	kcal	kJ	kcal	kJ
Carbohidratos	4.1	17	4	17
Grasas	9.4	39	9	37
Proteínas	5.7	24	4	17

no contribuye a la energía disponible. La magnitud de estas pérdidas de energía se aprecia en la tabla 1.1. Es necesario mencionar que existe una cierta incertidumbre acerca de la magnitud de las pérdidas dentro del cuerpo, y diferentes nutriólogos utilizan valores diferentes; los valores citados se pueden tomar como suficientemente confiables para casi todos los fines. Aun cuando los valores de la energía disponible que se dan en la tabla 1.1 son sólo valores aproximados redondeados hasta el entero más cercano, se pueden utilizar para calcular el valor energético de cualquier dieta. El valor de la energía disponible de cualquier alimento se halla utilizando las cifras promedio, siempre que se conozca su composición en términos de carbohidratos, grasas y proteínas. Por ejemplo, el valor energético de la leche producida en verano se calcula a partir de su análisis, como se muestra en la tabla 1.2. Por medio de cálculos similares es posible estimar el valor energético de otros alimentos; en la tabla 1.3 se dan algunos valores promedio.

Dicha tabla indica que los alimentos, como la mantequilla y la manteca, que contienen una elevada proporción de grasa poseen los más altos valores energéticos. Los alimentos que contienen carbohidratos, como los que contienen una elevada proporción de azúcar (mermeladas y dátiles) o almidón (pan y papas), constituyen fuentes con menor concentración de energía. A pesar de lo anterior, dichos alimentos suministran una considerable proporción de la energía de una dieta promedio británica. De hecho, los cereales proporcionan no menos de un tercio del consumo británico total de energía, lo que constituye una mayor proporción que la suministrada

Tabla 1.2 Valor energético de la leche

Nutriente	Cantidad en 100 g de leche	kcal/g	kJ/g	Energía/100 g de leche	
				kcal	kJ
Carbohidratos	4.7 g	4	17	18.8	79.9
Grasas	3.8 g	9	37	34.2	140.6
Proteínas	3.3 g	4	17	13.2	56.1
Energía total proporcionada por 100 g de leche				66.2	276.6

Tabla 1.3 Valor energético de algunos alimentos (por 100 g de proteína comestible)

Alimento	kcal	kJ	Alimento	kcal	kJ
Manteca, pringue	900	3770	Huevos	147	612
Mantequilla	735	3020	Papas	74	315
Queso (Cheddar)	406	1682	Pescado, (blanco)	77	324
Azúcar	394	1680	Leche	65	272
Carne de res (promedio)	313	1296	Manzanas	46	196
Mermelada	260	1090	Tomates	15	60
Pan (blanco)	230	977	Lechuga	12	51
Dátiles	248	1056	Col	25	100

por cualquier otra clase de alimento. En los países orientales, los alimentos ricos en almidón, a menudo en forma de arroz, suministran una proporción todavía mayor del contenido total de energía de la dieta.

Utilización de la energía por el cuerpo

Como ya se ha hecho notar, la energía se produce en el cuerpo a partir de los alimentos, mediante una serie de etapas controladas con precisión. Cada etapa da por resultado la liberación de una pequeña cantidad de energía que se utiliza para efectuar funciones corporales, y que finalmente puede producir calor. Sin tratar en esta etapa de presentar una explicación de carácter químico sobre la naturaleza de las etapas del proceso de oxidación, es posible adquirir una idea clara de cómo se utiliza la energía por el cuerpo.

En el cuerpo la energía se requiere para el *metabolismo basal*, la *termogénesis*, el crecimiento y la actividad muscular.

METABOLISMO BASAL El término *metabolismo* se refiere a la suma de todas las reacciones químicas que tienen lugar en el cuerpo, y la energía necesaria para mantener al cuerpo en completo reposo se conoce como energía del *metabolismo basal* o índice metabólico basal (IMB).

El cuerpo requiere un suministro constante de energía a fin de mantener sus procesos internos, aun en reposo. Incluso en el sueño, cuando el cuerpo está aparentemente en reposo, se necesita energía para asegurarse de que continúen los procesos esenciales internos. Por ejemplo, es preciso suministrar energía para mantener la poderosa actividad de bombeo del corazón, la continua expansión y contracción de los pulmones y la temperatura de la sangre. Se necesita para mantener la incesante actividad química de los millones de células del cuerpo y el vigor de los músculos. Un músculo vivo debe estar siempre listo para contraerse en respuesta a los estímulos transmitidos al mismo por los nervios. Este grado de disposición sólo se alcanza mediante el suministro de energía en forma continua a fin de mantener los músculos en un estado de tensión. La tensión del músculo disminuye durante el sueño pero no llega a cero, de modo que es necesaria una

Tabla 1.4 Algunos valores promedio del índice metabólico basal

	Edad	Peso (kg)	kcal/kg/día	kJ/kg/día	kcal/día	kJ/día
Infante	1 año	10	50	210	500	2100
Niño	8 años	25	40	170	1000	4250
Hombre	Adulto	55	25	100	1300	5400
Mujer	Adulta	65	25	100	1600	6700

cierta cantidad de energía, la que finalmente aparece como calor, a fin de mantener dicha tensión.

El IMB es afectado por muchos factores que incluyen la forma, el tamaño, la edad, el sexo y el índice de crecimiento. Asimismo, es afectado por la cantidad de sueño de una persona e incluso por el clima y la actividad hormonal.

Los valores del IMB varían de una persona a otra. La tabla 1.4 da valores *promedio* para diferentes personas. De igual manera, la tabla demuestra que los valores del IMB están relacionados con el crecimiento. El niño de un año de edad tiene un IMB más alto por peso unitario que el niño de ocho años de edad y el adulto debido a que su índice de crecimiento es más elevado. Por otra parte, el IMB/día de un infante es menor que el de las otras categorías mencionadas debido a que su peso es menor. Asimismo, de la tabla 1.4 se deduce que el IMB de los hombres es mayor por kg de peso corporal que el de las mujeres de igual peso. Esto se debe a que, para un peso dado del cuerpo, los cuerpos de las mujeres contienen más grasa que los de los hombres, y la grasa contribuye muy poco al IMB.

El IMB varía también con la edad. Conforme aumenta la edad, el IMB disminuye; esta disminución es bastante mayor en los hombres que en las mujeres. El clima afecta también al IMB, el cual reduce su valor entre 5 y 10 por ciento en climas muy fríos o muy cálidos. Una actividad hormonal intensa, especialmente de la glándula tiroides, aumenta el IMB.

Los valores del IMB son de alrededor de 1600 kcal (6720 kJ) para un hombre promedio y 1500 kcal (6300 kJ) para una mujer promedio. Estos valores representan cerca de dos tercios del gasto total de energía.

TERMOGÉNESIS   La termogénesis, o más precisamente, *termogénesis inducida por la dieta*, se refiere al aumento en el IMB que tiene lugar después de ingerir alimentos. La magnitud del aumento es proporcional al contenido de energía de la comida, sin importar qué nutrientes hayan suministrado la energía. La termogénesis equivale a cerca del diez por ciento del contenido energético de la comida y es probable que se origine en los varios procesos metabólicos (digestión, absorción, transporte de los nutrientes por todo el cuerpo y metabolismo) que ocurren después de una comida. Esta energía relacionada con la termogénesis se presenta en forma de calor.

CRECIMIENTO En el embarazo, se necesitan unas 30 000 kcal (336 000 kJ) de energía para que se forme el bebé, aumentar el tamaño de la placenta y los órganos de la reproducción, proporcionar la energía necesaria para los tejidos recién formados del bebé y originar reservas adicionales de grasa en la madre. Una vez que nace el niño, la lactancia requiere alrededor de 750 kcal (3150 kJ) por día.

Los niños recién nacidos crecen con una rapidez notable, y en los primeros tres meses de vida se requiere el 23 por ciento de la energía de los alimentos sólo para el crecimiento. Esta cifra disminuye al seis por ciento cuando el bebé llega a un año de edad y a dos por ciento para el quinto año. Se ha estimado en términos generales que la formación de 1 g de tejido nuevo requiere 20 kJ de energía alimentaria.

ACTIVIDAD MUSCULAR Para que el cuerpo realice trabajo externo se necesita energía. La actividad muscular requiere un suministro adicional al requerido para mantener el vigor muscular y otros procesos internos. La actividad física más simple, como estar de pie, implica el uso de muchos músculos, y mientras mayor sea el grado de actividad física en la vida diaria mayor será el requerimiento de energía de los músculos. Resulta por tanto útil relacionar el grado de actividad muscular con la energía que debe suministrar la dieta.

El problema de igualar la actividad muscular con el requerimiento de energía se ve complicado por el hecho de que el cuerpo es incapaz de convertir totalmente la energía suministrada por el alimento en trabajo mecánico. La eficiencia de la conversión efectuada por el cuerpo, considerado como una máquina, es del orden de 15 a 20 por ciento. Si se considera el valor más elevado quiere decir que 100 unidades de energía suministrada por los alimentos permiten al cuerpo llevar a cabo trabajo físico (por ejemplo: correr) equivalente a 20 unidades. Las otras 80 unidades se transforman en calor, y esto explica el hecho de que se pierda calor por la superficie del cuerpo a una mayor proporción cuando se efectúa trabajo físico.

Si se tiene en cuenta esta energía calórica desperdiciada resulta posible expresar los diferentes requerimientos diarios en términos del IMB para personas con diversos tipos de ocupaciones. Lo anterior se hace en la tabla 1.5. La energía requerida para ocupaciones específicas se puede medir, y algunos resultados se dan en la tabla 1.6, la cual expresa de nuevo el gasto de energía en términos del IMB. Debe hacerse notar que dichos resultados

Tabla 1.5 Requerimientos energéticos diarios promedio, cuando se efectúa trabajo ligero, moderado y pesado, expresados como múltiplos del IMB

	Ligero	Moderado	Pesado
Hombres	1.55	1.78	2.10
Mujeres	1.56	1.64	1.82

Tabla 1.6 Tipos de actividad relacionados con el gasto de energía expresado como un múltiplo del IMB

Actividad	Hombres	Mujeres
Dormir	1.0	1.0
Sentarse	1.2	1.2
Caminar (paso normal)	3.2	3.4
Pegar tabiques	2.7	2.7
Trabajo doméstico (limpieza ligera)	3.3	—
Minería (utilizando picos)	6.0	—
Actividades ligeras (cricket, golf)	2.2−4.4	2.1−4.2
Actividades moderadas (natación, tenis)	4.4−6.6	4.2−6.3
Actividades pesadas (atletismo, fútbol)	6.6 +	6.3 +

son sólo valores promedio para hombres y mujeres, y que los resultados para un individuo varían considerablemente de los valores citados.

Requerimientos de energía

En el caso de un individuo, el requerimiento de energía puede expresarse con bastante sencillez y precisión como sigue: es el nivel de entrada de energía requerido para igualar el nivel del gasto de energía, teniendo en cuenta los requerimientos de energía del crecimiento, el embarazo y la lactancia. Por desgracia, es mucho más difícil estimar los requerimientos de energía de grupos de personas debido a que los requerimientos individuales varían ampliamente incluso en personas con ocupaciones y estilos de vida similares. Empero los requerimientos de energía para grandes grupos de gente son necesarios en las dependencias gubernamentales a fin de planear las políticas alimentarias nacionales, y para estos propósitos es que el requerimiento de energía para un grupo se considera como el promedio de los requerimientos individuales, aunque no se toma ninguna medida específica con respecto a la variación individual conocida del requerimiento.

En el Reino Unido, las cifras utilizadas para los requerimientos de energía son las publicadas por el Department of Health and Social Security, y se reproducen en el apéndice I. Cuando se utiliza esta tabla hay que tener en cuenta que los pesos promedio del cuerpo de los hombres y las mujeres han sido tomados como 65 kg y 55 kg, respectivamente, y que el consumo de energía se ha calculado dividiendo el día en tres partes: en la cama (ocho horas), en el trabajo (ocho horas), tiempo libre (ocho horas). La entrada de energía recomendada que se da en el apéndice I es la misma que el gasto de energía calculado, y de igual manera, no se toma en cuenta la variación individual.

El apéndice I se refiere a tres categorías ocupacionales para los hombres y dos para las mujeres. Los trabajadores "sedentarios" típicos incluyen los trabajadores de oficinas y de tiendas y las de la mayor parte de las profesionales, mientras que los trabajadores "moderadamente activos" incluyen los de la industria ligera, empleados de correos, conductores de autobuses y la mayoría de los trabajadores agrícolas, y los trabajadores "muy activos" incluyen los trabajadores de las minas de carbón, los obreros de la industria del acero y los trabajadores agrícolas muy activos.

Las cantidades diarias de energía recomendadas para bebés y niños pequeños no están estrechamente relacionadas con el peso del cuerpo y por consiguiente en vez de éste se utilizan las edades; los pesos a los que se hace referencia en la tabla 15.4 (página 355) son pesos promedio a dichas edades.

CAPÍTULO 2

Las enzimas y la digestión

El cuerpo humano está compuesto de unos cien mil millones de células, cada una de las cuales es una unidad completa. Dichas células se agrupan en el cuerpo para formar tejidos que tienen funciones especializadas. Así, algunas células componen el tejido conjuntivo y unen entre sí los diversos órganos, otras constituyen los tejidos muscular y nervioso, mientras que otras forman la estructura ósea del esqueleto que proporciona rigidez y resistencia al cuerpo.

Las células individuales son tan pequeñas que su estructura interna sólo se puede observar con ayuda de un microscopio electrónico. El *núcleo* es el componente más grande de una célula, y está embebido en un fluido viscoso llamado *citoplasma*. El citoplasma contiene una red de membranas, el *retículo endoplásmico*, al que están asociados pequeños cuerpos oscuros conocidos como *ribosomas*. El citoplasma contiene asimismo cierto número de cuerpos u organelos, entre los cuales se encuentran las *mitocondrias* de forma ovoide y los *lisosomas* de tamaño muy pequeño.

Las complejas actividades necesarias para mantener la vida del cuerpo humano tienen lugar dentro de las células de éste, y la actividad de una célula se puede comparar con la de una fábrica de productos químicos en la que una gran variedad de materias primas son procesadas y convertidas en productos terminados. En una sola célula se requieren muchas materias primas diferentes, a pesar de estar compuestas mayormente de solamente cuatro elementos: carbono, hidrógeno, oxígeno y nitrógeno. La etapa de elaboración que se ocupa de la conversión de estas materias primas simples en las sustancias más complejas que se requieren para llevar a cabo las muchas funciones de la célula, comprende miles de reacciones diferentes. Cada una de estas reacciones abarca muchas etapas que se deben llevar a cabo en una secuencia definida, lo que hace que las operaciones químicas de una célula sean mucho más complicadas y necesiten una mayor integración, que las de una fábrica de productos químicos.

A fin de mantener la vida, las actividades de las células deben ser controladas y organizadas en un patrón de autorregulación y autorrenovación. ¿Pero cómo se logra dicho control, y cómo es que, a pesar de que casi todas las células del cuerpo humano están construidas de acuerdo con el mismo patrón básico, son capaces de ejecutar una multitud de funciones diferentes? La respuesta a dichas preguntas se halla en la existencia de un grupo de sustancias crucialmente importantes llamadas *enzimas*. Su importancia se puede apreciar por el hecho de que sin ellas no podría existir la vida. Sin ellas, las reacciones químicas de la célula quedarían totalmente fuera de control.

Las enzimas controlan todos los cambios químicos, o sea, el *metabolismo*, que tiene lugar en las células vivas. Ellas regulan las reacciones de asimilación o *anabólicas* que dan como resultado la formación de sustancias complejas como las proteínas a partir de unidades individuales de construcción. Asimismo, las enzimas regulan las reacciones de descomposición o *catabólicas* que resultan en liberación de energía. Quizá sea posible apreciar más plenamente la importancia de las enzimas cuando se entiende que los procesos anabólicos y catabólicos incluyen muchas etapas, y que cada etapa está controlada por su propia enzima. Este control debe ser regulado muy cuidadosamente para que la vida de la célula se desenvuelva uniformemente en todo momento, y todo el proceso metabólico se mantiene cuidadosamente balanceado.

El hecho de que las diferentes células ejecuten diferentes funciones se explica en términos de las enzimas que están presentes. Se han reconocido en el cuerpo miles de enzimas diferentes, pero en cualquier célula sólo una selección de ellas está presente. Aun así, la mayoría de las células contienen alrededor de 200 enzimas diferentes, cada una de las cuales se encarga de controlar una etapa particular. Las enzimas presentes en una célula automáticamente seleccionan y controlan aquellas reacciones que van a efectuarse.

NATURALEZA QUÍMICA DE LAS ENZIMAS   Las levaduras fueron una de las primeras fuentes conocidas de enzimas, y constituyen uno de los tipos más sencillos de organismos vivientes. De hecho, así es como se originó el nombre enzima, ya que significa literalmente 'en la levadura'. La fermentación del jugo de uva por medio de las levaduras y el efecto leudante en la preparación del pan se conocen desde hace muchos siglos. Asimismo hoy en día se aprecia que las enzimas tienen una importancia mucho mayor de lo que se pensaba originalmente, y que los procesos químicos que tienen lugar en todos los organismos vivientes dependen de las enzimas, tanto los del cuerpo humano como los de las levaduras.

A partir de la importancia de las enzimas, transcurrió mucho tiempo entre el descubrimiento de la primera enzima de la levadura y el aislamiento de una enzima en estado puro. Durante muchos años se pensó que eran organismos vivientes. Sólo se demostró lo erróneo de esta suposición cuando a fines del siglo pasado el químico alemán Buchner extrajo de células de levaduras un líquido libre de células que tenía una actividad enzimática similar a la de las células vivientes originales. De este modo, aun cuando las enzimas se originan de células vivas, no están vivas.

Todas las enzimas conocidas son proteínas cuya estructura se describe en el capítulo 8. Las propiedades de las proteínas (su capacidad para cambiar de forma, sensibilidad a los cambios de las condiciones de temperatura y acidez, capacidad para oponerse a los cambios de acidez que podrían trastornar el funcionamiento uniforme de la célula) las hacen peculiarmente adaptadas para controlar el metabolismo de las células.

CLASIFICACIÓN DE LAS ENZIMAS   La sustancia sobre la cual actúa una enzima se llama *substrato*, y las enzimas se denominan por lo general según dichas sustancias. Así, la enzima que actúa sobre la *urea* se denomina *ureasa* y la que actúa sobre la *maltosa* se llama *maltasa*. Constituye una regla general que las enzimas se denominen según el substrato sobre el cual actúan agregándoles el sufijo *-asa*. No obstante, al igual que con la mayor parte de las reglas generales, existen notables excepciones, principalmente en el caso de aquellas enzimas que se denominaron antes de que la regla fuera aceptada de manera general. Algunas de éstas, como la *pepsina* y la *tripsina*, se mencionarán más adelante.

Las enzimas se pueden clasificar de diversas maneras, pero una de las más útiles es la que consiste en agruparlas de acuerdo con el tipo de reacción que controlan. En la tabla 2.1 se presentan los cinco tipos principales de enzimas. De éstos, los dos primeros son los más importantes en conexión con lo que sigue. Las *hidrolasas* controlan la *hidrólisis* del substrato, es decir, la reacción de éste con el agua y, como se verá más adelante en el capítulo, este tipo de enzima es de importancia capital en la digestión. Las *oxidasas* controlan la *oxidación* del substrato, y la anterior toma general-

Tabla 2.1   Clasificación de las enzimas

Nombre	Reacción catalizada	Ecuación general
Hidrolasas	Hidrólisis	$AB + H_2O \rightarrow AOH + BH$
Oxidasas	Oxidación	$ABH_2 \rightarrow AB + 2H$
Isomerasas	Reordenamiento intramolecular	$ABC \rightarrow ACB$
Transferasas	Transferencia de un grupo	$AB + C \rightarrow A + BC$
Sintetasas	Adición de una molécula a otra	$A + B \rightarrow AB$

mente la forma de la remoción del hidrógeno, como se indica en la ecuación correspondiente de la tabla 2.1.

ACTIVIDAD CATALÍTICA DE LAS ENZIMAS   Las enzimas son catalizadores orgánicos; operan acelerando un proceso químico y aparecen sin ningún cambio al final de la reacción. En muchos aspectos su acción es similar a la de los catalizadores inorgánicos que son más familiares como los que se utilizan en los procesos de fabricación. En la elaboración de la margarina, los aceites vegetales se convierten en grasas sólidas por la reacción química con el hidrógeno. En ausencia de un catalizador la conversión de los aceites en grasas es realmente muy lenta, pero la adición de pequeñas cantidades de níquel finamente dividido produce un notable aumento en la rapidez de la reacción; además, el níquel catalizador puede ser utilizado una y otra vez ya que no se gasta en el proceso.

Es notable que sólo se necesite una parte de níquel para catalizar la conversión de varios miles de partes de aceites en grasa, pero este proceso luce muy insignificante cuando se compara con la sorprendente potencia catalítica de las enzimas; una de las enzimas relacionada con la descomposición del almidón durante la digestión es la amilasa, producida por el páncreas. Para efectuar la conversión de cuatro millones de partes de almidón en el azúcar maltosa sólo se necesita una parte de amilasa. En aquellos casos en los que la eficiencia de los catalizadores artificiales se mide en miles, la de los catalizadores naturales se mide en millones.

¿Cómo trabajan las enzimas? La mejor manera de abordar esta cuestión es considerando primeramente cómo procede una reacción ordinaria no catalizada. Supóngase que una reacción implica la conversión de sustancias reactantes representadas por A en productos representados por B. La reacción no se iniciará hasta que A no haya recibido un ''impulso'' en forma de energía, a menudo suministrada como calor, la razón de lo anterior se aprecia en la figura 2.1.

Antes de que A reaccione para producir B, debe superar la pendiente de energía moviéndose a lo largo de la vía (i), y éste requiere una cantidad de energía ΔG^* (no catalizada). Cuando A ha absorbido energía ΔG^* (no catalizada), conocida como *energía de activación*, se halla en un estado activado y se descompone para formar B.

Este proceso es comparable al de transferir una pelota de un lado a otro de una colina. Si la figura 2.1 representa una colina, el problema consiste en transferir una pelota de X a Y. Si el único camino pasa por la cima de la colina, entonces es necesario empujar cuesta arriba a la pelota (es decir, operar sobre ella suministrándole energía) hasta llevarla a la cima. Una vez ahí, descenderá por el otro lado hasta llegar a Y mediante su propio impulso. La pelota puede encontrarse entonces en un nivel más bajo que aquél en el que estaba en su punto inicial, lo que es el caso en la figura 2.1. Esto quiere decir que se ha liberado una cantidad de energía ΔG° aun

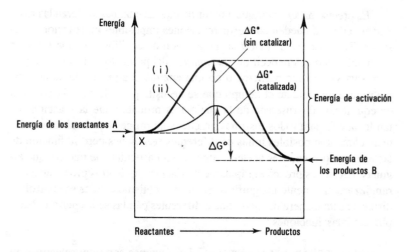

Figura 2.1 Rutas de reacción: (i) vía no catalítica; (ii) vía catalítica.

cuando esto no hubiera podido realizarse sin impulsar primero a la pelota a la cima de la colina, lo que implicó suministrarle una energía ΔG^* (sin catalizar).

En las células del cuerpo humano, no es posible suministrar la energía de activación en las maneras normales, calor por ejemplo, pues se dañarían las células. La función de las enzimas es permitir que la reacción proceda a la más baja energía de activación posible. En términos de la figura 2.1, es preciso sustituir el camino de la reacción (i) que pasa por la cima de la colina por otro aun nivel más bajo como (ii) implicar una energía de activación ΔG^* más baja (catalizada).

Las enzimas catalizan las reacciones al reemplazar una sola etapa de un mecanismo de alta energía por otro proceso de dos o más etapas, cada una de las cuales implica una baja energía de activación. Si la enzima catalizadora se representa como E y el substrato como A, se tiene que:

$$A + E \rightleftharpoons AE$$
$$AE \rightleftharpoons B + E$$

Reacción global: $A \rightleftharpoons B$

Las reacciones catalizadas por enzimas proceden por medio de un complejo inestable enzima-substrato, representado por AE. Si ambas etapas requieren poca energía la vía de la reacción es como está representado por (ii) y la reacción será rápida y casi espontánea, regenerándose la enzima E. Se tiene así un sencillo cuadro de cómo las enzimas actúan como catalizadores.

Es preciso hacer notar que a pesar de que las enzimas aceleran las reacciones, ellas no pueden convertir reacciones imposibles en reacciones posibles. Tampoco pueden efectuar la posición de equilibrio de una reacción reversible; esto quiere decir que la *cantidad* del producto en una reacción es la misma ya sea que participe o no una enzima. La presencia de la enzima reduce meramente el tiempo que se necesita para alcanzar la posición de equilibrio. En ausencia de la enzima es probable que la reacción sea tan lenta que para todos los fines prácticos no proceda en lo absoluto. En una célula, son posibles miles de diferentes reacciones pero la función de las enzimas presentes es acelerar algunas en particular, de manera que algunas reacciones proceden rápidamente mientras que otras proceden a una rapidez relativamente insignificante. El metabolismo celular se controla y dirige de esta manera de modo que a diferentes células se les permite cumplir distintas funciones.

SELECTIVIDAD DE LAS ENZIMAS   Las enzimas son muy selectivas en cuanto a escoger qué reacción habrán de catalizar. Es esta característica la que les permite mantener el orden en las células vivientes, pues es frecuente que una enzima sólo catalice una reacción. Así, a pesar de que muchas otras reacciones pueden tener lugar en una célula, la rapidez a la que proceden resulta insignificante comparada con la de la reacción catalizada.

La capacidad de seleccionar de las enzimas se compara a veces con una llave en una cerradura: la enzima es la cerradura y sólo ciertas moléculas pueden actuar como la llave que se ajusta exactamente a la cerradura. Si la reacción entre dos moléculas es catalizada por una enzima, es posible imaginar que la cerradura tiene ranuras a las cuales las dos moléculas se ajustan una al lado de la otra; esto conduce a una breve unión entre la enzima y las moléculas que actúan como llaves, como se muestra en la etapa 2 de la figura 2.2. De esta manera, las moléculas que actúan como llave se juntan y se convierten en un estado activo que les permite reaccionar mutuamente. Después de la reacción se forman nuevas moléculas, pero como se indica en la etapa 3 del diagrama, la enzima permanece sin cambio y puede catalizar otra reacción.

A fin de conseguir un buen ajuste entre las moléculas que actúan como cerradura y las que actúan como llave, la enzima necesita con frecuencia para ser eficaz la ayuda de otra sustancia. Se distinguen tres tipos principales de promotores enzimáticos, a saber, *coenzimas*, *cofactores* (o activadores) y *grupos prostéticos* (véase la página 205). Las coenzimas son de menor tamaño que las moléculas enzimáticas y no son proteínas. No están enlazadas permanentemente a la enzima pero pueden fijarse a la misma durante la reacción enzimática (figura 2.2, etapa 1) sólo para ser liberadas más tarde (una vez que se haya completado la etapa 3, figura 2.2). Las coenzimas están estrechamente relacionadas con las vitaminas, si es que no son ellas mismas vitaminas. Una de las funciones del grupo B de vitaminas parece

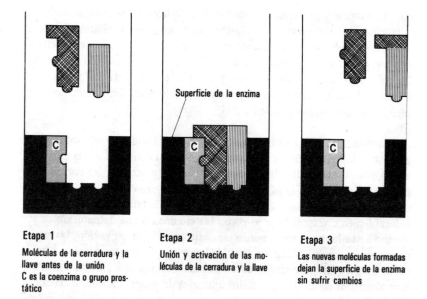

Etapa 1

Moléculas de la cerradura y la llave antes de la unión C es la coenzima o grupo prostático

Etapa 2

Unión y activación de las moléculas de la cerradura y la llave

Etapa 3

Las nuevas moléculas formadas dejan la superficie de la enzima sin sufrir cambios

Figura 2.2 Teoría de la cerradura y la llave de las reacciones enzimáticas.

consistir en proveer al cuerpo de material adecuado de partida con el cual fabricar las coenzimas que se necesitan. Todavía no se conoce por completo la función exacta de las coenzimas, pero ciertamente tienen una función activa y vital en muchas reacciones en las que participan enzimas de oxidación. Esto queda demostrado por el hecho de que si falta una coenzima que es necesaria para una enzima, ésta no ejerce efecto catalítico alguno.

En algunos casos se halla que iones metálicos, como el magnesio, o iones no metálicos, como un cloruro, se requieren para incrementar la actividad de las enzimas. Dichas sustancias se conocen como *cofactores* (o activadores). Los grupos prostéticos son grupos no proteínicos que están permanentemente enlazados en la enzima.

Ocurre a veces que varias moléculas, que son similares entre sí, se ajustan aproximadamente a las ranuras de la misma cerradura. En estos casos, la enzima no hace distinción entre ellas y actúa como catalizador para todas ellas. No obstante, en la mayoría de los casos poseen gran capacidad de discriminación como lo muestran los ejemplos siguientes.

Las tres enzimas, *maltasa*, *lactasa* y *sacarasa* están presentes en el intestino delgado, y durante la digestión, estas enzimas catalizan la hidrólisis de los azúcares *maltosa*, *lactosa* y *sacarosa* respectivamente. Estas tres enzimas poseen considerable especificidad, y en el caso de la lactasa, una completa o total especificidad, puesto que catalizará la hidrólisis de la lactosa y de ninguna otra sustancia, ni siquiera de un azúcar similar. En cambio, la maltasa y la sacarasa catalizan la hidrólisis no sólo de la maltosa y la sacarosa sino también de algunos otros azúcares similares.

Un ejemplo adicional de enzimas que muestran una notable selectividad son aquellas que catalizan la hidrólisis de las proteínas. En el caso de las tres enzimas, *pepsina*, *tripsina* y *quimotripsina*, cada una selecciona ciertos enlaces de moléculas de proteínas y sólo catalizan la hidrólisis en dichos enlaces (véase la página 204).

SENSIBILIDAD DE LAS ENZIMAS   Las enzimas son muy sensibles a los efectos de la temperatura y del ambiente. Toda la actividad de las enzimas se destruye en la ebullición, puesto que, siendo proteínas, las enzimas se desnaturalizan (véase la página 192) y su naturaleza cambia por las elevadas temperaturas. A bajas temperaturas, la actividad de las enzimas es considerablemente retardada pero como las enzimas no se desnaturalizan y, debido a que las reacciones tienen una baja energía de activación, las enzimas pueden conservar alguna actividad catalítica aun a temperaturas bajo cero. En general, las enzimas de las plantas trabajan mejor a una temperatura alrededor de 25°C y las de los animales de sangre caliente a cerca de 37°C. Un incremento en la temperatura aumenta por lo general la rapidez de una reacción química, pero en el caso de una reacción enzimática puede también llevar a la inactivación de la enzima.

La figura 2.3 indica el efecto de la temperatura sobre la rapidez de la catálisis. A 37°C, la reacción es rápida, pero después de un cierto tiempo se hace más lenta y se detiene, y no se forma ningún producto adicional. Esto puede deberse a una de varias causas. Por ejemplo, la reacción puede ser total, todo el substrato ha reaccionado, o puede ser que los productos de la reacción han hecho desfavorable el ambiente para la actividad

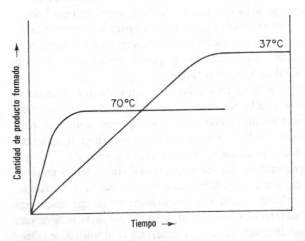

Figura 2.3 Efecto de la temperatura sobre la catálisis efectuada por una enzima.

de la enzima y ésta ha sido desactivada. Si se eleva la temperatura hasta 70°C, se incrementa la rapidez inicial de la reacción. Esto se debe a que la mayor entrada de energía aumenta la energía del substrato y de las moléculas de la enzima, y estas moléculas alcanzan más rápidamente la energía de activación necesaria para que tenga lugar la reacción. A pesar de que la rapidez inicial de formación de los productos es rápida, pronto se detiene debido que la enzima se inactiva rápidamente a la temperatura más elevada. El resultado neto es que se forma una menor cantidad del producto a la temperatura más elevada que a la más baja. Las enzimas catalizan eficientemente la reacción en el hombre, ya que la temperatura es lo suficientemente elevada para obtener una rápida formación de los productos pero lo suficientemente baja para evitar la inactivación de la enzima.

La actividad de la enzima es asimismo dependiente de la acidez o la alcalinidad del medio donde actúa la enzima. La mayoría de las enzimas operan más eficientemente en un medio que es casi neutro, y si el medio se vuelve fuertemente ácido o alcalino, la enzima se vuelve completamente inactiva. Sin embargo, algunas enzimas sólo pueden operar en una solución ácida o alcalina. Por ejemplo, la enzima pepsina está presente en el jugo gástrico y durante la digestión cataliza la hidrólisis inicial de las proteínas. Sólo ejerce su acción en soluciones fuertemente ácidas como son las producidas por el ácido clorhídrico en el estómago. Por otra parte, la enzima tripsina que está presente en el jugo pancreático requiere un medio ligeramente alcalino antes de poder catalizar la hidrólisis de las proteínas. Cuando el alimento pasa del estómago al intestino delgado el ácido clorhídrico es totalmente neutralizado y el medio se vuelve alcalino. En estas condiciones se inactiva la pepsina y la tripsina sigue adelante con la digestión de las proteínas.

Metabolismo celular

Todas las actividades que ocurren en las células son controladas por enzimas. Sin embargo, estas enzimas no están distribuidas uniformemente en toda la célula sino que están dispersas entre las diferentes partes de la misma de manera que cada parte tiene una función diferente en el mantenimiento de la vida de la célula.

El núcleo de la célula contiene genes y un pequeño número de enzimas que juntos controlan el crecimiento y la división de la célula, mientras que el citoplasma que lo rodea contiene enzimas solubles en agua que controlan una diversidad de procesos anabólicos y catabólicos. Las mitocondrias son importantes puesto que son las centrales de energía de la célula y contienen varias oxidasas que se encargan de la fabricación de materiales ricos en energía utilizados en la producción de energía. La importante tarea de la síntesis de proteínas es controlada por las enzimas que se encuentran en el retículo endoplásmico. Finalmente, uno de los cuerpos de mayor interés de las células son los lisosomas, llamada a veces la "bolsa antolítica". Los lisosomas contienen una suficiente variedad de hidrolasas capaces de destruir casi todos los componentes de la célula. Normalmente, estas enzimas 'suicidas' están contenidas de manera segura dentro de la membrana impermeable que envuelve al lisosoma, pero si la célula es dañada o muere, se liberan las enzimas y la célula se destruye a sí misma.

Cada célula, y cada componente celular, está rodeado por una membrana. Esta membrana permite que pasen a través de la misma sólo las materias primas que la célula necesita, al tiempo que impida que pasen otras sustancias. Este mecanismo de selección asegura que sólo estén disponibles aquellas sustancias requeridas para un proceso en particular, y asegura asimismo que sólo pasen a través de la membrana aquellas enzimas que controlan dicho proceso.

En capítulos posteriores se estudiará con más detalle lo que les ocurre a los nutrientes durante el metabolismo, pero hasta aquí se ha dicho lo suficiente para demostrar que todas las actividades y funciones del cuerpo que constituyen la vida dependen por entero de las enzimas.

DIGESTIÓN

Es algo muy extraño,
todo lo extraño que se quiera,
Que todo lo que coma Miss T
se convierta en Miss T.

De la Mare

Realmente es algo muy singular, una cosa extraordinaria y notable, que no importa lo que se coma, la estructura del cuerpo, tanto la carne como la sangre, cambie muy poco. No existe ninguna semejanza obvia entre la naturaleza del alimento que se ingiere y la naturaleza de nuestros cuerpos; no obstante, después de unas pocas horas de haberlo comido, el alimento es transformado en carne y sangre. Esta transformación es tan completa que no se puede efectuar antes de que el alimento no haya experimentado un proceso de degradación que se conoce como *digestión*.

La digestión es tanto física como química: el proceso físico implica el rompimiento de las grandes partículas del alimento para obtener partículas de menor tamaño, mientras que el proceso químico consiste en la descomposición de las moléculas grandes en unas de menor tamaño. El alimento consiste principalmente en sustancias complejas e insolubles que deben ser convertidas en otras más sencillas, solubles y activas antes de que puedan ser utilizadas por el cuerpo. No todos los nutrientes necesitan ser digeridos, pues existen algunos, como el agua y los azúcares simples (por ejemplo: la glucosa) y muchas vitaminas y sales minerales que no necesitan ser descompuestos. Ya sea o no necesario descomponer los nutrientes mediante la digestión, éstos no podrán ser utilizados por el cuerpo hasta que no hayan pasado al torrente sanguíneo, un proceso conocido como *absorción*. Una vez dentro del torrente sanguíneo, los nutrientes son distribuidos a todas las células del cuerpo donde mantienen al complejo proceso del metabolismo.

Función de las enzimas en la digestión

Los procesos químicos de la digestión son efectuados por las enzimas. La desintegración química de las moléculas alimentarias, que en ausencia de las enzimas sería ciertamente muy lenta, se acelera por medio de ello, de manera que la digestión se completa en cuestión de horas. Así, en el transcurso de tres o cuatro horas ocurre un cambio notable en la naturaleza del alimento. Las sustancias como el almidón, que puede contener hasta 150 000 átomos en una sola molécula, se convierten en moléculas que contienen sólo 24 átomos (azúcares simples como la glucosa). La descomposición de las proteínas es casi igualmente notable, pues una molécula promedio de proteína se divide en unas 500 moléculas de aminoácidos durante la digestión. Quizá estos dos ejemplos sirvan para hacer más clara la magnitud de la tarea química realizada por las enzimas del sistema digestivo.

Cada etapa de la digestión incluye hidrólisis y es catalizada por una enzima hidrolizante o hidrolasa. La hidrólisis se representa como: AB + $H_2O \rightarrow AOH + BH$. La ecuación indica cómo el agua participa en la división de una molécula AB en dos moléculas más pequeñas AOH y BH. En algunos casos (por ejemplo: la sacarosa), una sola etapa que incluye la ruptura de una molécula en dos partes es suficiente para producir una molécula soluble de menor tamaño que puede ser absorbida. En otros casos (por ejemplo: las proteínas), se requiere un gran número de etapas hidrolíticas antes de completar la descomposición.

El proceso digestivo consiste en un número bastante pequeño de diferentes enzimas que catalizan la desintegración química de proteínas, carbohidratos y grasas. El nombre de las hidrolasas que catalizan la hidrólisis de estos diferentes nutrientes se señalan en la tabla 2.2. Desafortunadamente, no existe un acuerdo general acerca de estos nombres y los distintos autores utilizan diferentes nombres según las preferencias y la costumbre. No

Tabla 2.2 Hidrolasas que intervienen en la digestión

Nombre	Substrato	Producto
Amilasas	Almidón	Maltosa
Maltasas	Maltosa	Glucosa
Lipasas	Grasas	Ácidos grasos y glicerol
Peptidasas	Proteínas	Aminoácidos

obstante, los nombres que se dan aquí, son descriptivos de los cambios principales producidos por las hidrolasas en la digestión. Las *peptidasas* se subdividen convenientemente en *exopeptidasas*, las que separan los aminoácidos de los extremos de las moléculas de proteínas, y *endopeptidasas* que atacan y dividen el interior de las moléculas de proteínas.

Ya se ha hecho notar la elevada selectividad de algunas enzimas como las peptidasas. Las amilasas, y las enzimas que descomponen los azúcares, poseen un alto grado similar de selectividad. Es claro por consiguiente que se requiere toda una serie de dichas enzimas para efectuar la descomposición escalonada de las proteínas y los carbohidratos. Las lipasas, por otra parte, son relativamente poco selectivas, de modo que sólo se requieren lipasas para descomponer las grasas.

Etapas de digestión

El sistema digestivo está separado del sistema corporal propiamente dicho y se considera de modo muy simplificado como una serie de órganos tubulares que atraviesan el cuerpo desde la boca en un extremo hasta el ano en el otro. Los alimentos entran al sistema por la boca, bajan por el esófago hasta el estómago y luego a través del intestino delgado y el intestino grueso, siendo gradualmente digeridos y absorbidos en el proceso. Todo lo que sobra abandona el cuerpo por el otro extremo del sistema. En lo que sigue, se describen las etapas de una manera muy sencilla, a fin de presentar un cuadro general del proceso. Los detalles químicos se darán más tarde, después de una descripción de la naturaleza química de los nutrientes de que se trate. Las partes principales del sistema digestivo se representan en la figura 2.4 y el proceso digestivo se resume en la figura 2.5.

DIGESTIÓN EN LA BOCA Cuando se mastican los alimentos, se reduce el tamaño de los trozos individuales y la saliva es segregada por las glándulas salivales. La secreción de la saliva tiene lugar en respuesta a diversas clases de estímulos; la vista de una comida bien preparada, un olor apetitoso o aun el pensamiento de un platillo sabroso hace que las glándulas salivales viertan la saliva. Este fluido se mezcla bien con la comida durante la masticación lo que la lubrica y la hace más fácil de tragar. La saliva es una solución acuosa diluida con un contenido de sólidos de solamente alrededor del uno por ciento. Su principal constituyente es una sustancia viscosa llamada *mucina*, la cual ayuda a la lubricación. Contiene también la enzima *amilasa salival* y diversas sales inorgánicas, de las que la más abundante es el cloruro de sodio que suministra iones cloruro que activan la enzima. La hidrólisis inicial de los alimentos feculentos cocinados es catalizada por la amilasa salival, y esta acción catalítica continúa conforme el alimento desciende por el esófago hasta llegar al estómago. Sin embargo, la enzima pronto se inactiva debido a que no tolera un medio muy ácido.

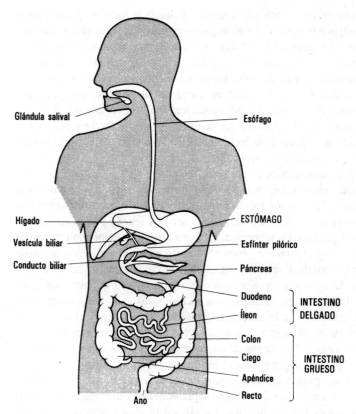

Figura 2.4 El sistema digestivo.

El alimento desciende por el esófago mediante un suave movimiento muscular llamado *peristalsis*. Los músculos se contraen, lo que produce una onda peristáltica que se mueve hacia abajo por el esófago, llevando con ella el alimento.

DIGESTIÓN EN EL ESTÓMAGO El estómago se puede considerar como un depósito en el que el alimento es preparado para la etapa principal de la digestión en el intestino delgado. Empero esto no quiere decir que no se efectúe ninguna digestión en el estómago, ya que algunas células en el revestimiento de éste producen un fluido llamado *jugo gástrico*. Los dos constituyentes esenciales de esta solución acuosa diluida son sus enzimas y su contenido de ácido. La enzima principal es la pepsina, segregada como el pepsinógeno inactivo y que se activa cuando se pone en contacto con el ácido clorhídrico que es el constituyente ácido del jugo gástrico.

Unos 20 minutos después de haber empezado a comer, se inician vigorosos movimientos musculares en la porción inferior del estómago. La contracción muscular produce una presión hacia el interior que se mueve hacia abajo por la pared del estómago como una onda peristáltica, moviendo la comida a través del estómago y haciendo que se mezcle bien con el jugo gástrico. De esta manera, la acidez de la mezcla semilíquida del alimento, llamada *quimo*, aumenta hasta que la endopeptidasa pepsina es capaz de catalizar la conversión de parte de la proteína en moléculas ligeramente más simples llamadas *peptonas*. La otra enzima del jugo gástrico es la *renina*, la que también actúa en un medio ácido y provoca la coagulación o cuajado de la leche. La acidez del jugo gástrico es también causa de que mueran algunas bacterias que entran con el alimento.

Durante una comida es necesario un copioso flujo de jugo gástrico, cuya producción es estimulada tanto por mecanismos sicológicos como químicos. Los primeros son los más importantes y están controlados por una acción nerviosa involuntaria que puede ser ocasionada por la apariencia, el olor y el gusto de los alimentos. La mera idea de la comida puede bastar para estimular la secreción gástrica; por otra parte, el jugo gástrico puede ser inhibido por factores como la excitación, la depresión, la ansiedad y el miedo. Ciertos alimentos actúan como estimulantes químicos de la secreción. Los *extractos de carne*, por ejemplo, los cuales se extraen de la carne al somerterla a la acción del agua hirviendo, son particularmente eficientes en cuanto a eso. Las sopas y los guisos de carne en los que se han conservado los extractos de carne resultan por consiguiente valiosos auxiliares para la digestión en el estómago.

La acción peristáltica mueve al quimo a la región inferior del estómago, la cual está separada de la región superior del intestino delgado, llamada duodeno, por la válvula pilórica. La válvula se abre a intervalos, permitiendo así que pequeñas porciones del quimo salgan del estómago. Este proceso continúa aproximadamente por seis horas después de ingerir una comida hasta que no queda quimo en el estómago.

DIGESTIÓN EN EL INTESTINO DELGADO   La etapa principal de la digestión ocurre durante el paso del quimo a través del largo intestino delgado. Tan pronto como el alimento entra al duodeno, se vierten los jugos digestivos. Existen tres fuentes de éstos: el hígado segrega la *bilis*, la cual se almacena luego en la vesícula biliar, y el páncreas segrega el *jugo pancreático*, estas dos secreciones entran al intestino delgado por un conducto situado a corta distancia abajo del duodeno; la tercera secreción se produce en el recubrimiento del intestino delgado y se le llama *jugo intestinal*. Todas estas secreciones se producen al mismo tiempo y como son alcalinas neutralizan la acidez del quimo. En estas condiciones las enzimas de las tres secreciones son capaces de ejercer su efecto catalítico.

El jugo pancréatico contiene enzimas que le permiten ayudar en la digestión de los tres principales tipos de nutrientes. Las endopeptidasas tripsina y quimotripsina, entre otras, llevan a cabo la degradación de las proteínas

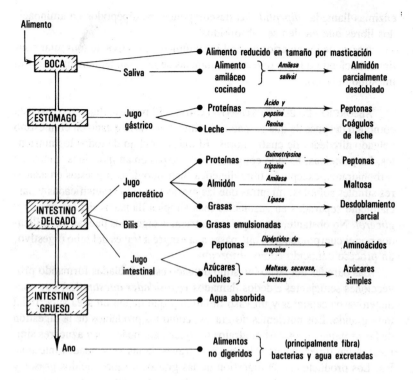

Figura 2.5 Resumen de la digestión.

iniciada por la pepsina en el estómago, y completan la descomposición de las proteínas en peptonas. La amilasa pancreática es otra enzima presente en el jugo pancreático; su capacidad para catalizar la hidrólisis de grandes cantidades de almidón en maltosa ya se mencionó. Finalmente, la *lipasa pancreática* realiza la hidrólisis parcial de algunas moléculas de grasa, convirtiéndolas en sustancias más sencillas que puedan ser absorbidas.

La bilis no posee acción enzimática, pero contiene sales biliares que convierten a las grasas (licuadas por el calor del estómago) en una emulsión de pequeñísimas gotas sobre las que luego actúa la lipasa del jugo pancreático.

El jugo intestinal contiene varias enzimas, tres de las cuales ya se han mencionado; a saber: maltasa, lactasa y sacarasa, que descomponen los azúcares dobles maltosa, lactosa y sacarosa, respectivamente, en azúcares simples que pueden ser absorbidos. Además de éstas, un grupo de exopeptidasas, llamado *erepsina*, continúa con la descomposición de las proteínas iniciada por las endopeptidasas pepsina, tripsina y quimotripsina. Las exopeptidasas atacan a los extremos de las moléculas de peptona unidas en forma de cadena hasta que se fragmentan en pequeñas unidades llamadas dipéptidos que contienen sólo dos aminoácidos. Finalmente, otro grupo de enzimas llamadas *dipeptidasas* descomponen los dipéptidos en aminoácidos libres que pueden ser absorbidos.

Aparte de los anteriores cambios químicos, la actividad muscular continúa, haciendo que las diversas sustancias se muevan lentamente hacia el intestino delgado.

ABSORCIÓN EN EL INTESTINO DELGADO   El proceso digestivo casi está completo después de que el material alimenticio haya estado en el intestino delgado alrededor de cuatro horas. El más complejo de todos los nutrientes, las proteínas, ha sido convertido por etapas en aminoácidos: todos los carbohidratos, excepto la fibra dietética, han sido descompuestos en azúcares simples solubles, mientras que las grasas han sido emulsificadas y parcialmente separadas en sustancias más simples llamadas *ácidos grasos* y *glicerol*. No obstante, antes que los nutrientes digeridos puedan ser utilizados por el cuerpo, tendrán que pasar a la sangre a través del tubo digestivo, un proceso conocido como *absorción*.

Las paredes del largo intestino delgado están dobladas formando proyecciones semejantes a dedos llamados *vellosidades intestinales*, que contienen vasos capilares y un vaso linfático y que tienen un área superficial muy grande. Los nutrientes no grasos, como los productos de la digestión de las proteínas y los carbohidratos (es decir, aminoácidos y azúcares simples) pasan directamente a la sangre a través de las vellosidades intestinales. Los productos de la digestión de las grasas, a saber, ácidos grasos y glicerol, pasan a través de las vellosidades al vaso linfático donde vuelven a formar moléculas de grasa. No obstante, en este proceso, los ácidos grasos se disponen de tal manera que las moléculas de grasa resultantes son más apropiadas para su utilización por el cuerpo.

EL INTESTINO GRUESO   Alrededor de 7 a 9 horas después de que se ha ingerido una comida, cualquier alimento que no se haya digerido y absorbido en el intestino delgado pasa por la válvula ileocecal o de Bauhin a un tubo más amplio y más corto llamado el intestino grueso. El cuerpo no produce nuevas enzimas durante esta etapa, pero el intestino grueso contiene una gran cantidad de bacterias. Estas atacan a las sustancias no digeridas, como la fibra dietética utilizando sus propias enzimas y los descompone parcialmente. Además, se sintetizan la vitamina K y algunas vitaminas del grupo B, es decir, son producidas por las bacterias. Esta actividad bacteriana no se efectúa en gran escala, pero las pequeñas moléculas así formadas, si es que pueden ser absorbidas, pasan a la sangre a través de las paredes del intestino grueso.

La función principal del intestino grueso es la de eliminar el agua presente en la masa fluida; este proceso continúa conforme pasa el fluido, de modo que cuando llega al extremo del tubo se encuentra en una forma semisólida conocida como *heces*. En un día pueden producirse, entre 100 y

200 gramos de heces húmedas que contienen material alimenticio no digerido, residuos de los jugos digestivos, gran cantidad de bacterias tanto vivas como muertas y agua. Después de haber estado en el intestino grueso por aproximadamente 20 horas, estos materiales son eliminados del cuerpo.

TRANSPORTE EN EL CUERPO   El alimento, después de la digestión y la absorción, proporciona nutrientes que constituyen la materia prima del metabolismo del cuerpo. Pero este proceso no estaría completo si no se contara con un eficiente sistema de transporte capaz de llevar los nutrientes hasta las células que los requieran. Ya se ha visto que los nutrientes, durante la absorción, pasan a la sangre, y es esta constante circulación de la sangre a través del sistema corporal la que permite que estos nutrientes sean transportados a los lugares donde se necesiten. La sangre, que está compuesta por cuatro quintas partes de agua, contiene muchas sustancias en solución, como los nutrientes y las hormonas. Otras sustancias, como los glóbulos rojos que transportan oxígeno, están presentes como células en la sangre y son transportadas por ésta en suspensión.

La mayor parte de los nutrientes digeridos, al ser solubles en agua, son fáciles de transportar disueltos en la sangre, pero el transporte de la grasa es más complicado. La grasa es transportada en forma emulsificada como minúsculas gotitas de *lipoproteína*. Las lipoproteínas están compuestas de cúmulos de moléculas de grasa recubiertas por proteínas y *fosfolípidos* (principalmente *lecitina*) y convertidas así en una emulsión fácilmente transportable.

El corazón bombea la sangre a través de las arterias y por tubos cada vez menores, de los que los más pequeños son los capilares. En los capilares, los nutrientes y el oxígeno de la sangre se difunden en las células vecinas, en tanto que los productos de desecho de las células se difunden en la sangre. La sangre que arrastra el material de desecho pasa por una red de venas, donde el bióxido de carbono es removido por los pulmones, mientras que las sustancias solubles son eliminadas por los riñones. Existe asimismo una difusión libre de agua entre la sangre y el fluido de los tejidos, lo que permite que se renueve continuamente el fluido que baña las células.

CAPÍTULO 3

Alimentos, salud y enfermedades

Hoy en día, en el Mundo Occidental, la mayor parte de la gente tiene la posibilidad de escoger lo que quiere comer. Asimismo, la mayoría puede decidir cuánto desea comer. Sin embargo, no siempre ha sido así. Desde sus orígenes, el ser humano posee un fuerte instinto de supervivencia, y fue este impulso primitivo lo que lo llevó a seleccionar animales y buscar plantas comestibles que le permitieran sobrevivir. De esta manera, la dieta del ser humano, esto es, su "patrón habitual de consumo de comida y bebida" fue determinado desde el punto de vista cualitativo por la clase de alimento que estaba disponible y cuantitativamente por la cantidad en que éste estaba disponible. En esta etapa primitiva del desarrollo del ser humano, la selección era limitada y se reducía a una selección instintiva de alimentos que no le causaran efectos nocivos al comerlos. Conforme transcurrió el tiempo, el ser humano amplió la variedad de los alimentos disponibles gracias a la domesticación de animales y el cultivo de aquellas plantas que demostraron ser fuentes útiles de alimentos.

Incluso en Gran Bretaña, en tiempos tan recientes como hace 100 años, la dieta de la gente común y corriente era muy restringida y el grueso de la población vivía sencillamente del alimento disponible para ellos. La selección de los alimentos se reducía a escoger entre aquéllos de los que había abasto. En estas circunstancias, la gente no se preocupaba de que la comida fuera "buena" o "mala" para la salud, sino solamente de encontrar la cantidad suficiente para aplacar el hambre. Los factores de disponibilidad y costo significan que la dieta promedio se restringía sólo a pocos alimentos. Al inicio del siglo veinte, el ciudadano inglés promedio tenía una dieta muy limitada cuyos principales componentes eran pan y té.

No cabe duda que la alimentación en Gran Bretaña al presente es tanto más sana como más apetitosa que hace un siglo. En aquella época, el nivel general de salud era muy inferior a los estándares corrientes de hoy en día y las enfermedades infecciosas como el cólera, la tuberculosis, el tifo, la viruela y la escarlatina eran muy comunes y las principales causas de muerte. No fue sino hasta el siglo XIX que se descubrió el origen de las enfermedades infecciosas, y el descubrimiento y apreciación de que eran causadas por bacterias nocivas constituyó un avance muy importante para el conocimiento humano acerca de la naturaleza de la enfermedad. Se demostró que las enfermedades infecciosas son el resultado de la *presencia* de algo dañino en el ambiente, ya sea el aire que respiramos, el agua que bebemos, o de modo más general, la naturaleza antihigiénica o insalubre de las condiciones de vida.

El conocimiento de que las enfermedades infecciosas eran causadas por bacterias nocivas del ambiente permitieron encontrar medidas preventivas para eliminarlas. Por ejemplo, los suministros de agua sin tratar eran una fuente corriente de infecciones, entre las que se incluía el cólera, pero el tratamiento del agua con desinfectantes antes de ser utilizada destruyó las bacterias nocivas. Hoy en día en Gran Bretaña, toda el agua para el consumo doméstico se trata cuidadosamente antes de ser utilizada de manera que no resulte nociva para la salud; un asunto que se tratará con mayor detalle en el capítulo 10.

ENFERMEDADES POR DEFICIENCIA   El predominio en el pasado de las enfermedades infecciosas no se debía directamente a alguna deficiencia en la dieta, sino que una alimentación inadecuada y la consiguiente mala salud hacían a la gente susceptible a las bacterías patógenas. Sin embargo, existe otro tipo de enfermedad conocida como *enfermedades por deficiencia*. El *escorbuto*, el *raquitismo* y el *beriberi* son ejemplos bien conocidos de enfermedades por deficiencia y han sido causa de muchísimas muertes.

Desde los tiempos de Pasteur hasta nuestros días, la parte desempeñada por la presencia de las bacterias patógenas en la producción de enfermedades infecciosas ha sido plenamente apreciada. Sin embargo, la posibilidad opuesta, o sea, que la enfermedad era causada por la *ausencia* de algo, resultó más difícil de comprender.

El escorbuto es una enfermedad muy antigua y está particularmente asociado con las largas travesías por mar. A fines del siglo XVI el almirante Hawkins mencionó que por experiencia propia sabía de 10 000 marineros que habían muerto de escorbuto. Alrededor de 1750, el capitán Cook, durante una larga expedición naval a Australia, añadió frutos cítricos y hortalizas frescas a la dieta de sus marineros con el resultado de que el escorbuto se prevenía o se curaba. Casi por la misma época (1753), el médico naval James Lind publicó su Tratado sobre el Escorbuto (*Treatise of the Scurvy*) en el cual presentaba la primera prueba inequívoca experimental que relacionaba la dieta y la enfermedad. Demostró, por medio del primer experimento clínico controlado, que si se añadían naranjas y limones a la dieta de los marineros se curaba el escorbuto.

El tratado de Lind sobre el escorbuto establecía que la falta de frutos cítricos en la dieta podría ser causa del escorbuto y que esta enfermedad podría curarse si dichas frutas se añadían a la dieta de los enfermos de escorbuto. Así, el concepto de enfermedad por deficiencia llegó a ser aceptado. Empero no fue sino hasta 1912, en un trabajo publicado por Gowland Hopkins, que se estableció la naturaleza de las *vitaminas* y su función vital en el mantenimiento de la salud.

El descubrimiento de las vitaminas y el consiguiente entendimiento de las enfermedades por deficiencia y la capacidad de curarlas se considera como el más grande avance en la ciencia de la nutrición en el siglo veinte. El conocimiento de que la falta de vitaminas en la dieta era causa de enfermedades como el escorbuto y el raquitismo introdujo un cambio fundamental en la actitud del ser humano con respecto a los alimentos. Atrajo asimismo la atención sobre la dieta y la estableció como un factor importante de la producción de enfermedades así como del mantenimiento de la salud.

Concepto de una dieta balanceada

Como ya se vio en el capítulo 1, el cuerpo humano no alcanzará y mantendrá una condición saludable a menos que reciba un suministro de alimentos que provean cantidades adecuadas de todos los nutrientes y una cantidad adecuada de energía. Este tipo de dieta se conoce como una *dieta balanceada*. Una dieta saludable será asimismo una que sea sana, esto es, que no contenga nada que sea nocivo.

El concepto de una dieta balanceada facilita considerar desde un punto de vista químico y analítico a los alimentos y la dieta. Este enfoque se basa en la utilización de tablas de análisis de los alimentos y el cálculo de la cantidad de los diferentes nutrientes suministrados por una determinada cantidad de alimentos. De este modo, resulta fácil elaborar una dieta balanceada que suministre la cantidad recomendada de cada nutriente como se especifica en la tabla del apéndice I. De modo similar, es posible utilizar valores para el contenido de energía de los alimentos para asegurar que la dieta proporcione una cantidad apropiada de energía.

El concepto de dieta balanceada se originó del deseo de asegurar que se ingiera una amplia variedad de alimentos a fin de evitar la deficiencia de algún nutriente en particular. Este enfoque fue relevante hasta el comienzo del siglo XX cuando la desnutrición en general, y las enfermedades por deficiencia en particular, eran comunes en Gran Bretaña. Sin embargo, en este momento, la desnutrición en Gran Bretaña y otros países occidentales es rara y las enfermedades por deficiencia se limitan a circunstancias específicas. Por ejemplo, los hijos de inmigrantes cuya alimentación tradicional ha sido sustituida por dietas inadecuadas de estilo occidental pueden presentar deficiencias vitamínicas; especialmente de vitamina D, y por consiguiente, padecer raquitismo.

Hoy en día en Occidente, las enfermedades infecciosas y por deficiencia ya no constituyen un verdadero problema. La mayor parte de la población cuenta con una amplia variedad de alimentos y tienen suficiente (o más que suficiente) cantidad de comida. A pesar de todo esto durante la primera parte del siglo XX apareció una gama de nuevas enfermedades como la insuficiencia coronaria y el cáncer, las que se conocen como *enfermedades de la abundancia* debido a que aflige en particular a las regiones más ricas del mundo.

Por otra parte, se presume que el predominio de las enfermedades de la abundancia está relacionado con la dieta, y dichas enfermedades se han desarrollado a pesar de la alimentación supuestamente sana y balanceada de la mayor parte de la población. Resulta evidente que el consumir una amplia variedad de alimentos no ha contribuido a impedir la propagación de las enfermedades de la abundancia. De hecho, se piensa hoy en día que es necesario un nuevo enfoque; uno en el que se le dé una cuidadosa consideración a la proporción de tipos particulares de alimentos ingeridos y a reducir la ingestión de ciertos tipos de alimentos.

Hay al presente un acuerdo de opiniones sobre nutrición con respecto a la clase *general* de los cambios que se requieren en las dietas de los países ricos a fin de hacerlas más sanas. Estos cambios se considerarán con mayor detalle más adelante en el libro, pero puede resultar provechoso dar aquí los rasgos generales de lo que se considera debe constituir una dieta sana.

Hasta la década de 1960 se consideraba que las proteínas ocupaban un lugar clave en una dieta sana. Se hacía mucho hincapié en la necesidad de suficientes proteínas y en su calidad. La proteína animal, en particular, se consideraba especialmente aconsejable en razón de su valor biológico. Al presente, se hace menos hincapié en la necesidad de consumir una gran cantidad de proteína de alta calidad. Esto se debe en parte a que la necesidad del cuerpo de proteínas es mucho menor de lo que se consideraba previamente y en parte que si la dieta contiene suficientes "alimentos energéticos"; esto es: carbohidratos y grasas, contendrá con toda certeza suficientes proteínas. Dicho de otro modo, si los carbohidratos y las grasas de la dieta se hallan en la proporción correcta, las proteínas se cuidarán por sí solas.

La grasa es la más compacta fuente de energía en la dieta, y las dietas bajas en grasa tienden a ser consideradas como poco apetitosas. La calidad y la cantidad de grasa en una dieta sana es tema de mucha investigación y debate; este asunto es complejo y se considera con mayor detalle en el capítulo 5. No obstante, existe en general un acuerdo de que la cantidad de grasa en una dieta se debe reducir y que la calidad necesita ser ajustada a favor de los aceites y grasas vegetales (o para ser más exactos, a favor de aceites y grasas *poliinsaturados*) a expensas de las grasas animales (o saturados).

Un resultado de promover el concepto de dieta balanceada, lo que hicieron los nutriólogos hasta fines de la década de 1970, fue que se considerara que el alimento era tan bueno como los nutrientes que contenía. La parte del alimento que no contenía nutrientes se daba por perdida como *fibra no digerible*. La fibra es la parte no digerible del alimento, consiste desde el punto de vista químico en celulosa mientras que físicamente consiste en las paredes celulares de las plantas. Los alimentos *refinados* son aquellos que han sido procesados con el fin de eliminar parte de o todas las paredes celulares de los alimentos naturales de los que aquéllos derivan. El azúcar, por ejemplo, es un alimento totalmente refinado. No contiene ningún resto de las paredes celulares de la caña de azúcar o de la remolacha azucarera de las que se deriva; es sacarosa "pura". La harina blanca de trigo es un alimento refinado en el sentido de que una porción considerable de las paredes celulares del trigo de la que se obtiene ha sido removida. Sin embargo, no está totalmente refinada pues contiene aún algo de material no digerible.

Fue durante la década de 1960 cuando se empezó a cuestionar la tendencia a ingerir cantidades crecientes de alimentos refinados. Los doctores T. L. Cleave, Denis Burkit y Hugh Trowell pusieron en tela de juicio los conocimientos convencionales de la época al promover "alimentos integrales", es decir, alimentos que contienen todas las paredes celulares de las plantas de las que provienen. Lo que había sido denigrado como "desechos indigeribles" era ahora aclamado como *fibra dietética*.

Se reconoce ahora que el alimento es algo más que los nutrientes que contiene y que la fibra dietética es parte necesaria de una dieta sana. Al presente se hace hincapié en la necesidad de ingerir muchos carbohidratos sin refinar en la dieta al tiempo que se reduce la cantidad de carbohidratos refinados. Lo anterior se logra consumiendo alimentos integrales en lugar de alimentos procesados. Además de proteínas, grasas y carbohidratos (incluyendo la fibra dietética) la dieta debe asimismo suministrar cantidades adecuadas de vitaminas y elementos minerales. Como ya se ha hecho notar, resultan raros los ejemplos de deficiencias vitamínicas hoy en día en los países occidentales. En lo que respecta a los elementos minerales, el consenso no es que las dietas sean deficientes en minerales, sino que una sal mineral, el cloruro de sodio, debe restringirse, ya que una dieta elevada en contenido de sal es probable que predisponga a la hipertensión (presión arterial alta).

Dieta y enfermedades de la abundancia

El aumento en la frecuencia de las enfermedades de la abundancia como la insuficiencia coronaria y el cáncer en el mundo occidental se ha convertido en una gran preocupación tanto de la ciencia médica como de la nutrición. Se sabe que estas enfermedades, a diferencia de las infecciosas y las enfermedades por deficiencia, no tienen un origen único, sino que están implicados varios factores diferentes, son de origen *multifactorial*. Los factores implicados incluyen edad, sexo, peso, estilo de vida (incluyendo, por ejemplo: ejercicio y estrés), tabaquismo, presión sanguínea y *dieta*.

Es la inclusión de la dieta entre dichos factores lo que constituye la principal inquietud de los autores de este libro, ya que ello pone de relieve una posible relación entre la nutrición y la enfermedad que es muy significativa. Es importante recalcar el hecho de que no se tienen pruebas de que la dieta sea la *causa* de alguna de esas enfermedades (a menos que la obesidad se incluya entre ellas). Por otra parte, se cuenta con bastantes pruebas de que la dieta sí tiene algo que ver, y la naturaleza de estas pruebas se examinará con mayor detalle en capítulos posteriores.

La insuficiencia coronaria (IC) ha sido estudiada con mayor intensidad que otras enfermedades de la abundancia, principalmente porque constituye una importante causa de muerte en los países desarrollados. En Gran Bretaña, que tiene una tasa de mortalidad particularmente elevada por insuficiencia coronaria, más de la mitad de las muertes de hombres con edades entre 45 y 54 años son causadas por infarto cardiaco o de miocardio e IC. Al no tener una sola causa, la insuficiencia coronaria y otras enfermedades de la abundancia son difíciles de investigar. La *epidemiología*, el estudio de los patrones de las enfermedades, se utiliza a menudo con este fin. Se sabe que la IC predomina más en algunos países, los desarrollados, que en otros, y que la enfermedad ocurre más en los hombres que en las mujeres, principalmente en la vejez pero en forma creciente en la edad madura. A partir de dichas observaciones se buscan factores en común que pudieran correlacionarse con la distribución de la enfermedad. Al presente, dichos estudios de correlación han sido de mucha utilidad para identificar algunos factores, conocidos como *factores de riesgo*, que parecen tener alguna conexión con la enfermedad.

Los estudios de correlación de la IC han identificado un cierto número de factores de riesgo que se relacionan con el modo de vida occidental. Entre estos factores de riesgo hay varios que están relacionados con la dieta, aunque los tres principales factores de riesgo se han identificado: *tabaquismo, presión arterial alta* y *alto contenido de colesterol en la sangre*. En un estudio a largo plazo de la IC, llevado a cabo en Framingham, EE.UU. se investigó la naturaleza de dichos factores. Entre los hombres del grupo de edades de 30 a 62 años se encontró que fumar más de 20 cigarros al día casi duplica el riesgo de la IC, una presión arterial muy alta más que duplica el riesgo y un contenido muy alto de colesterol en la sangre multiplica el riesgo por un factor de dos y medio.

El particular interés del estudio de Framingham es este: demuestra que el riesgo de la IC aumenta con cada factor de riesgo y esto se representa

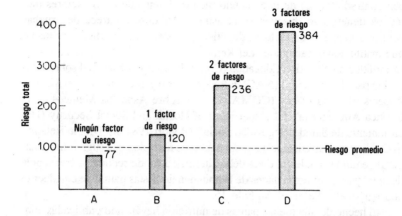

Figura 3.1 Cómo el número de factores de riesgo aumenta el riesgo de la IC. A: Hombres que no fuman, presión arterial normal y colesterol normal en la sangre. B: Hombres que fuman y presión arterial normal y colesterol normal en la sangre C: Hombres que fuman, presión arterial normal pero colesterol muy alto en la sangre. D: Hombres que fuman, presión arterial muy alta y nivel muy elevado de colesterol en la sangre.

en la figura 3.1, la cual se refiere a hombres de 45 años. La gráfica muestra que cuando están presentes los tres factores de riesgo más importantes el riesgo de la IC es casi cuatro veces mayor que el promedio. Asimismo, este estudio demostró que quienes llevan una vida llena de estrés, aquellos que son agresivos, están en constante competencia y se fatigan, es más probable que estén en riesgo de enfermarse de IC que quienes lleven una vida más tranquila.

Aunque los estudios de correlación de este tipo proveen valiosas pruebas circunstanciales, un factor de riesgo es sencillamente un concepto estadístico que necesita evaluarse por medios prácticos. Los *ensayos clínicos* se utilizan para probar y determinar la importancia de un factor de riesgo en particular, mientras que los *estudios de intervención*, en los cuales los grupos de gentes que cambian sus hábitos de un modo particular, demuestran cómo el cambio de un hábito o factor particular reduce la frecuencia de la enfermedad.

La relación entre la IC y la dieta ha sido, y está, sometido a un intenso escrutinio. Muchos aspectos diferentes de la dieta figuran entre los sospechosos, entre otros consumo excesivo de alimento en general (que conduce a la obesidad), consumo excesivo de alimentos particulares (que incluyen grasas, de manera especial grasas saturadas, azúcar e incluso café) y un consumo insuficiente de grasas poliinsaturadas y fibra.

Es necesario hacer de nuevo hincapié en el hecho de que no se tienen pruebas de que alguno de estos factores dietéticos cause la enfermedad pero, por otra parte, se tienen bastantes indicios (aun cuando muchos de ellos son contradictorios) de que cuando menos algunos de estos factores dietéticos tienen algo que ver en el asunto. Aunque se carece de pruebas concernientes a estos factores dietéticos, el peso de los indicios ha hecho que instituciones nacionales del Reino Unido como el National Advisory Committee on Nutrition Education (Comité Consultivo Nacional sobre Educación para la Nutrición) (NACNE Report, 1983) y el Committee on Medical Aspects of Food Policy (COMA; Comité sobre Aspectos Médicos de la Política Alimentaria) del Department of Health and Social Security (Departamento de Salud y Seguridad Social) (Report 1984 on 'Diet in Relation to Cardiovascular Disease') emitan pautas de nutrición que sugieren las maneras según las cuales la dieta debe alterarse a fin de reducir la frecuencia de la IC y otras enfermedades de la abundancia. Estas pautas se consideran con mayor detalle en el capítulo 15.

El hecho de que dichas pautas de nutrición hayan sido publicadas confirma el punto de vista de los organismos que trabajan en el campo de la nutrición y gubernamentales de que existe *algún* nexo entre la dieta y las enfermedades de la abundancia. El hecho de que muchos investigadores no estén todavía convencidos acerca de la relación entre dieta y enfermedad confirma la dificultad de obtener pruebas confiables. Cualquiera que sea la verdad en este asunto, es evidente que las pautas de nutrición propuestas no son perjudiciales y parece probable que resultarán benéficas.

Concepto de salud

Una dieta balanceada impide la desnutrición, la subnutrición y la inanición; evita las enfermedades por deficiencia. El uso de ''metas dietéticas'' basadas en las pautas de nutrición es probable que ayude a combatir las enfermedades de la abundancia pero por sí solas no pueden hacernos más saludables porque la salud es algo más que la ausencia de enfermedades. La salud es ''el logro y el mantenimiento del estado más elevado de vigor mental y corporal de que sea capaz cualquier individuo''.

Nuestra presente comprensión de la nutrición nos libera del estrecho punto de vista químico (nosotros escribimos como químicos, que confiamos, han llegado a una posición de humildad con respecto al enfoque químico de los alimentos) de que el alimento no es más que los nutrientes (compuestos químicos) que contiene. Los nutrientes *son* importantes, pero también lo es la textura crujiente de una manzana, una zanahoria cruda, o una nuez, lo mordible y el aroma de un pan integral recién horneado, la sensación de satisfacción producida por comer un tazón de *muesli* con frutas secas, la apariencia que hace agua la boca y el olor de las fresas maduras. La comida debe ser *diversión* así como *funcional*.

No resulta provechoso considerar nuestros cuerpos solamente como máquinas de combustión lenta y los alimentos como combustible, como tampoco es útil considerar los alimentos como una medicina que reduce la posibilidad de una enfermedad. Los alimentos son para disfrutarlos así como para hacernos "bien". La salud no proviene meramente de consumir los "alimentos apropiados", sino de nuestras actitudes, manera de ver la vida y estilo de vida. El estrés y la ansiedad pueden contribuir otro tanto, o más, a la falta de salud como una dieta mal seleccionada.

ENFERMEDADES RELACIONADAS CON LOS ALIMENTOS

Si bien se le ha dado una gran prominencia a las enfermedades de la abundancia descritas en las páginas anteriores, otras enfermedades de manera clara relacionadas con la dieta, aunque de efectos menos notables, han empezado a reconocerse en forma creciente como importantes en nuestra sociedad moderna. Resulta extraño que dos de estas enfermedades, la *obesidad* y la *anorexia nerviosa*, sean el resultado de tendencias opuestas, o sea, ingerir demasiados alimentos e ingerir demasiado pocos, respectivamente. Otras enfermedades importantes relacionadas con los alimentos son la *enfermedad celiaca* y formas de *intolerancia a los alimentos* que incluyen las alergias.

Obesidad

La obesidad es el estado en el que una persona acumula en el cuerpo una excesiva cantidad de grasa. Hay alrededor de 12 por ciento de grasa en el cuerpo de un hombre adulto promedio y cerca de 25 por ciento en el cuerpo de una mujer adulta promedio. Los hombres y las mujeres se consideran obesos si estas cifras exceden 20 por ciento y 35 por ciento, respectivamente. La mayor parte de la grasa del cuerpo se encuentra inmediatamente debajo de la piel y es posible estimar el total de grasa del cuerpo basándose en el grosor de los pliegues de la piel. No obstante, es más común estimar la grasa del cuerpo por la medición del peso, aun cuando dicho método sólo da una estimación imperfecta del contenido de grasa del cuerpo.

Los valores guía para el peso del cuerpo que aparecen en la tabla 3.1 indican los límites aceptables de peso para hombres y mujeres de diversas estaturas. El intervalo aceptable de peso se basa en los análisis de las compañías de seguros que indican los límites del peso para cada altura asociada con la tasa más baja de mortalidad en una población asegurada. Se considera obesa a una persona si el peso de su cuerpo se halla 20 por ciento arriba del límite superior del intervalo aceptable del peso. Tal definición de la obesidad no es más que una guía aproximada, puesto que por una parte no tiene en cuenta la edad, y por la otra tampoco tiene en cuenta las diferencias en el desarrollo muscular.

A pesar de que se han realizado pocos estudios completos sobre la frecuencia de la obesidad, se reconoce en Gran Bretaña que es uno de los

Tabla 3.1 Valores guía de peso corporal (basados en el informe del *Royal College of Physicians*, 1983)

Estatura (m)	Intervalo de peso aceptable (kg)		Obesidad (kg)	
	Hombres	Mujeres	Hombres	Mujeres
1.48	—	42−54	—	65
1.52	—	44−57	—	68
1.56	—	45−58	—	70
1.60	52−65	48−61	78	73
1.64	54−67	50−64	80	77
1.68	56−71	52−66	85	79
1.72	59−74	55−69	89	83
1.76	62−67	58−72	92	86
1.80	65−80	—	96	—
1.84	67−84	—	101	—
1.88	71−88	—	106	—
1.92	75−93	—	112	—

desórdenes nutrimentales más corrientes y un problema importante de salud. Se piensa que alrededor de la tercera parte de los adultos en los países occidentales son obesos. En el informe *Obesity* (Obesidad) del Royal College of Physicians (1983) se estima que en el Reino Unido hasta 30 por ciento de los adultos y cerca de cinco por ciento de los niños son obesos en algún momento.

EFECTOS DE LA OBESIDAD   La obesidad es considerada como una grave amenaza para la salud. En particular, la obesidad tiene un efecto adverso sobre el aparato cardiovascular. En el estudio realizado en Fra.ningham al que ya se ha hecho referencia, y en estudios subsiguientes, se ha encontrado que la obesidad aumenta el riesgo de presión arterial alta, angina de pecho (que produce dolor intenso en el pecho) y la insuficiencia coronaria.

Las personas obesas están además más propensas a enfermar de diabetes que las delgadas y esto puede llevar a problemas renales y ceguera. Es más probable que las mujeres obesas sean estériles que las delgadas, y en el caso de que se embaracen corren el riesgo de sufrir de toxemia y tener dificultades en el parto. Las personas obesas (especialmente las mujeres) son más propensas a enfermedades de la vesícula que las delgadas debido a que aquéllas producen cantidades excesivas de colesterol que predispone a la formación de cálculos biliares. Asimismo, es posible que la obesidad aumente el riesgo de osteoartritis, en particular de las rodillas, las caderas y la espina dorsal.

Se tienen bastantes indicios, muchos de ellos obtenidos por la American Cancer Society, de que la creciente obesidad aumenta el riesgo de cáncer del colon, el recto y la próstata en los hombres y mayor riesgo de cáncer mamario, del cérvix y del útero en las mujeres.

Las diferentes enfermedades asociadas con la obesidad que se mencionaron con anterioridad necesitan considerarse en su perspectiva adecuada a fin de no exagerar el riesgo del sobrepeso corporal. Por ejemplo, el riesgo contra la salud por fumar es mucho mayor que el riesgo originado por la obesidad, que resulta menos riesgoso ser un individuo pasado de peso que no fuma que un fumador de peso normal.

El efecto de la obesidad en los niños constituye un motivo de interés debido a que se cree que un aumento excesivo de peso durante la primera infancia está relacionado con la obesidad en años posteriores. Los estudios realizados en Estados Unidos indican que cerca de 80 por ciento de los niños obesos se convierten en adultos obesos, mientras que los estudios realizados en Inglaterra (presentados en el informe *Obesity* al que ya se ha hecho referencia) indican que a pesar de que el exceso de peso en la infancia no conduce *necesariamente* al exceso de peso en los adultos, aumenta la *probabilidad* de ser gordo en la vida adulta. La obesidad parece ser una condición familiar, de manera que los niños de padres con exceso de peso se encuentran en una posición de riesgo particular y se debe aconsejar a los niños a que adquieran patrones de alimentación y de ejercicio que eviten el aumento de peso. Se tienen datos de que los niños propensos a subir de peso tienen una producción de energía más baja que el promedio y por tanto, requieren ingerir menos alimentos energéticos, como azúcar y grasas, que los otros niños.

Ya se ha dicho bastante para probar la afirmación de que la obesidad constituye un peligro importante para la salud; de hecho en Estados Unidos se ha descrito como el mayor problema dietético. En el capítulo 15 se estudian las maneras por las cuales el exceso de peso y la obesidad pueden evitarse o curarse.

Anorexia nerviosa

La *anorexia nerviosa* es una enfermedad relacionada con la dieta, el término anorexia significa pérdida del apetito. Asimismo, se conoce como la "enfermedad adelgazadora". Sin embargo, ninguno de estos términos es totalmente exacto ya que la enfermedad es consecuencia del miedo al resultado de satisfacer el apetito, en vez de la pérdida del apetito mismo. Se trata de un trastorno psicológico cuya causa es frecuentemente difícil de diagnosticar. Afecta principalmente a las adolescentes y aunque es probable que estén implicados algunos factores genéticos, los factores ambientales son mucho más significativos.

La enfermedad origina una pérdida considerable de peso y puede llevar al cese de los períodos menstruales. Si no se remedia puede producir la muerte. El tratamiento es principalmente por psicoterapia pero también incluye ayuda dietética. Es necesario que al anoréxico se le anime a emprender un consumo gradualmente creciente de alimento, y aunque no se requiere una dieta especial ésta debe ser adecuada desde el punto de vista nutricional pero sin un excesivo contenido de energía. A pesar de que la recuperación es lenta, toma hasta dos o tres años, existe la probabilidad de que sea total.

Enfermedad celiaca

La *enfermedad celiaca* es causada por la mala absorción del alimento, lo que da por resultado la pérdida de peso y una deficiencia de elementos minerales y vitaminas. Las personas que padecen este trastorno son sensibles a la proteína *gliadina* que forma parte del gluten (véase página 162) contenido particularmente en el trigo y el centeno, pero sólo en pequeñas cantidades en otros cereales como la cebada, el arroz y la avena. La enfermedad se origina normalmente en la infancia cuando los cereales que contienen gluten se introducen por primera vez en la dieta.

La causa de la enfermedad se desconoce, aunque puede deberse a la falta de una enzima (véase el capítulo 2) requerida para la digestión de la gliadina. Cualquiera que sea la causa, la sensibilidad a la gliadina lleva a la irritación y finalmente la destrucción de las *vellosidades intestinales* (véase página 38) del intestino delgado, mismas que se encargan de la absorción de nutrientes y la transferencia de éstos al torrente circulatorio. De esto resulta que no se absorben algunos nutrientes sino que son excretados del cuerpo, generalmente en forma de diarrea grasosa.

Los niños que sufren de la enfermedad celiaca no crecen de manera normal y por lo general tienen un "abdomen hinchado característico", pueden sufrir de anemia y raquitismo. En otros tiempos la enfermedad podría resultar fatal pero hoy en día se cura, sencillamente por la eliminación de todos los alimentos que contienen harina de trigo, centeno y cebada sin tratar. Una dieta de este tipo implica evitar no sólo las fuentes obvias del gluten como el pan y las pastas sino también los productos elaborados a los que se les añade harina de trigo como los embutidos y las salsas. Algunos fabricantes de alimentos para niños elaboran productos libres de gluten, lo que se indica por un símbolo en la etiqueta. Los alimentos libres de gluten, como galletas, pan y harina se preparan de trigo del que se ha eliminado el gluten y dichos productos están ampliamente distribuidos.

Intolerancia a los alimentos

Algunas personas son hipersensibles, es decir, sus cuerpos tienen reacciones físicas desagradables, ante el polen o el polvo en el aire, los fármacos, los alimentos y los aditivos de los mismos. Dichas reacciones adversas se describen generalmente con el término intolerancia, y cuando el alimento es la causa se utiliza el término *intolerancia a los alimentos*.

La intolerancia a los alimentos puede definirse como una reacción adversa a los alimentos que no tiene causas psicológicas. Es difícil determinar cuán generalizada es esta condición, aunque se ha estimado que hasta 20 por ciento de los niños sufren de alguna forma de intolerancia dietética.

Se piensa que esta condición puede ser hereditaria; aunque, por fortuna, los infantes que padecen de intolerancia a los alimentos la superan frecuentemente antes de cumplir los tres años.

La intolerancia a los alimentos puede tener diversas causas, indicándose a continuación las principales.

1. *Sustancias específicas en los alimentos.* Algunos de los alimentos contienen sustancias que dan origen a reacciones que producen síntomas desagradables. Por ejemplo, las fresas y los tomates pueden hacer que se libere *histamina* en algunas personas, lo que produce una irritante erupción. Las *aminas* presentes en el vino, el queso, los extractos de levadura y los plátanos pueden causar efectos desagradables, así como también la *cafeína* contenida en el té y el café. No obstante, las reacciones adversas sólo ocurren después de consumir cantidades bastante grandes del alimento irritante.

2. *Incapacidad de digerir algunos alimentos.* Algunas personas sufren de *intolerancia a la lactosa.* La mayoría de la gente digiere la leche con facilidad, pero en el caso de algunos recién nacidos, niños y adultos, especialmente en África, Asia y Sudamérica, carecen de esta capacidad. La leche contiene el azúcar *lactosa* la cual es digerida en el intestino delgado con la ayuda de la enzima *lactasa.* Quienes sufren de intolerancia a la lactosa producen insuficiente lactasa para digerir la lactosa con el resultado de que la lactosa pasa al intestino grueso donde es convertida por las bacterias en ácido láctico que causa diarrea.

3. *Reacción a ciertos productos químicos y drogas.* Algunas personas reaccionan a los aditivos que contienen los alimentos. Por ejemplo, algunos colorantes artificiales como el tinte amarillo *alizarina* que se encuentra en algunas bebidas, y algunos conservadores como el ácido benzoico que se añade a los encurtidos y los refrescos producen reacciones alérgicas en algunas personas. Además alguna gente es susceptible a ciertas sustancias como los *salicilatos* que se encuentran en la aspirina incluyendo las frutas (especialmente en las frutas secas), hortalizas y hierbas aromáticas y especias.

La aversión a la comida se distingue de la intolerancia a los alimentos debido a que tiene un origen psicológico y se le asocia frecuentemente con depresión y ansiedad.

ALERGIA A LOS ALIMENTOS   La alergia a los alimentos es una forma de la intolerancia a los alimentos que implica una alteración en el sistema de inmunidad del cuerpo. Normalmente, el sistema inmunitario protege al cuerpo contra agentes como virus y bacterias patógenos, pero en la alergia a los alimentos reacciona asimismo contra ciertas sustancias inofensivas contenidas en el alimento. La sustancia que produce una reacción alérgica se conoce como *alergeno* y puede ser una proteína o estar enlazada con una proteína (técnicamente una *glicoproteína,* véase la página 191).

En el metabolismo normal las proteínas se descomponen durante la digestión, como ya se explicó en el capítulo 2. En las personas que presentan una reacción alérgica a un alimento en particular, la proteína contenida en él no se digiere sino que pasa al torrente circulatorio y reacciona con los anticuerpos que forman parte del sistema de inmunidad. Esto trae como consecuencia que se liberen *histamina* y otras sustancias poderosas e irritantes en el torrente circulatorio, que producen diferentes síntomas en función de si los anticuerpos se hallan en la piel, el tubo digestivo o el aparato respiratorio. Los síntomas más corrientemente asociado con la alergia a los alimentos son urticaria (como picadura de ortiga), eczema, vómitos y diarrea.

El tratamiento de la intolerancia a los alimentos resulta más fácil cuando se presenta una reacción inmediata al alimento consumido. En este caso, es relativamente fácil determinar qué alimento es la causa del problema y eliminarlo de la dieta. A veces la reacción a los alergenos no se manifiesta hasta después de varias horas de haber comido, y de este modo es difícil descubrir la causa. La prueba más confiable para la alergia, pero la que lleva más tiempo es el uso de una *dieta de eliminación.* Esto implica alimentar al paciente con una dieta limitada que contenga alimentos que es improbable que contengan alergenos y luego añadir alimentos que contengan alergenos, uno por uno hasta que se produzca una reacción alérgica. Para que la prueba sea eficaz, los alimentos sospechosos se deben añadir a la dieta sin el conocimiento del paciente de manera que se evite la aversión psicológica a los alimentos en particular.

Los alimentos y los aditivos más corrientemente asociados con la intolerancia y la aversión a los alimentos son leche de vaca, huevos, pescado, mariscos, trigo y otros cereales, harina, levadura, chocolate, puerco, tocino, carne suavizada, café, té, conservadores y colorantes artificiales.

LECTURAS RECOMENDADAS

BRITISH MEDICAL ASSOCIATION (1986). *Diet, Nutrition and Health.* BMA, Londres.

BRITISH NUTRITION FOUNDATION (1986). *Energy Balance in Man.* BNF Briefing Paper No. 8.

DEPARTMENT OF HEALTH AND SOCIAL SECURITY (1984). Committee on Medical Aspects of Food Policy (COMA), *Diet and Cardiovascular Disease.* HMSO, Londres.

EAGLE, R. (1986). *Eating and Allergy.* Wellingborough.

FRANKLIN, A. AND LINGHAM, S. (Eds) (1987). *Food Allergy in Children.* Parthenon Publishing Group, Carnoforth, Lancs.

GARROW, J. S. (1981). *Treat Obesity Seriously.* Churchill Livingstone, Edinburgh.

NATIONAL ADVISORY COMMITTEE ON NUTRITION EDUCATION (NACNE). *Proposals for Nutritional Guidelines for Health Education in Britain.* Health Education Council, Londres.

ROYAL COLLEGE OF PHYSICIANS AND BRITISH NUTRITION FOUNDATION (1984). *Food Intolerance and Food Aversion.* BNF, Londres.

ROYAL COLLEGE OF PHYSICIANS (1983). *Obesity.* RCP, Londres.

CAPÍTULO 4

Lípidos y coloides

El término lípido es un término general que se utiliza para designar un amplio grupo de sustancias parecidas a las grasas de origen natural. Los lípidos son compuestos orgánicos, ya que todos contienen carbono, hidrógeno y una pequeña proporción de oxígeno. Constituyen un grupo variado de compuestos que tienen poco en común, excepto que son solubles en disolventes orgánicos como el cloroformo y los alcoholes pero que no lo son en agua. La mayoría de los lípidos son también derivados de los ácidos grasos. Los *aceites* y las *grasas*, las *ceras* y los *fosfolípidos* constituyen ejemplos de lípidos derivados de los ácidos grasos. Los *esteroides* se clasifican también como lípidos, a pesar de no ser derivados de los ácidos grasos y diferir bastante en cuanto a estructura del resto del grupo.

Los aceites y las grasas tienen una gran importancia para los alimentos y la nutrición. Desde el punto de vista químico, pertenecen a una clase de sustancias conocidas como *ésteres*, los cuales resultan de la reacción de un ácido con un alcohol. Las grasas son *ésteres* del alcohol trihídrico glicerol. Cada uno de los tres grupos hidroxilo de la molécula de glicerol tienen la capacidad de combinarse con una molécula de un ácido graso y el éster resultante se denomina *triglicérido*. El tipo más sencillo de triglicérido es el que se obtiene cuando las tres moléculas del ácido son iguales. Por ejemplo, si tres moléculas de ácido esteárico reaccionan con una molécula de glicerol, se forma la grasa conocida como *triestearina*:

$$3C_{17}H_{35}COOH + \begin{matrix} HOCH_2 \\ | \\ HOCH_2 \\ | \\ HOCH_2 \end{matrix} \rightleftharpoons \begin{matrix} C_{17}H_{35}COOCH_2 \\ | \\ C_{17}H_{35}COOCH \\ | \\ C_{17}H_{35}COOCH_2 \end{matrix} + 3H_2O$$

Ácido esteárico Glicerol Triestearina

En términos químicos, los aceites y las grasas son iguales; la única diferencia entre ellos es que a las temperaturas normales del aire los aceites son líquidos mientras que las grasas son sólidas. No obstante, esta distinción resulta vaga, puesto que no se puede definir con exactitud el término temperatura "normal", y algunos aceites, como el aceite de palma, son generalmente sólidos a las temperaturas prevalecientes del clima de Inglaterra.

Los fosfolípidos son sustancias importantes relacionadas con el transporte de lípidos en el torrente circulatorio. La *lecitina* es uno de los principales fosfolípidos; está formada por un grupo de sustancias que tienen una importante función en la digestión de las grasas y como tal ya se ha encontrado en el capítulo 2. Los fosfolípidos son similares a las grasas por el hecho de que poseen una estructura basada en el glicerol, pero en lugar de que los tres grupos hidroxilo estén combinados con un ácido graso (véase más adelante) sólo dos están combinados de este modo, el tercero está combinado con el fosfato ligado a la colina. La lecitina se encuentra en algunos alimentos, notablemente en la yema de huevo; no constituye una parte esencial de la dieta y se forma en el cuerpo.

Los esteroides, como ya se indicó, difieren mucho en cuanto a estructura de los otros lípidos, pero incluyen las importantes sustancias *colesterol*, *cortisona* y *hormonas sexuales*. El colesterol es una sustancia blanca de apariencia grasa que está presente en los tejidos corporales y se encuentra en una variedad de alimentos de procedencia animal, de manera notable, cerebro, riñones, hígado y yema de huevo. La carne y el pescado contienen pequeñas cantidades y los alimentos lácteos contienen un poco. El cuerpo de un adulto contiene 140 g de colesterol distribuido en todas las partes del cuerpo, pero en particular en las membranas de todas las células, especialmente las de las células nerviosas. El colesterol es asimismo importante en el cuerpo como fuente de materia prima para formar ácidos biliares y varias hormonas, entre otras la corticosterona de la glándula adrenal y las hormonas sexuales. El cuerpo obtiene algo de colesterol a partir de la dieta (con la excepción de las dietas estrictamente vegetarianas) pero alguna cantidad se produce también en el cuerpo, especialmente en el hígado, aunque todas las células del cuerpo son capaces de sintetizar colesterol.

Las ceras están formadas por ácidos grasos combinados con cualquier alcohol, *excepto* glicerol. Las ceras de origen animal son a menudo ésteres del colesterol. Las ceras no tienen importancia especial en la ciencia de los alimentos, por lo que no se les volverá a tratar.

ACEITES Y GRASAS

Los aceites y las grasas tienen una gran importancia en la ciencia de los alimentos puesto que por derecho propio se utilizan; por ejemplo, en la cocción, en aceites para ensaladas y productos para untar y como ingredientes de muchos alimentos elaborados y cocinados. Ambos compuestos son importantes en la nutrición, como la más compacta fuente de energía disponible y tienen una función importante en el metabolismo del cuerpo. Además, la función de aceites y grasas como promotores de salud y enfermedad, un tema considerado en el próximo capítulo, está al presente sometida a un intenso estudio.

Como ya se ha mencionado, las moléculas de los aceites y las grasas son triglicéridos formados por la reacción del glicerol con tres moléculas de ácidos grasos. La naturaleza de los ácidos grasos implicados resulta importante en la determinación de las características de aceites y grasas; este aspecto se considerará enseguida con algún detalle.

Ácidos grasos

Los *ácidos grasos* son aquellos ácidos orgánicos que se encuentran en las grasas químicamente combinados con el glicerol. Los ácidos grasos se conocen como ácidos *carboxílicos* debido a que contienen el grupo carboxilo —COOH. Como parte de los triglicéridos existen más de 40 ácidos grasos diferentes. Cabe aclarar que cuando se menciona que los ácidos grasos forman parte de las grasas esto quiere decir que están presentes *combinados* con el glicerol y no como ácidos *libres*. Las grasas naturales nunca consisten en un solo triglicérido sino que son mezclas de triglicéridos.

Los ácidos grasos constan de una cadena de átomos de carbono (cada uno de éstos con átomos de hidrógeno enlazados) que posee un grupo carboxilo en el extremo. La longitud de la cadena de carbón varía, y el número de átomos de carbono es un número entre 4 y 24. Los ácidos grasos más comunes contienen 16 ó 18 átomos de carbono (véase la tabla 4.1). Por ejemplo, el ácido esteárico, $CH_3(CH_2)_{16}COOH$, contiene 18 átomos de carbono. Cuando se combina con el glicerol forma la triestearina. Existen tres tipos de ácidos grasos, mismos que se pueden clasificar como sigue.

1. *Ácidos grasos saturados*, en los que los átomos de carbono se mantienen juntos por enlaces simples. De este modo, la cadena de carbono consiste en agrupamientos CH_2 repetidos: —CH_2—CH_2—. Por ejemplo, el ácido esteárico, cuya fórmula ya se representó más arriba, es un ácido saturado.
2. *Ácidos monoinsaturados*, en los cuales hay un *doble* enlace en la cadena de carbono (véase más adelante). Así, la cadena contiene dos átomos insaturados de carbono, cada uno unido a un solo átomo de hidrógeno: —CH=CH—. Por ejemplo, el ácido oleico, $CH_3(CH_2)_7CH$=$CH(CH_2)_7$-$COOH$, es un ácido graso monoinsaturado.
3. *Ácidos grasos poliinsaturados* (AGPI), en los cuales hay dos o más dobles enlaces en la cadena de carbono: —CH=CH—CH_2—CH=CH—. Por ejem-

plo, el ácido linoleico, $CH_3(CH_2)_4CH=CHCH_2CH=CH(CH_2)_7COOH$, contiene dos enlaces dobles en su cadena de carbono.

NATURALEZA DE LOS ENLACES SIMPLES Y DOBLES   La diferencia entre los ácidos grasos saturados e insaturados estriba en que los primeros contienen átomos de carbono enlazados por enlaces sencillos mientras que los últimos contienen cuando menos dos átomos de carbono unidos por enlaces dobles.

Un átomo de carbono contiene cuatro electrones en su orbital exterior, y cuando se combina con otros elementos como el hidrógeno lo hace compartiendo estos electrones a fin de alcanzar la estructura estable conferida por ocho electrones en el orbital exterior. La combinación de los elementos por medio de la compartición de electrones se conoce como *covalencia*; el enlace así formado es un *enlace covalente*. Un enlace covalente consiste en un par de electrones compartidos en el que cada uno de los dos átomos participantes contribuye con un electrón para compartir. Cuando los átomos de carbono se unen para formar una cadena que consiste en enlaces sencillos, cada átomo de carbono se combina con dos átomos de hidrógeno:

$$-\underset{\underset{H}{|}}{\overset{\overset{H}{|}}{C}}-\underset{\underset{H}{|}}{\overset{\overset{H}{|}}{C}}-\qquad o \qquad -CH_2-CH_2-$$

Cada guión entre los átomos representa un par de electrones compartidos, es decir, un enlace covalente sencillo. A fin de obtener un octeto estable de electrones cada átomo de carbono forma cuatro enlaces covalentes con los átomos adyacentes.

Asimismo, los átomos de carbono se unen para formar cadenas que contienen enlaces dobles. En la formación de un enlace doble participan cuatro electrones, dos provenientes de cada uno de los átomos de carbono participantes, de manera que quedan menos electrones disponibles para formar enlaces con el hidrógeno. Cada átomo de carbono sólo se puede ahora combinar con un átomo de hidrógeno a fin de obtener su octeto estable de electrones. Un enlace doble se representa por un doble guión:

$$-\underset{\underset{H}{|}}{\overset{\overset{H}{|}}{C}}=\underset{\underset{H}{|}}{\overset{\overset{H}{|}}{C}}-\qquad o \qquad -CH=CH-$$

mientras más dobles enlaces posea una cadena de carbono e hidrógeno, mayor será su *grado de insaturación*.

El grado de insaturación de una grasa es importante para la determinación de sus propiedades. Todas las grasas naturales contienen ácidos grasos tanto saturados como insaturados (combinados con glicerol), pero entre mayor sea la proporción de estos últimos, más baja será la temperatura de fusión de la grasa. Las grasas que tienen un contenido elevado de ácidos grasos insaturados (por ejemplo: el aceite de oliva, el aceite de semilla de girasol) son por consiguiente líquidos a la temperatura ambiente (es decir, son aceites) mientras que aquéllas ricas en ácidos grasos saturados son sólidos a la temperatura ambiente (por ejemplo: la mantequilla) (véase la tabla 4.2).

El grado de insaturación de un aceite se mide por su índice de *yodo*. Cuando se añade yodo (en la práctica se utiliza el monocloruro de yodo, que es más reactivo) a un triglicérido formado a partir de un ácido graso insaturado, reacciona con los dobles enlaces de la molécula y el grado de insaturación se calcula por la cantidad de yodo absorbido:

$$-CH=CH- + I_2 \rightarrow -CHI-CHI-$$

Para saturar cada doble enlace se utiliza una molécula de yodo. El resultado se expresa generalmente como el índice de yodo, que es igual al número de gramos de yodo necesarios para saturar 100 gramos de aceite. Por ejemplo, el valor de yodo de la mantequilla es de 26 a 38, mientras que el valor de yodo del aceite de oliva es de 80 a 90.

Los ácidos grasos que más corrientemente forman parte de los aceites y las grasas comestibles aparecen en la tabla 4.1. El ácido oleico es el ácido graso que se encuentra con mayor frecuencia en la naturaleza, y en la mayoría de las grasas, constituye cuando menos 30 por ciento del total de ácidos grasos. El ácido palmítico está asimismo ampliamente distribuido y se halla en toda grasa de origen natural, en las que representa por lo general de 10 a 50 por ciento del total de ácidos grasos.

La tabla 4.1 utiliza un método útil de fórmulas condensadas para describir los ácidos grasos. El ácido butírico $C_{4:0}$ significa que contiene cuatro átomos de carbones pero no dobles enlaces, mientras que el ácido linoleico $C_{18:3}$ contiene 18 átomos de carbono y tres dobles enlaces.

En la tabla 4.2 se indica la contribución hecha por los ácidos grasos en combinación con el glicerol a algunos aceites y grasas importantes. El

Tabla 4.1 Ácidos grasos que con más frecuencia se encuentran formando parte de los triglicéridos

Ácidos saturados		Ácidos monoinsaturados		Ácidos poliinsaturados	
Butírico	$C_{4:0}$	Palmitoleico	$C_{16:1}$	Linoleico	$C_{18:2}$
Caproico	$C_{6:8}$	Oleico	$C_{18:1}$	Linolénico	$C_{18:3}$
Caprílico	$C_{8:0}$	Erúcico	$C_{22:1}$	Araquidónico	$C_{20:4}$
Cáprico	$C_{10:0}$				
Láurico	$C_{12:0}$				
Mirístico	$C_{14:0}$				
Palmítico	$C_{16:0}$				
Esteárico	$C_{18:0}$				

62   *Lípidos y coloides*

Tabla 4.2   Contenido porcentual de ácidos grasos combinados de aceites y grasas

Aceite o grasa	Mirístico $C_{14:0}$	Palmítico $C_{16:0}$	Esteárico $C_{18:0}$	Oleico $C_{18:1}$	Linoleico $C_{18:2}$	Otros AGPI
Mantequilla	11	26	11	30	2	1
Manteca de cerdo	1	24	18	42	9	0
Margarina	5	23	9	33	12	1
Margarina (poliinsaturada)	1	12	8	22	52	1
Aceite de pescado	5	15	3	27	7	43
Aceite de oliva	0	12	2	73	11	1
Aceite de palma	1	40	4	45	9	0
Aceite de colza	0	3	1	24	15	10
Aceite de maíz	0	12	2	31	53	2
Aceite de soya	0	10	4	24	53	7
Aceite de girasol	0	6	6	33	58	0
Aceite de cártamo	0	7	2	13	74	0

contenido total de ácidos grasos se toma como 100; las cifras para los ácidos individuales combinados son valores promedio, ya que los aceites de diferentes orígenes varían en composición. Algunos ácidos grasos que no se incluyen en la tabla se encuentran en estos aceites y grasas. En particular, la mantequilla contiene 13 por ciento de ácidos grasos de $C_{4:0}$ a $C_{12:0}$, el aceite de colza puede contener hasta 33 por ciento de ácido erúcico (aunque el aceite de colza utilizado para la preparación de la margarina es bajo en ácido erúcico y contiene cerca de dos por ciento) mientras que el 43 por ciento de AGPI en el aceite de pescado está constituido por ácido araquidónico.

A menudo se dice que las grasas de origen animal son saturadas mientras que los aceites vegetales son insaturados. A pesar de que hay mucho de cierto en esta generalización, no se puede tomar como regla, como lo demuestra la tabla 4.3. Esta tabla incluye las fuentes dietéticas más importantes de grasas saturadas y poliinsaturadas; las fuentes de origen animal se

Tabla 4.3   Fuentes de grasas saturadas y poliinsaturadas

Altas en grasas saturadas	Productos lácteos	Mantequilla, crema, leche, queso
	Carne	Hígado, cordero, res, puerco
	Otras	Aceite de coco, aceite de semilla de palmera, aceite de palma, margarina dura, manteca de cerdo
Altas en grasas poliinsaturadas	Aceites vegetales	Aceites de maíz, de soya, de cártamo, de girasol
	Nueces	La mayoría, excepto el coco y el marañón
	Margarinas	Muchas variedades blandas, en particular soya y girasol

indican en itálicas. De la anterior generalización podría presumirse que cuando en la etiqueta de un paquete de margarina se lee que ésta está fabricada de una mezcla de aceites vegetales, contendrá una elevada proporción de AGPI. Sin embargo, si se trata de una marca de bajo precio, es probable que esto no sea así, pues es casi seguro que esté fabricada con aceites de palma y de coco y por consiguiente contiene una elevada proporción de ácidos grasos saturados.

Ácidos grasos esenciales

Los ácidos grasos poliinsaturados (AGPI) revisten un particular interés en la nutrición del ser humano debido a que algunos de ellos, a pesar de ser esenciales para el cuerpo no pueden ser sintetizados por el cuerpo y tienen que ser suministrados por el alimento. El ácido graso esencial (AGE) más importante es el *ácido linoleico*, el cual se encuentra en grandes cantidades en los aceites de maíz, de soya y de girasol. A menudo se hace referencia al ácido araquidónico como un AGE, aunque hablando de manera estricta esto no es verdad puesto que el cuerpo lo produce a partir del ácido linoleico.

El *ácido linoleico* es asimismo clasificado como un AGE a pesar de que no se tiene la seguridad de que lo anterior sea correcto debido a que la cantidad requerida por el cuerpo es pequeña, y es posible que estas pequeñas cantidades se produzcan en el cuerpo a partir de otros ácidos grasos. El ácido linolénico se encuentra en pequeñas cantidades en algunos vegetales como el aceite de colza y el aceite de soya.

La cantidad de ácidos grasos esenciales requerida por el cuerpo es pequeña, y asciende solamente a alrededor de 10 g por día y es rara su deficiencia en la nutrición del hombre. Los AGE tienen dos importantes funciones que desempeñar en el cuerpo: proveen la materia prima a partir de la cual se sintetizan las hormonas conocidas como *prostaglandinas* y forman parte asimismo de las membranas de todas las células.

Ácidos grasos *cis* y *trans*

Cuando dos átomos de carbono están unidos por un doble enlace, no existe libertad de rotación alrededor del eje del doble enlace. Considérese el ácido oleico (figura 4.1). En una forma, las dos partes de la cadena hidrocarbonada están en el *mismo* lado del doble enlace (forma *cis*) mientras que en la otra están en lados *opuestos* del doble enlace (forma *trans*).

Los ácidos grasos insaturados que se encuentran en la naturaleza tienen formas *cis* en tanto que las correspondientes formas *trans* carecen de la actividad EFA. Las enzimas reconocen la diferencia entre las formas *cis* y *trans*, y actúan sobre las primeras pero no sobre las últimas.

La distinción que se establece entre los ácidos grasos *cis* y *trans* pudiera parecer una complicación innecesaria pero más adelante se verá (pá-

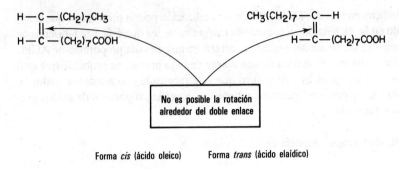

Figura 4.1   Formas *cis* y *trans* de un ácido graso.

gina 106) que es importante cuando se considera la relación entre los tipos de grasas que comemos y nuestra salud.

La naturaleza física de los aceites y las grasas

Una vez considerada la naturaleza química de los aceites y las grasas resulta ahora necesario considerar su naturaleza física.

Las características físicas de los aceites y las grasas tienen importancia en muchas aplicaciones de los alimentos, como la elaboración de pasteles, pastas, mayonesa y helados. A diferencia de los compuestos químicos puros, las grasas no se funden a una temperatura fija sino dentro de un intervalo de temperatura. En este intervalo son *plásticas*, esto es son blandas y se pueden extender o untar pero no fluyen. Dicho de otro modo, sus propiedades son intermedias entre las de un sólido y las de un líquido.

La plasticidad de una grasa es el resultado de que las grasas son una mezcla de varios triglicéridos diferentes, cada triglicérido tiene su propio punto de fusión. Si una gran proporción de los triglicéridos están debajo de su punto de fusión, la mezcla será sólida y consistirá en una red de diminutos cristales rodeados por una cantidad menor de triglicéridos líquidos. Sin embargo, la red sólida no es rígida y los cristales pueden deslizarse unos sobre otros, lo que origina la característica plástica de las grasas. Si se eleva la temperatura de la grasa, se funde una creciente proporción de los triglicéridos, la red sólida se descompone gradualmente y aumenta la plasticidad hasta que se vuelve líquida, cuando se funden todos los triglicéridos.

La temperatura de fusión de las grasas es asimismo afectada por el hecho de que muchos triglicéridos pueden existir en varias formas cristalinas; o sea, son *polimorfos*. Cada forma cristalina tiene su propia temperatura de fusión y cuando se enfrían los aceites es posible obtener diferentes mezclas de dichas formas cristalinas separadas, y por consiguiente con diferentes temperaturas de fusión, lo que depende de cómo se ha llevado a cabo el enfriamiento. Por tanto, la manera como se enfría el aceite afecta la textura y la consistencia del producto formado. Todas estas consideraciones tienen importancia en los métodos comerciales de fabricación de las grasas.

Grasas de origen animal

Las dos grasas más importantes de origen animal son la manteca de cerdo y la mantequilla; ésta se considerará en el capítulo 5 junto con otros productos lácteos. La manteca se prepara derritiendo la grasa de cerdo y consiste virtualmente en 100 por ciento de grasa. Como se puede apreciar en la tabla 4.2, la manteca es relativamente baja en AGPI. La manteca natural es una grasa de baja temperatura de fusión que posee buenas propiedades como un agente para impartir friabilidad, un aceptable color blanco y un sabor suave, pero tiene la desventaja de que no forma crema fácilmente y por consiguiente no es aconsejable utilizarla como grasa en la preparación de pasteles.

Las propiedades de formar crema de la manteca, o sea, su capacidad de incorporar aire cuando se le bate, se mejora por *interesterificación*, que, como su nombre lo indica, consiste en una reordenación de los ácidos grasos combinados entre las moléculas del éster triglicérido. Este proceso de reagrupación da por resultado una distribución más al azar de los ácidos grasos. A fin de entender por qué esto debe ser así, es necesario considerar la ordenación de los ácidos grasos combinados en los triglicéridos de la manteca. La manteca de cerdo ocupa una posición peculiar entre las grasas debido a que los ácidos grasos insaturados, principalmente el palmítico, se encuentran predominantemente en la posición intermedia de las moléculas de triglicéridos. Es este factor el que hace que la manteca de cerdo forme grandes cristales que impiden que forme crema bien.

Durante la interesterificación, los ácidos grasos cambian de posición, reduciendo de este modo la proporción de moléculas de triglicéridos con un ácido graso en la posición central. La interesterificación se lleva a cabo calentando la manteca de cerdo a cerca de 100°C en presencia de un catalizador como el etóxido de sodio, $NaOC_2H_5$. Esto origina un producto con propiedades de formar crema grandemente mejoradas y por tanto más adecuado para incorporarlo a la margarina y las grasas para cocinar.

Aceites de origen marino

Los aceites de ballena y de pescado se caracterizan por su alto contenido de ácidos grasos poliinsaturados, que contienen de 20 a 22 átomos de carbono y hasta seis enlaces dobles (véase la tabla 4.2). Esta gran proporción de ácidos grasos altamente insaturados se refleja en el elevado índice de yodo que se encuentra en el intervalo de 100 a 140. Algunos aceites de pescado, como el aceite de arenque, contienen una proporción todavía mayor de ácidos grasos altamente insaturados y por consiguiente altos valores de yodo, que pueden llegar hasta cerca de 200.

La naturaleza altamente insaturada de los aceites de ballena y de pescado los hace propensos a descomponerse y resultan por consiguiente inapropiados para utilizarse hasta en tanto no se procesen.

Aceites y grasas vegetales

Los vegetales constituyen la fuente más importante de aceites y grasas comestibles. La mayor parte de los aceites vegetales son líquidos a 20°C, aun cuando hay algunas excepciones notables como el aceite de palma, el aceite de semilla o almendra de la palma y el aceite de coco, los cuales se derriten por arriba de dicha temperatura. La naturaleza de los ácidos grasos combinados presentes en los aceites vegetales se aprecian en la tabla 4.2, en la que se indica la proporción relativamente elevada de ácidos grasos mono y poliinsaturados que contienen los aceites vegetales en comparación con las grasas de origen animal.

El frijol soya se cultiva extensamente en China y Estados Unidos, y hoy en día el aceite de soya constituye el aceite vegetal comestible de mayor importancia. El residuo que queda después de que el aceite ha sido extraído del grano constituye una valiosa fuente de proteínas y como tal se describe en la página 227. El aceite de soya es el principal aceite vegetal utilizado en la fabricación de la margarina y se utiliza asimismo en las grasas para cocinar.

Los aceites vegetales se extraen corrientemente de semillas, almendras y nueces, ya sea por presión mecánica o por medio de disolventes. Este último método implica el uso de un disolvente líquido de baja temperatura de ebullición en el cual sea soluble el aceite. Después de moler la semilla o la nuez, se agita junto con el disolvente, se extrae el aceite y queda un residuo sólido. Cuando se calienta la mezcla líquida, se evapora el disolvente de baja temperatura de ebullición, quedando sólo el aceite. El aceite de cacahuate, por ejemplo, se halla en los cacahuates (o maní) en una proporción de hasta 45 a 50 por ciento, la mayor parte del cual se puede extraer por medio de una prensa de tornillo la cual exprime el aceite. En algunos de los métodos modernos se utiliza un proceso de dos etapas. Después de una extracción inicial con la prensa, se utiliza un disolvente para extraer el aceite remanente. El residuo no se desperdicia, de hecho su elevado contenido de proteína lo hace una valiosa sustancia, y se utiliza como alimento para ganado.

La palmera de aceite constituye otra fuente de aceite comestible, la que no se debe confundir con el cocotero que es más esbelto. El fruto de la palmera de aceite crece en forma de grandes racimos que pueden contener más de mil pequeños frutos. Cada fruto se asemeja bastante a una ciruela, tiene una delgada piel (epicarpo) de color naranja a rojo oscuro que cubre un interior carnoso (mesocarpo) en el que se halla embebido un hueso duro (endocarpo) que contiene la semilla o almendra. El aceite de palma se ex-

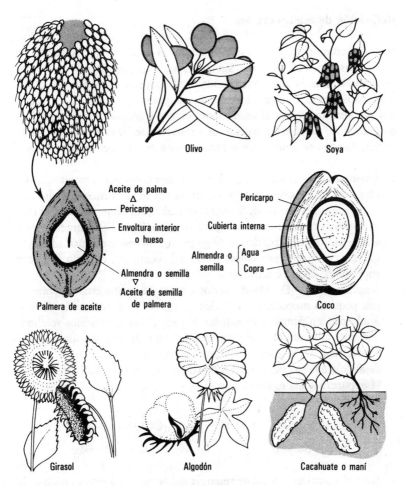

Figura 4.2 Fuentes importantes de aceites vegetales.

trae de la parte carnosa o mesocarpo del fruto y el aceite de semilla de la palmera, de la almendra. Ambos aceites son comestibles, y el aceite de palma se utiliza ampliamente en Gran Bretaña para la fabricación de margarina y grasas para cocinar.

El olivo es también una valiosa fuente de aceite, y se producen anualmente más de un millón de toneladas de aceite de oliva. El aceite de oliva es notable por la gran proporción de ácido oleico que contiene (véase la tabla 4.2) y por su pureza. El aceite de oliva de más alta calidad no necesita purificación y se le da toda clase de usos en los países mediterráneos, en tanto que en Inglaterra se utiliza como aceite para ensalada.

Refinación de aceites crudos

El aceite crudo de oliva es excepcional por el hecho de que se utiliza sin refinar para fines comestibles. Sin embargo, la mayor parte de los aceites vegetales contienen una cierta cantidad de impurezas como humedad, ácidos grasos libres, materia colorante, resina, gomas y algunas veces vitaminas. Dichas impurezas afectan sabor, olor y claridad, y son removidas durante la refinación. El proceso de refinación se lleva a cabo en varias etapas, las que se consideran según el orden en que ocurren.

1. *Eliminación de gomas.* Los aceites crudos contienen a menudo impurezas en suspensión, que en presencia del agua forman gomas. Las impurezas se eliminan añadiendo agua caliente al aceite caliente, el cual es entonces transferido a un separador centrífugo. El separador gira a alta velocidad y las partículas de goma, que tienen una densidad mayor que el aceite, son lanzadas al fondo del recipiente, dejando una capa superior de aceite clarificado.

2. *Neutralización.* Debido al deterioro, todos los aceites crudos contienen una pequeña proporción de ácidos grasos libres y los aceites de bajo grado pueden contener cantidades considerables. Los ácidos se eliminan neutralizando al aceite con una solución de sosa cáustica, la que convierte al ácido graso en un jabón insoluble. Éste se remueve luego dejándolo que se asiente en el fondo de los tanques de neutralización. Si la impureza ácida es ácido palmítico, por ejemplo, se forma *palmitato de sodio* insoluble:

$$C_{15}H_{31}COOH + NaOH \rightarrow C_{15}H_{31}COONa \downarrow + H_2O$$

Ácido palmítico   Palmitato de sodio

3. *Lavado y secado.* A fin de remover del aceite los últimos residuos de jabón, se le lava con agua caliente. Se forman dos capas y se deja escurrir la capa inferior de agua, de este modo queda la capa de aceite, que se seca luego al vacío.

    En las plantas modernas estas etapas separadas están siendo sustituidas por un proceso automático continuo en el cual la etapa de neutralización se lleva a cabo con mucha mayor rapidez en un separador centrífugo.

    El aceite está ahora claro y libre de ácidos, pero presenta por lo general un color amarillento y tiene todavía un olor característico; por tanto, se le blanquea y deodoriza.

4. *Blanqueado.* Se calienta el aceite y se añaden *tierra de batán* o arcilla esméctica y carbón activado. Ambos materiales poseen una gran capacidad de adsorción de la materia colorante. Se agita la mezcla y se mantiene un vacío parcial. Cuando toda la materia coloreada ha sido adsorbida,

se pasa la mezcla de aceite y tierra a través de filtros prensa, de los que el aceite emerge como un líquido claro e incoloro.

5. *Deodorización.* Se calienta el aceite en condiciones de vacío en un tanque alto y se inyecta vapor de modo que la mezcla líquida es agitada violentamente. En otro método es pulverizada hacia arriba como el chorro de una fuente en forma de sombrilla, de manera que una gran área superficial esté expuesta continuamente, y las sustancias odoríferas volátiles y los ácidos grasos remanentes sean retirados del aceite.

El aceite está ahora puro y listo para ser utilizado o, como es generalmente el caso, está listo para ser mezclado. Es aconsejable que el aceite no se ponga en contacto con el aire una vez refinado, ya que esto conduce al deterioro por oxidación. Por consiguiente, en algunas plantas modernas, el aceite se almacena en una atmósfera inerte de nitrógeno.

Hidrogenación de aceites

La *hidrogenación* es el proceso por el cual un aceite se convierte en una grasa, es decir, mediante el que se endurece. Este importante proceso ha dado por resultado un considerable aumento en la utilización de aceites vegetales endurecidos a expensas de las grasas de origen animal, que fueron en un tiempo un constituyente fundamental de la dieta.

La hidrogenación consiste sencillamente en la adición de hidrógeno al doble enlace de los ácidos grasos insaturados combinados en un aceite con el glicerol. Durante la hidrogenación, una molécula de hidrógeno es absorbida por cada doble enlace:

$$-CH{=}CH- + H_2 \rightarrow -CH_2-CH_2-$$

Los ácidos grasos insaturados más comunes que se encuentran combinados con el glicerol en los aceites vegetales, es decir, los ácidos oleico, linoleico y linolénico, contiene uno, dos y tres dobles enlaces, respectivamente. Como todos ellos contienen 18 átomos de carbono, la hidrogenación completa convierte a todos en ácido esteárico. Este ácido tiene un punto de fusión mucho más alto ($70^{\circ}C$) que cualquiera de los otros tres, de manera que el aceite hidrogenado es más duro que el original. La ecuación que se encuentra más adelante representa la conversión de la trioleína en estearina sólida que ocurre cuando una molécula de trioleína absorbe tres moléculas de hidrógeno.

$$
\begin{array}{l}
CH_2OCOC_{17}H_{33} \\
\mid \\
CHOCOC_{17}H_{33} + 3H_2 \rightarrow \\
\mid \\
CH_2OCOC_{17}H_{33}
\end{array}
\qquad
\begin{array}{l}
CH_2OCOC_{17}H_{35} \\
\mid \\
CHOCOC_{17}H_{35} \\
\mid \\
CH_2OCOC_{17}H_{35}
\end{array}
$$

Trioleína   Triestearina

La hidrogenación procede a una velocidad razonablemente rápida sólo en presencia de un catalizador, el níquel finamente dividido que se usa a nivel industrial. El níquel se prepara generalmente por reducción del carbonato de níquel o del formato de níquel, finamente divididos. El catalizador se añade en pequeñas cantidades al aceite que está contenido en grandes recipientes de acero cerrados llamados convertidores, y que operan a una temperatura de cerca de 170°C y a una elevada presión. Se agita el aceite y se bombea el gas hidrógeno. El aceite se calienta para iniciar la reacción, pero como la reacción es exotérmica, no se necesita calefacción adicional. Después de la hidrogenación, se enfría el aceite y se filtra para remover el níquel que se vuelve a utilizar.

La manera en la que un catalizador afecta una reacción se consideró en el capítulo 2, y se recordará que los catalizadores reducen la energía requerida para que se efectúe una reacción, es decir, la energía de activación; la remisión a la figura 2.2 en la página 29 servirá como recordatorio de lo anterior. El níquel, lo mismo que las enzimas, cataliza una reacción al proveer una superficie sobre la cual pueda tener lugar la reacción, y convierte un mecanismo de una sola etapa y alta energía en uno que implica varias etapas de baja energía.

La primera etapa de la hidrogenación es la adsorción de los reactantes, en este caso hidrógeno y aceite, en la superficie del níquel. La adsorción tiene lugar sólo en ciertas partes preferidas de la superficie, que se conocen como *centros activos* y da por resultado que las moléculas adsorbidas de hidrógeno y aceite se acerquen más unas o otras. El intercambio de energía entre el níquel y las moléculas que reaccionan debilitan los enlaces internos de estas últimas y las activa lo suficiente para proporcionarles la necesaria energía de activación. La reacción tiene lugar, y después las moléculas hidrogenadas del aceite son desadsorbidas, es decir, abandonan la

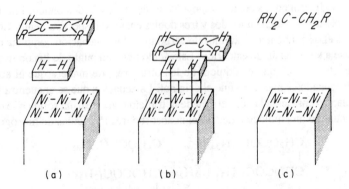

Figura 4.3 La acción catalítica del níquel en la hidrogenación de un aceite. a) El aceite y el hidrógeno antes de la reacción. b) Moléculas adsorbidas y activadas sobre la superficie del níquel. c) Aceite hidrogenado después de la reacción.

superficie del níquel, la que queda entonces disponible para catalizar otra reacción. Estas etapas de la hidrogenación se representan en la figura 4.3.

Los catalizadores de superficie, como el níquel, son fácilmente envenenados por sustancias que son adsorbidas preferentemente con respecto al hidrógeno y las moléculas de aceite. El monóxido de carbono y los compuestos de azufre, cuando están presentes aun en cantidades bajas, envenenan al catalizador debido a que son adsorbidos por el níquel. Lo anterior significa que el gas hidrógeno, que se produce a menudo a partir del gas de agua (una mezcla de monóxido de carbono e hidrógeno), debe purificarse cuidadosamente antes de su utilización y que el aceite que se va a emplear también debe ser cuidadosamente refinado antes de proceder a la hidrogenación.

La hidrogenación es un proceso selectivo, por lo que algunos triglicéridos se saturan más rápidamente que otros. Los triglicéridos más insaturados son hidrogenados parcialmente antes de que reaccionen los menos insaturados, de manera que en términos de los ácidos grasos combinados en los triglicéridos, se convierte más ácido linolénico en linoleico en un tiempo dado que linoleico en oleico. Las velocidades relativas de reacción de los ácidos oleico, linoleico y linolénico se hallan en la proporción de 1:20:40. Este hecho permite controlar la hidrogenación, y los aceites comestibles están sólo parcialmente saturados con hidrógeno.

La hidrogenación de los aceites no sólo convierte los ácidos grasos insaturados en saturados, sino que convierte también las formas *cis* de los ácidos grasos insaturados de origen natural en sus formas *trans*. Dichas formas *trans* son tratadas por el cuerpo de la misma manera que los ácidos grasos saturados.

Resulta importante ejercer un cuidadoso control del proceso de hidrogenación. Por razones de salud, es aconsejable retener un grado de insaturación en el aceite parcialmente endurecido. Además, la hidrogenación total haría demasiado duras a las grasas y carentes de plasticidad para utilizarse en la preparación de alimentos. Aparte del efecto de endurecimiento, la hidrogenación resulta ventajosa por el hecho de que también blanquea el aceite y aumenta su estabilidad.

Rancidez

Los aceites y las grasas son propensos a echarse a perder lo que origina la producción de olores y sabores desagradables; esta forma de deterioro es usual describirla empleando el término general *rancidez*. Los diferentes tipos de aceites y grasas presentan grados variables de resistencia al deterioro; así, la mayoría de los aceites vegetales se deterioran lentamente mientras que las grasas de origen animal se deterioran con mayor rapidez y los aceites de origen marino, los cuales contienen una proporción relativamente alta de ácidos grasos muy insaturados combinados, se deterioran con tal rapidez que carecen de utilidad para fines comestibles a menos que se refinen e hidrogenen.

El deterioro ocurre de muchas maneras, pero se distinguen dos tipos importantes, a saber: *ranciedad hidrolítica* y *ranciedad oxidativa*.

RANCIEDAD HIDROLÍTICA   La ranciedad hidrolítica tiene lugar como resultado de la hidrólisis de las moléculas de triglicéridos para formar glicerol y ácidos grasos libres, y es causada por la presencia de humedad en los aceites. La proporción de hidrólisis en presencia sólo de agua es insignificante, pero se acelera en presencia de enzimas y microorganismos. Los aceites y las grasas que no han sido sometidos a tratamiento térmico pueden contener lipasas que catalizan la hidrólisis. Asimismo, es probable que contengan hongos, levaduras y bacterias en el aceite natural o pueden contaminarse con ellos durante el proceso. Dichos microorganismos aceleran la descomposición hidrolítica.

La naturaleza de los sabores y olores desagradables producidos por la hidrólisis depende de la composición de los ácidos grasos presentes en los triglicéridos. Si los triglicéridos contienen ácidos grasos combinados de bajo peso molecular formados por 4 a 14 átomos de carbono, la hidrólisis produce ácidos libres que poseen olores y sabores característicamente desagradables. Por ejemplo, la hidrólisis de la mantequilla produce el ácido butírico que huele a rancio, mientras que el aceite de la almendra de la palmera produce considerables cantidades de los ácidos láurico y mirístico. Los aceites que contienen ácidos grasos combinados con más de 14 átomos de carbono no están expuestos a la ranciedad hidrolítica ya que los ácidos libres no tienen ni sabor ni olor.

RANCIEDAD OXIDATIVA   La raciedad oxidativa es el tipo más común e importante de ranciedad y origina la producción de los olores a rancio o a "sebo". Este tipo es causada por la reacción de aceites insaturados con el oxígeno y el que ocurra no depende, por tanto, de la presencia de impurezas o de humedad en el aceite; por consiguiente, afecta a aceites puros y refinados. El mecanismo real de la oxidación es complejo y no está totalmente puesto en claro, pero se conocen sus principales características, que son como se indica a continuación.

La oxidación de los aceites tiene lugar por medio de una *reacción en cadena* que es un tipo de reacción que se caracteriza por su extrema velocidad. Una reacción en cadena tiene lugar en tres etapas conocidas como *iniciación, propagación* y *terminación*. En la etapa de iniciación, que ocurre con lentitud, se elimina un átomo de hidrógeno de una molécula de triglicérido insaturado con lo que se produce un radical libre ($R \cdot$). Los radicales libres, que son grupos que contienen un electrón "no apareado", son extremadamente inestables y reaccionan de inmediato con otra molécula para formar un producto más estable. Esta etapa de iniciación sólo ocurre bajo la influencia de catalizadores en forma de cantidades infinitesimales de metales, particularmente cobre, y en presencia de luz y calor.

La lenta etapa de iniciación es seguida por una rápida etapa de propagación en la que los radicales libres de la etapa de iniciación se combinan con el oxígeno atmosférico para formar un radical peroxi libre e inestable que reacciona con moléculas de aceite insaturado para formar otro radical libre y un hidroperóxido inestable. En la secuencia que se presenta más adelante, se observa que por cada radical libre ($R\cdot$) utilizado se genera otro con el resultado de que la reacción es autogeneratriz. El sitio de la reacción en el aceite insaturado es un grupo metileno ($-CH_2-$) adyacente a un doble enlace, y se representan dichas moléculas por RH, donde H es el átomo de hidrógeno del grupo metileno adyacente a un doble enlace.

Iniciación   Iniciador $\xrightarrow[\text{catalizador}]{\text{energía}}$ $R\cdot$ (radical libre)

Propagación $\rightarrow R\cdot + O_2 \qquad \rightarrow RO_2\cdot$ (radical peroxi libre)

$\qquad\qquad RO_2\cdot + RH \qquad \rightarrow R\cdot + ROOH$ (hidroperóxido)

Conforme avanza la reacción se forma hidroperóxido en forma continua y, al ser éste inestable, se descompone para formar cetonas y aldehídos, los cuales son la causa de los desagradables olores de las grasas rancias. La reacción continúa ya sea hasta que se gaste todo el oxígeno (o el aceite) o hasta que se eliminen los radicales libres que son responsables del mantenimiento de la reacción. Muchas grasas, en particular los aceites vegetales, contienen sustancias naturales, como la vitamina E, conocidas como *antioxidantes* que ayudan a retardar la ranciedad al reaccionar con los radicales peroxi libres ($RO_2\cdot$) de manera que éstos ya no quedan disponibles para la etapa de propagación. Asimismo, se agregan antioxidantes sintéticos a las grasas para controlar la ranciedad, un tema que se considerará más adelante en el capítulo 16.

SISTEMAS COLOIDALES

La naturaleza física de una solución es bastante familiar, y se sabe, a guisa de ejemplo, que una solución acuosa de azúcar consiste en moléculas de azúcar dispersas en el seno del agua, en este caso el sistema completo es homogéneo. Si se considera lo que sucede cuando se añade al agua una sustancia formada de moléculas relativamente grandes, como un almidón o una proteína, se encuentra que el sistema formado *no* es homogéneo sino que consiste en dos partes o *fases* diferentes. Las moléculas grandes dispersas en el agua forman una fase, conocida como la *fase dispersa* y el

Tabla 4.4   Tipos de sistemas coloidales

Fase dispersa	Fase continua	Nombre	Ejemplos
Sólida	Líquida	Sol	Almidón y proteínas en agua
Líquida	Líquida	Emulsión	Leche, mayonesa
Gaseosa	Líquida	Espuma	Crema batida, grasa cremosa, clara de huevo batida
Gaseosa	Sólida	Espuma sólida	Helado, pan
Líquida	Sólida	Gel	Jaleas, compota, pasta de almidón
		Emulsión sólida	Mantequilla, margarina

agua forma la otra fase, conocida como la fase continua, en este caso el sistema completo se describe como *coloidal.*

Una solución coloidal se conoce generalmente como un *sol* y contiene partículas, que consisten en grandes moléculas individuales o grupos de moléculas más pequeñas, que tienen un tamaño intermedio entre las pequeñas moléculas y las partículas visibles. Dichos sistemas tienen propiedades intermedias entre las de las verdaderas soluciones y las de las suspensiones de partículas visibles.

Todos los tipos de sistemas coloidales son similares a los soles en cuanto a que contienen dos fases distintas y la fase dispersa contiene partículas con un tamaño intermedio entre las moléculas pequeñas y las partículas visibles. La fase dispersa puede ser sólida, líquida o gaseosa, pero en cada caso, las propiedades de los sistemas coloidales dependen de la muy grande área superficial de la fase dispersa. Los tipos de sistemas coloidales que son importantes en los alimentos se resumen en la tabla 4.4, y se considerarán en las páginas siguientes.

Emulsiones y agentes emulsionantes

Cuando se añade aceite al agua forma una capa separada sobre el agua; el aceite y el agua no se disuelven uno en el otro y se dice que son *inmiscibles.* Si se sacuden vigorosamente el aceite y el agua, los dos líquidos se dispersan uno en el otro y se dice que se ha formado una *emulsión.* Sin embargo, dicha emulsión es inestable, y al dejarla reposar vuelve a formar las dos capas originales. Las emulsiones se describen ya sea como emulsiones de aceite en agua o de agua en aceite. Una emulsión de aceite en agua es aquella en la que gotas finísimas de aceite forman la fase dispersa y están dispersas en el agua (figura 4.4), mientras que una emulsión de agua en aceite es aquella en la que gotitas de agua están dispersas en el aceite.

Aunque las emulsiones alimenticias se describen ya sea como de aceite en agua o de agua en aceite, dichos términos pueden ser erróneos puesto

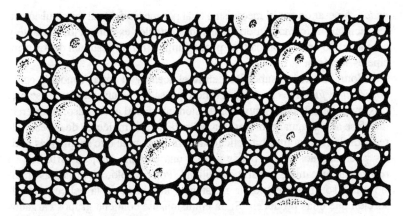

Figura 4.4 Diagrama de una emulsión de aceite en agua basado en una fotomicrografía. El diámetro de las gotitas de aceite (sombreado ligero) se hallan dentro del intervalo de 10^{-4} a 10^{-6} mm.

que el aceite y el agua bien pueden contener otras sustancias. Así, además de los triglicéridos, la fase de aceite puede contener otros lípidos y materiales solubles en grasas y la fase acuosa puede ser, por ejemplo, vinagre o leche. La tabla 4.5 suministra detalles de algunas importantes emulsiones alimenticias.

¿A qué se debe que una vez que las gotas de agua se han dispersado en el aceite se reúnan nuevamente y formen una capa continua de agua? La respuesta se halla en el hecho de que la acción de dispersar en el aceite el agua en forma de gotas aumenta el área del aceite y el agua en contacto. Para lograr lo anterior, es preciso realizar trabajo contra la fuerza de la tensión superficial que hace que un líquido adopte la mínima área superficial. Por consiguiente, la tendencia natural es que las gotas de agua se unan, porque al hacerlo así disminuye el área interfacial y se forma un sistema más estable.

A fin de que el aceite y el agua formen una emulsión estable debe estar presente una tercera sustancia denominada *agente emulsionante* o *emulsio-*

Tabla 4.5 Ejemplos de emulsiones alimenticias

Ejemplo	Tipo	Principales emulsionantes presentes o añadidos
Leche, crema	ac/ag	Proteínas (caseína)
Mantequilla	ag/ac	Proteínas (caseína)
Mayonesa, crema para ensalada	ac/ag	Yema de huevo (lecitina), MEG, mostaza
Margarina	ag/ac	Proteínas (caseína), lecitina, MEG
Helado	ac/ag	Proteínas (caseína), MEG, más estabilizadores (gelatina, gomas, alginatos)

nador. A pesar de que el mecanismo total por medio del cual los emulsionantes facilitan la formación de emulsiones estables es complejo, variable y no entendido en su totalidad, se puede suministrar un resumen de los principales factores.

Como la tensión superficial entre el aceite y el agua, conocida como *tensión interfacial*, es grande, es difícil que se forme una emulsión estable. Los emulsionantes disminuyen la tensión interfacial al ser adsorbidos en la interfase aceite-agua y formar una película de una molécula de espesor alrededor de cada gotita. La película adsorbida impide que se unan las gotitas y, en algunos casos, puede formar una película que, en virtud de su resistencia mecánica, imparte estabilidad. Por ejemplo, las proteínas emulsionantes son notables por la resistencia mecánica de la película de adsorción que ellas producen. Si un emulsionante contiene grupos cargados eléctricamente, el proceso de adsorción origina gotitas cargadas que se repelen. Estas gotitas no se unirán y, por consiguiente, este factor promueve la estabilidad de la emulsión.

Los agentes emulsionantes son sustancias cuyas moléculas contienen tanto un grupo hidrófilo o ''que tiene afinidad por el agua'' como un grupo hidrófobo o ''que repele al agua''. El grupo hidrófilo es polar y es atraído hacia el agua, en tanto que el grupo hidrófobo no polar, que frecuentemente es una larga cadena hidrocarbonada, es atraído al aceite. Así, en una emulsión agua en aceite el emulsionante es adsorbido de tal modo que las ''cabezas'' polares de las moléculas del mismo se encuentran en el agua y las ''colas'' no polares sobresalen del aceite como se indica en la figura 4.5.

El tipo de emulsión formado por un sistema de aceite y agua depende de varios factores que incluyen la composición de las fases de aceite y de agua, la naturaleza química del agente emulsionante y las proporciones presentes de aceite y agua. Si el grupo polar de un emulsionante es adsorbido con mayor eficacia que el grupo no polar, la adsorción por el agua es mayor que la del aceite. El grado de adsorción en una superficie líquida depende del área superficial del líquido disponible y la adsorción del emulsionante aumentada por el agua es favorecida por el hecho de que la interfase aceite-agua se vuelve convexa en dirección al agua, con lo que se forma una emulsión de aceite en agua.

Las proporciones relativas de aceite y agua contribuyen asimismo a determinar si se formará una emulsión de aceite en agua o una emulsión de agua en aceite. Si hay más aceite que agua ésta tiende a formar gotitas y se formará una emulsión de agua en aceite. Por otra parte, si hay más agua que aceite se favorecerá una emulsión aceite en agua.

Son muchas las sustancias que presentan cierta actividad como agentes emulsionantes, y entre las de origen natural resultan importantes los fosfolípidos, las proteínas y los carbohidratos complejos como gomas, pectinas y almidones. Las emulsiones de los alimentos naturales son frecuentemente estabilizados por proteínas, y la leche, por ejemplo, es estabilizada

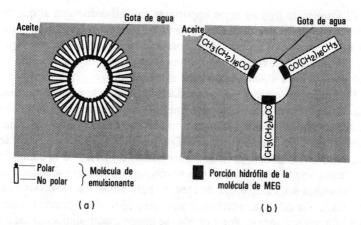

Figura 4.5 a) Moléculas de emulsionantes adsorbidas en una interfase de agua y aceite formando una película protectora completa alrededor de una gotita de agua. b) Adsorción del monoestearato de glicerilo en una emulsión de agua en aceite.

por la caseína y otras proteínas presentes. En la preparación de muchas emulsiones, se añaden emulsionantes artificiales, aunque en Gran Bretaña sólo pueden utilizarse los que se hallan en una lista permitida (véase la página 424). De éstas, el monoestearato de glicerilo (MEG) es el más importante y servirá como ejemplo.

El MEG es un monoglicérido que se forma cuando un grupo hidroxilo del glicerol se esterifica con ácido esteárico como se representa en la siguiente ecuación:

$$CH_2OH \qquad\qquad CH_2OH$$
$$|\qquad\qquad\qquad\qquad |$$
$$CHOH + CH_3(CH_2)_{16}COOH \longrightarrow CHOH \qquad\qquad + H_2O$$
$$|\qquad\qquad\qquad\qquad |$$
$$CH_2OH \qquad\qquad CH_2O- \boxed{CO(CH_2)_{16}CH_3}$$

Porción hidrófoba del
monoestearato de glicerilo

Una parte de la molécula del MEG es hidrófila debido a que contiene grupos hidroxilo y el resto de la molécula es hidrófobo, como se indica en la formula. Cuando se agrega MEG a una emulsión de agua en aceite, las partes hidrófilas de las moléculas son adsorbidas en la superficie de las gotitas de agua y las partes lipófilas son adsorbidas en la superficie del aceite alrededor de las gotas, como se representa en la figura 4.5b.

El MEG comercial no es una sola sustancia y además del monoestearato de glicerilo contiene algunos di y triglicéridos. Por otra parte, se utiliza mucho en la elaboración de alimentos y se añade, por ejemplo, a la margarina, la mayonesa, los aderezos para ensaladas y helado.

El fosfolípido *lecitina* es un importante emulsificador natural que favorece a las emulsiones de aceite en agua y que está presente en la yema de huevo y en muchos aceites crudos, particularmente en los aceites vegetales. La lecitina se extrae de aceites vegetales, en particular el aceite de soya, y se añade a algunos productos elaborados.

En ocasiones se añaden a los productos, además de emulsificadores, *estabilizadores* cuya función es mantener la emulsión una vez que se ha formado. Dichas sustancias mejoran la estabilidad de las emulsiones, principalmente aumentando la viscosidad. Conforme aumenta la viscosidad, se reduce la libertad de movimiento de las gotitas dispersas de la emulsión y esto disminuye la posibilidad de que se pongan en contacto y se unan. Los estabilizadores son compuestos de elevado peso molecular, generalmente proteínas, como gelatina, o carbohidratos complejos, como pectinas, almidones, alginatos y gomas. Por ejemplo, se puede añadir almidón o harina para espesar jugo de carne, salsa y crema para ensaladas, y al helado se agregan varios estabilizadores, como gelatina y gomas.

Usos de los emulsionantes

Varios de los alimentos naturales son emulsiones (la leche constituye uno de los principales ejemplos) y son estabilizadas por emulsionantes que se presentan como constituyentes de los alimentos. Sin embargo, en esta parte el interés principal no lo constituyen los alimentos naturales sino los alimentos elaborados a los que se añaden emulsionantes. Los emulsionantes se añaden a varios productos que contienen grasas, como margarina, grasas para cocinar, aderezos para ensaladas y helado.

MAYONESA Y CREMA PARA ENSALADA Los emulsionantes desempeñan una función importante en la preparación de crema para ensalada y mayonesa. El término crema para ensalada significa, según la definición legal, "cualquier emulsión uniforme, espesa y estable de aceite vegetal, agua, huevo o yema de huevo y un agente acidificante, con o sin la adición de una o más de las siguientes sustancias: vinagre, jugo de limón, sal, especias, azúcar, leche, productos lácteos, mostaza, almidón comestible, gomas comestibles, y otros ingredientes en menor proporción y aditivos permitidos". Las proporciones mínimas de aceite vegetal y sólidos de yema de huevo que se permiten en Inglaterra son de 25 por ciento y 1.35 por ciento, respectivamente.

En Gran Bretaña, las normas legales para la mayonesa son las mismas que las de la crema de ensalada y esto origina la situación confusa de que dos productos con nombres diferentes sean idénticos. En la práctica, la mayonesa es normalmente más espesa que la crema para ensalada y contiene una más elevada proporción tanto de aceite como de yema de huevo (y por tanto, menos carbohidratos y agua). De hecho, en muchos países, el contenido de aceite de la mayonesa debe ser mayor que el de la crema de ensalada. En Estados Unidos, por ejemplo, la mayonesa debe contener cuando menos 65 por ciento de aceite (comparado con 30 por ciento para la crema de ensalada) y en algunos países se requiere tanto como 80 por ciento.

El mejor aceite para preparar la crema de ensalada es indudablemente el aceite de oliva, aunque a causa de su elevado costo se utilizan normalmente otros aceites vegetales. Dichos aceites deben ser de alta pureza, de color claro y de olor suave, y por consiguiente se refinan, blanquean y deodorizan antes de su utilización. Como deben ser asimismo líquidos, se emplean aceites vegetales como aceite de cacahuate, de soya, de algodón y de maíz.

La crema de ensalada debe ser viscosa y tener una consistencia cremosa, la que sólo se logra si la emulsión de aceite en agua es estable. A fin de producir semejante producto deben estar presentes agentes emulsionantes, de los cuales el principal es la lecitina que contiene la yema de huevo. Además, se añaden con frecuencia mostaza y MEG (ambos emulsificadores eficientes). La estabilidad de la emulsión formada aumenta por la adición de estabilizadores que aumentan la viscosidad. Tal aumento en la viscosidad se hace más importante mientras más pequeño sea el contenido de aceite, y se consigue mediante la adición de almidón y gomas.

HELADOS   El helado producido al presente constituye uno de los triunfos de la tecnología de alimentos, y es digno de notarse que el aire es uno de sus ingredientes principales. Sin el aire, el helado sería una nieve de leche, pero con el aire se convierte en sistema coloidal de alta complejidad. Consiste en una espuma sólida de celdas de aire rodeadas por grasa emulsificada junto con una red de diminutos cristales de hielo que están rodeados por un líquido acuoso en forma de un sol.

El helado se produce con grasa, sólidos no grasos de la leche, azúcar, emulsionantes, estabilizadores, saborizantes y colorantes. Un helado típico contiene 12 por ciento de grasa, 11 por ciento de sólidos no grasos de leche y alrededor de uno por ciento de ingredientes menores, siendo el resto agua. Durante la elaboración se incorpora aire, que representa cerca de la mitad del volumen del producto final; como el helado se vende por volumen este último punto no carece de importancia. En Inglaterra, un helado debe contener un mínimo de un cinco por ciento de grasa y $7\frac{1}{2}$ por ciento de sólidos de leche no grasos, y para ser clasificado como helado de "leche" toda la grasa debe ser grasa de leche. El helado "sin leche" contiene grasas vegetales adecuadas, como el aceite de coco hidrogenado.

En la fabricación del helado se mezclan todos los ingredientes, pasteurizados (véase la página 397) y homogeneizados. Este último tratamiento, junto con los emulsionantes añadidos, produce una emulsión de aceite en agua estable. La emulsión se enfría a una temperatura que congela parcialmente la mezcla; al mismo tiempo que se le incorpora aire por batición. En las paredes del congelador se forma una película sólida que se raspa continuamente. La temperatura se reduce subsecuentemente aún más y esto hace que se congele el resto del agua y se endurezca el producto.

La grasa tiene una función importante en la determinación de la textura del helado, y también del sabor si se utiliza grasa de leche. La grasa convierte al helado en una emulsión de aceite en agua y cuando se incorpora aire a la mezcla ayuda a la formación y la estabilización de una espuma al formar una película de grasa estable alrededor de las burbujas de aire. Los componentes principales de la fase acuosa de la emulsión son el azúcar y los sólidos no grasos. Estos últimos son importantes debido a que contienen proteínas que son emulsionantes naturales en el helado. Durante la pasteurización las proteínas de la leche se desnaturalizan (véase la página 193) y forman una película sólida de considerable resistencia alrededor de las gotitas de aceite. Esto impide la coalescencia de las gotitas de aceite y así estabiliza la emulsión.

Una función importante de los estabilizadores sintéticos que se agregan al helado es aumentar la viscosidad en vez de ayudar a la emulsificación. La gelatina, las gomas y los alginatos se utilizan y ayudan a promover la textura firme, el sabor suave y las buenas cualidades asociadas con el helado de hoy en día. Asimismo, estos estabilizadores contribuyen a la formación de una débil red de moléculas hidratada en todo el helado y ésta permite obtener un producto de textura firme que tarda en derretirse y es resistente a la formación de grandes cristales de hielo. El uso de la gelatina ejemplifica lo anterior.

Las moléculas de gelatina son relativamente grandes, tienen una forma de hilo y son hidrófilas. Cuando se agrega a la mezcla de helado la gelatina, las finas y largas moléculas de ésta se dispersan en la emulsión, y las moléculas de agua son atraídas y mantenidas en la gran área superficial de la gelatina expuesta. De este modo, las moléculas de agua pierden su libertad de movimiento, y el derretimiento, que tiene lugar cuando aumenta súbitamente la libertad de movimiento de las moléculas, se hace más difícil. Las moléculas de la gelatina, al formar una rejilla tridimensional o *gel*, le confieren también una firmeza adicional a la estructura.

Cuando se congela una emulsión de helado, se forman cristales de hielo. Si se busca que el helado dé una sensación de suavidad cuando se derrite en la boca los cristales deben ser muy pequeños. A causa de que las moléculas de gelatina están dispersas en toda la emulsión y debido a su naturaleza hidrófila, ellas aseguran que las moléculas de agua estén también dispersas. De esta manera, se evita la formación de grandes cristales, lo que sólo ocurre cuando se agrupa un gran número de moléculas de agua.

Margarina

La margarina es un alimento manufacturado que fue inventado por un científico francés, Mège-Mouriés, en 1869. El siglo XIX atestiguó un rápido aumento en la población de Europa, de tal manera que la creciente demanda por las dos grasas más comunes, mantequilla y manteca de cerdo, pronto sobrepasó a la producción. La intención de Mège-Mouriés era obtener una grasa que se asemejara lo más posible a la mantequilla. Su receta era extremadamente singular; obtuvo un aceite llamado *aceite óleo* a partir del sebo de res, y mezcló el aceite caliente con ubre de vaca picada, leche y agua y los agitó hasta que obtener una mezcla sólida llamada *oleo margarina*.

Hoy en día, la margarina se prepara, felizmente, por un proceso muy diferente del empleado por Mège-Mouriés. El método de este científico se basaba en la grasa de origen animal, pero como dicha grasa empezó a escasear cada vez más fue necesario buscar otra fuente para la preparación de margarina. Aunque se disponía de aceites vegetales y de pescado, estos aceites eran líquidos y el problema consistía en buscar la manera de convertirlos en grasas sólidas que se parecieran a la mantequilla. El problema se resolvió con la invención de la hidrogenación a principios del siglo veinte.

La margarina se prepara al presente a partir de una emulsión de agua en aceite, en la que la fase acuosa consiste en leche libre de grasa y la fase de aceite en una mezcla de diferentes aceites. Las dos fases se mezclan y, con la ayuda de emulsionantes adecuados, se forma una emulsión estable. Esta emulsión se procesa hasta que se forme un producto sólido que tenga la consistencia deseada.

1. *La mezcla de aceites.* Se mezclan varios aceites diferentes para preparar la fase de aceite. La mezcla puede incluir aceites de origen vegetal, animal y marino, y la selección de los aceites que se emplean depende del costo y la disponibilidad, así como del tipo de producto que se desee fabricar. Al presente, los principales aceites vegetales incluyen los de soya, girasol, palma, colza, cártamo, maíz, semilla de algodón, coco y maní o cacahuate. Los aceites de origen marino incluyen el aceite de ballena mientras que las grasas de origen animal incluyen la grasa de la carne de res.

   Es importante que la fase de aceite tenga un sabor suave y un amplio intervalo plástico; para lograr lo primero, los aceites se refinan cuidadosamente y para lo último se hidrogenan algunos de ellos. Ya se señaló que a fin de obtener una plasticidad adecuada deben estar presentes triglicéridos tanto líquidos como sólidos. En la margarina, la relación líquido:sólido deseada se obtiene por hidrogenación selectiva de los aceites utilizados. Después de la hidrogenación, los aceites se refinan de nuevo como se muestra en la figura 4.6 y pasan al tanque de mezcla donde se les calienta hasta que se hacen líquidos.

2. *La mezcla acuosa.* La leche descremada se hace madurar después de la pasteurización mediante la adición de un "iniciador" que consiste en bacterias del ácido láctico, y se deja que la maduración y la fermentación continúen hasta obtener el sabor deseado. Pequeñas cantidades

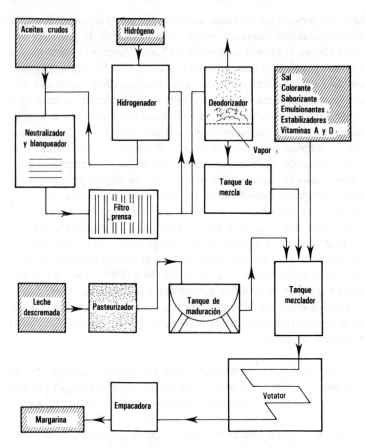

Figura 4.6 Diagrama de flujo de la producción de margarina.

de otros materiales se agregan a la leche madurada, y éstos tienen un efecto importante en la naturaleza del producto final. Asimismo, se agregan saborizantes y colorantes artificiales, así como vitaminas A y D y sal.

3. *Emulsificación.* Las fases de aceite y acuosa junto con los agentes emulsionantes, como la lecitina y el MEG, se mezclan en grandes tanques cilíndricos. Estos tanques están equipados con dos juegos de paletas que giran en direcciones opuestas y mezclan los fluidos hasta que formen una emulsión estable, que tiene la apariencia de una crema espesa.

4. *Elaboración de la emulsión.* La emulsión pasa ahora a un rodillo que gira lentamente y tiene un sistema interno de enfriamiento. Cuando la emulsión se pone en contacto con la superficie fría del rodillo, se enfría rápidamente y se convierte en una película sólida. La película se raspa del rodillo, y después de un día de almacenamiento aproximadamente, se le somete a una serie de operaciones hasta que alcanza una textura lisa

y uniforme. Esto implica romper la estructura de las hojuelas de grasa, haciéndolas pasar por rodillos y amasándola.

En el proceso continuo más moderno, y en el que se utiliza una máquina conocida como "*votator*", las etapas de emulsificación y de elaboración van seguidas y tienen lugar en máquinas cerradas. Esto permite un gran ahorro de tiempo e impide que la margarina se ponga en contacto con el aire.

Todo lo que queda por hacer es empacar la margarina pesándola en bloques, y envolviéndola y etiquetándola. La etiqueta debe especificar que el producto es margarina e indicar el contenido de vitaminas y de mantequilla (si es que se le ha añadido mantequilla).

El término margarina ya no describe un solo producto sino toda una gama de productos que proporcionan una amplia variedad de diferentes mezclas de aceites y sabores para satisfacer todas las necesidades y gustos. Se dispone de margarinas de consistencia dura como un sustituto de la mantequilla de mesa y para hornear. Asimismo, hay una abundancia de margarinas suaves como resultado del uso de diferentes mezclas de aceites, entre otras, aquéllas, como las clases de aceite de semilla de girasol, que se designan como altas en AGPI (y bajas en colesterol).

Las primeras variedades de margarina contenían aceites y grasas que habían sido totalmente hidrogenadas y que como resultado no contenían ácidos grasos esenciales combinados (AGE). Los métodos modernos de manufactura, que implican una cuidadosa selección de aceites vegetales ricos en AGPI, entre otros ácido linoleico, y la hidrogenación selectiva que permite que algunos aceites ricos en AGPI escapen a la hidrogenación, producen margarinas que contienen AGE.

La margarina producida por los métodos más tempranos era significativamente inferior a la mantequilla en cuanto a contenido de vitaminas, pero a toda la margarina de mesa manufacturada hoy en día se le agregan vitaminas A y D. El contenido de vitaminas es controlado por la ley de manera que contiene de 800 a 1000 μg de vitamina A/100 g (como retinol equivalente) y de 7 a 9 μg de vitamina D/100 g. Esto quiere decir que el contenido de vitaminas de la margarina es igual a la de la mantequilla de verano.

Una margarina típica contiene 81 por ciento de grasa y tiene un valor energético de cerca de 3000 kJ/100 g. Esto se compara favorablemente con un valor promedio de un 82 por ciento de grasa para la mantequilla y un valor energético de 3140 kJ/100 g. El contenido de agua de la margarina está controlado por la ley y no debe exceder del 16 por ciento.

PRODUCTOS PARA UNTAR BAJOS EN GRASA   A causa del considerable conjunto de opiniones que cree es conveniente, por razones de salud, reducir el consumo de grasas, se dispone al presente de varios productos para untar bajos en grasa. Los productos para untar de bajo contenido de grasa contienen de 40 a 80 por ciento de grasa, en comparación con la margarina que debe contener un mínimo de 80 por ciento de grasa. No es posible denominarlos como margarina ya que no cumplen con los requisitos legales para este producto.

El consumo de margarina y productos para untar de bajo contenido de grasa en Gran Bretaña representa el 70 por ciento del total de grasas consumidas, y la mantequilla el 30 por ciento restante.

Grasas para cocinar

Las grasas para cocinar difieren de la margarina en que son productos de grasa pura en vez de emulsiones sólidas. Se fabrican partiendo de una mezcla de aceite que puede contener aceites de origen animal, vegetal y marino. La mezcla final dependerá de la naturaleza del producto requerido y de la disponibilidad y costo de los aceites adecuados. La mezcla de aceite se hidrogena parcialmente a fin de obtener un producto que tenga la plasticidad requerida y, después del refinado y el mezclado, la mezcla de grasa se enfría y procesa en una máquina de tipo ''votator'' similar a la que se emplea en la fabricación de la margarina. Después de que se enfría la mezcla de aceite, su apariencia es la de un sólido casi blanco pero, durante la elaboración, se incorpora a veces aire y entonces la grasa se transforma en un líquido cremoso, espeso y de un color blanco puro. Mientras esté en condición líquida se le puede hacer pasar a presión a través de una válvula texturizadora, lo cual asegura que al enfriarse el producto se asiente como una masa suave de textura uniforme.

GRASAS SUPERGLICERINADAS Y SU UTILIZACIÓN EN LA PREPARACIÓN DE PASTELES   En la práctica comercial se requieren a menudo grasas para cocinar con fines específicos, como la preparación de pasteles, y estas grasas incorporan un emulsionante. Dichas grasas se conocen como *supergliceri-nadas* o grasas de alta proporción. El emulsionante más frecuentemente utilizado es el monoestearato de glicerilo. La eficiencia de este tipo de grasa se mide en términos de sus cualidades de adquirir una consistencia cremosa, emulsificar y hacer la pastelería más friable. El uso de las grasas de alta proporción permite emplear una proporción más elevada de azúcar a harina que con las grasas de cocinar corrientes.

La cualidad de una grasa de adquirir una consistencia cremosa se mide por su capacidad de incorporar burbujas de aire cuando se le bate. Esta cualidad depende de las propiedades plásticas de la grasa que le permite atrapar burbujas de aire dentro de su estructura sin la pérdida de resistencia mecánica, lo que ciertamente ocurriría si estuviera en condición líquida. En la primera etapa de la preparación de un rico pastel, se entibia la grasa con el fin de aumentar su plasticidad y luego a la grasa suavizada se le añade azúcar y se hace que adquiera una consistencia cremosa batiéndola hasta que quede atrapado suficiente aire dentro de la mezcla. Este aire atrapado ayuda al polvo de hornear en la aeración del pastel durante el horneado, e influye de manera importante en el volumen y la uniformidad del producto final.

Cuando la grasa y el azúcar han adquirido una consistencia cremosa, por lo general se baten los huevos dentro de la mezcla y se continúa el mezclado hasta que el conjunto quede ligero y espumoso. Esto da por resultado una emulsión, generalmente del tipo de aceite en agua, puesto que las yemas de huevo tienden a emulsificar la grasa como una emulsión de aceite en agua. La emulsión es estabilizada por la yema de huevo y el MEG de la grasa superglicerinizada. La presencia del MEG aumenta considerablemente la estabilidad de la emulsión y permite que una gran cantidad de agua se emulsifique junto con la grasa. Como la cantidad de azúcar que se usa depende de cuánta agua hay para disolverla, la utilización de las grasas de alta proporción permite obtener pasteles con un alto contenido de azúcar y humedad. Considerándolo de otro modo, es posible producir un pastel con una determinada cantidad de azúcar y humedad utilizando una menor cantidad de grasa superglicerinada que dé una grasa de cocinar común. Esto ha llevado a utilizar el término "grasas para reducir la cantidad utilizada" que se usa para describir dicha grasa.

Después de que se han batido los huevos en la mezcla, se añaden la harina y el polvo de hornear (y leche si es que se utiliza). Así, se forma una espuma, en la que cada minúscula burbuja de aire está rodeada por una película de aceite la cual, en esta etapa, no es muy resistente. Cuando se pone en el horno la mezcla del pastel, el aire y el vapor de agua atrapados dentro de las burbujas se expanden a causa del aumento de la temperatura.

Si se quiere que el pastel suba uniformemente durante el horneado a fin de darle la textura ligera deseada, la espuma debe ser estable. La ruptura de las películas de aceite produce lo que se conoce familiarmente como "hundimiento" o no "subida del pastel". La proteína de la clara de huevo actúa tanto como agente *espumante* como *estabilizador* de la espuma. La proteína es absorbida en la interfase entre el aire y la película de aceite, y conforme la temperatura aumenta y la burbuja se expande, la proteína se endurece o coagula, formando así una pared rígida alrededor de la burbuja. Esto evita que reviente la burbuja y también la formación de burbujas demasiado grandes que alterarán la uniformidad de la textura. Si la proporción entre la grasa y los huevos es muy alta, la estructura de la espuma es débil y algunas burbujas se rompen y el pastel se hunde o no sube.

Como ya se indicó, una grasa no sólo debe actuar como un agente para producir la consistencia de la crema y emulsificar sino también como un agente que haga más friable la pastelería. Esta función es de primordial importancia en la producción de bizcochos y galletas de manteca pero constituye también un factor importante en la preparación de pasteles. La grasa cubre el almidón y el gluten de la harina con una película aceitosa, disgregando así la estructura e impidiendo la formación de una masa correosa. Lo anterior permite obtener un pastel con miga o migaja suave y que se desmenuza, mientras que si se utiliza poca grasa, se obtiene un pastel correoso y con una mala cualidad de conservación. Mientras mayor sea la proporción de grasa en la mezcla, mayor será el efecto de friabilidad que hace que el pastel se desmenuce con facilidad. Si se quiere que una grasa de cocinar sea un agente para hacer friable a la pastelería eficaz, debe tener buena plasticidad puesto que ésta le permite extenderse sobre una gran área de harina, con lo que se cubre la superficie con una película de aceite. Dicha grasa no debe ser ni demasiado dura, en cuyo caso no se esparce bien, ni demasiado líquida como un aceite, en cuyo caso tiende a formar glóbulos en lugar de una película. En otras palabras, se requiere una grasa blanda, y ésta se obtiene mediante la mezcla adecuada de los aceites utilizados en la manufactura. Las mezclas que contienen una alta proporción de AGPI imparten una mejor friabilidad a la pastelería que las compuestas principalmente de grasas saturadas. Asimismo, la presencia de monoglicéridos, como el MEG añadido a las grasas superglicerinadas, y diglicéridos mejora la propiedad de hacer friable a la pastelería.

CAPÍTULO 5

Productos lácteos

Los productos lácteos constituyen un grupo importante de alimentos, como se aprecia en la tabla 5.1. Además de los nutrientes mencionados en la tabla, los alimentos hacen también una importante contribución a la ingestión de vitaminas. En Gran Bretaña, los productos lácteos proporcionan 23 por ciento de la tiamina, 40 por ciento de la riboflavina y 14 por ciento del ácido nicotínico de una dieta promedio. A pesar de que tradicionalmente, los productos lácteos han constituido una parte importante de la dieta británica su reputación ha sufrido recientemente un golpe a causa de las dudas expresadas acerca de la cantidad y la naturaleza de las grasas en la dieta. Tanto las grasas de origen animal como el colesterol presentes en los productos lácteos se han relacionado con las modernas ''enfermedades de la abundancia'', un tema que se discute más adelante en este capítulo.

Leche

La leche es un alimento de bastante importancia. En primer lugar, está diseñado por la naturaleza como un alimento completo para los animales

Tabla 5.1 Por ciento con el que contribuyen los productos lácteos a la dieta en el Reino Unido

	Leche líquida	Otras leches y crema	Queso	Mantequilla	Total de productos lácteos
Energía	10	2	3	5	19
Proteínas	15	2	6	–	23
Grasas	12	2	5	11	30
Carbohidratos	6	1	–	–	7
Calcio	37	5	14	< 1	56

extremadamente jóvenes. Su valor nutritivo extremadamente alto es una consecuencia de lo anterior, y la leche de vaca (que es el único tipo que se discutirá) no sólo constituye un alimento completo para las crías de la vaca, sino que es asimismo un excelente alimento para niños recién nacidos y de corta edad, así como un valioso alimento para adultos. En segundo lugar, la leche constituye un interesante y complejo sistema coloidal, cuyas propiedades resultan de gran importancia práctica en la producción de mantequilla y queso y en otros métodos de elaborar la leche. La complejidad de este sistema coloidal es posible juzgarla por el hecho de que, a pesar de tanta investigación realizada, hay mucho que no se entiende todavía del todo.

La leche es una emulsión de aceite en agua que contiene el 3.5 a 4 por ciento de grasa. Además de la grasa de la leche, la fase de la grasa contiene vitaminas liposolubles o solubles en grasa, fosfolípidos, carotenoides y colesterol mientras que la fase acuosa contiene proteínas, sales minerales, azúcar (lactosa) y vitaminas hidrosolubles o solubles en agua. La composición de las diferentes muestras de leche es posible que presente algunas variaciones como respuesta a factores como la raza de la vaca, la naturaleza del alimento de ésta y la estación del año. Las cifras que se dan en la tabla 5.2 son, por consiguiente, valores promedio que se refieren a la leche fresca producida en verano. La leche producida en invierno contiene solamente alrededor de dos tercios de la cantidad de vitamina A de la leche de verano. Dicha tabla muestra también el porcentaje de la contribución hecho a las necesidades nutricionales de un hombre y un infante por alrededor de medio litro (473 ml) de leche fresca cada día, suponiendo

Tabla 5.2   Composición de la leche fresca de verano y su contribución a la dieta

Nutriente	Cantidad por 100 g de leche	Por ciento de las contribuciones a los suministros de nutrientes por 473 ml diarios de leche.	
		Hombre con un gasto diario de 12.6 MJ	Niña de 3 a 4 años con un gasto diario de 6.2 MJ
Energía	272 kJ	13	25
Proteínas	3.3 g	22	34
Carbohidratos	4.7 g	4	8
Grasas	3.8 g	6	17
Agua	88 g	—	—
Calcio	103 mg	86	69
Hierro	0.1 mg	1	2
Vitamina A	56 μg	17	29
Tiamina	50 μg	17	33
Niacina	90 μg	4	9
Riboflavina	170 μg	48	95
Ácido ascórbico	1.5 mg	55	75
Vitamina D	0.1 μg	—	3 (máx)

que las proteínas aportan energía. Las cifras dadas revelan la importancia de la leche como una fuente de calcio y riboflavina; muestran asimismo la razón de que se considere a la leche un alimento tan valioso, ya que contribuye con toda clase de nutrientes. Los principales nutrientes en los que la leche fresca es deficiente son: hierro, ácido nicotínico y vitamina D, aunque la leche que adquiere el consumidor puede ser también deficiente en ácido ascórbico.

LA GRASA DE LA LECHE   se presenta en forma de minúsculas gotitas, la mayoría de las cuales tienen diámetros de 5 a 10 μm (1 μm equivale a 10^{-4} cm). Las gotitas de aceite son tan pequeñas que una sola gota de leche contiene varios millones de las mismas, y el hecho de que la leche esté tan altamente emulsionada la hace particularmente fácil de digerir: se digiere más fácilmente que cualquier otra grasa. La leche de vaca recién ordeñada contiene gotitas de aceite uniformemente distribuidas, pero cuando se le deja reposar las gotitas de aceite, al ser más ligeras que la fase acuosa, tienden a cubrir a la superficie y formar una capa de crema. Conforme suben las gotitas de aceite, éstas experimentan coalescencia y forman gotas más grandes pero la emisión no se descompone.

La leche se puede homogeneizar forzándola mediante presión a pasar a través de un pequeño orificio. Esto rompe las gotitas de aceite y las reduce de un tamaño entre 1 y 2 micrómetros. Es probable que esto no parezca una reducción considerable en tamaño pero aumenta el número de gotitas por un factor de cerca de 500 y da por resultado un notable aumento en el área superficial de la grasa. Dicho tratamiento tiene un considerable efecto en las propiedades de la leche: por ejemplo, impide la separación de la crema y le confiere a la leche una mayor viscosidad y un sabor más agradable. La leche homogeneizada se coagula más fácilmente y tiene una mayor propensión a absorber sabores desagradables y a la ranciedad que la leche no homogeneizada.

La leche, esté o no homogeneizada, es una emulsión estable y la interfase grasa-agua está estabilizada por los emulsionantes naturales adsorbidos presentes en la leche. Los principales emulsionantes los constituyen las proteínas que son adsorbidas alrededor de cada gotita de aceite, formando una capa protectora única, pero otros emulsionantes como los fosfolípidos (por ejemplo: la lecitina) y la vitamina A, también son importantes.

Los triglicéridos de la grasa de la leche contienen varios ácidos grasos combinados diferentes. Sin embargo, relativamente pocos están presentes en cantidades significativas; de éstos los principales son los ácidos grasos saturados que se mencionan en la tabla 5.3. La grasa de la leche contiene una muy baja proporción de ácidos grasos poliinsaturados, menos de tres por ciento.

LAS PROTEÍNAS DE LA LECHE   consisten en moléculas que son, relativamente hablando, tan grandes que las moléculas individuales constituyen

Tabla 5.3 Ácidos grasos más importantes de la leche de vaca

Ácidos grasos		g de ácido graso/100 g del total de ácidos grasos
Saturados		61.1
$C_{4:0}$ Butírico	3.2	
$C_{12:0}$ Láurico	3.5	
$C_{14:0}$ Mirístico	11.2	
$C_{16:0}$ Palmítico	26.0	
$C_{18:0}$ Esteárico	11.2	
Otros	6.0	
Monoinsaturados		31.9
$C_{18:1}$ Oleico	27.8	
Otros	4.1	
Poliinsaturados		2.9
$C_{18:2}$ Linoleico	1.4	
$C_{18:3}$ Linolénico	1.5	

partículas coloidales dispersas en la fase acuosa de la emulsión, es decir, como un sol. Las proteínas más importantes de la leche son la *caseína* (2.6 por ciento), que precipita en condiciones ácidas y la *lactoalbúmina* (0.12 por ciento) y *lactoglobulina* (0.3 por ciento); ambas son proteínas del suero que permanecen en soluciones después de la acidificación (véase fabricación del queso, página 96).

La caseína no es una sola sustancia sino una familia de proteínas que contienen fósforo y se unen con calcio y otros minerales presentes. Las partículas coloidales de la caseína son estabilizadas por una capa eléctrica originada por la presencia de iones enlazados de calcio y magnesio. Las partículas cargadas son sensibles a los cambios en el pH y en la concentración de los iones circundantes. Por ejemplo, durante la digestión la leche se vuelve sólida debido a la coagulación o "cuajamiento o cuajadura" de la caseína. Esto es cuando por la enzima *renina* la cual, al bajo pH que predomina en el estómago, convierte la caseína en una forma coagulada. La caseína coagulada reacciona con los iones de calcio para producir un gel tridimensional que tiene la forma de un grumo firme llamada *caseinato de calcio*.

La fabricación del "junket" (cuajada con azúcar) constituye también un ejemplo de cuajado. Cuando la leche se calienta a la temperatura del cuerpo (37°C) y se le añade *cuajo*, se coagula lentamente para formar un sólido blanco y exuda un líquido ligeramente amarillo llamado *suero*. El cambio en la leche que tiene lugar en la elaboración del *junket* es el mismo que ocurre en el estómago. El cuajo se obtiene del estómago de crías de vaca, y su constituyente esencial es la renina que lleva a cabo el cuajamiento de la leche.

La lactoalbúmina y la lactoglobulina no son coaguladas por la renina pero son coaguladas más fácilmente por el calor que la caseína. De este modo, cuando se calienta la leche, se coagulan la lactoalbúmina y la lacto-globulina y forman una película en la superficie de la leche. Esta película es lo que hace que la leche se ''suba'' o derrame al hervir, ya que las bur-bujas que se expanden quedan atrapadas debajo de la película y acumulan una presión que finalmente eleva la espuma y permite que la leche se de-rrame por los lados del recipiente al hervir.

LOS CARBOHIDRATOS DE LA LECHE consisten en el disacárido lacto-sa, llamado también azúcar de leche. La lactosa es el único azúcar elabora-do por los mamíferos y se distingue por su falta de capacidad edulcorante al compararse con otros azúcares.

Como es bien conocido, la leche se agria fácilmente cuando se le al-macena. Esto se debe a que la leche contiene bacterias llamadas *bacilos lácticos*, mismos que contienen las enzimas que realizan la descomposi-ción de la lactosa para formar el ácido láctico de gusto agrio

$$C_{12}H_{22}O_{11} + H_2O \xrightarrow{\text{bacilos lácticos}} 4CH_3CH(OH)COOH$$

Lactosa $\qquad\qquad\qquad$ Ácido láctico

El pH de la leche fresca es de 6.4 a 6.7 y el valor es mantenido dentro de este estrecho intervalo por proteínas, fosfatos y citratos que actúan co-mo amortiguadores o *buffers*. Cuando la leche se agria disminuye el pH y cuando llega a 5.2, la leche se *corta* y la caseína precipita en forma de grumos floculentos. Es de hacerse notar que el cuajamiento y la formación de coágulos no son químicamente iguales, porque en el cuajamiento la ca-seína es simplemente precipitada, mientras que en la coagulación se forma una masa firme de caseinato de calcio. Aunque la leche que se guarda du-rante un determinado período se corta naturalmente a causa de la presencia de ácido láctico, cualquier ácido produce el mismo efecto. El proceso de cortarse la leche es acelerado por el calor, y es por esta razón que se debe tener cuidado al preparar platillos como la sopa de tomate en la que la aci-dez del jugo de tomate puede ser suficiente para cortar la leche caliente. Si las condiciones son lo bastante ácidas, la leche puede cortarse en frío por ejemplo cuando se añade leche a una fruta ácida como el ruibarbo.

LOS ELEMENTOS MINERALES DE LA LECHE están ya sea en forma de sales minerales o están presentes como constituyentes de los nutrientes or-gánicos. Algunos están en solución y otros están coloidalmente dispersos ya sea como partículas de un sol o combinados con proteínas. Puesto que la leche es el único alimento de una cría de vaca contiene todos los elemen-tos minerales requeridos por el animal para su crecimiento. Es particular-mente rica en calcio y en fósforo, elementos que son necesarios para la formación de huesos y dientes. Estos elementos minerales se encuentran en la leche combinados en forma de fosfato de calcio, que no es soluble pero se mantiene en suspensión en forma de finas partículas. Asimismo, en la caseína y los fosfolípidos, como la lecitina, se encuentra fósforo combinado.

Muchos otros elementos minerales están presentes en pequeñas cantidades; el cloro y el yodo, por ejemplo, se encuentran como cloruros y yoduros solubles. La leche es una fuente importante de yodo ya que en invierno se añade este elemento al alimento del ganado para prevenir el bocio y el alumbramiento de fetos muertos. La leche de invierno contiene cerca de 40 μg de yodo por 100 g de leche mientras que en el verano, cuando el ganado está en los pastos, la leche contiene solamente unos 5 g de yodo por 100 g de leche. El hierro está presente en la leche, pero en cantidades tan pequeñas que lo hacen el elemento mineral importante con respecto al cual la leche es deficiente para la nutrición de los seres humanos.

LAS VITAMINAS DE LA LECHE se encuentran ya sea disueltas en los glóbulos de grasa o bien en solución acuosa. Tanto la vitamina A como la D se hallan en la grasa de la leche, la primera en cantidades apreciables, la última en cantidades mucho menores. La cantidad de ambas vitaminas presentes en la leche es mayor en el verano cuando las vacas se alimentan de hierba y reciben la que el sol de los veranos de Inglaterra proporciona. El valor de la vitamina A de la leche se debe en parte al caroteno y es esta sustancia la que le da a la leche su color cremoso.

La leche es una valiosa fuente de riboflavina (véase la tabla 5.2). Contiene también cantidades provechosas de tiamina y ácido ascórbico y una pequeña cantidad de niacina. La cantidad real de dichas vitaminas en la leche cuando ésta llega al consumidor depende del tratamiento que haya recibido. Tanto el ácido ascórbico como la tiamina son destruidas por el tratamiento térmico, mientras que la exposición a la luz destruye el ácido ascórbico y la riboflavina.

TIPOS DE LECHE FRESCA   La composición de los nutrientes de la leche entera se da en la tabla 5.2. Por ley debe contener cuando menos tres por ciento de grasa. Esta leche "ordinaria" se distingue de la leche procedente de las vacas de las razas Jersey, Guernsey y South Devon, la cual contiene más grasa (un promedio de 4.8 por ciento) que la leche "ordinaria". Por ley dicha leche debe contener cuando menos cuatro por ciento de grasa.

El consumo promedio de leche en Gran Bretaña es al presente de alrededor de un cuarto de litro al día, y una creciente proporción es en forma de leches descremadas o semidescremadas de las cuales se ha removido una proporción de grasa. El valor alimenticio de la leche descremada es tan bueno como el de la leche entera, excepto por la pérdida de grasa y de las vitaminas A y D solubles en grasa que tiene lugar cuando se elimina la crema. La ley ordena que la leche descremada debe contener menos de

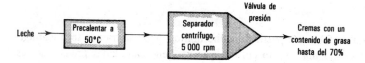

Figura 5.1 Elaboración de la crema.

0.3 por ciento de grasa; en la práctica contiene sólo un promedio de 0.1 por ciento de grasa. La leche semidescremada debe contener por ley un 1.5 a 1.8 por ciento de grasa. La ingestión de leche descremada o semidescremada resulta conveniente para quienes desean reducir su consumo de grasa, pero estos tipos de leche no son adecuados, a causa de su bajo contenido de vitamina, para los recién nacidos y los niños menores de cinco años.

Crema

La crema, al igual que la leche, es una emulsión de aceite en agua. La manera como se fabrica a partir de la leche se resume en la figura 5.1. Primero se calienta la leche a 50°C. De esta manera se facilita la subsiguiente separación por acción centrífuga en una capa superior de crema y una capa inferior de leche descremada. El contenido de grasa de la crema producida se ajusta por medio de una válvula de presión hasta un máximo de 70 por ciento de grasa.

El contenido de grasa de las diferentes cremas está regulado por ley; en el Reino Unido, los valores mínimos del contenido de grasa son como sigue: media crema, 12 por ciento; crema simple, 18 por ciento; crema por batir, 35 por ciento; doble crema, 48 por ciento; crema cuajada, 55 por ciento. El contenido de nutrientes de los diferentes tipos de crema se proporciona en la tabla 5.4.

La crema se trata térmicamente de diversas maneras, entre otras: pasteurización, esterilización y tratamiento ultratérmico. Asimismo, es posible adquirir cremas congeladas y cremas en aerosol con tratamiento ultratérmico.

Tabla 5.4 Composición por 100 g de varios tipos de cremas con respecto a nutrientes

Tipo	Energía (kJ)	Proteínas (g)	Grasas (g)	Carbohidratos (g)	Sodio (mg)	Calcio (mg)
Media crema	568	2.8	12.3	4.1	55	96
Crema simple	813	2.6	19.1	3.9	50	91
Crema para batir	1536	2.0	39.3	3.0	42	62
Doble crema	1847	1.7	48.0	2.6	39	50

Yogur

El yogur se fabrica a partir de leche homogeneizada tratada térmicamente, que se inocula con un cultivo que contiene cantidades iguales de las bacterias *Streptococcus termophilus* y *Lactobacilus bulgaricus*. El cambio esencial producido por estas bacterias consiste en que la lactosa de la leche es convertida en ácido láctico. En las etapas iniciales de la fermentación los estreptococos son muy activos, convirtiendo a la lactosa en ácido láctico y también produciendo *diacetilo*, hasta que la acidez aumenta hasta un pH de 5.5. De ahí en adelante, los lactobacilos continúan la producción de ácido láctico hasta que la acidez alcanza un pH entre 3.7 y 4.3. Al mismo tiempo, se produce acetaldehído y éste le imparte al yogur su sabor característico.

El proceso de fermentación se continúa hasta que se alcanza un contenido de ácido láctico entre 0.8 y 1.8 por ciento y se espesa el producto. Si se desea, se puede añadir en esta etapa saborizantes o frutas y azúcar. Todos estos tipos de yogur contienen bacterias vivas a menos que se traten con calor después de la fermentación, en cuyo caso debe mencionársele en la etiqueta del recipiente.

El contenido de nutrientes de los diversos tipos de yogur se proporciona en la tabla 5.5. El yogur es un alimento nutritivo y de fácil digestión aunque no posee las cualidades curativas milagrosas que se le atribuyeron a principio de este siglo, y en las que mucha gente todavía cree. En general, el valor nutritivo del yogur es el de la leche que contiene y el de cualquier otra sustancia añadida durante la fabricación.

Mantequilla

La mantequilla, lo mismo que la leche, es un complejo sistema coloidal y a pesar de que la conversión de la crema en mantequilla es un arte que se remonta a la antigüedad, se carece todavía de una total comprensión del proceso. La mantequilla se prepara batiendo la crema. La crema que se utiliza contiene de 35 a 42 por ciento de grasa de leche y se puede utilizar

Tabla 5.5 Contenido de nutrientes por 100 g de yogur con bajo contenido de grasa

Nutriente	Natural	Saborizante	Con fruta
Agua (g)	85.7	79.0	74.9
Lactosa (g)	4.6	4.8	3.3
Otros azúcares (g)	1.6a	9.2b	14.6b
Proteínas (g)	5.0	5.0	4.8
Grasas (g)	1.0	0.9	1.0
Minerales (g)	0.8	0.8	0.8
Energía (kJ)	216	342	405

a = galactosa   b = principalmente sacarosa

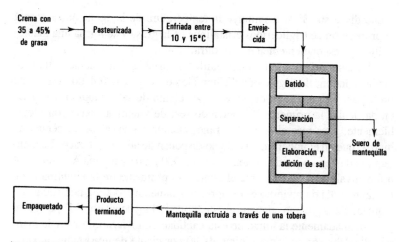

Figura 5.2 Diagrama de flujo de la producción de mantequilla.

fresca o dejar que se agrie, un proceso conocido como *maduración*, en el que la lactosa se convierte en ácido láctico y se adquiere el sabor. Después de la pasteurización, se enfría la crema y se agita o se bate. Durante el batido la crema se hace cada vez más viscosa y finalmente aparecen gránulos de mantequilla sólida. En las plantas modernas el batido se lleva a cabo en una mantequera continua como se muestra en la figura 5.2.

La conversión de la crema en mantequilla implica "romper" la emulsión de aceite en agua de la crema y convertirla en una emulsión de agua en aceite, proceso conocido como *inversión*. El mecanismo detallado de este cambio no se conoce, pero sí es posible dar un resumen sencillo. En una de las primeras etapas de la agitación queda atrapado aire en la emulsión de la crema y se forma una espuma. Como ya se ha hecho notar, los emulsionantes naturales de la crema estabilizan la emulsión al ser adsorbidos en la interfase aceite-aire. Cuando el aire es atrapado en la emulsión dichos emulsionantes se separan y se esparcen sobre la superficie de las burbujas de aire. Las gotitas de aceite pierden su estabilidad y entran en coalescencia para formar gotas de mayor tamaño. Al continuar el batido se produce el colapso de la estructura de la espuma, y las partículas de grasa que entran en coalescencia aparecen como gránulos visibles y se separan de la fase acuosa.

Aun cuando, tanto la emulsión de aceite en agua como las estructuras espumosas han sufrido un colapso, la agitación adicional origina la dispersión de una pequeña cantidad de agua en la grasa y se forma una emulsión de agua en aceite. La naturaleza del producto final es afectada por la proporción entre triglicéridos sólidos y triglicéridos líquidos presentes en la fase de la grasa. Algunas gotitas de aceite líquido se dispersan en la fase continua de grasa, aunque el batido continuo reduce la proporción de este aceite disperso. Si se disminuye la temperatura de la agitación, aumenta la proporción de triglicéridos cristalinos en la grasa y se forma una mantequilla correspondientemente más dura.

La composición de la mantequilla es variable. Una mantequilla promedio contiene lo siguiente: 82 por ciento de grasa, 0.4 por ciento de proteínas, 15 por ciento de agua, 2 por ciento de sal y vitaminas A y D, en particular la primera. El contenido real de vitaminas varía considerablemente, y es más alto en el verano, cuando las vacas se alimentan de hierba, que en el invierno, cuando no disponen de alimento fresco. La mantequilla de verano puede contener hasta 1 300 μg de vitamina A (como retinol equivalente) mientras que el contenido promedio de la vitamina A en la mantequilla de invierno es de aproximadamente 1 000 μg por 100 g. La mantequilla de verano contiene alrededor de 0.8 μg de vitamina D por 100 g y aproximadamente la mitad de esta cantidad en invierno. Por ley la mantequilla debe contener un mínimo de 80 por ciento de grasa y un máximo de 16 por ciento de agua.

Queso

A pesar de que se conocen más de 400 quesos diferentes, los principios básicos que controlan su fabricación son los mismos. Se coagula la leche y el sólido así formado, cuajada, se corta en pequeños pedazos para permitir que escurra el suero. La cuajada se seca, se le añade sal y el queso se pren-

Tabla 5.6 Etapas en la fabricación del queso Cheddar

Etapa	Descripción de los cambios físicos y químicos
1. Pasteurización	Se pasteuriza la leche entera.
2. Maduración o acidificación	Se inocula el iniciador consistente en bacterias del ácido láctico. La lactosa se convierte en ácido láctico con la consiguiente disminución del pH.
3. Cuajado o coagulación	Se añade el cuajo a la leche agria a 30°C. La caseína precipita como un gel o grumo correoso de caseínato de calcio conocido como cuajada.
4. Corte	La cuajada se corta en trozos pequeños.
5. Escaldado y amasado	Se eleva la temperatura a cerca de 40°C, sigue bajando el pH y se continúa con el corte. Los trozos de la cuajada se juntan y adhieren entre sí y se elimina el suero.
6. Apilamiento y reapilamiento	La cuajada se corta en bloques y se apila. El suero escurre y la cuajada forma una masa sólida con una textura firme y suave.
7. Molido y salado	Se muele finamente la cuajada y se añade sal. Se elimina más suero.
8. Prensado	El queso blando se coloca en moldes, se aplica presión y se elimina más suero.
9. Maduración	Después de que ha sido sacado del molde, se deja madurar el queso durante tres meses o más.

sa o moldea y se deja madurar. El queso Cheddar, que es un queso duro típico y popular, servirá como un ejemplo conveniente para discutir las etapas principales de la fabricación del queso que se resumen en la tabla 5.6.

La esencia de la fabricación del queso consiste en la coagulación de la leche y su conversión de una dispersión coloidal en un gel conocido como cuajada, y la subsiguiente liberación de agua en forma de suero. La pérdida de humedad de un gel se conoce como sinéresis y origina una disminución en el contenido de agua de 87 por ciento en la leche a menos de 40 por ciento en el queso Cheddar maduro. El control de esta pérdida de agua constituye una de las partes principales del arte de fabricar el queso. La proporción a la que se pierde el agua depende de tres factores: temperatura, pH y manera como se corta la cuajada, y en la práctica, se controlan los tres factores de manera que se obtenga una rápida sinéresis. La reducción del contenido de agua es muy importante ya que determina la dureza y las propiedades de conservación del queso. En la figura 5.3 se aprecian los cambios en el contenido de agua y el pH durante la fabricación del queso.

Los cambios químicos que tienen lugar durante la maduración del queso aún no se comprenden en su totalidad, pero es indudable que son causados por enzimas. Las bacterias del ácido láctico se desarrollan en el queso ácido no maduro y las enzimas presentes en las mismas efectúan varias reacciones químicas que son responsables del sabor y el aroma. Una semana

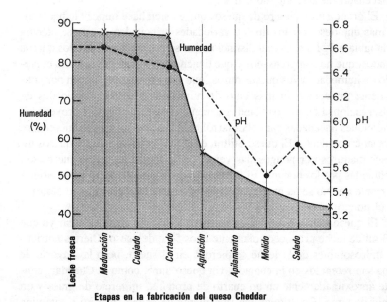

Figura 5.3 Variación en el contenido de agua y el pH en la fabricación del queso.

después de iniciada la fabricación ha desaparecido toda la lactosa, ya que ha sido convertida en ácido láctico. Además de la descomposición de la lactosa, la maduración consiste principalmente en el desdoblamiento de las proteínas y las grasas. Las proteínas son descompuestas por la hidrólisis enzimática efectuada por la renina y otras peptidasas. Las proteínas son desdobladas progresivamente en moléculas más pequeñas como las peptonas, y finalmente en aminoácidos. Estos compuestos solubles nitrogenados de un bajo peso molecular contribuyen de modo cierto al sabor del queso y, además, producen cambios físicos en el queso, que lo hacen más blanco y cremoso. Las grasas, como las proteínas, son descompuestas por hidrólisis enzimática y se convierten en glicerol y ácidos grasos libres. La grasa de la leche es relativamente rica en ácidos grasos de bajo peso molecular, como el butírico, el caproico y el cáprico, que se liberan durante la hidrólisis y, al ser volátiles y de olor fuerte, contribuyen al sabor del queso.

Los aminoácidos y los ácidos grasos producidos por la descomposición de las proteínas pueden ser hidrolizados todavía más por las enzimas que producen moléculas de bajo peso molecular, como aminas, aldehídos y cetonas que son volátiles y de sabor fuerte, y así contribuyen también al sabor del queso maduro.

Es evidente que el sabor del queso se debe a un número muy grande de diferentes sustancias y que se necesita mucha investigación antes de que lleguen a conocerse todas. Después de alrededor de tres meses de almacenamiento el queso Cheddar ya ha adquirido todo su sabor, aunque puede ser almacenado durante un año o más.

El grandísimo número de quesos que existen hace imposible hacer algo más que describir los tipos y variedades principales, y esto se efectúa en la tabla 5.7. La principal distinción que se establece es entre los quesos blandos, que no son prensados y que tienen por consiguiente un alto contenido de humedad, y los quesos duros, que son prensados y tienen por consiguiente un contenido más bajo de humedad y mejores cualidades de conservación. Los quesos blandos tienen una textura abierta y proveen las condiciones adecuadas para el desarrollo de hongos, los que requieren aire para su crecimiento. El queso Stilton es el más conocido de los quesos ingleses maduros por hongos, las venas verde azuladas de este queso, son producidas por los hongos. El Stilton blanco es simplemente queso Stilton corriente que no se ha madurado el tiempo suficiente para que se desarrolle el hongo.

El queso tiene un alto valor nutritivo lo que no es de estrañar ya que 473 ml de leche producen solamente unos 50 g de queso. Ciertos nutrientes hidrosolubles de la leche se pierden en el suero, pero la mayoría de ellos son retenidos en la cuajada. Un queso duro, como el Cheddar, consiste aproximadamente en un cuarto de proteína, un tercio de grasa y un tercio de agua. Constituye una rica fuente de calcio, fósforo y vitamina A, y contiene asimismo cantidades apreciables de otros nutrientes, como

Tabla 5.7 Algunos tipos y variedades de quesos

Tipo	Variedad	Leche utilizada	Agua (%)	Naturaleza
Muy duro	Parmesano	Leche descremada madura	<25	Queso seco con excelentes cualidades de conservación, madurado >1 año.
Duro	Cheddar	Leche entera madura	35	Maduro, no desmenuzable.
	Cheshire	Leche entera madura	38	Sin maduración desmenuzable, de sabor suave.
Semiduro	Pecorino	Leche de cabra sin madurar	35-40	Queso blando, de sabor suave (italiano).
	Edam	Leche descremada sin madurar	35-50	Suave, firme, de color rojo (holandés).
Blando	Cambridge	Leche entera sin madurar	>40	Queso sin madurar, la cuajada no se corta.
Cremoso	Crema	Crema madura	45-50	Blando, suave de sabor agradable.
Hongos en el interior	Stilton	Leche entera madura	33-35	Con hongos azules, sabor tierno, curado de 4 a 6 meses.
Hongos en el exterior	Camembert	Leche entera madura	45-55	Blando, de consistencia cremosa (francés).

se muestra en la tabla 5.8. Es un alimento mucho más concentrado que la leche, pero menos completo debido a su falta de carbohidratos. Los quesos blandos retienen un porcentaje más elevado de humedad que los duros y, por consiguiente, tienen un porcentaje más bajo de otros nutrientes. Los quesos crema, elaborados a base de crema, son ricos en grasas pero contienen mucho menos calcio, fósforo y vitamina A que el Cheddar. La cantidad de agua y grasa de leche en el queso es regulada por la ley, y el queso Cheddar, por ejemplo, no debe contener más de 39 por ciento de agua y cuando menos 48 por ciento de grasa de leche expresado en base seca.

El contenido final de vitamina de un queso es muy variable y depende de la calidad de leche utilizada en su producción. Así, el queso Cheddar,

Tabla 5.8 Comparación entre la composición del queso y la de la leche de verano

Nombre	Energía (kJ) por 100 g	Nutrientes por 100 g					
		Proteínas (g)	Grasas (g)	Carbohidratos (g)	Calcio (mg)	Vitamina A (mg)	Vitamina D (mg)
Cheddar	1680	26	34	0	800	363	0.3
Stilton	1930	26	40	0	350	450	0.3
Queso crema	1840	3	47	0	100	450	0.3
Leche de verano	272	3.3	3.8	4.7	103	56	0.03

que es rico en vitamina A, contiene como promedio 363 μg por 100 g de queso, aunque la cantidad en una muestra particular puede diferir considerablemente de esta cifra.

Los quesos duros están en gran parte libres de aditivos, excepto por el empleo del tinte vegetal achiote o *bija* utilizado para dar color a algunas variedades como el Red Leicaster. Por otra parte, el queso elaborado con tiene una variedad de aditivos como leche en polvo, emulsionantes y saborizantes. Asimismo, se utiliza un conservador como el nitrito de sodio.

LÍPIDOS DE LA DIETA

Los lípidos de la dieta se encuentran principalmente en forma de grasas, pero incluyen también colesterol. La grasa se presenta en dos formas, las grasas "visibles" como la mantequilla y la margarina y las grasas "invisibles" que se hallan en los alimentos como la leche y los huevos y donde la grasa se encuentra en forma altamente emulsionada. Algunos alimentos, como la carne, contienen ambas formas de grasa. En la tabla 5.9 se indica la cantidad de grasa de algunos alimentos.

La grasa tiene cuatro funciones en la alimentación. En primer lugar, sirve como una fuente de energía. Como la grasa tiene un valor de energía más elevado que los carbohidratos o las proteínas, los alimentos que contienen una alta proporción de grasa constituyen una fuente compacta de energía. Una hombre que ejecuta un trabajo pesado gasta alrededor de 14 MJ por día. Si obtuviera toda su energía de la grasa, necesitaría ingerir solamente 378 gramos de grasa. Una ración con menos grasa y una gran cantidad de carbohidratos sería más voluminosa.

En segundo lugar, la grasa hace más apetitosos a los alimentos. Sin nada de grasa, una dieta carecería totalmente de atractivo. La cantidad de grasa en las dietas varía considerablemente, mientras más alto sea el nivel de vida más alta será la proporción de grasa de la dieta. Por ejemplo, en las países más pobres, la grasa aporta sólo cerca del diez por ciento de la energía total de la dieta, mientras que en los países industrializados de mayores ingresos contribuye con el 40 por ciento. Además, en los países de

Tabla 5.9 Contenido de grasa de algunos alimentos

Alimento	Grasa (%)	Alimento	Grasa (%)
Manteca	99	Res, bisteck de cadera	14
Margarina	81	Huevos	10.9
Mantequilla	82	Leche	3.8
Queso crema	47	Pan blanco	1.7
Queso Cheddar	34	Arroz	1
Chorizo de puerco	32	Abadejo	0.6
Arenque	19	Papas	0

Tabla 5.10 Contenido de colesterol de algunos alimentos (mg/100 g de alimento)

Yema de huevo	1260	Queso Cheddar	70
Huevo entero	450	Pollo, carne blanca	69
Riñón, de puerco	410	Carne de res	65
Hígado, de puerco	260	Leche	14
Mantequilla	230	Aceite vegetal	0

mayor riqueza una mayor proporción de la grasa de la dieta está constituida por grasa de origen animal.

En tercer lugar, las grasas proporcionan al cuerpo ácidos grasos esenciales y, finalmente, proveen al cuerpo de las vitaminas liposolubles.

El colesterol es otro lípido provisto por la dieta, aunque sólo aproximadamente de 20 a 25 por ciento del colesterol del cuerpo procede de los alimentos, el resto es sintetizado por el propio cuerpo. Una persona de uno u otro sexo y de peso promedio contendrá alrededor de 140 g de colesterol corporal, y su cuerpo elabora diariamente cerca de 1 g de colesterol. La cantidad real varía con el individuo y también con la cantidad aportada por los alimentos. Si se reduce la cantidad suministrada por la dieta, el cuerpo lo compensa sintetizando más. Normalmente, el cuerpo dispone de más colesterol del que necesita y parte del exceso es convertido en sales biliares que ayudan a la digestión de las grasas. Es este exceso de colesterol en el cuerpo el que es considerado por algunos como nocivo en relación con la insuficiencia coronaria. En la tabla 5.10 se indica el contenido de colesterol de algunos alimentos.

Lípidos en el cuerpo

Los lípidos del cuerpo tienen tres funciones principales:

1. En los depósitos de grasa del cuerpo, el tejido adiposo, constituyen la fuente y la forma de almacenamiento de energía principales del cuerpo.
2. En todos los tejidos corporales, los lípidos forman la parte principal de la estructura de las membranas celulares.
3. Los lípidos proveen la materia prima de la cual se obtienen varias hormonas.

Cuando se ingieren alimentos grasos, pasan a través del sistema digestivo de la manera descrita en el capítulo 2. Una vez en el intestino delgado, son parcialmente hidrolizadas por la lipasa, separándose cada vez una molécula de ácido graso de una molécula de grasa, de manera que el resultado es una mezcla de ácidos grasos libres y mono y diglicéridos. Como la hidrólisis no es completa, se produce un poco de glicerol libre. Durante la absorción de las grasas, los ácidos grasos y el glicerol pasan a través de las vellosidades intestinales al vaso linfático donde se vuelven a sintetizar como moléculas de grasas, en este proceso se vuelven a arreglar de manera que las nuevas moléculas de grasa formadas resultan más apropiadas para ser utilizadas por el cuerpo.

La grasa, por ser insoluble en agua, no puede ser transportada a través del cuerpo disuelta en la sangre. En vez de ello, es transportada en forma de *lipoproteínas* complejas que están constituidas por dos partes; un componente *lipídico* de triglicérido, colesterol y fosfolípido junto con un componente proteínico. Así, la grasa es llevada por la sangre en forma emulsionada como minúsculas gotitas de lipoproteína. El complejo de lipoproteína responsable del transporte de los lípidos desde el intestino delgado está en forma de *quilomicrones*. Los quilomicrones son la causa del aspecto "lechoso" del plasma sanguíneo que se presenta después de ingerir una comida rica en grasa.

Las lipoproteínas pueden dividirse en cuatro tipos, que se diferencian unos de otros por sus diferentes densidades. Varían desde quilomicrones con un alto contenido de triglicéridos y una densidad correspondientemente baja a las lipoproteínas de alta densidad con bajo contenido de triglicéridos. Estas diferencias se resumen en la tabla 5.11.

Los quilomicrones llevan triglicéridos tanto a los músculos como al tejido adiposo donde las lipasas de las lipoproteínas los hidrolizan rápidamente. Algunos de los ácidos grasos libres producidos más los restos de los quilomicrones (menos el componente triglicérido), junto con glucosa, pasan al hígado donde son convertidos en triglicéridos y luego transportados como lipoproteínas de muy baja densidad (LMBD) a los músculos y al tejido adiposo.

La mayor parte de la grasa del cuerpo se halla bajo de la piel como tejido adiposo. En tiempos pasados se pensaba que dicha grasa formaba un depósito inerte al que recurría el organismo cuando el cuerpo necesitaba energía. Sin embargo, hoy en día se sabe que el tejido adiposo es una fuente de considerable actividad metabólica. Los triglicéridos (como parte tanto de los quilomicrones como las LMBD) están en proceso constante de desdoblamiento y vuelta a formar dentro del tejido adiposo. Asimismo, la glucosa derivada de los alimentos amiláceos se convierte en grasa en el tejido adiposo; este proceso es controlado por la hormona *insulina*. La cons-

Tabla 5.11 Por ciento de la composición de las lipoproteínas del plasma sanguíneo

Lipoproteína	Abreviatura	Proteínas	Triglicéridos	Colesterol	Fosfolípidos
Quilomicrones	–	2	85	4	9
De muy baja densidad	LMBD	10	50	22	18
De baja densidad	LBD	25	10	45	20
De alta densidad	LAD	55	4	17	24

tante descomposición y vuelta a formar de los triglicéridos implica el intercambio de ácidos grasos entre las moléculas de triglicéridos y la formación de muchos triglicéridos diferentes. Sin embargo, los ácidos grasos esenciales deben ser suministrados por la dieta ya que no pueden ser producidos por los procesos metabólicos del cuerpo.

Cuando el cuerpo requiere energía procedente de sus reservas se utilizan los triglicéridos presentes en el tejido adiposo, y se descomponen en ácidos grasos que son llevados por la sangre a los músculos y otros tejidos. Asimismo, se produce glicerol que luego es descompuesto en bióxido de carbono, agua y energía mediante un proceso en el que participa el *trifosfato de adenosina* (ATP por sus siglas en inglés) y el ciclo de Krebs (véase la página 132).

La producción de energía a partir de los ácidos grasos implica, primeramente, una etapa de activación, cuya energía es proporcionada por el ATP, una molécula rica en energía, que se considerará con mayor detalle en el capítulo 7. En esta etapa se añade una molécula de *coenzima A* (que contiene el ácido pantoténico de la vitamina B) al ácido graso. Enseguida, actúan sobre esta forma activa alrededor de cuatro enzimas (que contienen vitamina B) en una serie de etapas, cada una de las cuales incluye la remoción de un fragmento que contiene dos átomos de carbono. Cada fragmento de dos carbonos está en forma de acetil coenzima A, la que es luego oxidada en un complejo ciclo de reacciones conocido como ciclo del ácido cítrico (o ciclo de Krebs). Parece ser que la oxidación final de los carbohidratos y la de las grasas siguen el mismo camino; asimismo, ambos nutrientes producen finalmente los mismos productos, es decir, bióxido de carbono, agua y ATP.

Si no se requiere energía de inmediato, las moléculas de glicerol y ácido graso se recombinan y se depositan nuevamente como grasa. Existe, por consiguiente, un equilibrio dinámico entre los procesos de descomposición y de reconstrucción.

CETOSIS Durante el metabolismo normal de las grasas se produce una pequeña cantidad de ácido acetoacético, CH_3COCH_2COOH, y de ácido betahidroxibutírico, $CH_3CH(OH)CH_2COOH$, por combinación de fragmentos de dos átomos. También se produce acetona, CH_3COCH_3, por la descomposición del ácido acetoacético. Estos tres compuestos se conocen como cuerpos cetónicos, y la condición cuando se acumulan en la sangre se conoce como *cetosis*. Los cuerpos cetónicos se utilizan como fuente de energía por la mayor parte de los tejidos, entre ellos el cerebro, en lugar de la glucosa.

La cetosis tiene lugar cuando la grasa y no los carbohidratos es la principal fuente de energía, como ocurre en la inanición, en el caso de una dieta rica en grasa o en un caso grave de diabetes. Siempre y cuando sea posible controlar la cetosis, es probable que ésta resulte beneficiosa, particularmente porque permite que las cetonas actúen como una fuente de energía para el cerebro cuando se han agotado las fuentes de energía que consisten en carbohidratos. Por otra parte, en un diabético una cetosis considerable puede ser fatal, debido en parte a la toxicidad de los mismos cuerpos cetónicos y en parte a causa de que la acumulación de los ácidos acetoacético y betahidroxibutírico reduce el pH de la sangre (es decir, aumenta la acidez). Si el pH disminuye de su valor normal de 7.4 a 7.2 o más abajo, se dice que tiene lugar una *acidosis*. Esta condición puede llevar a un coma, el cual, si no se trata a tiempo, es fatal.

Los lípidos y la salud

Los lípidos representan una parte esencial de la dieta, pero en años recientes ha habido una creciente controversia con respecto a la cantidad y calidad de los lípidos aconsejables para una dieta sana. En los países ricos, como ya se indicó, las grasas contribuyen con cerca del 40 por ciento del contenido de energía de la dieta, mientras que en los países más pobres sólo contribuyen con el diez por ciento. Además, en los países industrializados una mayor proporción de la grasa es de origen animal.

Como se describe en el capítulo 3, en el Hemisferio Occidental han aparecido ciertas "enfermedades de la abundancia". Entre dichas enfermedades, la insuficiencia coronaria ocupa un lugar prominente como la causa más frecuente de difusión. El estudio de esta enfermedad ha sido y continúa siendo intensa. Ya se ha establecido que no existe una sola causa, en tanto que los estudios de correlación (véase la página 46) indican que los tres principales factores de riesgo son: tabaquismo, presión arterial alta y alto contenido de colesterol en la sangre. De todos los factores implicados, la dieta es la que ha sido más estudiada y es el de mayor interés en este libro. A pesar de que no se conocen las causas de la IC se sabe que está asociada con la acumulación de material graso en la sangre, en particular el *colesterol*. Por consiguiente, se ha emprendido una intensa investigación para tratar de descubrir cómo la dieta afecta al colesterol de la sangre. Sin embargo, es necesario, en primer lugar explicar la naturaleza de la IC.

La IC está relacionada con el flujo reducido de la sangre en las arterias coronarias que suministran sangre al músculo del corazón. Una arteria coronaria sana posee las características mostradas en la figura 5.4. La sangre fluye a través de la arteria, la que está rodeada por el *endotelio*, un revestimiento uniforme de la arteria y que permite que la sangre pase por ella sin encontrar ninguna resistencia. Este revestimiento está rodeado a su vez por una capa de la proteína *elastina*, la cual es elástica, y por una capa de músculo liso y tejido conectivo llamada *túnica media*.

Con el aumento de la edad se presenta algo de "endurecimiento de las arterias" o *aterosclerosis*, la que consiste en la formación de una hinchazón entre las capas de elastina y del endotelio con el consiguiente estre-

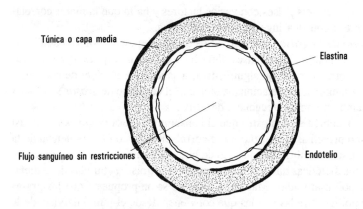

Túnica o capa media

Elastina

Flujo sanguíneo sin restricciones

Endotelio

Figura 5.4 Sección trasversal de una arteria sana.

chamiento del conducto por el que fluye la sangre. La hinchazón (*ateroma*) implica la acumulación de una mezcla de colesterol y otras sustancias grasas junto con carbohidratos complejos, sangre y material fibroso. El área gruesa y áspera de la pared arterial que contiene dicho material se conoce como *placa*.

Si el crecimiento de esta placa restringe indebidamente el flujo de sangre se presentan síntomas, y mientras mayor sea el tamaño de la placa más graves resultarán éstos. La indebida restricción del flujo sanguíneo produce *angina* en forma de dolores punzantes que tienen lugar normalmente durante el ejercicio y se calman después del reposo. Si la placa crece lo suficiente como para formar un coágulo o trombo que corte el flujo de sangre al músculo cardiaco, ocurre un ataque al corazón.

Ya se mencionó que la IC, que incluye tanto la angina como el ataque cardíaco, está relacionada con niveles elevados de colesterol y otros materiales grasos en la sangre. Las teorías dietéticas acerca de la IC se basan en la suposición de que dichos niveles están relacionados con la cantidad de grasa y de colesterol en la dieta. Las principales teorías que incluyen la grasa se resumen a continuación.

TEORÍAS ACERCA DE LA IC EN RELACIÓN CON LA DIETA Y LA GRASA

1. *Teoría de la grasa.* En la búsqueda para establecer los factores de riesgo de la IC se ha utilizado mucho la epidemiología (véase capítulo 3). Un enfoque de este tipo compara la frecuencia de la IC en diferentes grupos de gente y busca correlacionarla con factores particulares. Si estos factores parecen ser significativos, se hace referencia a los mismos como *factores de riesgo*. Uno de los primeros estudios de esta clase fue el efectuado por Arcel Keys en 1953, en el que comparó la frecuencia

de la IC en seis países con varios factores y halló que la mejor correlación era con una ingestión *total de grasa*.

2. *Teoría de la grasa saturada.* Los estudios epidemiológicos adicionales que incluyen siete países, llevados a cabo por Keys en 1970, produjeron otra correlación significativa, a saber, que el nivel de colesterol en la sangre se correlacionaba bien con el consumo de *grasas saturadas* y también con la frecuencia de la IC.

También se demostró que el consumo de grasa *poliinsaturada* (así como proteínas y energía) *no* se correlacionaba con la frecuencia de la IC. Este descubrimiento sirvió de base para una oleada de recomendaciones dietéticas que aconsejan sustituir las grasas saturadas de la dieta, por poliinsaturadas. Más recientemente se ha propuesto que las grasas *cis* poliinsaturadas son las que convienen desde el punto de vista de la salud y no los equivalentes *trans*, debido a que éstos son tratados por el cuerpo de la misma manera que las grasas saturadas.

3. *Teoría del colesterol.* El argumento básico es sencillo; la IC está asociada con niveles altos de colesterol en la sangre; por consiguiente, al reducir la cantidad de colesterol en la dieta, se reducirán los niveles de colesterol en la sangre y en consecuencia el riesgo de la IC. Originalmente, el colesterol de la sangre se medía como LBD, ya que éstos son ricos en colesterol (véase la tabla 5.11) y es la forma en la que el colesterol se entrega a todas las células del cuerpo. En estudios experimentales más recientes los LAD se han medido también y se ha encontrado que los niveles *bajos* de LAD se correlacionan con el alto riesgo de IC. Sobre esta base, parece ser posible que los altos niveles de LBD sean factores de riesgo mientras que los niveles elevados de LAD sean factores de protección.

La teoría del colesterol ha ganado algún apoyo, pero es necesario apreciar que aunque algo del colesterol en la sangre procede de los alimentos, cantidades adicionales son sintetizadas por las células del cuerpo. El colesterol es transportado en el cuerpo como parte de una lipoproteína. Pasa a las células como LBD, y las células toman el colesterol que necesitan. Las células regulan el nivel del colesterol ajustando la cantidad que ellas producen. Si el suministro de colesterol a las células (en forma de LBD) es más bajo que la demanda dentro de la célula, ésta fabrica entonces más colesterol. Cuando el suministro de colesterol a las células aumenta (como LBD) (debido a que se ha ingerido más colesterol en la dieta) a una cantidad mayor que la demanda dentro de la célula, se reduce la cantidad producida por las células.

Es preciso comprender, por consiguiente, que la reducción de la entrada de colesterol procedente de los alimentos tendrá, en el mejor de los casos, solamente un efecto muy pequeño en el colesterol total del cuerpo. En particular, el consumo de margarinas bajas en colesterol en lugar de mantequilla no tendrá un efecto apreciable sobre el colesterol del cuerpo.

La mantequilla y las margarinas de muy elevado contenido de colesterol contienen solamente cerca de 0.2 por ciento de colesterol, de manera que la cantidad de colesterol que se recibe de dichos alimentos resulta insignificante comparada con el colesterol que se recibe de otros alimentos (véase la tabla 5.10), y es aún menos insignificante cuando se le compara con la cantidad de colesterol fabricada por el cuerpo.

MODIFICACIÓN DE LA DIETA COMO MEDIO DE REDUCIR EL RIESGO DE LA IC   La opinión médica y científica está profundamente dividida en lo que se refiere a los lípidos, o sea, las grasas y el colesterol, de nuestra dieta, y a su relación con la salud en general y la IC en particular. Hay quienes consideran que la relación corazón-dieta no es válida y que la IC no está relacionada de ningún modo con la dieta. En el otro extremo están aquellos que piensan que la dieta es un importante factor de riesgo, si no *el* principal de la IC, y en consecuencia abogan por la modificación de la dieta como la mejor manera de reducir la frecuencia de la enfermedad. Algunos recomiendan una dieta baja en grasas y baja en colesterol mientras que otros favorecen una dieta baja en colesterol y grasas saturadas pero moderadamente alta en grasas poliinsaturadas. Situados entre estas dos posiciones opuestas están aquellos que creen que todavía no se está en posición de hacer recomendaciones generales acerca de las modificaciones en nuestra dieta ya que las pruebas hasta la fecha no son concluyentes y, de hecho, son a menudo contradictorias.

Un método importante de reunir pruebas sobre la relación entre dieta e IC consiste en utilizar ensayos en los que personas escogidas se dividen en dos grupos. En un grupo, el grupo de experimentación, se modifica la dieta (y posiblemente algunos hábitos, como el ejercicio y el fumar) mientras que en el grupo control no se efectúan dichos cambios. La salud en general y la frecuencia de la IC en particular son luego estudiados en los dos grupos durante un período de años y los resultados se comparan.

En aquellos casos en los que dichos estudios han incluido la población en general en vez de los grupos seleccionados de alto riesgo los resultados han sido desconcertantes y contradictorios. Cuando la dieta se modifica mediante la adopción de dietas de bajo contenido de grasa en las que la mayor parte de la grasa es poliinsaturada, los niveles de colesterol se reducen. Por otra parte, aun en los casos en los que se han reducido las muertes por la IC, la mortalidad total de los grupos de intervención y testigo se han mantenido igual debido a que la menor cantidad de muertes por IC ha sido compensada por un mayor número de muertes por cáncer.

No obstante, en aquellos casos en los que se han efectuado ensayos de la clase antes descrita con grupos de personas de alto riesgo se informa de resultados más bien positivos. Uno de estos ensayos es el *Estudio de Oslo*, cuyos detalles se resumen en la tabla 5.12. Para este estudio se seleccionaron hombres con elevados niveles de colesterol. El grupo de ex-

Tabla 5.12   El estudio de Oslo en detalle mostrando los resultados después de cinco años

	Grupo de experimentación	Grupo control
Al inicio del ensayo		
Edad en años	45	45
Casos de IC	0	0
% de fumadores	70	70
Colesterol en el suero como mg/100 ml	328	329
Después de 5 años		
Grasa dietética como % de la entrada de energía	28	40
Grasa saturada como % de la entrada de energía	8	18
Colesterol en el suero como mg/100 ml	263	341
Defunciones por IC por 1 000	31	57

perimentación redujo tanto el consumo total de grasas como el hábito de fumar. Los resultados, después de cinco años mostraron una reducción convincente en las muertes por IC en comparación con el grupo.

Con base en las pruebas obtenidas de dicha clase de ensayos parece razonable concluir que en el caso de los hombres de edad madura que están clasificados en la categoría de alto riesgo en virtud de niveles altos de colesterol en la sangre o debido a que hay antecedentes familiares de IC, se cuenta con suficientes pruebas positivas para recomendar una reducción en la cantidad de grasa de la dieta y un cambio en favor de una dieta que incluya menos grasas saturadas y más grasas poliinsaturadas.

Los países con una frecuencia alta de IC se han preocupado, naturalmente, por hacer recomendaciones que contribuyan a reducir el riesgo de la IC. En vista de las pruebas tan contradictorias, lo anterior no es nada fácil. No obstante desde la década de 1960 ha habido un flujo de informes oficiales y semioficiales que aconsejan en lo que respecta a las grasas de la dieta. Hasta la mitad de la década de 1970 una gran parte de los informes consistían en consejos bastante concluyentes que recomendaban que las dietas de cada país se cambiaran por una reducción en la grasa total consumida y que algunas grasas saturadas fueran sustituidas por grasas insaturadas.

Más recientemente, se observa una mayor reserva con respecto a las recomendaciones y una actitud más conservadora en lo que se refiere a recomendar cambios importantes en la dieta para poblaciones enteras cuando las pruebas no son del todo convincentes. No obstante, la mayor parte de los nutriólogos del Reino Unido parecen aceptar ahora que algunas modificaciones a la dieta que incluyan la grasa son aconsejables. Este punto de vista se refleja en dos informes recientes. El informe publicado en 1983 por el National Advisory Commitee on Nutrition Education (NACNE) basó sus conclusión en siete artículos anteriores publicados en el Reino Unido y uno por la Organización Mundial de la Salud, aconseja que, a largo plazo, el consumo de grasa debe reducirse en 25 por ciento a fin de proveer no más del 30 por ciento del consumo total de enegía con respecto al 40 por ciento al presente. Asimismo, recomienda que el consumo de grasas saturadas proporcione no más del 10 por ciento del consumo total de energía, en lugar de la cifra actual del 17 por ciento.

En 1984 el Department of Health and Social Security publicó un informe procedente de su Committee on Medical Aspect of Food Policy (COMA) referente a la relación entre dieta e IC. Este informe recomienda que en el Reino Unido se reduzca el consumo total de grasas al 35 por ciento del consumo total de energía y que no más del 15 por ciento del consumo total de energía sea proporcionado por ácidos grasos saturados y *trans* insaturados (ya que éstos son tratados por el cuerpo de la misma manera que los ácidos grasos saturados).

Aunque las recomendaciones de los informes del NACNE y el COMA parecen ser bastante diferentes, en realidad son muy similares si se toman en cuenta los diferentes métodos para determinar el consumo total de energía y la inclusión de los ácidos *trans* en el informe del COMA.

LOS FACTORES DE RIESGO NO DIETÉTICOS Y LA IC   Ya se ha hecho notar que la IC parece no tener una sola causa sino que varios factores están implicados. En tanto que muchas personas consideran a la dieta como un factor de riesgo importante, hay muchas que no lo consideran así.

Algunos de los factores asociados con la IC no son ambientales y por consiguiente no es posible modificarlos. Por ejemplo, la IC es muy rara en la infancia y en la juventud pero aumenta con la *edad*. Es aparente que la frecuencia varía con el *sexo*. Hasta alrededor de los 45 años de edad, los hombres son más propensos a adquirir la IC que las mujeres. Sin embargo, después de la menopausia esta diferencia desaparece. La *herencia* es un tercer factor. Existen pruebas claras de que los antecesores familiares son importantes y que es más probable que las personas adquieran la IC en caso de que haya antecedentes de la enfermedad en la familia.

En partes anteriores ya se ha hecho referencia a la IC como una "enfermedad de la abundancia", indicando que la enfermedad está relacionada, de modo general, con la prosperidad. Es evidente, por tanto, que están implicados factores ambientales. Sin embargo es tanta la diferencia entre el modo de vida de los ricos y el de los pobres que no resulta fácil señalar con precisión los factores que son importantes para la IC. Un factor que ha sido identificado es el *tabaquismo*. Se ha demostrado con cierta certidumbre, que entre más fume la gente, mayor es el riesgo de contraer la

IC. Otros factores que es probable que estén relacionados con la IC incluyen la *personalidad* y el *ejercicio*.

Se ha sugerido que las personas con una personalidad agresiva y dominante son más propensas a contraer la IC que aquéllas que ven la vida más fácil. Es más probable que los primeros vivan sometidos a estrés y es posible que éste constituya un factor de riesgo. De modo similar, es posible que quienes practican una vida activa sean menos propensos a contraer la IC que aquellos que son inactivos. La importancia y los efectos del ejercicio han sido muy estudiados, pero todavía no se comprenden en su totalidad. Hablando en términos generales, parece ser aconsejable y bueno para el corazón una cantidad moderada de ejercicio. En particular, el ejercicio eleva el nivel del colesterol LAD del cuerpo, y esto es un factor de protección contra la IC. Además, el ejercicio ayuda a controlar el peso, el cual es de por sí un factor de riesgo. Este riesgo es consecuencia de que las personas con exceso de peso tienen más probabilidades de contraer diabetes que las personas de peso normal, y asimismo presentar niveles elevados de colesterol en la sangre y alta presión arterial, siendo estos dos últimos factores de riesgo de la IC.

INSUFICIENCIA CORONARIA: ALGUNAS CONCLUSIONES   Aunque se han identificado varios factores de riesgo en lo que respecta a la IC, parece ser que todos los factores hereditarios conocidos y los probables factores ambientales no explican plenamente la frecuencia de la IC, y que es preciso descubrir factores adicionales que se desconocen antes de explicar de modo completo la causa de la enfermedad.

Aunque en varios países se han emitido recomendaciones tendientes a hacer cambios en la dieta a fin de reducir el riesgo de contraer la IC, queda la incertidumbre de saber cuan eficaces son aquéllas. Resulta difícil dar consejos precisos a quienes no se encuentran en la categoría de alto riesgo. No obstante, es posible dar en términos generales algunas pautas, y entre ellas se incluye la adopción de una dieta moderada tanto en términos de cantidad ingerida de alimentos, a fin de evitar el exceso de peso, como de calidad en términos de consumo restringido de grasa, en particular grasas saturadas. Asimismo, resulta aconsejable llevar un estilo de vida activo que incluya una cantidad moderada de ejercicio y la supresión del cigarro.

En el caso de la gente que se encuentra en alto riesgo de contraer IC como las personas de edad media con niveles de colesterol en la sangre o antecesores familiares de IC, o ambos, hay mucho que decir en favor de una acción dietética más específica que implique tanto la cantidad como la calidad de la grasa de la dieta. Dicha acción es probable que tenga que ser muy drástica para que sea eficaz. Asimismo, es probable que sea aconsejable adoptar otros cambios específicos para la dieta. Por ejemplo, hay bastantes indicios que sugieren que el café en exceso constituye un factor de riesgo para la IC. En un cuidadoso estudio que incluyó 1 130 hombres entre las edades de 19 y 35 años se halló que el exceso en el beber café (más de cinco tazas al día) origina niveles elevados de colesterol e incrementa el riesgo de contraer IC en personas principalmente no fumadoras.

A pesar de que resta mucho por hacer antes de conocer plenamente las causas y remedios de la IC, es evidente una tendencia alentadora a guisa de conclusión. En Estados Unidos y otros países, aunque no en Inglaterra, la frecuencia de la IC está disminuyendo ligeramente. A pesar de que las razones de esta disminución no se comprenden todavía, brinda la esperanza de detener el avance de la IC como una importante "enfermedad de la abundancia".

LECTURAS RECOMENDADAS

ALFA-LAVAL (1980). *Dairy Handbook*. Alpha-Laval Co., Londres.

CHRISTIAN, G. (1977). *Cheese and Cheesemaking*. Macdonald Educational, Londres.

DEPARTMENT OF HEALTH AND SOCIAL SECURITY (1984). Committee on Medical Aspects of Food Policy (COMA), *Diet and Cardiovascular Disease*. HMSO, Londres.

EDWARDS, G. (1968). *Vegetable Oils and Fats*, 2nd edition. Unilever Booklet, Unilever, Londres.

EVERETT D.H. (Ed.) (1988) *Basic Principles of Colloid Science*. Royal Society of Chemistry. Londres.

FAO/WHO (1980). *Dietery Fats and Oils in Human Nutrition*. HMSO, Londres.

GURR. M.I. (1984). *Role of Fats in Food and Nutrition*. Elsevier, Amsterdam.

HYDE, K.A. AND ROTHWELL, J. (1973). *Ice-cream*. Churchill Livingstone, Edinburgh.

KON, S.K. (1972). *Milk and Milk Products in Human Nutrition*, 2nd edition, FAO. Roma.

MEYER, A. (1973). *Processed Cheese Manufacture*. Food Trade Press, Orpington.

MOORE, E. (1971). *Margrine and Cooking Fats*. Unilever Booklet, Unilever, Londres.

MULDER, H, AND WALSTRA, P. (1974). *The Milk Fut Globule. Emulsion Science as Applied to Milk Products*. Commonwealth Agricultural Bureaux, Slough.

NATIONAL ADVISORY COMMITTEE ON NUTRITIÓN EDUCATION (NACNE) (1983). *Proposals for Nutritional Guidelines for Health Education in Britain*. Health Education Council, Londres.

NATIONAL DAIRY COUNCIL (1983). *From Farm to Doorstep . . . A guide to Milk and Dairy Products*. National Dairy Council, Londres.

PORTER, J.W.G. (1975). *Milk and Dairy Foods*. Oxford University Press, Oxford.

RANGE, P. (1983). *The Great British Cheese Book*. Papermac, Londres.

ROBINSON, R.K. (Ed.) (1986). *Dairy Microbiology* (2 vols). Applied Science, Barking.

ROYAL COLLEGE OF PHYSICIANS (1976). *Prevention of Coronary Heart Disease*. Report reprinted from Journal of Royal College of Physicians, Londres.

SCHMIDT, G.H. AND VAN VLECK, L.D. (1974). *Principles of Dairy Science*. Freeman, U.S.A.

SCOTT, R. (1986) *Cheesemaking Practice*. Applied Science, Barking.

WEBB, B.H. *et al.* (1974). *Fundamentals of Dairy Chemistry*, 2nd edition. Avi, U.S.A.

WRIGHT, G. (1987). *Milk and the Consumer*. University of Bradford, Food Policy Research Unit, Bradford.

CAPÍTULO 6

Carbohidratos

Los carbohidratos constituyen una de las tres principales clases de nutrientes. Se hallan en los alimentos como azúcares y almidones, mismos que representan una de las principales fuentes de energía de la dieta, y como celulosa, la cual es uno de los principales componentes de la fibra dietética.

Los azúcares son producidos por las plantas a partir de bióxido de carbono y agua. Al mismo tiempo, se libera oxígeno como se indica en la ecuación de la formación de carbohidrato simple glucosa:

$$6CO_2 + 12H_2O \rightarrow C_6H_{12}O_6 + 6O_2 + 6H_2O$$
Glucosa

El agua aparece en ambos lados de la ecuación porque se ha demostrado que todo el oxígeno liberado procede del agua. Los átomos de oxígeno de las moléculas de glucosa y agua en el lado derecho de la ecuación son los que estaban combinados originalmente con el carbono en el bióxido de carbono. La ecuación es comparativamente simple, pero sólo muestra los materiales iniciales y los productos finales de una serie de complejas reacciones.

La formación de las moléculas de carbohidrato por las plantas se lleva a cabo por la fotosíntesis. Para transformar el bióxido de carbono y el agua en carbohidratos se requiere energía y ésta es proporcionada por la acción de la luz solar sobre las hojas. Por consiguiente, la fotosíntesis no tiene lugar en la oscuridad. Los animales son incapaces de sintetizar carbohidratos, y ésta es una de las diferencias fundamentales entre ellos y las plantas. Los azúcares formados por fotosíntesis son convertidos en los polisacáridos almidón y celulosa. El almidón es la reserva principal de energía de la mayor parte de las plantas y la celulosa funciona como soporte estructural de la planta.

La energía solar utilizada en la fotosíntesis se almacena como energía química que más tarde puede ser utilizada por la planta, la cual, al oxidar el carbohidrato de nuevo a bióxido de carbono y agua, es capaz de hacer uso de la energía liberada. Otra opción es que los animales, al ingerir a la planta, utilicen la energía química almacenada en las moléculas del carbohidrato.

Los carbohidratos contienen solamente carbono, hidrógeno y oxígeno y, excepto en casos muy raros, hay siempre dos átomos de hidrógeno por uno de oxígeno. Por consiguiente, los carbohidratos poseen la fórmula general $C_x(H_2O)_y$ donde x y y son números enteros, y es de esta representación formal como hidratos de carbono que se deriva el nombre de carbohidrato. Por supuesto, no existen moléculas de agua como tales en la molécula de un carbohidrato.

Muchos de los carbohidratos conocidos, en particular los más sencillos, no se presentan en la naturaleza pero se han obtenido por síntesis en el laboratorio. Sólo los carbohidratos naturales son los que revisten interés desde el punto de vista de la ciencia de los alimentos, y aquéllos que contienen seis átomos de carbono, o múltiplos de seis, resultan particularmente importantes. Constituyen ejemplos familiares: glucosa $C_6H_{12}O_6$, sacarosa $C_{12}H_{22}O_{11}$ y almidón, cuyas moléculas extremadamente grandes están representadas por la fórmula $(C_6H_{10}O_5)_n$.

Los carbohidratos más simples, llamados azúcares, son sólidos cristalinos que se disuelven en agua para dar soluciones dulces. Los más simples de ellos, como la glucosa y la fructosa, se denominan *monosacáridos* y tienen una gran importancia como las unidades o bloques de construcción que forman los carbohidratos más complejos. Los *disacáridos*, por ejemplo: sacarosa, maltosa y lactosa, contienen dos unidades de monosacáridos enlazadas que pueden ser iguales o diferentes. Los disacáridos se hidrolizan hirviéndolos con ácidos diluidos, o mediante enzimas, para dar los monosacáridos de los cuales están constituidos. Por ejemplo, la sacarosa, al hidrolizarse proporciona partes iguales de glucosa y fructosa. Como los monosacáridos, los disacáridos se disuelven en agua para dar soluciones dulces y por esta razón se clasifican como azúcares.

MONOSACÁRIDOS

D-Glucosa, dextrosa o azúcar de uva, $C_6H_{12}O_6$

Todos estos nombres se refieren al azúcar que se encuentra en las uvas (hasta siete por ciento) y otros frutos dulces. Las cebollas (cerca de dos por ciento) y los tomates (alrededor de uno por ciento) contienen también glucosa, pero la miel, que contiene cerca del 30 por ciento, es la fuente más rica de dicho azúcar. El mismo tiene una función esencial en el metabolismo de plantas y animales y constituye el principal producto de la fotosíntesis en las plantas. En los animales, se produce durante la digestión del almidón y de otros carbohidratos y constituye un componente normal de la sangre de los animales. La sangre humana tiene entre 80 y 120 mg/100 ml y es el único azúcar que tiene una función importante en el metabolismo humano.

La glucosa es un sólido blanco; como todos los azúcares es de sabor dulce pero es menos dulce que la sacarosa. Su otro nombre, dextrosa, se deriva del vocablo latino "dextra" que significa "derecha". Si se hace pasar un rayo de luz polarizada a través de una solución de glucosa su plano de polarización gira hacia la derecha. No vale la pena preocuparse innecesariamente acerca de la naturaleza de la luz polarizada, basta considerarla como una luz que ha sido tratada de manera que las vibraciones de las ondas tienen todas lugar en un plano conocido como plano de polarización. Las sustancias como la glucosa que hacen girar de esta manera el plano de polarización de la luz polarizada se dice que son *ópticamente activas*, y la glucosa, que lo hace girar a la derecha, se dice que es *dextrógira*. El efecto de las sustancias ópticamente activas sobre la luz polarizada es una consecuencia de la precisa distribución espacial de los grupos de átomos en la molécula.

Cinco de los átomos de carbono y uno de los átomos de oxígeno en una molécula de glucosa están enlazados entre sí para formar una estructura en forma de anillo de seis miembros o hexagonal. La D-glucosa existe en dos formas isoméricas que difieren muy ligeramente. La D-glucosa ordinaria es el α-isómero. La fórmula que da una idea de la manera como están distribuidos los átomos, conocida como fórmula de Haworth, se representa en la figura 6.11: los átomos de carbono están numerados a fin de hacer más fácil referirse a ellos más adelante en este capítulo cuando se consideren algunos importantes polisacáridos.

El anillo hexagonal de la glucosa (figura 6.1) se debe imaginar que se halla en un plano perpendicular al plano del papel, con el lado más grueso dirigido hacia el lector y los sustituyentes H, OH y CH_2OH proyectándo-

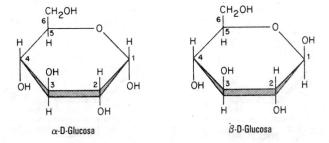

Figura 6.1 Estructura de la glucosa.

se hacia arriba y hacia abajo del plano del anillo. En realidad, la situación es bastante más compleja que la indicada ya que el anillo no es plano y se puede plegar o combar para tomar las diversas formas conocidas como configuraciones.

D-Fructosa, levulosa o azúcar de frutas, $C_6H_{12}O_6$

El azúcar fructosa se encuentra junto con la glucosa en la miel, la que contiene aproximadamente 35 por ciento de aquélla y en los jugos de las frutas dulces. La fructosa no es un importante componente dietético por derecho propio pero se produce en el cuerpo por hidrólisis siempre que se ingiere sacarosa. Se trata de un azúcar levorrotatorio, lo que significa que cuando se hace pasar un rayo de luz polarizada a través de una solución de fructosa del plano de polarización gira hacia la izquierda. Esto es el origen de su otro nombre, levulosa.

La fructosa es un azúcar de seis carbonos como la glucosa y comparte con ella la misma fórmula molecular, $C_6H_{12}O_6$. Cinco de sus átomos de carbono y un átomo de oxígeno forman un anillo de seis miembros en el que los otros grupos de átomos quedan dispuestos a su alrededor como se muestra en la figura 6.2.

La fructosa y la glucosa son compuestos tan similares, ambos son azúcares de seis carbonos producidos por las plantas, que es de esperarse que presenten estructuras moleculares muy semejantes; las figuras 6.1 y 6.2 indican que de hecho así es. A primera vista, la estructura de la fructosa parece idéntica a la de la glucosa que ya se representó en la figura 6.1, más una cuidadosa comparación indica que esto no es así. Las diferencias entre las dos, aunque ligeras, son fácilmente detectadas por los sistemas biológicos como nuestros cuerpos. Por ejemplo, difieren en dulzura y, como se hará aparente más adelante, la glucosa es un compuesto clave en la utilización de los alimentos compuestos de carbohidratos por el cuerpo, mientras que la fructosa no desempeña función alguna.

La fructosa es aproximadamente dos veces más dulce que la sacarosa, el

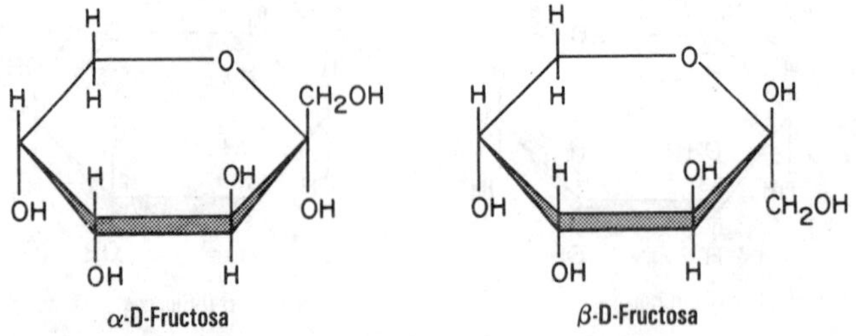

α-D-Fructosa   β-D-Fructosa

Figura 6.2 Estructura de la fructosa.

azúcar corriente de mesa, pero tiene casi el mismo valor energético, alrededor de 17 kJ/g. Lo anterior quiere decir que se obtiene el mismo efecto edulcorante con aproximadamente la mitad del peso de fructosa en el caso de que ésta substituya a la sacarosa. Así, la fructosa es consumida por las personas con gusto por lo dulce como parte de una dieta con calorías controladas. La fructosa asimismo se utiliza como edulcorante por quienes sufren de la enfermedad denominada *diabetes mellitus*. A diferencia de la glucosa y de la sacarosa, la fructosa no requiere la hormona insulina para ser utilizada por el cuerpo.

Hasta bastante reciente, no era posible adquirir fructosa a bajo precio pero ahora se prepara a partir de la glucosa comercial (jarabe de glucosa o jarabe de maíz, véase la página 136) tratándola con una enzima que es capaz de isomerizar la glucosa en fructosa.

DISACÁRIDOS

Los disacáridos se forman por la unión de dos moléculas de monosacáridos con pérdida de agua:

$$(C_6H_{11}O_5)O \vdots H + HO \vdots (C_6H_{11}O_5) \rightarrow (C_6H_{11}O_5) - O - (C_6H_{11}O_5) + H_2O$$

Dos moléculas de monosacáridos   Una molécula de disacárido

A pesar de su aparente sencillez no es posible preparar por este proceso disacáridos a partir de monosacáridos en el laboratorio. No obstante la naturaleza lo realiza sin dificultad. Los disacáridos se dividen fácilmente en sus componentes monosacáridos mediante el uso de enzimas o hirviéndolos con ácidos diluidos. Asimismo, se conocen muchos disacáridos pero los más importantes, y los únicos que revisten interés para la ciencia de los alimentos, son la sacarosa, la maltosa y la lactosa.

Sacarosa, azúcar de caña o azúcar de remolacha, $C_{12}H_{22}O_{11}$

El azúcar corriente, ya se obtenga de caña de azúcar o de remolacha azucarera, es en esencia sacarosa pura. Es un sólido blanco cristalino que se disuelve en agua para dar una solución dextrorrotatoria. La sacarosa se halla ampliamente distribuida en el Reino Vegetal en frutos, hierbas y raíces y la savia de algunos árboles. Es producida y consumida en cantidades mucho mayores que cualquier otro azúcar. En Gran Bretaña, más de dos millones de toneladas de sacarosa se utilizan anualmente (lo que equivale aproximadamente a 41 kg por persona al año), y de esta cantidad cerca de una tercera parte proviene de la remolacha cultivada en el país.

Por hidrólisis con ácidos diluidos, o con la enzima *sacarasa*, la sacarosa produce iguales cantidades de glucosa y fructosa, de modo que la mo-

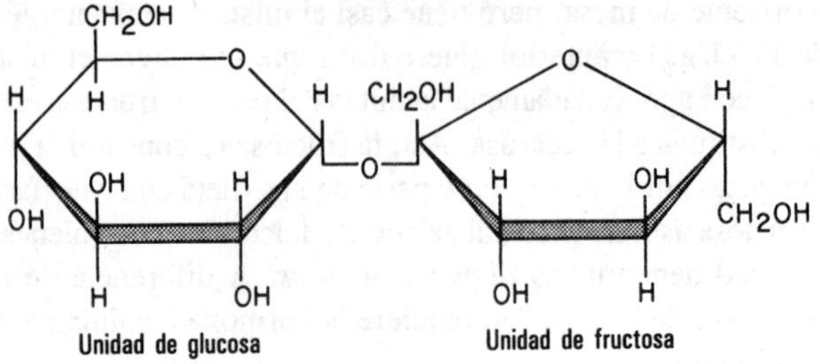

Figura 6.3 Estructura de la sacarosa.

lécula de sacarosa contiene una unidad de glucosa combinada con una de fructosa. La unidad de fructosa en la sacarosa no tiene un anillo de seis miembros sino un anillo de cinco miembros, como se muestra en la figura 6.3.

La sacarosa se hidroliza con mucha facilidad en glucosa y fructosa, y esta última tiene la estructura normal de anillo de seis miembros. La fructosa tiene un efecto levorrotatorio más intenso que el efecto dextrorrotatorio de la glucosa, de manera que la mezcla de glucosa y fructosa obtenida por hidrólisis es levorrotatoria. Este cambio en el signo de la rotación se conoce como *inversión*.

La mezcla de glucosa y fructosa producida por la inversión se llama azúcar invertido y se conoce desde hace muchos siglos como miel. Las abejas recogen el néctar de las flores, que consiste esencialmente en sacarosa, y es invertido por medio de enzimas a su paso por el cuerpo de las abejas. La miel no es azúcar invertida pura debido a que contiene, además de glucosa y fructosa, algo de sacarosa, cerca de 20 por ciento de agua y pequeñas cantidades de extractos saborizantes peculiares de la flor de la cual procede. Cuando se utiliza la sacarosa en la preparación de alimentos ácidos tiene lugar invariablemente una cierta cantidad de inversión. Por ejemplo, si se utiliza sacarosa para endulzar bebidas a base de frutas esta se invierte totalmente en unas pocas horas. Asimismo, las compotas y los dulces contienen azúcar invertido.

La sacarosa se obtiene comercialmente de la caña de azúcar, la que sólo se cultiva en los países tropicales, y de la remolacha azucarera, que crece en cualquier clima templado. No importa cuál de las dos sea la fuente, en ambos casos se obtiene el mismo producto; no hay ninguna diferencia entre el azúcar obtenido de la remolacha azucarera y el de la caña de azúcar.

Maltosa o azúcar de malta, $C_{12}H_{22}O_{11}$

El azúcar maltosa se obtiene cuando material amiláceo es hidrolizado por la enzima *diastasa*. Asimismo, la maltosa puede ser hidrolizada por la enzima *maltasa* o por calentamiento con ácido diluido. La D-glucosa es el único monosacárido que se forma en estas hidrólisis, lo que indica que la maltosa contiene dos unidades de glucosa enlazadas.

Lactosa o azúcar de leche, $C_{12}H_{22}O_{11}$

La lactosa es un sólido blanco que tiene una apariencia algo arenosa. Se presenta en la leche de todos los animales; la leche de vaca contiene aproximadamente de 4 a 5 por ciento de lactosa y la leche humana de 6 a 8 por ciento. Mediante la hidrólisis de la lactosa se obtienen cantidades iguales de glucosa y del monosacárido galactosa; por tanto, la molécula de lactosa consiste en estos dos monosacáridos unidos entre sí.

DULZURA Y EDULCORANTES

¿Por qué es dulce el azúcar? Una pregunta sencilla, pero, como en el caso de tantas preguntas sencillas, de respuesta compleja. Resulta incluso difícil decir con precisión qué es lo que se entiende por dulzura. El término sólo puede ser definido de manera subjetiva y la propiedad es únicamente medible por el gusto y no, como sucede con la mayor parte de las otras características mediante un instrumento apropiado. Aun cuando es difícil definir la dulzura e imposible medirla de manera absoluta, resulta posible comparar la dulzura relativa de diferentes sustancias. En la práctica, la dulzura relativa se determina por los seres humanos utilizando ese órgano bien probado y extremadamente sensible, la lengua humana, de cuya punta se dice que es el área que se ocupa de la sensación de la dulzura. Una tabla de dulzura relativa, como la tabla 6.1, es posible elaborarla efectuando un gran número de pruebas de degustación con azúcares y otras sustancias y ajustando sus concentraciones hasta que tengan aparentemente una dulzura igual, o bien hallando la concentración más baja a la cual se pueda detectar la dulzura.

La mayor parte de las sustancias enumeradas en la tabla 6.1 son compuestos que todavía no se han mencionado, pero todos ellos (excepto el ciclamato) han sido aprobados para su utilización como edulcorantes de los alimentos (véase la página 427). El sorbitol, el manitol y el xilitol no son azúcares sino alcoholes de azúcar obtenidos por reducción de los azúcares

Tabla 6.1   Dulzura relativa

Sacarosa	1.0	Acesulfame-K	150
Glucosa	0.5	Aspartame	200
Fructosa	1.7	Sacarina	300
Lactosa	0.4	Taumatina	3000
Sorbitol	0.5	Ciclamatos	30
Manitol	0.7		
Xilitol	1.0		

sorbosa, manosa y xilosa, respectivamente. El xilitol se obtiene comercialmente de madera de abedul. Posee el mismo valor energético que la sacarosa y por tanto no tiene uso como un sustituto del azúcar para los que desean reducir de peso. No es fermentado en ácidos por las bacterias presentes en la boca (véase la página 148) y por tanto, a diferencia de la sacarosa, no es cariogénico. El xilitol se utiliza también como un sustituto de la sacarosa en los alimentos para diabéticos debido a que no requiere insulina para su metabolismo.

La evaluación de la dulzura relativa es tan subjetiva que cifras como las apuntadas en la tabla 6.1 deben aceptarse con reserva y utilizarse con precaución. La dulzura relativa, según la percibe un individuo, puede variar de tiempo en tiempo (o sea, una solución que parece "menos dulce" en una ocasión puede parecer "más dulce" en otra). Además, la percepción de la dulzura relativa difiere si se compara la dulzura de sustancias sólidas en vez de la dulzura de una solución de las mismas. Por tanto, no es nada sorprendente que las estimaciones de las dulzuras relativas publicadas por diferentes grupos disten mucho de ser uniformes. Es por esta razón que los valores dados en la tabla 6.1 deben considerarse sólo como valores representativos.

Por otra parte, a fin de determinar si hay relación entre la dulzura de un compuesto y la estructura química de éste se ha hecho mucho trabajo. Con respecto a esto se ha logrado avanzar y un grupo de investigadores ha sugerido que en todas las sustancias dulces se identificó una característica estructural "protectora de dulzura" conocida como "unidad de sabor". Se piensa que dicha unidad de sabor, que contiene dos átomos electronegativos adyacentes, interactúa por medio de enlaces de hidrógeno con unidades receptoras adecuadas situadas en la lengua. Resulta interesante el hecho de que las proteínas que unen a las sustancias de sabor dulce en proporción a la dulzura se han aislado de las papilas gustativas de la lengua de una vaca. Sin embargo, si la percepción de lo dulce en una vaca es similar en un ser humano es meramente un asunto de especulación.

POLISACÁRIDOS

Los polisacáridos son carbohidratos de elevado peso molecular que difieren de los azúcares en que no son cristalinos, por lo general no son solubles en agua y son insípidos. Un polisacárido está formado de un gran número de unidades enlazadas de monosacáridos, mismos que pueden ser iguales o diferentes. Como en el caso de los disacáridos, en la unión entre una molécula de monosacárido y la siguiente se pierde una molécula de agua. Todos los polisacáridos importantes en los procesos químicos de los alimentos están constituidos por monosacáridos que contienen seis átomos de carbono y se representan mejor por la fórmula $(C_6H_{10}O_5)_n$. El valor de n es variable pero en la mayor parte de los casos es bastante grande. Por ejemplo, una sola molécula de celulosa contiene varios miles de unidades de glucosa enlazadas. La hidrólisis descompone una molécula de polisacárido en porciones más pequeñas que contienen un número variable de unidades de monosacárido y, si es lo suficientemente intensa, convierte totalmente el polisacárido en monosacárido:

$$(C_6H_{10}O_5)n + nH_2O \rightarrow nC_6H_{12}O_6$$

Como en el caso de los azúcares, los polisacáridos son producidos por las plantas a partir de bióxido de carbono y agua y es probable que los azúcares representen una etapa intermedia en la fotosíntesis de los polisacáridos. Ya se ha mencionado que los animales son incapaces de producir carbohidratos por fotosíntesis y por esta razón los polisacáridos se encuentran predominantemente en las plantas. No obstante, el polisacárido *glucógeno* es elaborado por el hombre a partir de glucosa, y se conocen varios ejemplos similares de animales que sintetizan polisacáridos a partir de monosacáridos. En el hombre, el glucógeno constituye un depósito de carbohidratos; el almidón tiene una función similar en las plantas, y el glucógeno se llama a veces almidón animal. En las plantas, los polisacáridos sirven también como material esquelético, una función que no tiene paralelo en los animales.

Celulosa

La celulosa es el principal carbohidrato estructural de las plantas y, como tal, está ampliamente distribuido. Todas las formas de vida vegetal, desde el más recio tronco de árbol hasta el más suave algodón, contienen celulosa y, de hecho, este último es casi celulosa pura. Cualquiera que sea su origen, la constitución de la celulosa es la misma. Debido a su amplia distribución en el Reino Vegetal, la celulosa se encuentra en mayor o menor grado, en todos los alimentos de origen vegetal.

La celulosa es hidrolizada por calentamiento con ácido clorhídrico o sulfúrico. El único monosacárido obtenido en este proceso es la D-glucosa y se ha demostrado que la molécula de celulosa consiste en un gran número

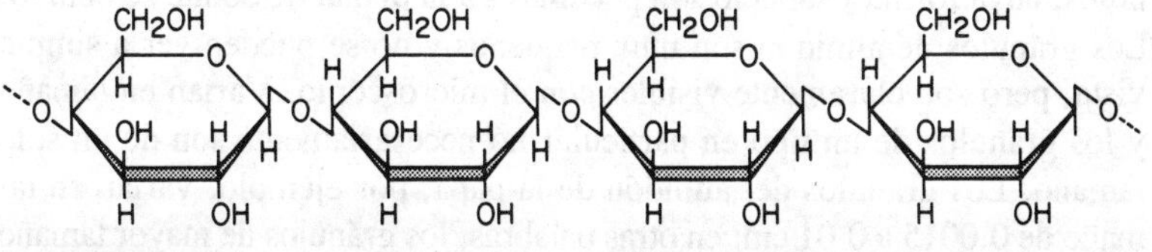

Figura 6.4 Parte de una molécula de celulosa en la que se aprecian las unidades de β-D-glucosa con enlaces 1-4.

de moléculas de β-D-glucosa enlazadas en los átomos de carbono 1 y 4 para formar largas cadenas de moléculas, como se muestra en la figura 6.4.

El número de unidades de glucosa enlazadas de esta manera para formar una molécula de celulosa varía con el origen de la celulosa, pero es siempre muy grande y puede ser tan elevado como 12 000. Asimismo, haces de cadenas se unen entre sí por medio de puentes de hidrógeno para formar fibras de celulosa.

La celulosa es totalmente insoluble en agua y no puede ser digerida por el hombre o la mayor parte de los demás animales carnívoros debido a que las enzimas presentes en los intestinos no son capaces de romper los enlaces β-1-4 entre las unidades de glucosa. Esto es de lamentar ya que la celulosa es el producto natural más abundante y si fuéramos capaces de digerirla y nutrirnos de ella contaríamos con un alimento adicional ilimitado fácil de obtener. Aunque la celulosa no tiene ningún valor alimenticio es un componente útil de la fibra dietética. Gran parte de la celulosa de los alimentos es eliminada durante la elaboración de los mismos; por ejemplo, la cascarilla de las semillas de los cereales, compuesta principalmente de celulosa, por lo general se elimina.

Hoy en día se acepta generalmente que la fibra dietética constituye una parte importante de la dieta y no se considera favorable la remoción de grandes cantidades de celulosa durante la elaboración de los alimentos. La celulosa es digerida por los caballos y los rumiantes como las vacas. Éstas tienen estómagos auxiliares donde existen microorganismos que producen enzimas capaces de hidrolizar la celulosa en glucosa.

Almidón

El almidón constituye la principal reserva alimenticia de todas las plantas superiores y se convierte, conforme se requiere, en azúcares. Este polisacárido se almacena en tallos, como en la palmera sagú, o en tubérculos, como en las papas y la yuca o mandioca de la cual se obtiene la tapioca. Las frutas no maduras contienen cantidades apreciables de almidón, que se convierte en glucosa conforme la fruta madura. Es especialmente abundante en las semillas como los cereales y las legumbres.

Al examinar al microscopio el almidón procedente de diversas fuentes vegetales, se encuentra que consiste en pequeñas partículas llamadas gránulos, cuya forma y tamaño son peculiares a la planta de donde se obtuvo. Los gránulos de almidón son muy pequeños y no se pueden ver a simple vista, pero son claramente visibles con el microscopio. Varían en tamaño y los gránulos de un tipo en particular no necesariamente son de un solo tamaño. Los gránulos del almidón de la papa, por ejemplo, varían en tamaño de 0.0015 a 0.01 cm: en otras palabras, los gránulos de mayor tamaño son aproximadamente siete veces más grandes que los gránulos de menor tamaño. El almidón obtenido de cereales como trigo, cebada y centeno con-

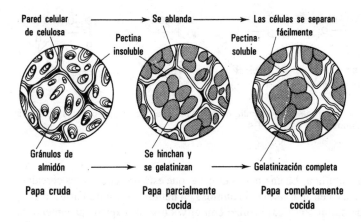

Pared celular de celulosa → Se ablanda → Las células se separan fácilmente

Pectina insoluble

Pectina soluble

Gránulos de almidón → Se hinchan y se gelatinizan → Gelatinización completa

Papa cruda

Papa parcialmente cocida

Papa completamente cocida

Figura 6.5 Corte de una papa visto al microscopio.

tiene dos clases distintas de gránulos de almidón. Los gránulos más grandes, que tienen forma lenticular (es decir, en forma de lenteja o de lentes biconvexas) y un diámetro de aproximadamente cuatro millonésimas de centímetro, están acompañados por gránulos esféricos más pequeños de aproximadamente un cuarto del tamaño de los mayores. Los gránulos más pequeños exceden en número a los mayores pero sólo representan cerca del 30 por ciento del peso del almidón.

Los alimentos amiláceos sin cocer no son fáciles de digerir debido a que los gránulos de almidón están contenidos dentro de las paredes celulares de la planta a la cual no pueden penetrar con facilidad los jugos gástricos. La cocción ablanda las paredes celulares y permite que el agua entre a los gránulos de almidón, haciendo que se desintegren y gelatinicen como se muestra en la figura 6.5. El exceso de cocción puede hacer que se desintegren totalmente las paredes celulares, lo que produce una masa blanda y de mal sabor.

ESTRUCTURA DEL ALMIDÓN   Cuando se hidroliza el almidón la D-glucosa es el único monosacárido que se obtiene. En un tiempo se pensaba que el almidón, como la celulosa, se componía de hileras de unidades conectadas de glucosa, y que la única diferencia entre los dos consistía en que las unidades de glucosa en la celulosa eran el isómero β y en el almidón el isómero α. No obstante, hoy en día se sabe que el almidón está compuesto principalmente de dos sustancias llamadas *amilosa* y *amilopectina*. Ambas son polisacáridos y hay generalmente de tres a cuatro veces más amilopectina que amilosa.

La amilosa es la que origina el color azul que se produce cuando el almidón reacciona con el yodo. Se puede separar de la amilopectina mediante la formación de un complejo insoluble con un líquido apropiado como

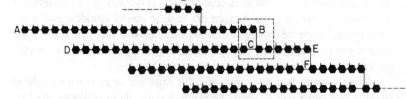

Figura 6.6 Parte de una molécula de amilosa en la que se aprecian las unidades de α-D-glucosa con enlaces 1-4.

el alcohol butílico. La enzima β-amilasa, que está presente en los cereales, hidroliza casi en su totalidad la amilosa en maltosa. Por otra parte, la amilopectina da un color café rojizo con el yodo y sólo aproximadamente la mitad de la misma es convertida en maltosa por la β-amilasa; el residuo se conoce como *dextrina*. El jarabe de glucosa (página 136) contiene cantidades considerables de dextrinas, las que son producidas por la hidrólisis incompleta de materiales amiláceos. Cuando se calienta el almidón seco, se forman las llamadas pirodextrinas. Éstas son de color café y solubles en agua. Tanto las tostadas como la corteza del pan derivan algo de su color café de las pirodextrinas.

El peso molecular de la amilosa varía de aproximadamente 10 000 a 50 000, lo que corresponde a un valor entre 70 y 350 unidades de glucosa. Las unidades de glucosa se enlazan entre el carbono 1 de una unidad y el carbono 4 de otra para formar una cadena como en la celulosa. La maltosa es el único disacárido que se obtiene cuando se hidroliza la amilosa, lo que demuestra que las unidades de glucosa son el isómero α y no el isómero β como en la celulosa. La estructura de la amilosa se representa en la figura 6.6.

La estructura de la amilopectina no es tan simple como la de la amilosa. En primer lugar, la molécula es de mayor tamaño y puede contener varios millones de unidades de glucosa. La molécula de la amilopectina es, de hecho, una de las moléculas más grandes que se hallan en un producto natural y está compuesta de un gran número de cadenas comparativamente cortas de unidades de glucosa interconectadas. En la figura 6.7

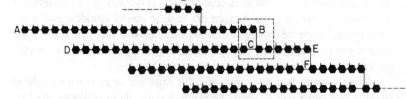

Figura 6.7 Parte de una molécula de amilopectina.

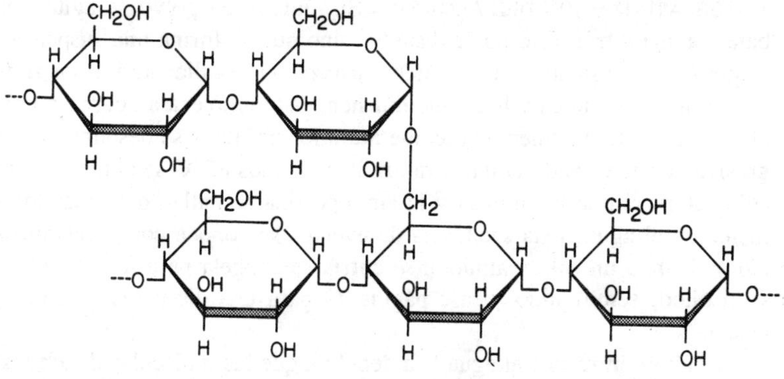

Figura 6.8 Parte de una molécula de amilopectina.

se representa una porción de una molécula de amilopectina. En este diagrama cada hexágono representa una unidad de glucosa y AB y DE son las cadenas cortas de aproximadamente 24 unidades de glucosa conectadas en BC y EF. Los enlaces que conectan las cadenas son entre el grupo reductor en el extremo de una cadena y un grupo alcohol primario en otra, es decir, entre C_1 y C_6. La sección de la figura 6.7 encerrada por una línea discontinua se muestra en detalle en la figura 6.8.

En una sola molécula de amilopectina hay un gran número de dichas cadenas que contienen cada una de 20 a 30 unidades de glucosa, lo que depende del origen del almidón. En la figura 6.8 se representa sólo una "rama" originándose de cada cadena de unidades de glucosa. Sin embargo, la mayor parte de las cadenas tienen más de un punto de ramificación y se origina una estructura tridimensional muy compleja semejante a la ramificación de un árbol.

Ahora que se sabe algo de la estructura de la amilopectina es posible comprender por qué la β-amilasa convierte sólo cerca de la mitad de amilopectina en maltosa. Esto se debe a que la amilasa separa pares de unidades de glucosa, en forma de maltosa, desde el extremo libre de la cadena de unidades de glucosa en la molécula de amilopectina (esto es, los extremos a la izquierda en la figura 6.7). Cuando la cadena se degrada hasta un punto de bifurcación, la amilasa ya no es capaz de separar más pares de unidades de glucosa y el producto se conoce como una dextrina de límite β.

Además de la amilosa y la amilopectina, el almidón contiene pequeñas cantidades de materiales que no son carbohidratos, como fosfatos y grasas. La cantidad y la composición de este material extraño dependen del origen del almidón. El almidón de papa y el almidón de trigo contienen cada uno cerca de 0.5 por ciento de material que no es carbohidrato, y predominan los fosfatos. Por otra parte, el almidón de trigo contiene alrededor de 0.75 por ciento, compuesto mayormente de grasas.

GELATINIZACIÓN DEL ALMIDÓN Si almidón en polvo se agita o se bate con agua fría, éste no se disuelve sino que se forma una suspensión lechosa que se asienta. Cuando dicha suspensión se calienta, el agua se difunde en los gránulos y hace que hinchen. Esto empieza a ocurrir a unos 60°C y conforme aumenta la temperatura los gránulos se desbaratan progresivamente. Cuando la temperatura llega a unos 85°C se obtiene un sol coloidal en el que la amilosa y la amilopectina se hallan dispersas totalmente en el agua. Esta secuencia de eventos se conoce como gelatinización. Cuando un sol de almidón se enfría se congela para formar un gel semisólido, semilíquido (véase página 73 para una discusión de soles y geles).

El almidón resiste el agua fría debido a que las moléculas de amilosa y amilopectina están muy próximas en una manera ordenada y casi cristalina, particularmente en la superficie de los gránulos. El enlace de hidrógeno entre los átomos adyacentes de hidrógeno y oxígeno ayuda a mantener unidas a las moléculas y esto imparte cohesión a las partículas de almidón y aumenta su resistencia a la penetración por las moléculas de agua. No obstante, conforme aumenta la temperatura, las moléculas de agua, amilosa y amilopectina adquieren una energía adicional de vibración hasta que finalmente se rompen los enlaces comparativamente débiles del hidrógeno entre las moléculas de amilosa y amilopectina, y las moléculas de agua son capaces de penetrar en los gránulos. Lo anterior se inicia entre 55 y 70°C aproximadamente (lo que depende del tipo de almidón), y dicha temperatura se conoce como temperatura inicial de gelatinización.

Conforme sigue su curso la gelatinización, los gránulos se hinchan y tiene lugar un notable aumento en la viscosidad. Finalmente, los gránulos pierden su individualidad y las moléculas de amilosa "escurren" al agua circundante para formar un sol de viscosidad algo más baja. Cuando se enfría en sol la energía térmica de las moléculas de agua disminuye (y por la misma causa la de las moléculas de amilosa y amilopectina), se restablece el enlace de hidrógeno entre las moléculas adyacentes y la mezcla se espesa para convertirse en un gel.

Las moléculas de amilosa son más pequeñas que las moléculas de amilopectina, pero al estar en suspensión en el agua las moléculas adquieren una forma en espiral que les proporciona amplias oportunidades para la formación de enlaces de hidrógeno con las moléculas adyacentes de amilosa, amilopectina o agua. De esta manera, se forma una red floja e irregular en la que las moléculas de agua quedan inmovilizadas, tanto por el entrampamiento en los huecos de la red como por las débiles fuerzas electrostáticas del enlace de hidrógeno. Las moléculas de amilopectina, a pesar de ser más grandes que las de amilosa, están relativamente más juntas, y las posibilidades de la formación de redes y de muchos enlaces de hidrógeno son menores por dicha razón.

La formación de pastas o líquidos pastosos por calentamiento de sustancias amiláceas con agua o fluidos que contengan agua tiene una gran importancia culinaria puesto que es la base de muchos postres, salsas y salsas de carne. Las salsas con base de almidón como *Bechamel, Bordelaise* y *Espagnole* se preparan calentando harina o algún otro ingrediente amiláceo con mantequilla (u otra fuente de grasa) durante unos minutos para formar un *roux* (una pasta dorada) en el que los gránulos de almidón quedan recubiertos de grasa. Enseguida se añade leche, o una mezcla de leche y caldo, y se sigue calentando hasta que se gelatinicen los gránulos de almidón. Variando los ingredientes o las proporciones, o ambos, se prepara una gama de salsas básicas, todas las cuales son en esencia almidón gelatinizado.

Son varios los tipos de almidón que se utilizan para espesar postres, salsas y salsas de carne. En Europa y Estados Unidos se prefiere el almidón de trigo, en forma de harina, pero también se utilizan el almidón de papa, la harina de maíz y el arrurruz de las Antillas. La harina de maíz se prepara a partir del maíz y es una forma bastante pura de almidón que produce soles y geles translúcidos y satinados. El arrurruz de las Antillas es harina procedente de una raíz. Se prepara del tallo subterráneo o rizoma de una planta que crece en las Antillas y se conoce con el nombre de maranta (el nombre científico es *Maranta arundinacea*).

Cuando se prepare en la cocina un platillo utilizando almidón para espesarlo se debe tener presente que un sol de almidón, caliente y concentrado se convierte en un gel al enfriarse y que el sol casi líquido puede pasar a un gel casi sólido. Esto puede ser aceptable (y hasta conveniente) pero si no lo es, el plato viscoso resultante no hará mucho por la reputación del cocinero. Las salsas y postres basados en soles y geles de almidón se deben preparar poco antes de consumirlos. Los soles pueden adelgazarse y empezar a fluir si se guardan por mucho tiempo, en tanto que las pastas y los geles pueden rezumar agua y hacerse duros y gomosos. En ambos casos, el cambio en las propiedades físicas es causado por lo que se conoce como *retrogresión*, en la que las moléculas de amilosa se aglutinan y separan del sol o el gel destruyendo así la red semielástica de la que dependen las propiedades de uno o de otro. Los almidones con un contenido muy alto de amilosa experimentan con menos facilidad la retrogresión que los que tienen un contenido más bajo de amilosa, y dichos almidones se suministran a los fabricantes de alimentos. Las salsas o las sopas espesadas con harina se adelgazan al almacenarlos debido a la descomposición del almidón por la enzima α-amilasa presente en la harina. Esto se evita en los alimentos manufacturados (por ejemplo: las sopas de paquete) utilizando harina con enzimas inactivadas (véase la página 160).

ALMIDÓN MODIFICADO El almidón que se trata por métodos químicos o físicos, o por ambos a la vez, de manera que forme un gel con agua o leche fría se utiliza por los fabricantes de alimentos con el nombre de *almidón modificado*. Entre otras cosas se emplea en la fabricación de una amplia variedad de postres, mousses, recubrimientos y batidos "instantáneos" que se han puesto con mucho éxito en el mercado por los fabricantes de alimentos. Estos productos contienen asimismo fosfatos, como fosfato disódico, Na_2HPO_4, el que en presencia de iones calcio de la leche, forma un gel con el almidón modificado y las proteínas de la leche. Estas mezclas contienen asimismo sacarosa (el ingrediente principal), sólidos de leche y un verdadero catálogo de aditivos, entre otros agentes gelatinizantes, emulsionantes, estabilizadores, antioxidantes, colorantes y saborizantes permitidos.

Pectina

Pectina es el nombre que se le da a una mezcla de polisacáridos que se encuentra en los frutos de consistencia suave y las paredes celulares, de todas las plantas. Los extractos concentrados de pectina se adquieren en el mercado para su utilización en la preparación de jaleas (véase la página 145). Éstas se preparan ya sea de residuos de cítricos o de la pulpa que queda después de extraer el jugo de las manzanas. La pectina se extrae cociendo a presión con agua o ácido muy diluido. El extracto se filtra, se concentra al vacío, y se precipita la pectina añadiendo alcohol.

La pectina procedente de diversas fuentes difiere algo en lo que respecta a su composición, y por tanto no es posible especificar su estructura con mucha precisión. No obstante, todas las pectinas consisten esencialmente del polisacárido *pectato de metilo*, el que tiene largas cadenas de moléculas constituidas por varios cientos de unidades conectadas de ácido α-D-galacturónico, un ácido derivado del monosacárido galactosa. Algunos de los grupos ácido se han esterificado y convertido de grupos carboxilo libres (—COOH) en ester de metilo (—COOCH$_3$). Otros azúcares (o los ácidos derivados de los mismos) pueden asimismo estar presentes en la cadena. Lo anterior suena complicado, y así es, pero afortunadamente las propiedades de la pectina tienen un mayor interés para el tecnólogo de alimentos que su exacta composición química, y su utilización como un agente gelificante se discute con respecto a la elaboración de jaleas en el capítulo siguiente.

La pectina está presente en los frutos y vegetales no maduros principalmente en forma de su precursor *protopectina*. Se trata de un compuesto insoluble en agua en el que la mayor parte de los grupos carboxilos están esterificados. La protopectina es la que causa la textura dura de las frutas y las hortalizas no maduras: durante la maduración, las enzimas presentes en la planta la convierten en pectina.

Glucógeno

El polisacárido glucógeno actúa como un carbohidrato de reserva para el hombre y otros animales. Debido a que su función es similar a la del almidón en las plantas se hace referencia al mismo como almidón animal. Consiste en una molécula muy grande que consta de cadenas ramificadas de unidades de α-D-glucosa y su estructura es muy similar a la de la amilopectina, pero la ramificación de la cadena tiene lugar, en promedio, aproximadamente cada 18 a 20 unidades de glucosa (en comparación con cerca de 20 a 30 en la amilopectina).

El glucógeno en el hombre y otros animales está presente en los músculos y el hígado; su función se explica con mayor detalle en el capítulo 7. Un animal de gran tamaño como la vaca contiene varios kilogramos de glucógeno. Sin embargo, a pesar de lo anterior el glucógeno no es un constituyente normal de la dieta debido a que se convierte en ácido láctico después que el animal ha sido sacrificado.

CARBOHIDRATOS EN EL CUERPO

Los alimentos ricos en carbohidratos tienen valor principalmente como fuentes de energía. Gramo por gramo, las proteínas proveen aproximadamente la misma cantidad de energía que los carbohidratos, y las grasas el doble. Sin embargo, de los tres, los carbohidratos son con mucho los más baratos y los más fáciles de digerir y absorber. El exceso en el consumo de alimentos ricos en azúcar puede conducir a la obesidad y un menor consumo de otros alimentos que contienen nutrientes esenciales. Esto resulta igualmente cierto en el caso del exceso en el consumo de alimentos que contengan polisacáridos ya que éstos son hidrolizados en monosacáridos antes de la absorción. Si se producen más monosacáridos que los requeridos, el exceso se convierte en grasa y se almacena en los depósitos de grasa hasta el momento en que se requieran para el suministro de energía en los períodos de restricción en el consumo de alimentos.

En ausencia de suficientes carbohidratos, los requerimientos de energía son satisfechos por las proteínas y las grasas; asimismo, es posible vivir con una dieta a base de pocos carbohidratos. Los esquimales, por ejemplo, viven casi exclusivamente de proteínas y grasas. En Japón, por otra parte, cerca del 80 por ciento del consumo total de energía es suministrado por carbohidratos. Más no se recomienda una dieta baja en carbohidratos para las personas de salud normal debido a que los carbohidratos "ahorran" proteínas. El cuerpo hace un mejor uso de las proteínas si se consumen carbohidratos al mismo tiempo.

Durante la digestión los carbohidratos contenidos en el alimento (con excepción de la celulosa) son hidrolizados por las enzimas en sus componentes monosacáridos. El proceso se inicia en la boca, donde la saliva, la que contiene amilasa salival, se mezcla íntimamente con el alimento y empieza a hidrolizar el almidón en maltosa. La hidrólisis continúa en el estómago hasta que el alimento se acidifica al mezclarse con el jugo gástrico. El alimento pasa del estómago al intestino delgado, donde la amilasa pancreática continúa con la conversión del almidón en maltosa. La maltosa presente en los jugos intestinales hidroliza la maltosa así formada en glucosa. La lactasa y la sacarasa, que también están presentes, convierten la lactosa y la sacarasa en glucosa, galactosa y fructosa. Los monosacáridos pasan del intestino delgado al torrente circulatorio y son llevados al hígado y los músculos. En el hígado, la fructosa y la galactosa son convertidas por medio de enzimas en glucosa.

El hígado y los músculos tienen la capacidad de convertir la glucosa en glucógeno, el que hace las veces de una reserva de carbohidratos para el cuerpo. A medida que se requiere, el glucógeno se vuelve a convertir en glucosa para satisfacer las necesidades energéticas de los músculos y otros tejidos. El cuerpo de un hombre bien alimentado puede contener varios cientos de gramos de glucógeno, del que alrededor de una cuarta parte del mismo se halla almacenada en el hígado. Cuando los músculos y el hígado ya no son capaces de almacenar más glucógeno, el exceso de glucosa es convertido en grasa por el hígado, misma que se almacena en los depósitos de grasa como la segunda línea de defensa del cuerpo contra la escasez de alimentos. Una pequeña cantidad de glucosa circula en la sangre para ser llevada a los tejidos, proveniente de las reservas de carbohidratos del hígado, o para llevarla a este órgano a fin de ser convertida en glucógeno. Después de ingerir una comida, la sangre contiene hasta 0.14 por ciento de glucosa, pero esta cifra disminuye hasta el 0.08 por ciento unas dos horas después de haber comido. Esta es una cantidad bastante pequeña y equivale a aproximadamente 5 gramos de glucosa.

La oxidación de la glucosa

El cuerpo obtiene energía convirtiendo grasas, proteínas y carbohidratos en glucosa y oxidando esta última en moléculas más simples y, finalmente, en bióxido de carbono y agua. El proceso global es comparable a la liberación de la energía de los combustibles fósiles al quemarlos en una central eléctrica o una caldera. Sin embargo, la oxidación metabólica es infinitamente más sutil e impresionante, y los dispositivos más elaborados para quemar combustibles construidos por el hombre resultan primitivos comparados con el complejo de reacciones dependientes unas de otras y delicadamente equilibradas y controladas de la naturaleza.

La célula viviente tiene que funcionar en un medio acuoso a un pH constante y una temperatura baja y esencialmente constante. Asimismo, no es capaz de utilizar la energía calórica para efectuar trabajo y, tomando en cuenta las limitaciones mencionadas, es de sorprender que consiga algo de energía. No obstante, como se verá más adelante, de hecho el cuerpo captura casi la mitad de la energía encerrada en la molécula de glucosa, y esto constituye un mejor índice de conversión que el que se obtiene en una moderna planta eléctrica a base de combustible.

Cuando se oxida totalmente la glucosa en bióxido de carbono y al quemarla en presencia de oxígeno, se libera una gran cantidad de calor:

$$C_6H_{12}O_6 + 6O_2 \rightarrow 6CO_2 + 6H_2O + 2820 \text{ kJ}$$

En el cuerpo, sin embargo, la oxidación no tiene lugar en una sola etapa sino en una serie complicada y elaborada de casi 30 reacciones, cada una de las cuales libera solamente una fracción de la energía disponible de la oxidación completa de la molécula de glucosa. Muchas de las etapas oxidativas de esta secuencia de reacciones no implican la reacción directa con el oxígeno, sino que son simples reacciones de deshidrogenación que se representan por la ecuación general:

$$AH_2 \xrightarrow{\;-2[H]\;} A$$

En muchas de estas reacciones los dos átomos de hidrógeno removidos son transferidos a una coenzima; por ejemplo: coenzima 1 (nicotinamida-adenina-dinucleótido o NAD) o coenzima 11 (nicotinamida-adenina-dinucleótido-fosfato o NADP), las que actúan como aceptores de hidrógeno. La transferencia es catalizada por oxidasas que son altamente específicas en el sentido de que una oxidasa en particular solamente operará con un par substrato-coenzima.

En la oxidación de la glucosa por el cuerpo hay dos etapas principales. En la primera etapa, la glucosa es convertida por una serie de reacciones en ácido pirúvico:

$$C_6H_{12}O_6 \xrightarrow{\;-4[H]\;} 2CH_3COCOOH \quad \text{No se requiere oxígeno.}$$

Quedan a disposición del cuerpo 33 kJ de energía

En la segunda etapa, el ácido pirúvico es oxidado por una serie adicional de reacciones en bióxido de carbono y agua:

$$CH_3COCOOH \xrightarrow{\;+5[O]\;} 3CO_2 + 2H_2O \quad \text{Se requiere oxígeno.}$$

Quedan a disposición del cuerpo alrededor de 126 kJ de energía.

La primera etapa se denomina *glucólisis* o, puesto que tiene lugar en ausencia de oxígeno, *glucólisis anaerobia*. La cantidad de energía liberada por la glucólisis es pequeña comparada con la liberada durante la segunda etapa. La energía para un ejercicio físico intenso, como correr para alcanzar un camión, se requiere instantáneamente, y como cabe la posibilidad de que el torrente sanguíneo no sea capaz de suministrar oxígeno con la suficiente rapidez para permitir la oxidación total de la glucosa, la glucólisis anaerobia tiene lugar preferencialmente. El ácido pirúvico producido se reduce en ácido láctico, y éste es llevado por el torrente circulatorio al hígado donde una parte es oxidado a fin de suministrar energía para la reconversión del resto en glucógeno y glucosa.

La conversión cíclica de la glucosa en ácido pirúvico, ácido láctico y de nuevo en glucosa se conoce como ciclo de Cori en honor de sus descubridores Carl y Gerty Cori. Normalmente, cuando no se requiera energía con tanta rapidez, se obtiene por la oxidación completa de la glucosa en bióxido de carbono y agua por vía del ácido pirúvico, y cerca del 75 por ciento de la energía requerida por la célula es suministrada por la segunda etapa. La conversión del ácido pirúvico en bióxido de carbono y agua tiene lugar por medio de un proceso cíclico que implica al ácido cítrico, y al que a menudo se hace referencia como ciclo del ácido cítrico o ciclo de Krebs, en honor de Sir Hans Krebs, quien resolvió los detalles del proceso. En la figura 6.9 se resumen los cambios que tienen lugar durante la digestión, la absorción y la oxidación de los carbohidratos por el cuerpo.

La oxidación bioquímica de la glucosa es un proceso complejo y complicado y se requieren muchos años para dilucidar exactamente cómo se lleva a cabo. Todas las reacciones están controladas por enzimas, y se requieren diez enzimas para la conversión de la glucosa en ácido pirúvico y otras diez para la segunda etapa de la oxidación en bióxido de carbono y agua. Toda la secuencia es de gran importancia y precisión, pero los lectores pueden respirar con alivio ya que no se darán los detalles completos del mismo en este libro. No obstante, un aspecto del proceso de oxidación, que es común tanto a la primera como a la segunda etapas, y es de hecho una característica de muchas otras transformaciones bioquímicas de la energía, merece un poco más de atención. Este aspecto es la manera en que el *trifosfato de adenosina* (ATP) se comporta como un banco o depósito

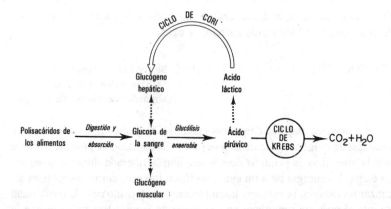

Figura 6.9 Digestión, absorción y oxidación de los carbohidratos.

de energía para ser utilizado por el cuerpo. El ATP está formado por una molécula del derivado purínico adenina, una molécula del azúcar ribosa (que juntos forman el nucleótido *adenosina*) y tres moléculas de ácido fosfórico.

En el cuerpo, los grupos fosfato se separan sucesivamente de una molécula de ATP para producir primero *difosfato de adenosina* (ADP); luego, monofosfato de adenosina (AMP), y finalmente, adenosina misma. La parte de adenosina de la molécula no sufre cambios en esta serie de reacciones, y si se representa a la adenosina por Ⓐ, la serie de reacciones es como sigue:

$$
\underset{\text{(ATP)}}{\text{Ⓐ}-\overset{\overset{\displaystyle O}{\|}}{\underset{\underset{\displaystyle OH}{|}}{P}}-O-\overset{\overset{\displaystyle O}{\|}}{\underset{\underset{\displaystyle OH}{|}}{P}}-O-\overset{\overset{\displaystyle O}{\|}}{\underset{\underset{\displaystyle OH}{|}}{P}}-OH} \xrightarrow{\;H_2O\;}
$$

$$
\underset{\substack{\text{(ADP)}\\ +\,H_3PO_4}}{\text{Ⓐ}-\overset{\overset{\displaystyle O}{\|}}{\underset{\underset{\displaystyle OH}{|}}{P}}-O-\overset{\overset{\displaystyle O}{\|}}{\underset{\underset{\displaystyle OH}{|}}{P}}-OH} \xrightarrow{\;H_2O\;} \underset{\substack{\text{(AMP)}\\ +\,H_3PO_4}}{\text{Ⓐ}-\overset{\overset{\displaystyle O}{\|}}{\underset{\underset{\displaystyle OH}{|}}{P}}-OH} \xrightarrow{\;H_2O\;} \underset{+\,H_3PO_4}{\text{Ⓐ}}
$$

La importancia de esta serie estriba en el hecho de que los dos grupos terminales fosfato están fijados por enlaces fosfato de alta energía (representados con líneas gruesas en las ecuaciones) y que la conversión de un mol de ATP en ADP o de un mol de ADP en AMP va acompañada por la liberación de 33 kJ. Por otra parte, la conversión de AMP en adenosina sólo produce 12.6 kJ. En las reacciones inversas, se absorben las mismas cantidades de energía:

$$
\overset{\text{Energía liberada disponible para síntesis o trabajo}}{\overrightarrow{}}
$$

$$
\text{ATP} \underset{\text{33 kJ absorbidos}}{\overset{\text{33 kJ liberados}}{\rightleftarrows}} \text{ADP} \underset{\text{33 kJ absorbidos}}{\overset{\text{33 kJ liberados}}{\rightleftarrows}} \text{AMP} \underset{\text{12.6 kJ absorbidos}}{\overset{\text{12.6 kJ liberados}}{\rightleftarrows}} \text{A}
$$

$$
\underset{\text{Energía absorbida en la oxidación de la glucosa}}{\underleftarrow{}}
$$

Los enlaces fosfato ricos en energía funcionan como depósito de reserva para la energía liberada durante la oxidación de la glucosa en la célula. La energía está disponible para ser reutilizada cuando se requiera, para las contracciones musculares o para hacer posible la síntesis por el cuerpo de alguna otra molécula o para cualquier otro fin. Cuando esto ocurre, el

ATP se convierte en ADP o AMP, los cuales quedan luego disponibles para su reconversión en ATP en el momento en que hay un sobrante de energía.

Durante la total oxidación de un mol de glucosa por el cuerpo se forman 36 moles de ATP (o su equivalente en compuestos relacionados) a partir del ADP y la energía absorbida en este proceso (y por tanto disponible para uso posterior) es $36 \times 33 = 1188$ kJ. Esto se compara con los 2820 kJ que se liberan cuando se quema la glucosa en presencia de oxígeno, y de aquí se aprecia que el cuerpo es capaz de capturar alrededor de 43 por ciento de la energía de la molécula de glucosa. El residuo se utiliza en la producción de otras moléculas durante el proceso de oxidación o bien aparece como calor.

La complicada serie de reacciones implicadas en la asimilación y utilización de la glucosa por el cuerpo están controladas por varias hormonas, de las que la *insulina* es la más conocida de todas; esta hormona es segregada por el páncreas. En la enfermedad *diabetes mellitus* el páncreas produce insuficiente insulina; como resultado la glucosa circula en la sangre en cantidades anormalmente grandes y no es recibida por el hígado ni tampoco por los músculos para su conversión en glucosa o para la oxidación. El cuerpo se halla así incapacitado para utilizar los alimentos que contienen carbohidratos y tiene que recurrir a las grasas y las proteínas para compensar sus deficiencias energéticas. Desafortunadamente, la creciente utilización de la grasa en esta manera conduce a la acumulación en el hígado y el torrente sanguíneo de algunos productos venenosos del metabolismo de las grasas, y esto puede tener serias consecuencias. La diabetes mellitus se controla prestando una cuidadosa atención a la dieta o, en los casos de mayor gravedad, por la aplicación regular de inyecciones de insulina.

CAPÍTULO 7

Alimentos que contienen carbohidratos

Con excepción de la lactosa que está presente en la leche de los animales, los carbohidratos son de origen vegetal y se forman mediante fotosíntesis a partir de bióxido de carbono y agua. Para transformar las moléculas simples de bióxido de carbono y agua en las moléculas más complejas de carbohidratos se necesita una gran cantidad de energía, que se obtiene de la luz solar. Cuando se ingieren los carbohidratos este proceso se invierte a fin de producir la energía que requieren nuestros cuerpos. En el capítulo 6 ya se estudió cómo se lleva a cabo este proceso.

Aproximadamente una tercera parte del consumo total de carbohidratos en Inglaterra consiste en sacarosa y jarabe de glucosa, cerca de una vigésima parte es la lactosa y el resto es almidón y fibra.

Tabla 7.1 Contenido de carbohidratos de algunos alimentos

Alimento	Carbohidratos (%)	Alimento	Carbohidratos (%)
Arroz (crudo)	86	Pan (blanco)	45
Hojuelas de maíz	85	Pan (integral)	38
Miel	76	Papas fritas en hojuelas	34
Espagueti (crudo)	74	Helado de leche	20
Weetabix	70	Plátanos	19
Mermelada	69	Papas hervidas	18
Avena con leche	66	Uvas	16
Chocolate con leche	59	Mantequilla de cacahuate	13
Papas fritas en rajas	50	Manzana	12

En la tabla 7.1 se indica el contenido de carbohidratos de algunos alimentos.

AZÚCARES EN LA DIETA

Monosacáridos

La *glucosa* y la *fructosa* son los únicos monosacáridos presentes en alguna medida en una dieta promedio. Estos azúcares están presentes en la miel en cantidades aproximadamente iguales y en el "jarabe de glucosa" que se utiliza ampliamente por los fabricantes de alimentos para endulzar sus productos.

MIEL   El néctar de las flores del cual las abejas elaboran la miel consiste mayormente en sacarosa. Durante el paso del néctar por el buche o primer estómago de las abejas recolectoras y durante el tratamiento adicional por las abejas que trabajan en el interior de la colmena, la sacarosa es hidrolizada por enzimas para formar glucosa y fructosa y el producto, la miel, consiste en aproximadamente 20 por ciento de agua y cerca de 76 por ciento de glucosa y fructosa. El resto está constituido por una pequeña cantidad de sacarosa no convertida, algunos otros disacáridos y cantidades menores de minerales, ácidos, vitaminas y sustancias saborizantes.

El muy variable sabor de la miel depende esencialmente de las flores de las que se recoge el néctar. La miel contiene más de 200 sustancias diferentes, pero los amantes de la miel son capaces de distinguir entre la miel derivada principalmente del trébol, por ejemplo, y la que se origina de otras flores.

Aunque al presente la miel se utiliza para untarla como la mermelada, se ha utilizado como endulzador desde los tiempos más remotos y fue el único edulcorante hasta que se empezó a utilizar la sacarosa. Asimismo, se utilizó para preparar la bebida alcohólica conocida como hidromiel, que es una especie de cerveza que se prepara fermentando la miel.

Las propiedades nutritivas y curativas de la miel son a menudo excesivamente exageradas. En realidad no es más que una solución aromatizada y concentrada de glucosa y fructosa. No se tiene prueba alguna de que la miel posea propiedades nutritivas o medicinales, que funcione como un afrodisiaco o que retarde el comienzo de la vejez. Como otros azúcares su función es solamente la de actuar como una fuente de energía.

JARABE DE GLUCOSA   Consiste en una mezcla dulce y espesa de glucosa con otros azúcares y dextrinas que se utiliza extensamente en la industria alimentaria. Se produce por la hidrólisis de materiales amiláceos, como el maíz, con ácidos diluidos o enzimas. La composición del jarabe de glucosa o de maíz depende de la extensión a la que ocurre la hidrólisis, es decir, la longitud a la que tiene lugar la ruptura de las moléculas de amilosa y amilopectina del almidón. El grado de hidrólisis se puede controlar para obtener un producto que sea en su mayor parte glucosa o un producto más viscoso que contenga cantidades considerables de *dextrinas* (esto es, moléculas de amilosa y amilopectina parcialmente hidrolizada). Los jarabes más completamente hidrolizados, que contienen una mayor proporción de azúcares, son más dulces que aquéllos que contienen cantidades considerables de dextrinas y se utilizan mucho en la fabricación de confites y pasteles.

Si los jarabes de glucosa totalmente hidrolizados se tratan con la enzima *glucosa isomerasa*, se podría convertir en fructosa hasta la mitad de la glucosa. El producto es más dulce que el jarabe de glucosa debido a que la fructosa es el más dulce de los azúcares. Se afirma que, además de su mayor dulzura, la fructosa tiene el efecto de realzar el sabor de las frutas, y los "jarabes de alto contenido de fructosa" tienen una gran utilización en la elaboración de refrescos y jaleas.

Sacarosa, azúcar de caña y azúcar de remolacha

El azúcar ordinario, ya sea producido a partir de la caña de azúcar (la que sólo se cultiva en las regiones de clima tropical) o de la remolacha azucarera (que se cultiva en las zonas templadas), está constituido casi completamente por sacarosa. No existe diferencia alguna entre el azúcar obtenido de la remolacha azucarera y el obtenido de la caña de azúcar. En Gran Bretaña, el azúcar se produce comercialmente de la remolacha azucarera desde hace 150 años aproximadamente. Alrededor del 30 por ciento de la producción mundial de azúcar y el 60 por ciento del azúcar producido en Inglaterra se obtiene de la remolacha azucarera.

PRODUCCIÓN DE AZÚCAR CRUDO   La caña de azúcar es una planta gramínea de gran tamaño que se asemeja al bambú y puede crecer hasta una altura de 4.5 metros con un diámetro de 3 a 5 cm. El azúcar, que representa cerca de 15 por ciento del peso de la caña, se encuentra en una fibra blanda en el interior de la caña. En condiciones normales se obtienen de tres a ocho toneladas de azúcar por .4047 ha de caña de azúcar. El azúcar se extrae de la caña por trituración y rociado con agua. La solución obtenida contiene aproximadamente 13 por ciento de azúcar y tres por ciento de impurezas, el resto es agua. Esta solución se purifica y la solución clara que se obtiene se concentra por evaporación a presión reducida hasta obtener una mezcla de cristales de azúcar y aguas madre o miel. Los cristales se separan de la miel por centrifugación en grandes tambores. Estos tambores tienen lados perforados a través de los que la fuerza centrífuga obliga a pasar a la miel conocida ahora como melaza, quedando de esta manera en los tambores el azúcar crudo. La melaza se utiliza en la fabricación de ron y alcohol industrial.

El contenido de azúcar de la remolacha azucarera es similar al de la caña de azúcar pero sólo se obtienen aproximadamente dos toneladas de azúcar de .4047 ha de remolacha azucarera. El azúcar se extrae de la remolacha desmenuzada por maceración en agua caliente: se difunde a través de las paredes celulares en el agua, dejando atrás la mayor parte de los sólidos no azúcares. A fin de asegurar que la máxima cantidad de azúcar sea removida mediante la mínima cantidad de agua, se utilizan bacterias de difusores especialmente diseñados. La solución obtenida contiene alrededor de 14 por ciento de azúcar y 4 por ciento de impurezas, el resto es agua. Dicha solución se trata a fin de remover las impurezas y la solución transparente obtenida se concentra por evaporación a presión reducida para obtener cristales de azúcar y melaza, los que se separan por centrifugación como se describió en el caso del azúcar de caña. El azúcar crudo obtenido es muy similar al producido a partir de la caña de azúcar pero es posible que su sabor y color sean menos atractivos.

REFINACIÓN DEL AZÚCAR   El azúcar crudo, ya haya sido obtenido de remolacha o de caña, contiene cerca de 96 por ciento de sacarosa. Consiste esencialmente en cristales de azúcar recubiertos de una capa de melaza. La primera etapa en el proceso de refinación es mezclar el azúcar crudo con jarabe de azúcar a fin de producir una mezcla semisólida firme de jarabe y cristales. Esta mezcla se centrifuga y el jarabe es forzado a salir, dejando los cristales de azúcar dentro de la centrífuga. Éstos se lavan después con agua a fin de remover el jarabe adherido. El jarabe y las aguas de lavado de las centrífugas contienen una cantidad considerable de azúcar y ésta es recuperada por evaporación del agua a presión reducida.

A continuación, los cristales de azúcar se disuelven en agua y se tratan con lechada de cal y bióxido de carbono a fin de remover el grueso de las impurezas. Las restantes se eliminan dejando que la solución se filtre a través de una gruesa capa de carbón vegetal que elimina las impurezas coloreadas para así producir un líquido incoloro conocido como *licor fino* o *refinado*.

Todo lo que queda por hacer es concentrar el licor refinado evaporando el agua, y cristalizar el azúcar para producir cristales uniformes del tamaño correcto. La evaporación se lleva a cabo a presión reducida en ''tachos al vacío'' calentados con vapor de agua de manera que se elimine el agua a una temperatura muy por debajo de la temperatura normal de ebullición de la solución; de este modo se impide cualquier decoloración del azúcar.

Al final de la cristalización los cristales de azúcar quedan en suspensión en la miel. El proceso de centrifugación elimina la mayor parte de la miel y el remanente se remueve rociando con agua caliente y centrifugando de nuevo. El jarabe y los lavados contienen alrededor del 40 por ciento del azúcar originalmente presente en el licor refinado y la mayor parte es recuperado por descolorización y recristalización. Este proceso se puede repetir varias veces. Sin embargo, a la larga el color y la calidad del azúcar recuperado de la miel no se ajusta ya a las altas normas requeridas. Cuando se llega a esta etapa la miel se emplea para la manufactura del "Jarabe Dorado" (Golden Syrup) o se concentra y cristaliza para obtener un azúcar moreno y blando.

El azúcar *caster* se fabrica de la misma manera que el azúcar granulado pero el procedimiento de cristalización se modifica de manera que se obtienen cristales mucho más pequeños. Esto se logra utilizando un mayor número de núcleos o bien impidiendo que los cristales crezcan hasta el tamaño del azúcar granulado. Este tipo de azúcar se obtiene asimismo como un producto secundario de la producción del azúcar granulado y se separa de éste tamizando el azúcar seco. El tamaño de la partícula en el azúcar lustre para confitería es todavía más pequeño que el azúcar *caster* y se fabrica pulverizando el azúcar granulado en molinos especiales. El *azúcar moreno* se obtiene cristalizando las mieles obtenidas al final del proceso de refinación. El azúcar obtenido es ligeramente pegajoso a causa de la presencia de una delgada capa de miel sobre cada cristal. En genuino *azúcar de Demerara* es un azúcar ligeramente húmedo de color café dorado producido de dicha manera en Demerara, Guyana. La *demerara de Londres* es un sustituto que se elabora recubriendo cristales de azúcar blanco con miel. El *azúcar mascabado* (o *azúcar de Barbados*) posee un mayor contenido de mieles que el azúcar de Demerara y un sabor "empalagoso". El *azúcar cortadillo o en terrones* se prepara cristalizando el licor refinado (véase más atrás) de tal manera que se obtengan cristales de dos tamaños diferentes; los cristales de mayor tamaño dan el centelleo característico del azúcar de terrón y los más pequeños mantienen juntos a los cristales.

ALIMENTOS ELABORADOS DE AZÚCAR

Como ya se ha visto, el azúcar se presenta naturalmente en las frutas pero está asimismo presente, a veces en cantidades sorprendentemente grandes en muchos alimentos manufacturados. ¿Quién podría imaginar que la salsa de tomate y la salsa a la española envasadas contienen hasta 25 por ciento de azúcar? Asimismo, algunos *muesli* contienen más de 25 por ciento de azúcar, y están presentes también cantidades considerables en muchos otros cereales para el desayuno. El helado contiene alrededor de 20 por ciento de azúcar, el yogur endulzado hasta 15 por ciento e incluso los frijoles horneados contienen alrededor de seis por ciento. No obstante, en esta sección se tratarán aquellos alimentos como los "dulces" y las jaleas cuyo principal constituyente es el azúcar.

Dulces, chocolates y jaleas

El término confite se utiliza para describir la amplia gama de golosinas de azúcar que comúnmente se conocen como "dulces". Dulces hervidos, "*toffees*" y caramelos, el relleno para los centros de chocolates, malvaviscos, muéganos, pastillas y gomas constituyen ejemplos de los confites de azúcar. Esta gran variedad de aceleradores del decaimiento de los dientes tienen una cosa en común, todos son producidos por la cristalización controlada de la sacarosa a partir de una solución supersaturada. Las diferencias que existen entre ellos dependen del contenido de agua y el grado al que ha tenido lugar la cristalización de la sacarosa, así como de la presencia de grasas o leche, las que permiten la formación de emulsiones, y agentes saborizantes.

Cuando se calienta una solución concentrada de sacarosa, un jarabe, la temperatura a la que hierve depende de la cantidad de azúcar presente en la solución como se indica en la figura 7.1. El contenido de agua de una solución de azúcar se determina con precisión por el conocimiento de su temperatura de ebullición. Si se deja que continúe la ebullición, la concentración de la solución aumenta conforme el agua se evapora y la temperatura de ebullición aumenta. Los dulces blandos, como el *toffee*, se cocinan a una temperatura más baja que la de los dulces duros, como el bombón escocés o los dulces hervidos.

DULCES HERVIDOS   Estos dulces se preparan tradicionalmente hirviendo soluciones de azúcar con sustancias ácidas a fin de producir un cierto grado de inversión. La ebullición se continúa hasta que la temperatura excede de 150°C, tiempo en el que casi toda el agua ha sido eliminada y, al enfriarse, la masa se solidifica como un sólido de apariencia cristalina, el familiar dulce hervido. Al final del período de enfriamiento sólo está presente una pequeña cantidad de agua (un bajo porcentaje). La glucosa producida por el proceso de inversión impide la cristalización de la sacarosa cuando se enfría la masa. Se dice entonces que "corta el grano". La glucosa no cristaliza fácilmente a partir de una solución acuosa, y en una

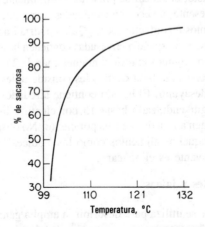

Figura 7.1 Temperaturas de ebullición de soluciones de azúcar.

solución mixta de glucosa y sacarosa, la glucosa inhibe la cristalización de la sacarosa. El producto final es una solución supersaturada de sacarosa, con menores cantidades de glucosa y fructosa, en una muy pequeña cantidad de agua. La cantidad de azúcar invertido que se produce durante la ebullición debe ser cuidadosamente controlada debido a que una cantidad excesiva hará al producto propenso a absorber agua del aire y de este modo hacerse pegajoso. Esto se debe a que la fructosa presente en el azúcar invertido es higroscópica. Por otra parte, si se produce una cantidad muy baja de azúcar invertido, ésta resultará insuficiente para impedir la cristalización de la sacarosa. A fin de obtener un producto que no sea ni pegajoso ni cristalino, se necesita alrededor de 10 a 15 por ciento de azúcar invertido.

Cualquier sustancia ácida puede ser añadida para producir la inversión, y se utiliza corrientemente el crémor tártaro (tartrato ácido de potasio). La cantidad de ácido utilizado depende de varios factores, entre otros la dureza del agua, pero es bastante pequeña, y en el caso del crémor tártaro, se halla en el intervalo de 0.15 a 0.25 por ciento del peso del azúcar utilizado. Los dulces hervidos se preparan comercialmente calentado un jarabe de sacarosa y un jarabe de glucosa, este último, impide la cristalización de la sacarosa de la misma manera que el azúcar invertido. La cantidad de jarabe de glucosa puede llegar hasta 30 ó 40 por ciento, pero el producto no es higroscópico debido a que no contiene fructosa. El jarabe de glucosa es menos dulce que la sacarosa o el azúcar invertido y por tanto los dulces hervidos producidos de esta manera son asimismo menos dulces. Además, la dextrina en el jarabe de glucosa se dice que imparte una cierta dureza a los dulces y causan a veces un cierto aspecto nuboso.

FONDANT Se trata del material cremoso utilizado para rellenar los chocolates de centro suave y por los fabricantes de bizcochos y pasteles con fines decorativos. Consiste esencialmente en minúsculos cristales de azúcar rodeados por un sirope saturado de azúcar.

El *fondant* se prepara hirviendo una solución de azúcar y añadiendo jarabe de glucosa o un agente de inversión, como en el caso de los dulces hervidos. Empero en ningún momento se trata de eliminar toda el agua por ebullición, y la mezcla sólo se hierve a una temperatura entre 115 y 120°C, en comparación con 150 a 165°C en el caso de los dulces hervidos. La solución siruposa obtenida se enfría rápidamente hasta alrededor de 38°C pasándola por un tambor rotatorio enfriado por agua, de donde pasa a un agitador. Aquí se le agita violentamente a fin de inducir la cristalización que tiene lugar súbitamente a fin de producir un número muy grande de minúsculos cristales.

FUDGE Se trata sencillamente de un *foundant* que contiene sólidos de leche y sólidos de chocolate y grasa que se hallan en suspensión en el jarabe de azúcar y le confieren una solidez adicional.

TOFFEE   Los principales ingredientes del *toffee* son grasa, azúcar y jarabe de glucosa. Consiste esencialmente en una dispersión de minúsculos glóbulos de grasa en una solución sobresaturada de azúcar. Se utilizan diversos grados de azúcar, lo que depende de la receta, desde el azúcar granulado de la mejor calidad a los azúcares crudos y meladuras que le confieren sabores característicos al producto. Como en el caso de los dulces hervidos, deben estar presentes otros azúcares que no sean sacarosa para evitar la granulación. En el *toffee* de fabricación casera se puede utilizar un agente ácido de inversión como el vinagre o el ácido cítrico para producir algo de azúcar invertido a partir de la sacarosa, pero es corriente en la práctica comercial emplear jarabe de glucosa para evitar la formación del grano.

La leche que se utiliza hace una importante contribución al sabor y se añade en forma condensada, ya sea con crema o descremada. El color característico del *toffee* se debe en gran parte a la caramelización de los sólidos de la leche durante la cocción. Además, la caseína de la leche actúa como un agente emulsionante. En la elaboración del *toffee* se utilizan mantequilla y diversas grasas vegetales, y asimismo se pueden incorporar agentes emulsionantes, como el monoestearato de glicerilo o la lecitina, en el caso en que estén presentes la mantequilla y los sólidos de la leche en cantidad insuficiente, a fin de ayudar a la dispersión de la grasa y producir una emulsión estable.

En la fabricación del *toffee* los ingredientes se hierven juntos hasta que la temperatura alcanza el nivel requerido. La temperatura alcanzada en el proceso de ebullición determina en gran parte la consistencia del *toffee* producido, ya que ésta depende, entre otras cosas, de la cantidad de agua del *toffee*. El *toffee* muy duro como el bombón escocés (*butterscotch*) es calentado hasta una temperatura entre 146 y 154°C, lo que da un contenido de agua de 3 a 5 por ciento. Los toffees y los caramelos ordinarios se calientan hasta una temperatura entre 118 y 132°C, cuando la mezcla contiene de 6 a 12 por ciento.

El *toffee* y el *fudge* se preparan a partir de materiales similares y ambos contienen alrededor de diez por ciento de agua. ¿Por qué son entonces tan diferentes en otros aspectos? En pocas palabras, esto se debe a que el *toffee*, como los dulces hervidos, consiste en un jarabe de azúcar que rodea a los otros ingredientes como la grasa y la leche, mientras que en el fudge, como en el fondant, parte del azúcar está presente en forma cristalina. El *toffee* es, de hecho, un jarabe supersaturado y en ningún momento un sólido, y a esto se debe que posea una consistencia correosa y masticable.

Existen innumerables variedades de *toffee* pero todos tienen una característica común: su "sabor a caramelo". Este sabor se produce por la "caramelización" o descomposición de algunas de las moléculas de azúcar que tiene lugar siempre que se calientan los carbohidratos. Durante la fabricación del *toffee*, tiene lugar asimismo una reacción entre los azúcares calentados y las proteínas presentes en los sólidos de la leche, y esto produce un color café o tostado. Siempre que se calientan carbohidratos junto con proteínas, tiene lugar una reacción oscurecedora de este tipo (que sé conoce como *reacción Maillard* o reacción no enzimática de oscurecimiento) (véase la página 332)

CHOCOLATE Los ingredientes esenciales del chocolate son cocoa, manteca de cacao y azúcar. La cocoa y la manteca de cacao se obtienen de los granos o semillas de cacao que se desarrollan en el interior de los frutos de los árboles o arbustos de cacao que crecen en las regiones tropicales. Los frutos o mazorcas son bayas ovales y agudos en la terminación, de unos 20 cm de largo y alrededor de 7 a 10 cm de diámetro. Cada mazorca contiene de 20 a 40 semillas embebidas en una pulpa feculenta, blanca y suave. Las mazorcas se abren, y los granos, con la pulpa adherida, se remueven por raspadura y se dejan fermentar durante varios días. En la pulpa crece levadura que hace que aquélla se licue debido a la fermentación alcohólica. El líquido que se forma se deja que se separe de los granos, los cuales cambian de color durante el proceso de su original violeta claro a café oscuro. Después del secado al sol, los granos están listos para embarcarse a los fabricantes de cocoa.

En la manufactura de la cocoa y el chocolate, los granos se tuestan primeramente en tambores rotatorios y luego se reducen a pequeños trozos haciéndolos pasar por rodillos especiales. La cáscara se elimina, dejando libres los pequeños fragmentos del grano tostado que se conocen como *granos sin germen.* Este proceso de tostado reviste una gran importancia puesto que es en esta etapa en la que se desarrollan el sabor y el aroma característicos del chocolate como consecuencia de las reacciones de oscurecimiento del tipo Maillard que tienen lugar entre los carbohidratos y las proteínas presentes.

Los granos sin germen contienen aproximadamente 50 por ciento de una grasa conocida como manteca de cacao y durante la siguiente operación, en la que los granos triturados se muelen finamente en molinos, el calor generado derrite la manteca de cacao para producir un líquido viscoso de color oscuro. Cuando se enfría el líquido, el cual es una dispersión de cocoa en manteca de cacao, se obtiene un sólido de color oscuro conocido como *masa de cacao.* Para la producción de cacao, se comprime una cierta proporción de la manteca de cacao por medio de poderosas prensas hidráulicas. El residuo, que contiene de 20 a 30 por ciento de manteca de cacao, se muele finamente y se vende como cacao en polvo. Contiene alrededor de dos por ciento de teobromina y 0.1 por ciento de cafeína; estos dos compuestos son alcaloides y originan, cuando menos en parte, el amargor de la cocoa y el chocolate.

El chocolate se prepara mezclando la masa de cacao con azúcar, manteca de cacao y, en el caso de chocolate con leche, leche en polvo o leche condensada. La mezcla se lleva a cabo en *melangeurs* (mezcladoras), en las que pesados rodillos giran en contacto con una plancha caliente. La mezcla pasa luego a una máquina refinadora donde es adelgazada entre rodillos que giran a diferentes velocidades. A fin de completar el proceso, el chocolate se homogeneiza en una batidora durante un período de hasta 24 horas. En el proceso de homogeneización pesados rodillos someten al chocolate a un intenso tratamiento mecánico y mezclan todos los ingredientes hasta lograr una consistencia suave, uniforme y aterciopelada.

El chocolate utilizado con fines de recubrimiento, como el que se emplea en el recubrimiento de ''centros'' para hacer chocolates individuales o para recubrir galletas y bizcochos, contiene una mayor proporción de manteca de cacao que el chocolate corriente en barra. Lo anterior se hace con el fin de aumentar la fluidez del chocolate cuando esté tibio o poco caliente. Los productos recubiertos de chocolate se elaboran haciendo pasar el centro o el bizcocho que se va a cubrir a través de una cortina de chocolate derretido en una máquina llamada *recubridora*.

Para efectuar la conversión del chocolate líquido en la conocida barra de chocolate sólido no basta verter simplemente el chocolate en el molde y dejarlo enfriar. Las grasas presentes en la manteca de cacao solidifican en seis formas diferentes, o polimorfos, con diferentes temperaturas de derretimiento. Uno de los polimorfos se derrite a 33.8°C, y cuando sólo está presente esta forma en el chocolate sólido, éste será liso y satinado y se derretirá fácilmente en la boca. A fin de producir la mayor cantidad posible de este polimorfo el chocolate se somete a un tratamiento térmico especial llamado recocedura. El chocolate derretido se enfría hasta que empieza a solidificarse y luego se recalienta hasta justo antes de alcanzar la temperatura de derretimiento del polimorfo que se desee. A continuación, se agita el chocolate a dicha temperatura de manera que una elevada proporción de la grasa se solidificará en la forma del polimorfo preferido cuando el chocolate se vacía finalmente en los moldes o se utiliza para recubrimiento.

Si el chocolate se recuece incorrectamente, o si se somete a una serie de cambios de temperatura (por ejemplo: si se deja en el escaparate de una tienda o dentro de un coche) puede adquirir un recubrimiento blanco. Esto podría parecer el crecimiento de hongos, pero es en realidad un recubrimiento inofensivo de cristales de grasa.

El chocolate derretido es una sustancia tan caprichosa que resulta difícil manipularlo en la cocina, donde no es fácil realizar una medición de la temperatura y un control preciso. Es por esta razón que se dispone para el recubrimiento de pasteles de sustitutos con sabor a chocolate que contienen grasa vegetal en lugar de manteca de cacao. La grasa vegetal se solidifica en una forma y por tanto no se presentarán los problemas causados por el polimorfismo de las grasas que constituyen la manteca de cacao.

El chocolate en un alimento nutritivo y una pequeña barra (100 g) de chocolate con leche suministra aproximadamente 9 g de proteína y 220 mg de calcio, aproximadamente un octavo y un medio respectivamente del con-- sumo diario recomendado de dichos nutrientes para un hombre moderadamente activo. Asimismo, suministra alrededor de la sexta parte de sus requerimientos de energía y de 10 a 15 por ciento del CDR de hierro, tiamina y riboflavina.

MERMELADA La mermelada se prepara poniendo a hervir fruta en soluciones de azúcar y es esencialmente un gel o una masa semisólida que contiene fruta entera o pulpa. En realidad, un gel es una solución muy viscosa, o dispersión que posee algunos de los atributos de un sólido, como elasticidad. El gel se forma a partir del azúcar, los ácidos presentes en la fruta y el polisacárido pectina (véase la página 128).

La mermelada contiene cerca del 67 por ciento de azúcar disuelto e inhibe el crecimiento de hongos y levaduras debido al hecho de que la actividad del agua es demasiado baja como para permitir la multiplicación de dichos organismos.

La cantidad de pectina y ácido de la fruta tiene una gran importancia para la fabricación de mermelada puesto que la formación del gel sólo ocurre cuando la concentración del azúcar y la pectina y el pH de la mezcla se hallan dentro de ciertos límites. Algunas frutas, como uva espina, ciruela damascena, grosella silvestre, limones y naranjas agrias son ricas tanto en ácido como en pectina y resulta fácil prepararlas en mermelada. Otras, como fresa, casis, frambuesa y cereza contienen poca pectina y es preciso añadir una cierta cantidad de ésta para convertirlas en mermelada. Una manera sencilla de conseguirlo consiste en agregar alguna otra fruta rica en pectina y ácido; por ejemplo: manzanas o una preparación concentrada de pectina (véase la página 128). Conforme aumenta el porcentaje de pectina de la mermelada, aumenta la firmeza del gel producido al enfriarse. Con alrededor de uno por ciento de pectina se obtiene gel satisfactorio, aunque para un pH y un contenido de azúcar determinados, la firmeza del gel resulta afectada por la "calidad" de la pectina así como por la cantidad presente.

Como ya se ha visto, la pectina consta de un gran número de moléculas más simples conectadas entre sí a fin de formar una larga molécula filiforme. La longitud de una molécula de pectina depende del origen. Durante la formación del gel, las largas moléculas se enlazan flojamente para formar una red tridimensional que le proporciona estabilidad al gel. Si las moléculas de pectina son demasiado cortas, el gel puede carecer de consistencia y gotear o quedar muy blando.

Quienquiera que haya tratado de preparar mermelada en casa, sabe que si se obtiene de fruta madura no es tan buena como la procedente de fruta que está casi madura. Esto se debe a que la pectina no forma un gel satisfactorio sino hasta que el pH haya bajado a cerca de 3.5 y la fruta inmadura es generalmente más ácida que la madura. A fin de disminuir el pH de una mezcla de mermelada se puede añadir el jugo de una fruta ácida o una pequeña cantidad de ácido cítrico, málico o crémor tártaro. Un pH bajo durante el período de cocción puede causar la inversión de una excesiva cantidad de sacarosa, y asimismo hidrolizar hasta cierto grado a la pectina. Como ambos cambios son perjudiciales el ajuste del pH se lleva a cabo con frecuencia al final del período de cocción.

Cuando se hierve la fruta con el azúcar ocurre una cierta cantidad de inversión (véase la página 118) y esto reviste la mayor importancia debido a que el azúcar invertido impide la cristalización del azúcar de la mermelada cuando ésta se almacena durante algún tiempo. No obstante, demasiado azúcar invertido es perjudicial ya que reduce la dureza del gel y puede ser causa de que la mermelada se solidifique para formar una masa parecida a la miel durante el almacenamiento.

Otra razón por la que la fruta utilizada en la elaboración de mermelada no debe estar excesivamente madura es que las sustancias pécticas, particularmente la *protopectina*, de la cual se forma la pectina durante la preparación de la mermelada están presentes en su máxima cantidad justamente antes de que madure la fruta. Si las fábricas de conservas elaboraran mermelada sólo cuando se dispone de fruta fresca, únicamente podrían trabajar un período muy corto cada año. Además, la gran cantidad de fruta cosechada durante estos períodos sería excesiva para prepararse rápidamente en mermelada por el número existente de fábricas de conservas. Para vencer esta dificultad, se utilizan grandes cantidades de fruta conservada. El método para conservar la fruta es muy sencillo; se mantiene sumergida en una solución poco concentrada de bióxido de azufre en agua. La fruta se conserva de esta manera ya sea antes o después de la cocción. En la práctica, las fresas, las frambuesas, y las zarzamoras se conservan en crudo mientras que la ciruela, la uva espina y la grosella silvestre se conservan como una pulpa cocida debido a que el bióxido de azufre tiende a endurecer la piel de las frutas sin cocer. La fruta es blanqueada por el bióxido de azufre durante el proceso de conservación pero el color se regenera durante la cocción. Casi todo el bióxido de azufre se elimina durante la cocción, y la mermelada no debe contener más de 100 partes por millón.

Cuando se prepara la mermelada en casa se cuece primero la fruta hasta que está blanda. La pectina se extrae durante este proceso y la duración del período de cocción depende de la fruta utilizada. La cocción se considera completa cuando una muestra de la fruta forma un coágulo consistente de pectina cuando se le deja reposar unos minutos en varias veces su volumen de alcohol desnaturalizado. El coágulo debe tener la suficiente consistencia para resistir que se vierta de un recipiente a otro sin desbaratarse. Una vez obtenido un coágulo satisfactorio de pectina debe añadirse el azúcar y la mezcla hervirse tan rápido como sea posible. La duración del período de ebullición dependerá de la fruta utilizada y del tamaño y forma del recipiente, y varía de alrededor de cinco a 20 minutos. Los mayores resultados se obtienen con un recipiente poco hondo, en el que una gran área superficial de la mermelada está expuesta a la evaporación, ya que permite una evaporación más rápida. El período de ebullición se completa por lo general cuando la temperatura de la mezcla en ebullición llega a 104°C. Sin embargo, la temperatura exacta a la que se debe detener la ebullición depende de la acidez y el contenido de pectina de la fruta, ya que ambos factores influyen sobre las propiedades de endurecimiento de la mermelada.

La fabricación comercial de la mermelada se lleva a cabo de manera mucho más científica que la que se acaba de describir. En primer lugar, se ajusta la receta para añadir las cantidades correctas de azúcar y pectina según el tipo particular de fruta utilizado y se controla cuidadosamente el pH. A menudo se utiliza pulpa precocida y la ebullición se lleva a cabo generalmente en recipientes abiertos que contienen aproximadamente 180 litros de mermelada. El tiempo de ebullición es muy corto y raras veces excede de diez minutos. Este corto tiempo de ebullición conserva las propiedades de formación de gel de la pectina y mantiene asimismo la cantidad de azúcar invertido formado entre un 25 y un 40 por ciento. El tiempo de ebullición y de aquí la cantidad de azúcar invertido formado se controla alterando la cantidad de agua utilizada. Cuando la temperatura llega a 104°C, es inminente el final del período de ebullición. La temperatura de ebullición indica en realidad la concentración de la solución que se hierve, y esta se puede determinar con mayor precisión midiendo el índice de refracción mediante un refractómetro. Si se conoce el índice de refracción se puede calcular la concentración de los sólidos solubles del almíbar. A los sólidos solubles se añaden azúcar y pectina junto con los azúcares, los ácidos y otros sólidos extraídos de las frutas. El contenido de sólidos solubles varía según la mermelada, pero generalmente es de alrededor de 70 por ciento.

EL AZÚCAR EN LA DIETA

Durante este siglo el consumo mundial de azúcar se ha triplicado. En Inglaterra, el consumo actual por persona es de casi 40 kg, de los que aproximadamente la mitad se utiliza en el consumo doméstico y el resto se halla contenido en una amplia gama de alimentos elaborados. No todas las personas ingieren la misma cantidad de azúcar, por supuesto, y el consumo promedio es ampliamente superado por algunas personas y otras no llegan a alcanzarlo. De hecho, la variación en el consumo individual es probablemente mayor en el caso del azúcar que en el de cualquier otro constituyente de la dieta, con excepción del alcohol. El azúcar es un artículo de consumo bastante barato, y en Inglaterra no existen diferencias obvias en el consumo de azúcar entre ricos y pobres. La cantidad consumida aumenta con la edad hasta aproximadamente los 16 años (¡por debajo de esta edad quizá la escasez de dinero tenga algo que ver!) y luego disminuye. Parece ser que a cualquier edad los hombres son más aficionados a los dulces que las mujeres.

¿Por qué se consume tanta azúcar? La razón principal se debe probablemente a la atracción que los alimentos de sabor dulce ejercen sobre muchas personas, en especial, por supuesto, los niños. Incluso, se ha llegado a sugerir que el azúcar crea una adicción moderada. Sin embargo, no importa cuán fuerte carácter para controlarse tenga uno, es prácticamente imposible renunciar en su toʻalidad al azúcar debido a su presencia, a menudo insospechada, en una amplia gama de alimentos. En muchos casos, la razón de su presencia es su sabor dulce pero asimismo tiene otras propiedades que la recomiendan al fabricante de alimentos.

1. Actúa como conservador cuando está presente en los alimentos en concentraciones elevadas haciendo inasequible el agua a los microorganismos.
2. Debido a que tiene una afinidad muy grande por el agua es posible preparar soluciones muy concentradas. Estas soluciones resultan suaves a la lengua y mejoran el "sentido del gusto" de los alimentos.
3. Puede ser utilizado con pectina y ácidos para formar geles semisólidos como la mermelada.

El azúcar no solamente es capaz de realizar todo lo anterior sino que resulta también barata, de aquí su presencia en muchos alimentos y su prominencia en nuestra dieta.

El azúcar y la salud

Sobre el azúcar han caído las sospechas de que se trata de un alimento que causa varias enfermedades que prevalecen en los países desarrollados donde el consumo de azúcar es elevado. Enfermedades como la insuficiencia coronaria, diabetes, cálculos biliares, cálculos renales, ciertos tipos de cáncer y hasta anormalidades en el comportamiento han sido relacionadas especulativamente con el consumo excesivo de azúcar. A fin de determinar la existencia de tal relación se han llevado a cabo muchos trabajos de investigación. El consenso de la opinión autorizada es que no existe ninguna prueba convincente de que el azúcar sea la causa de, o contribuya a, cualquiera de dichas dolencias consideradas modernas.

AZÚCAR Y DETERIORO DENTAL   Hoy en día se acepta generalmente que el consumo de alimentos ricos en azúcar constituye una de las causas principales del deterioro dental. La sacarosa es el principal causante debido a que se consume en demasía, pero la glucosa, la fructosa y la lactosa son igualmente potentes como agentes destructores de los dientes. El deterioro dental (o caries dental, como se conoce más correctamente) es asimismo causado por el almidón debido a que éste es parcialmente convertido en glucosa en la boca por la amilasa salival.

Los azúcares por sí mismos no atacan a los dientes sino que son convertidos en ácidos por las bacterias estreptocócicas en la boca y éstos atacan y desgastan la superficie dura del esmalte de los dientes. Esto ocurre rápidamente después de haber ingerido alimentos azucarados pero la superficie de los dientes posee alguna capacidad para reparar un ligero desgaste y si transcurre un tiempo suficiente entre los ataques no tiene lugar un daño permanente. Sin embargo, si los sucesivos desgastes se llevan a cabo con demasiada rapidez; por ejemplo: por el consumo constante de dulces, se forma una cavidad y el diente queda permanentemente dañado.

La investigación ha demostrado que los fluoruros ayudan a aumentar la resistencia del esmalte dental al ataque de los ácidos, y la fluoración del agua potable y el uso de pastas de dientes que contienen fluoruros son benéficos para la salud dental.

AZÚCAR Y OBESIDAD Existe la creencia muy difundida de que las personas adquieren un exceso de peso o se vuelvan obesas si consumen demasiada azúcar o alimentos dulces. El aumento de peso sólo ocurre si el contenido de energía de la dieta de un individuo excede el gasto de energía de éste. Expresándolo de una manera más sencilla se podría decir, lo que todos saben, que si se come demasiado se engorda. En cuanto a esto, el exceso de energía derivado del azúcar no se diferencia del derivado de otras sustancias alimenticias. No obstante, si una dieta que ya resulta adecuada es "rematada" por el consumo de dulces, galletas y pasteles el resultado es inevitable, y los dulces "extras" cargan generalmente con la culpa. Aparte de su contenido de energía, el azúcar, ya sea blanca o morena, no contribuye con nada a la dieta. No sería dañino el excluirla totalmente, si es que fuera posible.

Una dieta rica en azúcares, o en cuanto a esto cualquier otro carbohidrato, que solamente proporciona el requerimiento diario de energía puede ser deficiente en uno o más nutrientes, y esta es la principal objeción a este tipo de dieta. No obstante, el riesgo no es grande puesto que la mayor parte de las dietas en Inglaterra proporcionan un suministro más que adecuado de todos los nutrientes.

Al presente, cerca del 20 por ciento del contenido de energía de una dieta promedio en Inglaterra es suministrada por el azúcar y la mayoría de los nutriólogos consideran que este porcentaje es demasiado. El *National Advisory Committee on Nutrition Education* (NACNE; comité británico consultivo sobre educación para la nutrición) recomienda que el promedio anual de consumo de azúcar se reduzca de 40 kg a unos 20 kg per cápita. El comité que asesora al gobierno sobre los aspectos médicos de la política alimentaria (COMA) recomienda más cautamente que el consumo de azúcar no se aumente.

INTOLERANCIA A LA LACTOSA   El disacárido lactosa está presente en la leche animal (incluyendo la humana). En condiciones normales es hidrolizada en sus componentes monosacáridos en el intestino delgado por la enzima *lactasa*. Así, se forman los monosacáridos glucosa y galactosa que se absorben fácilmente. Alrededor del 95 por ciento de los habitantes en Europa Occidental secretan lactasa durante toda su vida pero aproximadamente las tres cuartas partes de la población de África, India, Europa Oriental y el Lejano y Medio Oriente presentan intolerancia a la lactosa entre las edades de 15 y 25 cuando cesa la producción de lactasa. Estos grupos son incapaces de digerir la lactosa, o bien sólo pueden tratar pequeñas cantidades de ésta. La lactosa no digerida es convertida en ácido láctico por las bacterias del intestino grueso y esto causa flatulencia, cólicos y diarrea.

La mayoría de las personas que sufren de intolerancia a la lactosa son capaces de ingerir sin problemas pequeñas cantidades de leche. La mayor parte de los quesos contienen poca lactosa y por consiguiente se pueden digerir sin dificultad. Lo mismo es cierto del yogur, un ingrediente que abunda en las recetas de la India, debido a que la lactosa originalmente presente en la leche a partir de la cual se preparó se ha convertido en gran parte en ácido láctico.

El hombre es el único animal que consume leche en cualquier cantidad pasada la infancia y bien puede ser posible que la intolerancia a la lactosa sea el estado natural de las cosas. Asimismo, es posible que la capacidad para digerir la lactosa ha persistido hasta la edad adulta solamente en aquellos países donde la leche se ha convertido en una parte normal de la dieta del adulto.

CEREALES

La mayor parte del consumo de carbohidratos y cerca del 30 por ciento del contenido energético de una dieta inglesa promedio lo proporcionan los alimentos provenientes de los cereales. Éstos son gramíneas cultivadas y el grano que se utiliza como fuente de alimento es una semilla destinada en realidad a servir como un rico depósito de nutrientes para la planta que crecerá de ella. Los cereales más importantes desde nuestro punto de vista son trigo, avena, maíz y arroz. El centeno y la cebada son también cereales pero no tienen gran importancia como fuentes de alimento en Inglaterra. Las sociedades civilizadas en todas partes del mundo dependen de los cereales como alimento debido a que producen el máximo rendimiento a partir de un área dada de terreno. Los granos de cereal se obtienen trillando la ''hierba'' cosechada a fin de separar el grano de la paja que lo rodea, y el tallo que soporta la espiga.

Los cereales son principalmente fuentes de carbohidratos pero contienen asimismo cantidades considerables de proteína (de cerca de seis por ciento en el arroz a cerca del 12 por ciento en la avena y el trigo canadiense), y debido a que se consumen grandes cantidades de productos a base de cereales lo anterior puede constituir una proporción bastante grande de la ingestión total de proteínas. Asimismo, los cereales contienen grasas (desde alrededor de 1.5 por ciento en el trigo hasta cerca de cinco por ciento en la avena). Los cereales contienen cantidades considerables de vitaminas del grupo B, aunque, como es evidente, la cantidad de dichas vitaminas presentes en los productos fabricados a partir de los cereales depende en gran parte del grado al que han sido separadas las diversas partes del grano en el proceso de la molienda. La cantidad de humedad en los granos del cereal es bastante pequeña (desde siete por ciento en la avena hasta cerca del 12 por ciento en el trigo) y esto explica en gran parte las buenas cualidades de conservación de los cereales.

Trigo

El trigo es con mucho el cereal más importante en lo que concierne a los habitantes de Inglaterra. Se cultivó primeramente en el Medio Oriente hace unos 10 000 años, pero en el transcurso de los siglos su cultivo se ha extendido y hoy en día se conocen variedades de trigo adecuadas para su cultivo en zonas tan climáticamente diferentes como los trópicos y las áreas del norte de Europa que bordean al Círculo Ártico. Algunas variedades de trigo, conocidas como trigo de invierno, se siembran en el otoño y se cosechan en el agosto siguiente, pero el trigo de primavera, el cual se siembra y se cosecha en el mismo año, se cultiva en países como Canadá donde los inviernos son muy rigurosos. El trigo de invierno, como el trigo inglés, contiene por lo general menos de diez por ciento de proteína y produce una harina con bajo porcentaje de gluten y una masa que se hornea en hogazas de textura apretada. El trigo de primavera (como el trigo canadiense) es más rico en proteínas (de 12 a 14 por ciento) y debido a que tiene un grano duro y quebradizo se le describe como trigo duro. Dicho trigo produce una harina ''fuerte'' o con un alto porcentaje de gluten con la que se obtiene una masa fuerte y elástica. Las harinas con alto porcentaje de gluten forman masas que producen hogazas firmes que esponjan bien, y son muy adecuadas para la fabricación del pan. La harina inglesa y otras harinas similares débiles, con bajo porcentaje de gluten o ''suaves'' resultan más apropiadas para la fabricación de pasteles, galletas, bizcochos y para usos domésticos. En Gran Bretaña se utiliza para la fabricación del pan una mezcla de los dos tipos.

El trigo durum o fanfarrón, que se utiliza para la fabricación de macarrones y espaguetis, es un trigo particularmente duro y con un elevado contenido de proteínas.

LA ESTRUCTURA DE UN GRANO DE TRIGO   El grano de trigo tiene por lo general aproximadamente un centímetro de largo y medio centímetro de ancho. Es oviforme con una profunda fisura o surco que corre a lo largo de uno de los dos lados y en uno de los extremos varios pelos, conocidos como barba. El grano está encerrado en una cubierta exterior llamada *salvado* que consiste en varias capas diferentes y constituye cerca del 15 por ciento de todo el grano de trigo. El salvado contiene una elevada proporción de vitamina B y alrededor de 50 por ciento de los elementos minerales presentes en el grano y consta principalmente de celulosa, la cual es indigerible por los humanos. El *germen*, que está situado en la base del grano, es la verdadera semilla o embrión y constituye alrededor del 20 por ciento del grano entero. Es rico en grasas, proteínas, vitamina del grupo B, vitamina E y hierro. Los ácidos grasos combinados presentes en las grasas son en su mayor parte ácidos grasos esenciales. Un tejido membranoso llamado *escutelo* separa el germen del endospermo; dicho tejido es sumamente rico en tiamina y contiene alrededor del 60 por ciento de la tiamina presente en el grano. El *endospermo* está constituido principalmente por almidón y sirve como reserva de alimentos para el germen. Es con mucho el mayor componente y constituye la mayor parte del grano de trigo. Los gránulos de almidón están embebidos en una matriz de proteína y la periferia del endospermo está compuesta de una sola capa de células conocida como capa de aleurona. Dicha capa contiene una proporción más elevada de proteínas que el endospermo como un todo, pero desafortunadamente es removida junto con el salvado durante la molienda del trigo.

Son tantas las variedades cultivadas del trigo y son tan variables las condiciones climáticas y de otros tipos que no es posible suministrar cifras exactas de la composición del trigo. Los valores dados en la figura 7.2 representan valores promedio.

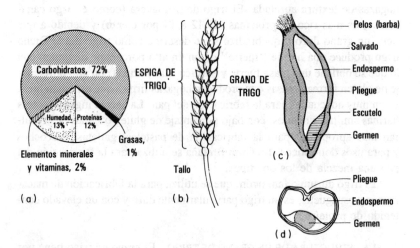

Figura 7.2   a) Composición del trigo.   **b)** Una espiga de trigo.   **c)** Corte longitudinal de un grano de trigo.   **d)** Corte transversal de un grano de trigo.

MOLIENDA DE LA HARINA Casi siempre los granos de trigo son reducidos a harina antes de comerlos, y esta operación se conoce como la molienda de la harina. Las pruebas arqueológicas demuestran que en la era neolítica la harina se hacía en molinos manuales. En tiempos posteriores se utilizaron molinos de viento o de agua en los cuales se molía el trigo entre dos piedras circulares ranuradas, la piedra superior giraba mientras que la inferior permanecía estacionaria. El trigo se suministraba en el centro a través de un orificio en la piedra superior y se reducía a harina durante su paso a la periferia de las piedras. En este proceso se molía *todo* el grano de trigo de manera que la harina producida, llamada harina integral, contenía el germen, el salvado y el escutelo, así como el endospermo pulverizado. La harina integral tiene un color oscuro y el pan producido de la misma puede ser bastante grueso dependiendo del grado a que se hayan reducido las partículas del salvado.

Los modernos procesos de molienda difieren grandemente del antiguo método que se acaba de describir. Ahora la molienda se efectúa utilizando rodillos de acero en lugar de las piedras planas giratorias, y el germen, el salvado y el escutelo son removidos de manera que la harina producida consta esencialmente del endospermo pulverizado. El proceso es muy complejo pero en esencia consiste en separar el endospermo de los otros constituyentes del grano, y luego ir reduciendo gradualmente las partículas del endospermo haciéndolas pasar a través de una serie de rodillos de acero, como se muestra esquemáticamente en la figura 7.3. Antes de la molienda, es posible mezclar diferentes variedades de trigo a fin de obtener una harina con las características particulares que se desean. Después del mezclado, el trigo se hace pasar a través de ingeniosas máquinas que eliminan piedras, semillas de malezas y otros materiales extraños, y luego puede lavarse y cepillarse para eliminar la tierra adherida.

A menudo, el trigo importado está demasiado seco para ser molido directamente y entonces debe "acondicionarse" o llevarse al contenido óptimo de humedad para poder ser molido. Esto se lleva a cabo almacenando el trigo en condiciones húmedas durante un día o más. El acondicionamiento se acelera haciendo pasar el trigo húmedo por una máquina conocida como acondicionador, en el que se calienta a una temperatura de 40 a 50°C durante 30 a 90 minutos. Otro método consiste en exponer el trigo a vapor vivo durante más o menos un minuto y enseguida rápidamente en agua fría. Durante el proceso de acondicionamiento, la distribución de la humedad en el grano se hace más uniforme, lo que hace al salvado más duro y que el endospermo se desmenuce con más facilidad. Lo anterior hace más fácil la separación del endospermo y el germen del salvado en las operaciones de molienda que vienen a continuación. El trigo inglés contiene a menudo más agua de la conveniente, y cuando esto sucede debe desecarse antes de la molienda.

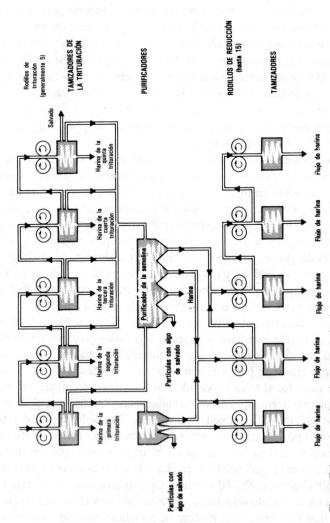

Figura 7.3 Conversión del trigo en harina.

La conversión del grano en harina se inicia con la operación conocida como ruptura o quebrantamiento, en la que el grano por moler se hace pasar por cuatro o cinco pares de "molinos ruptores". Estos rodillos de acero con acanaladores giran a diferentes velocidades. Las acanaladas rompen el grano en el surco y separan al endospermo del salvado. Después de pasar por los primeros rodillos ruptores se tamiza el trigo a través de tamices de seda o de alambre fino y se separa como una pequeña cantidad de harina, denominada "harina del primer ruptor", pequeñas partículas del endospermo conocidas como "acemite" o "semolina" y partículas más gruesas de salvado con endospermo adherido. El salvado con el endospermo adherido se pasa al siguiente juego de rodillos ruptores. Cada sucesivo par de rodillos se ajusta más estrechamente y tiene acanaladuras más finas que el anterior, y el residuo de salvado del último tamizado es extremadamente delgado con poco o nada de endospermo adherido.

Los acemites producidos por cada juego de rodillos ruptores se gradúan o dimensionan, por tamizados adicionales en unas máquinas conocidas como purificadoras. Estas máquinas consisten en tamices reciprocantes cerrados a través de los cuales sopla una corriente de aire. Esta operación remueve las partículas del endospermo que están todavía adheridas al salvado, y se someten a tratamiento en una parte separada del molino donde se separa el endospermo del salvado mediante rodillos finamente corrugados similares a los rodillos ruptores.

La semolina y los acemites clasificados son convertidos en harina mediante una serie de rodillos lisos llamados rodillos de reducción. Hay generalmente de diez a quince juegos de rodillos de reducción y, como ocurre con los rodillos ruptores, el espacio libre entre los rodillos disminuye de un juego de rodillos al siguiente. Los rodillos de reducción rompen las partículas de semolina y producen gradualmente fragmentos más y más pequeños sin que resulten dañados los granos de almidón. Si se triturara simplemente el endospermo hasta formar un polvo fino haciéndolo pasar a través de un par de rodillos muy apretados, se dañarían bastante los gránulos de almidón y la harina resultante sería de muy baja calidad. El producto procedente de cada juego de rodillos de reducción es tamizado a fin de remover la harina, y el residuo se divide en dos partes; la más fina de estas dos fracciones es evidente a uno de los sucesivos rodillos de reducción, y la menos fina se regresa al sistema de reducción. El germen no es friable, es decir no se desmenuza fácilmente, y así es aplanado en vez de pulverizado por los rodillos de reducción, y se separa con facilidad en las operaciones de tamizado.

En cada uno de los rodillos ruptores y de reducción se obtienen "corrientes de harina" que difieren notablemente en cuanto a composiciones. Éstas se mezclan en diversas proporciones a fin de obtener una harina adecuada para fines especiales, o bien se combinan todas para obtener lo que se conoce como harina para todos los usos.

La técnica de molienda descrita anteriormente puede ser modificada a fin de producir más o menos harina a partir de una determinada cantidad de trigo. El porcentaje de harina producida se denomina índice de extracción de la harina. La harina integral, que contiene todo el salvado, el germen, el escutelo y el endospermo del grano de trigo, tiene un índice de extracción del 100 por ciento. Por otra parte, un índice de extracción del 70 por ciento produce harina compuesta casi exclusivamente de endospermo pulverizado.

Debido a que las vitaminas y los minerales del trigo se pierden durante la molienda de la harina con bajo índice de extracción, es obligatorio que los molineros añadan ciertos nutrientes a todos los tipos de harina que no sean harina integral con índice de extracción del 100 por ciento. A este respecto, es preciso añadir hierro, tiamina, niacina y creta purificada en cantidad suficiente a fin de asegurar que 100 g de harina contengan no menos de 1.65 mg de hierro, 0.24 g de tiamina, 1.60 mg de niacina y entre 235 mg y 390 mg de carbonato de calcio. El hierro se añade como citrato férrico de amonio, sulfato ferroso o, aunque parezca sorprendente, como hierro metálico finamente dividido. Es posible producir harina de cualquier índice de extracción siempre y cuando los nutrientes citados estén presentes en las cantidades indicadas.

HARINAS ESPECIALES *Harinas de alto y bajo contenido de proteínas.* Las partículas de almidón presentes en una muestra de harina ordinaria varían en tamaño de menos de 5 μm a cerca de 12 μm de diámetro (1 μm = 10^{-6} m). Las partículas mayores, de un diámetro mayor de alrededor de 35 μm, consisten en gránulos de almidón embebidos en una matriz de proteína. Las partículas de tamaño entre 17 y 35 μm son, en su mayor parte, gránulos libres del almidón y está presente una pequeña matriz de proteínas. Por debajo de unos 17 μm, las partículas son principalmente pequeños gránulos de almidón, fragmentos de proteína libre y pequeñas partículas de matriz proteínica con fragmentos adheridos al almidón. Si se somete la harina a un proceso adicional de reducción de tamaño en el molino de impacto muchas de las partículas más grandes que consisten en almidón embebido en una matriz de proteínas se rompen y se liberan más gránulos

Tabla 7.2 Contenido de proteínas y rendimientos de una harina de trigo inglesa (Harina madre = 9.5% de proteínas)

Límite de tamaño de las partículas	Rendimiento (%)	Contenido de proteínas (%)
35-120 μm	43	11.5
17-35 μg	45	6.0
< 17 μm	12	15.6

separados de almidón y fragmentos de proteínas. Mediante la separación de la harina producida en tres fracciones es posible obtener dos harinas de alto contenido de proteína y una harina de bajo contenido de proteína, como se muestra en la tabla 7.2.

A causa de que los tamaños de las partículas de harina son tan pequeñas no es posible separar las fracciones mediante operaciones convencionales de tamizado, lo anterior se hace utilizando un equipo conocido como clasificador de aire. En el clasificador, las partículas de harinas suspendidas en el aire se someten a intensas fuerzas centrífugas que hacen que sigan un recorrido en espiral a altas velocidades, y al mismo tiempo, por supuesto, cada partícula experimenta un retrasa friccional. La fuerza centrífuga sobre cada partícula es proporcional a su peso, en tanto que la resistencia friccional varía con el tamaño de la partícula y no con el peso. A causa de esta diferencia, las partículas más gruesas emigran al exterior de la trayectoria en espiral y las partículas más finas se acumulan en el centro. La fracción de las partículas de mayor tamaño es notablemente más gruesa, debido a la ausencia de partículas finas, que la harina normal y se ha utilizado en la fabricación de galletas y para la harina autoleudante. La fracción intermedia de bajo contenido de proteínas es valiosa como harina para pastel de alto índice debido al fino y uniforme tamaño de sus partículas (véase la página 184).

Harina aglomerada Cuando se añade harina común al agua, las partículas flotan en la superficie y tienden a aglomerarse y formar grumos que resultan difíciles de dispersar. Una harina "instantánea" que es fácilmente humedecida por el agua y se dispersa en ésta sin dificultad se fabrica dejando que la harina caiga a través de chorros de vapor. Las superficies exteriores de las partículas de harina son humedecidas y si luego se les deja que caigan a través de chorros de aire frío, las partículas se aglomeran. El contenido de humedad de los agregados se ajusta haciendo pasar la harina a través de cámaras calentadas y las partículas extragrandes se reducen a partículas de un tamaño uniforme. Además de ser de fácil dispersión en el agua, la harina aglomerada, o harina instantánea, fluye libremente y está libre de polvo debido a que consiste en pequeños agregados de partículas de harina mayores de 100 μm de diámetro. Cuando se añade harina aglomerada al agua, los agregados son penetrados por el agua como resultado de la acción capilar y las partículas humedecidas se hunden. La harina aglomerada resulta especialmente útil en los polvos para sopas y salsas o como agente para espesar, pero es probable que halle muchas otras aplicaciones en los alimentos de preparación rápida.

Harina autoesponjable Cuando se prepara el pan, éste es esponjado por el bióxido de carbono producido por la fermentación, esto es, por la actividad de la levadura sobre los azúcares presentes en la masa. La levadura da buenos resultados como agente leudante sólo en el caso de harinas con un alto contenido de proteínas (es decir, con un porcentaje alto de gluten) que proporcionan una masa fuerte y elástica. Las masas con bajo porcentaje de gluten, como las que se usan en pastelería, no son fermentadas con levadura sino que se utiliza en su lugar un agente leudante químico (véase la página 339). La harina autoesponjable contiene un agente leudante ácido y bicarbonato de sodio en cantidades adecuadas para que se forme bióxido de carbono durante la cocción y así se esponje la masa.

Harina con enzimas inactivadas se describe en la página 160.

MEJORADORES DE LA HARINA   En la práctica se acostumbraba almacenar la harina durante varias semanas después de molida antes de utilizarse en la preparación del pan. Durante este período se mejoraban sus características para la preparación del pan, como resultado de la oxidación parcial de las proteínas que forman el gluten durante la elaboración de la masa. El gluten obtenido de harina ''envejecida'' es más resistente y más elástico que el obtenido de harina recién molida. Es posible prescindir del período de envejecimiento si se trata la harina con minúsculas cantidades de uno entre varios agentes oxidantes que se conocen como mejoradores de la harina, y es una práctica corriente tratar todas las harinas de esta manera (excepto en el caso de la harina integral). En la tabla 7.3 se ofrece una lista de las sustancias utilizadas como mejoradores de la harina, las proporciones en las que es posible utilizarlas y sus números de serie (véase la página 378).

Los cuatro primeros mejoradores de la lista aumentan la blancura de la harina al blanquear al *caroteno* y la *xantofila* que siempre están presentes y le imparten a la harina un ligero tono amarillo, y se les denomina a menudo agentes blanqueadores en vez de mejoradores de la harina. A

Tabla 7.3   Mejoradores de la harina

Número de serie y nombre	Fórmula	Nivel máximo permitido (partes por millón de partes de harina) y restricciones en su uso (si los hay)	
925 Cloro	Cl_2	2500	(sólo para pasteles)
926 Bióxido de cloro ClO_2 (Dyox)	ClO_2	30	
E220 Bióxido de azufre	SO_2	200	(sólo para galletas y pastelería)
Peróxido de benzoilo	$(C_6H_5CO)_2O_2$	50	
924 Bromato de potasio	$KBrO_3$	50	
E300 Ácido ascórbico	$C_6H_8O_6$	200	
927 Azodicarbonamida	$N_2(CONH_2)_2$	45	

Nota: Ninguno de estos compuestos puede utilizarse con harina integral.

diferencia de los demás mejoradores de la harina que aparecen en la lista de la tabla 7.3, el ácido ascórbico es un agente reductor. No obstante, el verdadero mejorador de la harina no es el ácido ascórbico en sí sino el ácido dehidroascórbico. Este es un agente oxidante y se forma en la mezcla de la masa por la reducción enzimática del ácido ascórbico.

Todavía no se entiende completamente la manera como los mejoradores realizan su función, aunque se han propuesto muchas explicaciones. No obstante, es probable que los mejoradores originen algo de unión transversal entre las moléculas adyacentes de proteínas mediante la formación de enlaces bisulfuro (—S—S—) entre grupos de sulfhidrilo (—SH) vecinos como se muestra en la figura 7.4.

Los grupos sulfhidrilo pertenecen al aminoácido cisteína, que forma parte de algunas moléculas de proteína. Es de esperar que el aumento en el peso molecular y la complejidad molecular producida por dicho proceso de formación de enlaces cruzados produzcan un aumento correspondiente en la resistencia y la elasticidad del gluten formado por el tratamiento con agua. Esto, por supuesto, constituye el efecto característico producido por los mejoradores de la harina.

LAS ENZIMAS DE LA HARINA La harina de trigo contiene α- y β-amilasas que son capaces de hidrolizar la amilosa y la amilopectina del almidón. La hidrólisis no tiene lugar en grado significativo en la harina seca pero se inicia inmediatamente que se prepara la masa. La β-amilasa ataca a los granos dañados de almidón inevitablemente presentes como resultado de la molienda e hidroliza parte de la amilosa en maltosa. Asimismo, hidroliza la amilopectina y produce maltosa separando pares de unidades de glucosa de los extremos de las cadenas. En el caso de la

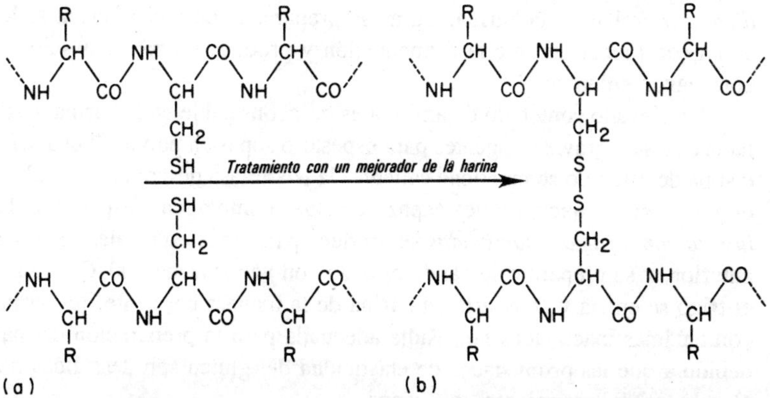

Figura 7.4 Actividad de los mejoradores de la harina. **a)** Dos moléculas de proteína con grupos sulfhidrilos adyacentes. **b)** Una molécula más grande de proteína formada por enlaces transversales.

amilopectina, sólo son atacados los extremos "libres" y la hidrólisis cesa antes de llegar a la unidad de glucosa que une dos cadenas. Los enlaces entre las cadenas no son hidrolizados por la β-amilasa y se obtiene finalmente una dextrina de elevado peso molecular, la que no es susceptible de ser atacada adicionalmente por la β-amilasa. La α-amilasa, que está presente en la harina preparada a partir del trigo germinado, ataca a la amilopectina de manera totalmente diferente: ataca a los enlaces para producir dextrina de bajo peso molecular. Estas dextrinas difieren en cuanto a estructura, así como en tamaño, de aquellas producidas por la α-amilasa. Consisten, como la amilosa, de cadenas conectadas de unidades de glucosa en tanto que las dextrinas producidas por la β-amilasa son ramificadas y tridimensionales como la amilopectina.

Las dextrinas producidas por la α-amilasa se hidrolizan en maltosa para la β-amilasa. Por el contrario la α-amilasa, ataca a las dextrinas producidas por la β-amilasa para producir dextrinas más simples que son hidrolizadas adicionalmente en maltosa por la α-amilasa. Obviamente, al actuar en conjunto la α- y la β-amilasa producen una mayor cantidad de maltosa que cualquiera de las dos actuando sola. La presencia de demasiada α-amilasa en la harina tiene un efecto desastroso cuando se le convierte en pan: el bajo peso molecular de las dextrinas presentes son la causa de una notable pegajosidad en la corteza del pan y puede llevar al colapso de la hogaza. La α-amilasa se activa hasta alrededor de 60°C y así su actividad continúa por algún tiempo después de haber puesto el pan en el horno.

En la práctica, es muy probable que la harina sea deficiente en α-amilasa debido a que se muele muy pronto después de haber sido cosechado el trigo. Si el contenido de α-amilasa es bajo, la cantidad de azúcares fermentables presentes en la mesa puede ser tan baja que se produce insuficiente bióxido de carbono durante la fabricación del pan. Por consiguiente, el pan producido será compacto y carente de volumen. Lo anterior se evita *añadiendo* α-amilasa a la harina. La masa preparada con dicha harina se levanta con fuerza durante la fermentación y produce un pan más suave y con mayor volumen.

Un elevado contenido de amilasa es desaconsejable en la harina destinada a salsas (gravies), agentes para espesar o sopas en polvo. Si una salsa o sopa de este tipo se mantiene caliente, la α-amilasa descompone el almidón a tal grado que ya no es capaz de actuar como agente espesador. La *harina con enzimas inactivadas* se produce para fines especiales, como el anterior, y se prepara calentando el trigo con vapor hasta 100°C. Luego, el trigo se enfría y convierte en harina de la manera corriente. La harina con enzimas inactivadas no resulta adecuada para la preparación del pan debido a que las propiedades de elasticidad del gluten son destruidas por el proceso de tratamiento con vapor.

La harina contiene también peptidasas (es decir, enzimas que desdoblan a las proteínas) y se cree que éstas tienen una función importante en la "maduración" de la masa. Asimismo, las peptidasas permiten aprovechar gran parte de la α- o la β-amilasa que está combinada con proteína que de otro modo no podría ser aprovechada. Las lipasas y las lipoxidasas están asimismo presentes en la harina y actúan sobre las grasas presentes. Las lipasas catalizan la hidrólisis de las grasas en glicerol y ácidos grasos mientras que las lipoxidasas catalizan la oxidación. Es posible que la harina que se ha almacenado durante un período largo tenga olor y sabor a sebo debido a la presencia de los productos de oxidación de las grasas. La fitasa es otra importante enzima que se encuentra en la harina. Esta enzima descompone el ácido fítico y los fitatos (véase la página 170) y es activa durante la fermentación y las primeras etapas del horneado.

Elaboración del pan

Es posible preparar un tipo de pan, conocido como pan ázimo o sin levadura, mezclando harina y agua, y luego horneando la mezcla. Este es el precursor del pan moderno, pero el producto es duro y nada atractivo al paladar de la mayoría de las personas y su parecido con el pan como lo conocemos, es muy escaso.

El pan se prepara tradicionalmente a partir de harina, agua, sal y levadura. Tiene una estructura de panal y puede ser considerado como una espuma sólida con una multitud de bolsas de bióxido de carbono distribuidas uniformemente en todo el volumen. Los azúcares que se hallan de manera natural en la harina y la maltosa hecha disponible por la actividad de las amilasas se hidrolizan en glucosa y ésta es fermentada por la zimasa presente en la levadura. Se forman alcohol y bióxido de carbono, y éste hace que se esponje la masa.

$$(C_6H_{10}O_5)_n \xrightarrow[\text{la harina}]{\text{amilasas de}} C_{12}H_{22}O_{11} \xrightarrow[\text{la levadura}]{\text{maltasa de}}$$

Maltosa

$$C_6H_{12}O_6 \xrightarrow[\text{la levadura}]{\text{zimasa de}} C_2H_5OH + CO_2$$

La mayor parte del alcohol formado durante la fermentación se expulsa durante el horneado y muchos miles de litros se incorporan diariamente a la atmósfera procedente de las panaderías.

Durante el período de fermentación se producen pequeñas cantidades de ácidos carboxílicos así como bióxido de carbono y alcohol. Los ácidos formados disminuyen el pH de la masa, lo que afecta el estado coloidal del gluten (véase más adelante) y ayuda a que fermente la masa. El bióxido de carbono retenido por la masa disminuye asimismo el pH y así, además de la actividad leudante, tiene un efecto benéfico sobre la estructura del gluten. Mientras se lleva a cabo la fermentación, ocurre algo de descomposición de proteínas debido a la presencia de enzimas proteolíticas. Durante este período, se multiplican las células de levadura y ésta contribuye considerablemente, junto con los productos de la fermentación, al sabor de la hogaza.

Al amasar la harina con agua, dos de las proteínas presentes en la harina, la *gliadina* y la *glutenina*, se hidrata y forman un complejo elástico llamado *gluten*. Es la presencia de este gluten elástico lo que hace posible la manufactura del pan, ya que forma una red interconectada que retiene al bióxido de carbono dentro de la hogaza e impide que escape. El gluten se distribuye uniformemente por toda la masa y el bióxido de carbono queda atrapado en forma de pequeñas bolsas de gas. Conforme continúa la producción de gas, las fibras de gluten se estiran, y se piensa que los enlaces entre las moléculas adyacentes de proteínas se rompen y se vuelven a formar para producir una red tridimensional elástica que retenga el gas. Una masa fermentada, esto es que está lista para entrar al horno, es esponjosa y elástica; se estira fácilmente y presenta la capacidad de recuperar su forma. Una masa poco fermentada es extensible (se puede estirar) pero carece de elasticidad. Si se deja que continúe la fermentación sin tropiezos, la masa se sobrefermenta, y como no es posible estirar una masa de estas condiciones sin que se rompa, pierde su capacidad de retener el bióxido de carbono.

Asimismo, en la preparación de la masa se emplea sal, y la función más importante de ésta es mejorar el sabor del pan que tiene un gusto desabrido e insípido sin ella. La cantidad de sal que se añade es alrededor del dos por ciento del peso de la harina utilizada, aunque esta cifra varía ligeramente, utilizándose más sal en el norte de Inglaterra que en el sur. La cantidad de agua necesaria para hacer la masa varía con la calidad de la harina, pero es aproximadamente la mitad de la harina utilizada. La temperatura del agua debe ajustarse de tal manera que la masa fermentada tenga una temperatura entre 24 y 27°C. La cantidad de levadura que se necesita depende del tiempo y la temperatura de fermentación pero por lo general es de alrededor de 0.3 a 0.1 por ciento del peso de la harina utilizada. Cuando se hornea el pan, el bióxido de carbono se expande, se gelatiniza el almidón y se coagula el gluten para producir una hogaza más o menos rígida. Los cambios que ocurren durante el horneado se consideran con mayor detalle en la página 165.

PREPARACIÓN DE LA MASA   En el método tradicional de fabricación del pan, conocido como *proceso de fermentación larga*, los ingredientes tibios se mezclan completamente para formar una masa que se deja fermentar. La masa se cubre con un paño para evitar la formación de una piel y se deja fermentar durante un período de una hora o más, lo que depende de la cantidad de levadura utilizada y de la temperatura de la masa. La levadura funciona mejor a una temperatura de 26°C, y de preferencia se debe mantener la masa a o alrededor de esta temperatura. Luego, la masa se somete al amasamiento o ''golpeo'' a fin de expulsar parte del bióxido de carbono y apretar la masa. Esto tiene el efecto de poner a las células de la levadura en contacto con un ambiente nuevo y ayuda a obtener una fermentación adicional. Luego, la masa se cubre nuevamente y se deja fermentar por un período adicional (generalmente alrededor de dos y media horas) pero, como ya se dijo antes, esto depende de la cantidad de levadura utilizada y de la temperatura ambiente. Transcurrido dicho tiempo, se divide en trazos del peso requerido a los que se les da forma de bolas.

Durante el proceso de división y formación de bolas se pierde una gran cantidad de bióxido de carbono por lo que se le da a la masa un período adicional de fermentación, conocido como la primera prueba o prueba intermedia, para permitir que se forme más bióxido de carbono. Durante este período las fibras del gluten se recuperan del tratamiento bastante enérgico que han recibido durante la división y la conformación. Al cabo del primer período de prueba se moldea la masa en su forma final y después de colocarla en moldes o planchas para hornear, se le da una prueba final de unos 45 minutos a una temperatura algo más alta (por lo general entre 32 y 35°C), durante la cual se infla totalmente con bióxido de carbono y adquiere su forma final.

En una panadería moderna la mezcla, el golpeo, la división y la conformación se llevan a cabo mecánicamente y los períodos de prueba se realizan a menudo sobre bordes conductores que pasan por cámaras de temperatura controlada. Sin embargo, en una panadería grande y a causa del período bastante largo de fermentación, en cualquier momento se maneja una gran cantidad en peso de masa que tiene que manejarse manualmente de un lugar a otro y que, por supuesto, ocupa un espacio considerable. En los métodos modernos de fabricación del pan, el período de la fermentación es sustituido por un período corto de mezcla intensiva (véase más adelante), y esto resuelve uno de los principales inconvenientes del proceso tradicional de elaboración del pan.

La mayor parte del pan elaborado en Gran Bretaña se fabrica por un proceso de fermentación corta conocido como *proceso Chorleywood de panificación* debido a que fue inventado por la Flour Milling and Baking Research Association en Chorleywood, Hertfordshire. En este método de fabricación del pan se emplea una receta normal, excepto que se requiere alrededor del doble de la cantidad de levadura y que se añaden mejoradores de la harina a la mezcla del pan. El largo período de fermentación de la mezcla tradicional del pan es sustituido por un período corto de mezclado en la presencia de alrededor de 75 ppm (con base en el peso de harina utilizada) de una mezcla de ácido ascórbico y bromato de potasio. Asimismo, además de los otros dos compuestos se emplea azodicarbonamida, un mejorador de acción rápida.

La masa de pan producida por el proceso Chorleywood se denomina *masa acondicionada mecánicamente*. Los ingredientes de la masa se colocan en una poderosa máquina mezcladora equipada con un medidor para

indicar cuánta energía es consumida durante el período de acondicionamiento. La mezcla y el acondicionamiento se llevan a cabo en el tiempo más corto posible (generalmente alrededor de cinco minutos), y cuando se ha
consumido la cantidad apropiada de energía la máquina se detiene por sí
sola. La máquina mezcladora estira rápidamente el gluten, lo que reempla-
za al estiramiento producido más lentamente por la formación de gas en
el proceso de la fermentación larga. Se cree que los enlaces entre las moléculas adyacentes de proteínas se rompen por el enérgico tratamiento mecánico, y que esto es seguido por un rápido reordenamiento de las moléculas
de proteínas. El mezclado debe detenerse en este punto, y los enlaces se
vuelven a formar rápidamente para dar la elástica estructura reticular que
se requiere. Si se continúa la mezcla, se obtiene un producto inferior.

Cuando el proceso de mezcla se completa, la masa se divide en piezas
del peso correcto a las que se les da forma de bola y un período de primera
prueba de 6 a 10 minutos antes de moldearse en la forma final y colocarse
en los moldes de hornear. Después de un segundo período de prueba de
50 a 60 minutos aproximadamente, el pan está listo para hornearse de la
manera normal.

La levadura es necesaria en la preparación de la masa mecánicamente
acondicionada aun cuando una de sus tareas, el estiramiento y la reorienta-
ción de las fibras de gluten, se realiza mecánicamente. La levadura todavía se requiere para darle sabor al pan y producir bióxido de carbono, el
que hace que el pan esponje de la manera corriente.

En el proceso de panificación Chorleywood es posible utilizar casi cualquier tipo de harina y se obtiene pan de buena calidad utilizando harina
con bajo porcentaje de gluten. Esto quiere decir que es posible utilizar harina inglesa, mientras que en los métodos normales de fermentación en una
sola masa es necesario utilizar una harina con alto porcentaje de gluten o
fuerte. Esto se debe a que se pierde una cierta cantidad de proteína durante
el período de fermentación larga, lo que no sucede en lo absoluto con las
masas mecánicamente acondicionadas.

El control de la temperatura es menos importante en el proceso Chorleywood que en los métodos de fermentación larga, y se obtienen buenos
resultados en la gama de temperaturas entre 27 y 32°C. Debido a la gran
cantidad de energía consumida durante el acondicionamiento de la masa,
la temperatura de ésta aumenta entre 11 y 24°C durante el proceso.

Casi el 80 por ciento del pan fabricado en Gran Bretaña, incluyendo
el pan integral, se elabora por el proceso Chorleywood. En la tabla 7.4
se resumen las ventajas de dicho método comparado con el proceso de fermentación larga.

La maquinaria mezcladora especial que requiere el proceso Chorleywood se encuentra por lo general en las grandes panaderías, o ''plantas
panificadoras'' como se les conoce. Los panaderos que no poseen el equipo especializado pueden eliminar o reducir considerablemente el tiempo

Tabla 7.4 Ventajas del proceso Chorleywood de panificación

Tiempo	Menos de dos horas incluyendo el horneado, un ahorro de aproximadamente 60 por ciento.
Local	El área del local para la mesa se reduce en 75 por ciento. No se requiere control de temperatura de tiempo.
Materiales	Se puede utilizar harina de bajo contenido de proteína. Pérdidas por fermentación bajas.
Producto	Se reduce la variabilidad del producto. El pan resiste más al envejecimiento.

requerido para la fermentación utilizando mezcladoras ordinarias de baja velocidad y añadiendo alrededor de 50 ppm (con base en el peso de la harina utilizada) del aminoácido de origen natural L-cisteína a la mezcla de ácido ascórbico y bromato de potasio utilizada en el proceso Chorleywood. Este proceso, llamado *acondicionamiento activado de la masa*, se utiliza para fabricar alrededor de diez por ciento del pan fabricado en Gran Bretaña.

CAMBIOS DURANTE EL HORNEADO   El pan se hornea a una temperatura de alrededor de 232°C por un período de 30 a 50 minutos, lo que depende del tipo de pan y el tamaño de la hogaza. Durante el horneado, la masa sube primero rápidamente debido a que las bolsas de bióxido de carbono presentes en la hogaza aumentan de tamaño conforme aumenta la temperatura. Al principio puede haber un ligero aumento en la activación de la levadura, lo que origina una mayor producción de gas, pero esto disminuye según aumenta la temperatura, hasta que una temperatura de alrededor de 54°C cesa la fermentación. Conforme aumenta la temperatura, el agua presente hace que los gránulos de almidón se hinchen y gelatinicen, y durante este período es probable que el almidón extraiga algo de agua del gluten. El gluten caliente es blando y carente de su elasticidad característica, y el almidón gelatinizado sirve ahora de soporte a la estructura de la hogaza. El gluten empieza a coagularse a alrededor de 74°C y la coagulación continúa lentamente hasta el final del período de horneado. La temperatura del interior de la hogaza nunca excede a la temperatura de ebullición del agua, a pesar de la elevada temperatura del horno. El agua y gran parte del bióxido de carbono y el alcohol que se forman en la fermentación escapan durante el horneado. Como resultado de la acción del calor y del vapor de agua sobre el almidón tiene lugar una formación considerable de dextrina en el exterior de la hogaza; los azúcares formados se convierten en caramelo, el cual imparte un atractivo color moreno a la corteza. Las reacciones de Maillard (véase la página 332) que tienen lugar entre los carbohidratos y las proteínas, también contribuyen al color morado de la corteza.

CALIDAD DEL PAN   Una hogaza de pan posee ciertas características por las cuales se juzga su calidad. La masa debe subir a fin de producir una hogaza levantada, cuyo interior debe ser uniforme en porosidad y firme y elástico al tacto. La corteza debe tener un color café dorado y ser crujiente y quebradiza en vez de dura, de otro modo resultaría difícil de cortar y masticar. El pan producido por el proceso tradicional de fermentación larga es posible que tenga una calidad menos uniforme que el producido con una masa acondicionada mecánicamente. Una masa que haya sido insuficientemente fermentada tendrá un gel de almidón rígido como para permitir la expansión durante el horneado y resultará una hogaza pequeña y compacta. Por otra parte, en una masa sobrefermentada, tiene lugar una amplia descomposición del almidón, y el gel del almidón resultará débil. La masa no será capaz de resistir la creciente presión interna del gas que se genera durante el horneado. Las burbujas individuales del gas se unirán para formar grandes bolsas y el escape de gas en la superficie evitará que la hogaza crezca en forma apropiada. Además, dicha hogaza contendrá una mayor cantidad de dextrinas que las que se encuentran en una hogaza apropiadamente fermentada, y ésto hará que el interior de la hogaza tenga un color más oscuro.

ENVEJECIMIENTO   Cuando el pan se guarda y envejece, la corteza se vuelve suave y correosa y pierde su sabor atrayente. Al mismo tiempo, el interior de la hogaza pierde el sabor y se hace menos elástica debido al envejecimiento de la miga.

El envejecimiento de la corteza se debe principalmente a la difusión del agua desde el interior de la hogaza. Ocurre con mayor rapidez en el pan envuelto debido a que la humedad no puede escapar.

El envejecimiento de la miga no se debe al secado sino que es causado por la retrogresión (véase la página 127) de la amilopectina en el almidón gelatinizado que constituye la mayor parte de la hogaza. Esto tiene lugar conforme envejece el pan y las moléculas de amilopectina se van ordenando de manera más regular. En el pan recién horneado, las moléculas de amilopectina y las cadenas de unidades de glucosa de la amilopectina están ordenadas de un modo completamente al azar y un poco caprichoso en los gránulos de almidón parcialmente hinchados. Por otra parte, en el pan viejo, muchas moléculas de amilopectina pueden estar ordenadas en un cúmulo y las cadenas de unidades de glucosa están colocadas paralelamente unas con respecto a otras, como si hubieran sido ordenadas por un peine. La presencia y la ausencia de orden en el pan viejo y el reciente, respectivamente, han sido confirmadas por medio de estudios con rayos X.

Durante el cambio del almidón parcialmente gelatinizado a la forma más o menos cristalina, la corteza libera y absorbe agua, con lo que pierde fragilidad y se hace correosa. Si el pan queda al descubierto, la corteza se volverá con el tiempo otra vez dura debido a la difusión de la humedad al aire pero la corteza seca resultante no se parecerá mucho a una corteza crujiente y fresca.

El envejecimiento se evita mediante el secado, ya que un pan que contenga menos del 16 por ciento aproximadamente de humedad no se pone viejo. Mas, sorprendentemente, el exceso de humedad impide asimismo el envejecimiento y el pan mojado permanece fresco durante mucho tiempo. Sin embargo, ninguno de estos métodos tiene importancia práctica. La temperatura tiene una función importante, y el pan mantenido en condiciones controladas de humedad permanece fresco por arriba de 60°C y por debajo de − 10°C. A temperaturas entre estos dos extremos el pan envejece con una rapidez máxima de envejecimiento a 0°C y a esto se le ha dado un uso práctico para conservar el pan y los bizcochuelos (que envejecen normalmente de una manera semejante a la del pan) por medio de la congelación. El pan envuelto se mantiene fresco por más tiempo que el pan sin envolver, aunque el envejecimiento de la corteza tiene lugar con mayor rapidez a causa de la retención de humedad, lo que prolonga el período durante el cual la miga permanece suave.

Otro método para retardar el envejecimiento consiste en incorporar al pan agentes emulsionantes, aunque todavía no está claro por qué dichas

Tabla 7.5 Tipos de pan

Pan integral	Hecho con harina obtenida moliendo trigo entero que incluye el salvado y el germen y ningún otro cereal. Puede contener ácido ascórbico si se utiliza el proceso Chorleywood. Se prohíbe la adición de L-cisteína o cualquier otro de los mejoradores enumerados en la tabla 7.3. Puede contener cualquier otro de los ingredientes adicionales o aditivos permitidos (véase pan blanco más adelante).
Pan moreno	Debe contener cuando menos 0.6 por ciento de fibra cruda (calculada con respecto a la materia seca) y harina que no sea integral. Podrá contener cualquier otro ingrediente o aditivo permitidos.
Pan de germen de trigo	Debe contener cuando menos 10 por ciento de germen procesado de trigo (calculado con respecto a la materia seca). Podrá contener cualquier otro ingrediente o aditivo permitidos.
Pan blanco	Se define por excepción como un pan que no es ni integral, ni moreno, ni de germen de trigo. Puede contener una amplia gama de ingredientes adicionales que incluyen: leche y productos lácteos, huevos líquidos y secos, germen de trigo, harina de arroz. semilla (o harina) de avena, harina de soya (en cantidades limitadas), sal, vinagre, aceites y grasas, extracto de malta, harina de malta, azúcares, gluten de trigo, diversas semillas, trigo, trigo malteado, centeno o cebada y, en cantidades limitadas, almidón. Puede contener uno o más de los 46 aditivos permitidos.
Pan de soda	Contiene carbonato ácido de sodio (bicarbonato de sodio $NaHCO_3$) como un ingrediente.
Pan de harina de trigo	El uso de este nombre está prohibido por las reglamentaciones sobre el pan y la harina a fin de evitar confundirlo con el pan integral.

sustancias retardan el inicio del envejecimiento. El uso de emulsionantes está controlado por las Reglamentaciones sobre el pan y la harina de 1984, y sólo las sustancias especificadas pueden utilizarse como emulsionantes.

TIPOS DE PAN   Son tantas las variedades de pan que se elaboran que a veces resulta difícil saber con exactitud qué tipo de pan se compra o se consume. Algunos tipos están definidos en las Reglamentaciones sobre el pan y la harina de 1984, y los mismos se enumeran en la tabla 7.5. Es sólo en estos casos que el nombre que se aplica a un tipo de pan en particular posee algún significado real.

El pan como alimento

Como todos los demás alimentos que provienen de los cereales, el pan se consume principalmente como una fuente de energía de bajo costo. El pan contiene alrededor de 40 a 45 por ciento de carbohidratos disponibles y tiene un valor energético de 900 a 1 000 kJ/100 g. Debido al hecho de que se consumen cantidades considerables de pan, sus otros constituyentes contribuyen también en forma notable a la diaria ingestión de nutrientes. El pan contiene de 8 a 9 por ciento de proteínas y cantidades significativas de minerales y vitaminas.

Los nutrientes que se encuentran en los granos de trigo no están presentes en la misma proporción en todas las partes del grano, y así, un cambio en el índice de extracción (véase la página 134) produce un cambio en la composición de la harina producida. En particular, la harina sin modificar (esto es, aquélla a la que no se le añade ningún nutriente) de bajo índice de extracción contiene menores cantidades de las vitaminas B (tiamina, riboflavina y niacina) y hierro que la harina de un índice más alto de extracción. Esto se debe a que dichos nutrientes están concentrados principalmente en el salvado, el germen y el escutelo, todos los cuales son removidos en la producción de la harina de bajo índice de extracción. A fin de compensar la pérdida, se añaden complementos de tiamina, niacina y hierro a toda la harina producida en Gran Bretaña que no sea harina integral (véase la página 156). Asimismo, se añade carbonato de calcio (creta) a todas las harinas que no sea la integral como un medio de aumentar el contenido de calcio de la dieta.

En la tabla 7.6 se muestra la composición del pan preparado con harina de diferentes índices de extracción. Debido a que la composición del pan es algo variable, los valores dados no deben considerarse como constantes sino más bien como valores representativos.

La cantidad de pan consumido varía grandemente entre las diferentes personas pero los estudios realizados muestran que el consumo promedio está disminuyendo. Empero a pesar de lo anterior, la cantidad de pan integral que se consume está en aumento. El consumo total de pan por persona

Tabla 7.6 Composición de 100 g de pan

	Índice de extracción de la harina utilizada		
Nutrientes	72% (Pan blanco)	85% (Pan moreno)	100% (Pan integral)
Proteínas	7.8 g	8.9 g	8. g
Grasas	1.7 g	2.2 g	2.7 g
Azúcares	1.8 g	1.8 g	2.1 g
Almidón	43 g	9 g	36 g
Fibra	2.7 g	5.1 g	8.5 g
Ácido fítico	4 mg	202 mg	360 mg
Calcio	100 mg	100 mg	23 mg
Hierro	1.7 mg	2.5 mg	2.5 mg
Tiamina	0.18 mg	0.24 mg	0.26 mg
Riboflavina	0.03 mg	0.06 mg	0.06 mg
Niacina	1.76 mg	1.86 mg	1.7 mg
Energía	990 kJ	950 kJ	920 kJ

es mayor en las familias de bajos ingresos y con cuatro o más niños. Asimismo, las familias en esta categoría consumen la menor proporción de pan integral.

Los estudios indican que el consumo promedio de pan en Gran Bretaña es de alrededor de 125 g por día, unas cuatro rebanadas "gruesas" o cinco rebanadas delgadas. Esto provee alrededor de 1 250 kJ de energía que es aproximadamente la décima parte del requerimiento diario estimado para una persona moderadamente activa (véase el ápendice I). Hace asimismo una contribución considerable al CDR de hierro, calcio, tiamina, niacina y proteínas.

De la misma manera, el pan contiene una valiosa cantidad de fibra, y aproximadamente un tercio de la ingestión de fibra en Gran Bretaña lo proporcionan el pan y los productos derivados de los cereales.

El pan es una importante fuente de proteínas, mas desafortunadamente la proteína es de baja calidad y sólo contiene aproximadamente tres por ciento del aminoácido esencial, lisina (véase la tabla 8.7, página 199). Empero lo anterior no tiene gran importancia, puesto que la mayor parte de la gente consume más proteína de la que necesitan y es poco probable que haya una deficiencia total de lisina. Además, por lo general el pan no se consume solo y es más que probable que los otros alimentos que se consumen al mismo tiempo compensan el déficit de lisina.

El contenido de calcio del consumo promedio diario teórico de pan (125 g) es de alrededor de 30 mg en el caso del pan integral y de 125 mg en el de otros panes. La razón de esta diferencia, es por supuesto, el enriquecimiento de la harina no integral con carbonato de calcio. El calcio en los alimentos reacciona con el ácido fítico presente en el pan, en particular el pan integral (véase la tabla 7.6), para formar fitato de calcio insoluble. En tiempos pasados se creía que el cuerpo era incapaz de absorber el calcio a partir del fitato de calcio. Empero hoy en día se sabe que si el ácido fítico constituye una parte regular de la dieta, el cuerpo es capaz de adaptarse a su presencia y contrarresta el mal efecto sobre la absorción del calcio. El efecto del ácido fítico sobre la absorción del calcio es anulado además por las proteínas presentes en la dieta, y el consenso de la opinión médica es que el ácido fítico presente en el pan preparado con harinas de alto índice de extracción no impide la adecuada absorción del calcio o de otros minerales.

A toda la harina utilizada en Gran Bretaña, con excepción de la harina integral, se le añade hierro con el fin de reponer el que se elimina durante la molienda. A pesar de esto, la harina integral es considerablemente más rica en hierro que el pan elaborado con harina de bajo índice de extracción. Asimismo, contiene más ácido fítico pero, exactamente como ocurre en el caso del calcio, se considera al presente que su presencia tiene poco o ningún efecto sobre la absorción del hierro. No obstante, diversos estudios han demostrado que el cuerpo absorbe de modo deficiente el hierro del pan. A pesar de que alrededor del 10 por ciento de la ingestión promedio de hierro es proporcionado por el pan y otros productos farináceos, la mayor parte de dicho elemento pasa a través del cuerpo. De este modo, la diferencia en cuanto a contenido de hierro entre el pan integral y el de otros tipos probablemente es de poca importancia nutricional.

Otros productos derivados del trigo

GALLETAS   Las galletas se preparan a partir de harina con la adición de otros ingredientes como sal, grasa, azúcar y saborizantes. En ocasiones se añade polvo de hornear para hacer que esponjen un poco, y algunas galletas como los *crakers* de crema, se fermentan con levadura de manera muy parecida a como se hace en el caso del pan. La masa se aplana con un rodillo hasta obtener una hoja muy delgada, que se corta en las formas apropiadas y se hornea rápidamente a una temperatura elevada. El contenido de agua de las galletas es de sólo tres por ciento aproximadamente en comparación con cerca del 39 por ciento del pan. El valor energético de las galletas dulces puede ser tres veces más alto que el del pan debido a su bajo contenido de agua y al azúcar y la grasa adicionales que contienen.

PASTAS   Pastas es el nombre colectivo dado a varios productos confeccionados con harina de trigo que se cuecen en agua hirviendo en lugar de hornearlos. Los *macarrones*, los *espaguetis*, el *vermicelli* y los *ravioles* son pastas que se elaboran con el endospermo de una variedad particularmente dura de trigo conocida como *trigo durum*. La molienda del trigo durum produce *semolina*, la que consiste en partículas duras de endospermo. La semolina es mucho más granulosa que la harina de trigo normal debido a que las partículas del endospermo son considerablemente más grandes. La semolina y el agua pueden convertirse en una masa firme a partir de la cual se preparan las diversas formas de pastas: cintas, tubos, espirales o láminas, para nombrar sólo a algunas.

Cuando se cuece la pasta en agua hirviendo absorbe hasta tres veces su peso en agua y se ablanda pero, siempre que no se cueza en exceso, no se desintegra ni forma una pasta como ocurriría con una masa normal de harina. A causa de su elevado contenido de agua se requieren grandes cantidades de pasta cocida para proporcionar una comida sustanciosa, y esta es la razón de que la pasta se acompañe de otros alimentos más nutritivos como el queso o una salsa que contenga carne.

Otros cereales

La avena, el centeno, la cebada, el maíz y el arroz son cereales muy importantes, pero su contribución a la dieta británica es mucho menor que la del trigo.

AVENA   La avena es más rica en grasas y elementos minerales que otros cereales y su contenido de proteína es también elevado. La harina de avena no resulta adecuada para elaborar pan, debido a que las proteínas que contiene no forma un complejo elástico como el gluten del trigo cuando se mezcla con agua.

La avena se prepara para el consumo humano limpiándola, y luego secándola y almacenándola durante un tiempo antes de eliminar la cáscara que está estrechamente adherida. El producto, conocido como *sémola o avena mondada*, se muele para producir harina de avena o bien se presiona con un rodillo para formar hojuelas después de cocerse parcialmente con vapor. La presión con el rodillo rompe las paredes de las células y aplana los granos y esto hace más fácil la cocción subsiguiente.

La harina de avena contiene aproximadamente 11 por ciento de proteínas, 66 por ciento de carbohidratos, 9 por ciento de grasa y 6.5 por ciento de fibra: tiene un valor energético de alrededor de 1 580 kJ/100 g. Sin embargo, se debe tener presente que el potaje preparado con agua contiene solamente un octavo de su peso de harina de avena.

CENTENO   El centeno se cultiva en áreas en las que el clima es demasiado adverso para el trigo. Los nutrientes del centeno están presentes en aproximadamente las mismas cantidades que en el trigo. Sin embargo, el centeno es menos apreciado que el trigo debido a que las proteínas que contiene no proporcionan un gluten firme durante la preparación de la masa y, en tanto que se preparan grandes cantidades de pan de centeno, el producto difiere notablemente del pan como se conoce hoy en día. La harina de centeno produce hogazas pesadas que resultan poco atractivas para quienes están acostumbrados al pan de trigo. No obstante el pan de centeno constituye todavía un importante artículo básico de la dieta en el norte de Europa. Este tipo de pan es probable que contenga proporciones considerables de harina de trigo y así se mejora el aspecto de las hogazas obtenidas. El pan de centeno no se consume extensamente en Gran Bretaña, pero las crujientes galletas de centeno (por ejemplo: ''Ryvita'') elaboradas con el grano triturado entero del centeno son populares.

CEBADA   La cebada no se consume en Gran Bretaña pero se cultiva extensamente para la fabricación de la malta destinada a la elaboración de cerveza y para forraje. Nunca se prepara pan con cebada debido a que sus proteínas no forman gluten cuando se mezclan con agua y no es posible obtener una hogaza bien esponjada.

MAÍZ   En Gran Bretaña, el maíz no se utiliza mucho como alimento para consumo humano. En otros países, particularmente en América y Sudáfrica, constituye una parte importante de la dieta, no se utiliza para fabricar pan ya que sus proteínas no forman gluten. Como preveedor de energía, el maíz es tan eficiente como los otros cereales, pero en otros as-

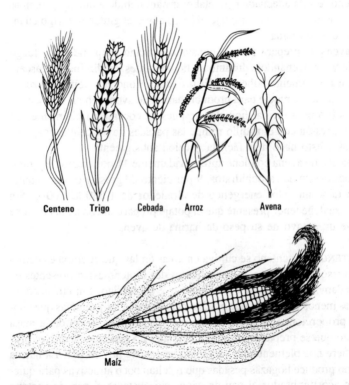

Centeno   Trigo   Cebada   Arroz   Avena

Maíz

Figura 7.5   Cereales.

pectos es menos conveniente. Como todos los cereales, sus proteínas son deficientes en los aminoácidos esenciales y la lisina. El triptófano, otro aminoácido esencial, el cual puede ser convertido por el cuerpo en la vitamina niacina, está presente sólo en pequeñas cantidades. El maíz contiene niacina pero está unida a la hemicelulosa y no puede ser aprovechada por el cuerpo cuando se consume el maíz.

La enfermedad por deficiencia conocida como *pelagra* es causada por la falta de niacina y en un tiempo representó un problema grave en aquellas partes del mundo donde el maíz es el alimento básico. Constituye todavía un problema grave para la salud en algunas partes de India y África, mas gracias a las mejoras en los estándares de nutrición es raro encontrarla en Europa y en América.

Una gran parte del maíz que se cultiva se utiliza como forraje para el ganado o para convertirlo en jarabe de glucosa o "jarabe de maíz". Aparece principalmente en la dieta británica como hojuelas de maíz (Corn Flakes), que no son otra cosa más que maíz tostado aplastado por un rodillo y con sabor a malta. Las deficiencias nutricionales del maíz se remedian en las hojuelas de maíz por medio de la adición de hierro, niacina, tiamina, riboflavina, vitamina B_6, vitamina B_{12}, vitamina D y ácido fólico. Las cantidades añadidas son de tal cuantía que una ración promedio proporciona aproximadamente un cuarto del CDR de los nutrientes añadidos para un hombre moderadamente activo (o un tercio para un niño).

Además de las hojuelas de maíz, éste está representado en las dietas británicas por el maíz dulce y en mazorca o elote, que se comen como hortalizas, y la harina de maíz (maicena), la que se utiliza para elaborar varios postres y como espesantes (véase la página 127). La harina de maíz está constituida principalmente por almidón y se obtiene eliminando de la harina las proteínas y las grasas por medio de lavados con soluciones alcalinas diluidas.

ARROZ   Este es el cereal de mayor importancia en los países orientales y a pesar de que no se consume una gran cantidad en Europa y América, constituye uno de los cultivos alimenticios más importantes del mundo. De todos los cereales es el de más bajo contenido de proteínas, grasas y elementos minerales y difícilmente se puede considerar como un alimento nutritivo, aunque como todos los cereales, es una fuente de energía de bajo costo. El arroz posee un valor energético de 1 530 kJ/100 g, y para proporcionar los 12 MJ requeridos diariamente por un hombre moderadamente activo, sería preciso consumir casi 800 g de arroz. Esto pesaría más de 2 kg después de cocinado debido a la gran cantidad de agua que absorbe.

Cuando crece el arroz, los granos están rodeados por una cáscara exterior suelta no comestible que tiene que ser removida. El grano en sí tiene una estructura similar a la de un grano de trigo. El endospermo amiláceo está rodeado por varias capas de salvado de color pardusco que son removidas, junto con el germen, por un proceso de molienda. A diferencia del trigo, el arroz no se convierte en harina y después de la molienda, los granos se pulen a fin de eliminar la capa de aleurona que rodea al endospermo y el escutelo membranoso que separa al endospermo del germen.

Muchos de los nutrientes del arroz entero se pierden cuando se quitan las capas exteriores y el germen. El producto acabado, el arroz pulido, contiene alrededor de 85 por ciento de almidón y siete por ciento de proteína. Algo de las vitaminas del grupo B se quedan en el endospermo pero las cantidades presentes se disuelven en gran parte y se pierden si se cuece el arroz en un gran volumen de agua hirviente. Hubo un tiempo en que muchas personas que consumían principalmente arroz hervido sufrían de una enfermedad por deficiencia conocida como beriberi, la que era causada por la falta de tiamina (véase la página 283). Esta vitamina es requerida por el cuerpo para utilizar los carbohidratos de la dieta, y la cantidad que se requiere está en función de la cantidad de carbohidratos ingeridos. De este modo, una dieta rica en carbohidratos y baja en tiamina es en particular propensa a causar el beriberi.

En India, el arroz se remoja en agua después de cosechado y luego se calienta con vapor y se seca antes de la molienda. Durante este proceso, que equivale a sancochar, gran parte del contenido de vitaminas del salvado, el germen y el escutelo se difunde en el endospermo amiláceo y es retenido ahí en el producto terminado. Es por esta razón que el beriberi ocurre con mucha menos frecuencia en India que en cualquier otra parte del mundo donde se consume arroz.

Hoy en día, el beriberi es una enfermedad relativamente rara, debido posiblemente a una mejora general en los estándares de nutrición. El conocimiento del modo como tiene lugar y la disponibilidad de tiamina sintética de poco costo han sido también un factor importante para su erradicación.

Fibra de la dieta

NATURALEZA DE LA FIBRA DE LA DIETA   Resulta algo difícil dar una explicación clara de lo que es la fibra dietética o, en realidad, describir su función en la dieta. El término fibra dietética se utiliza para describir a aquellas partes de la dieta que no son descompuestas por las enzimas del estómago y el intestino delgado y que por consiguiente entran al intestino grueso sin experimentar cambio alguno. La fibra consiste en el material esquelético de las plantas (la resistente parte estructural de tallos, semillas, cáscaras y hojas).

La fibra dietética está compuesta casi en su totalidad de polisacáridos, especialmente celulosa, hemicelulosas, pectina y protopectina. Asimismo, pueden estar presentes en menor grado materiales que no son carbohidratos como la lignina (un constituyente de la madera). El almidón no se clasifica como fibra dietética puesto que es digerido y absorbido en el intestino delgado.

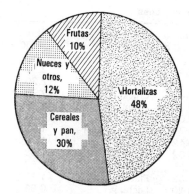

Figura 7.6 Fuentes de fibra en la dieta británica.

El nombre fibra dietética está lejos de constituir un término perfecto. Para empezar, existen otros componentes fibrosos de los alimentos (de modo notable, las fibras musculares de las proteínas) que no se clasifican como fibras dietéticas debido a que son digeridos y absorbidos. Además, no todos los compuestos que constituyen la fibra dietética son de naturaleza fibrosa. La pectina, por ejemplo, puede difícilmente ser considerada como fibrosa y hasta el componente celulósico de la fibra dietética es fibroso sólo a nivel microscópico y tiene poco parecido con las fibras de celulosa del algodón. Los alimentos ricos en fibras dietéticas por lo general no poseen un caracter fibroso notable; la fibra dietética no confiere aspereza o "fibrosidad" y por lo general no es detectada por la lengua.

FUENTES DE FIBRA DIETÉTICA   Los habitantes de los llamados países desarrollados ingieren mucho menos fibra que las personas que viven en sociedades menos desarrolladas en los que el alimento experimenta poco o ningún "procesamiento" antes de su consumo. El británico promedio consume solamente alrededor de 20 g de fibra por día comparado con los 70 a 100 g corrientes en algunas comunidades rurales de África. El tallo, la piel, el salvado o afrecho y la cáscara de las plantas constituyen fuentes ricas en fibra dietética y es desafortunado que se eliminen en alguna medida, durante la cosecha, en las fábricas de alimentos o en la cocina antes de consumir el alimento. Los cereales y los productos derivados de los mismos (en particular, el pan integral), las hortalizas hojosas, los tubérculos, las frutas y las nueces son alimentos que contiene fibra dietética. Las principales fuentes de fibra dietética de la dieta británica se enumeran en la figura 7.6, y el contenido de fibra de los alimentos individuales se indica en la tabla 7.7.

EFECTOS DE LA FIBRA DIETÉTICA   En un tiempo se creía que la presencia de fibra en la dieta sólo tenía valor como un medio de suavizar o

Tabla 7.7 Contenido de fibra de alimentos comunes

Alimento	Fibra g/100 g	Alimento	Fibra g/100 g
All bran	22.47	Macarrones	2.62
Weetabix	9.77	Zanahorias	2.30
Copos de trigo	9.82	Crackers de crema	2.30
Galletas para el té	2.15	Avena de leche	6.49
Cacahuates	6.00	Manzanas	1.83
Pan integral	5.79	Arroz sin pulir	1.74
Ayocote	4.42	Pasas	1.70
Avellanas	4.32	Tomates	1.68
Pan moreno	4.26	Pan blanco	1.60
Col de Bruselas	3.32	Plátanos	1.11
Frijoles horneados	3.20	Lechuga	0.93
Galletas digestivas de harina de trigo	2.88	Rice Krispies	0.85
Espagueti	2.72	Corn Flakes	0.64
Col	2.70	Arroz blanco	0.50

prevenir el estreñimiento. De este modo, la característica principal que se esgrimía en la propaganda de los cereales para el desayuno ricos en salvado era su eficiencia en promover un movimento regular de los intestinos. Lo anterior, se creía que era consecuencia de la absorción de agua por la fibra dietética en el intestino delgado que conduce a la formación de evacuaciones más blandas y más voluminosas. Además, la fibra dietética acelera el paso del alimento a través del conducto digestivo. El "tiempo de tránsito" de una típica dieta británica puede durar tanto como 100 horas en comparación con tan sólo 35 horas o menos si se consume una dieta con un elevado contenido de fibra.

Es probable que la prevención del estreñimiento no sea tan importante, excepto quizá para quien lo padece. No obstante, consumir suficiente fibra dietética tiene otros efectos más importantes y benéficos, y se cuenta con bastantes pruebas que demuestran que ayuda a prevenir muchas enfermedades del vientre. La apendicitis, la diverticulosis (en la que se forman divertículos o apéndices sacciformes distendidos en las paredes de los intestinos) y las hemorroides tienen menos probabilidades de ocurrir si se consume una dieta con alto contenido de fibra.

Asimismo, las dietas con alto contenido de fibra han demostrado ser valiosas para los enfermos de diabetes mellitus, en los que la concentración de glucosa en la sangre excede al nivel normal. Las dietas con un alto contenido de fibra, y en particular aquellas ricas en fibra soluble, son capaces de retardar la liberación de glucosa al torrente circulatorio en el caso de algunas personas y de esta manera se reducen al mínimo los síntomas de la enfermedad. La expresión fibra dietética soluble suena casi como una contradicción pero, como ya se explicó anteriormente, las pectinas se consideran como fibra dietética y éstas, además de no ser fibrosas, son solubles.

Los estudios han demostrado que las dietas ricas en fibra dietética soluble disminuyen la concentración de colesterol en la sangre de algunas personas. Esto podría explicar la relación estadística entre las dietas con un alto contenido de fibra y una frecuencia más baja de la insuficiencia coronaria (véase el capítulo 4). Sin embargo, al presente no se tiene la certidumbre de que una dieta rica en fibra efectivamente proteja contra las enfermedades del corazón. La frecuencia de cáncer del intestino es también aparentemente más baja entre aquellas personas cuya dieta es rica en fibra dietética. Se ha sugerido que esto podría estar relacionado con el más corto tiempo del tránsito alimentario de una dieta con un alto contenido de fibra.

La fibra dietética no es afectada por las enzimas del aparato digestivo y pasa más o menos sin experimentar ningún cambio hasta el intestino grueso. Empero, una vez ahí, es atacada y descompuesta por las bacterias que habitan en el intestino y es convertida parcialmente en ácidos grasos de cadena corta, bióxido de carbono, hidrógeno y metano. Los ácidos grasos de cadena corta, principalmente acético, propiónico y butírico (es decir, ácidos C_2, C_3 y C_4) son absorbidos por el torrente circulatorio y pueden ser utilizados como fuente de energía.

Los gases formados cuando las bacterias descomponen la fibra dietética en el intestino no son absorbidos, y aun cuando son inofensivos pueden ser causa de apuros y malos ratos como lo experimentan quienes consumen alimentos con un alto contenido de fibra para reducir de peso. Durante la descomposición bacteriana de la fibra dietética las propias bacterias se multiplican rápidamente. Esto aumenta el volumen de la materia fecal y ayuda a producir una evacuacion más blanda y de mayor volumen.

REQUERIMENTOS DE FIBRA DIETÉTICA No se sabe con ningún grado de certeza cuánta fibra dietética es necesaria. La fibra dietética es tan variada en cuanto a composición y la reacción individual a la misma es tan impredecible que es imposible especificar una cifra exacta, y lo mejor que se puede hacer es establecer una cifra como meta diaria. La dieta británica promedio proporciona alrededor de 20 g por día y se recomienda que dicho valor se aumente a 30 g por día (Informe NACNE, 1981).

LECTURAS RECOMENDADAS

ARROYD, W.R. (1970). *Wheat in Human Nutrition*. FAO (United Nations), Roma.

BIRCH, G.G. (1970). *Glucose Syrups and Related Carbohydrates*, (Symposium Report). Elsevier, Amsterdam.

BIRCH, G.G. AND PAKKER, K.J. (Eds) (1983). *Dietary Fibre*. Applied Science, Barking.

BIRCH, G.G. AND SHALLENBERGER, R.S. (1970). *Developments in Food Carbohidrate - I*. Applied Science, Barking.

BRITISH NUTRITION FOUNDATION (1987). *Sugars and Syrups*. BNF, Londres.

BURKITT, D. (1981). *Don't Forget Fibre in your Diet*, revised edition. Martin Dunitz, Londres.

CAKEBREAD, S. (1975). *Sugar and Choclate Confectionary*. Oxford University Press, Oxford.

CANDY, A. (1980). *Biological Functions of Carbohydrates*. Blackie & Son, Londres.

DEPARTMENT OF HEALTH AND SOCIAL SECURITY (1981). *Nutritional Aspects of Bread and Flour*. HMSO, Londres.

FAO/WHO (1980). *Carbohydrates in Human Nutritions*. HMSO, Londres.

HEALTH EDUCATION COUNCIL (1985). *The Scientific Basis of Dental Health Education*. HEC, Londres.

HOSENEY, R.C. (1986). *Principles of Cereal Science and Technology*. American Association of Cereal Chemists, USA.

KENT, N.L. (1983). *Technology of Cereals*, 3rd edition. Pergamon Press, Oxford.

LEES, R. AND JACKSON, B. (1973). *Sugar Confectionary and Chocolate Manufacture*, Leonard Hill, Glasgow.

MINIFIE, B.W. (1980). *Chocolate, Cocoa and Confectionary: Science and Technology*, 2nd edition. Avi, USA.

NATIONAL ADVISORY COMMITTEE ON NUTRITION EDUCATION (NACNE), (1983). *Proposals for Nutritional Guidelines for Health Education in Britain*. Health Education Council, Londres.

RAUCH, G.H. (1965). *Jam Manufacture*, 2nd edition. Leonard Hill, Glasgow.

ROYAL COLLEGE OF PHYSICIANS (1976). *Fluoride, Teeth and Health*. Pitman Medical, Londres.

ROYAL COLLEGE OF PHYSICIANS (1980). *Medical Aspects of Dietary Fibre*. Pitman Medical, Londres.

TAYLOR, R.J. (1975). *Carbohydrates*. Unilever Booklet, Unilever, Londres.

WILLIAMS, A. (Ed.) (1975). *Breadmaking, the Modern Revolution*. Hutchinson Benham, Londres.

YUDKIN, J., EDELMAN, J. AND HOUGH, L., (1971). *Sugar*. Butterworth, Sevenoaks.

CAPÍTULO 8

Aminoácidos y proteínas

Los capítulos anteriores se han ocupado de las sustancias que contienen los elementos carbono, hidrógeno y oxígeno, y se ha demostrado que dichos elementos combinados en forma de grasas y carbohidratos son de fundamental importancia en la ciencia de los alimentos. Además de los anteriores existe un cuarto elemento, el nitrógeno, que también tiene una importante función en la vida humana, y el que, combinado en forma de aminoácidos y proteínas, constituye un tercer grupo de compuestos fundamentales para los alimentos y la nutrición.

Existe una relación definida entre el nitrógeno elemental por una parte y las complejas proteínas que requiere el ser humano por la otra. La manera como el nitrógeno se acumula por etapas en la proteína animal y ésta es luego descompuesta en otras etapas para dar nuevamente nitrógeno se resume en el ciclo del nitrógeno (figura 8.1).

El nitrógeno elemental se encuentra en cantidades casi ilimitadas en la atmósfera, mientras que el nitrógeno combinado está ampliamente distribuido en el suelo como sales y, en forma de compuestos orgánicos, se halla en toda la materia viviente. El nitrógeno combinado constituye parte esencial de la estructura del cuerpo, mismo que requiere un suministro continuo de una forma adecuada de nitrógeno. Mas desafortunadamente, el cuerpo es incapaz de sintetizar compuestos de nitrógeno a partir del nitrógeno elemental; de hecho, es incapaz de efectuar dicha síntesis aun cuando se le proporcione un suministro de compuestos inorgánicos de nitrógeno. Lo anterior significa que el hombre debe ser abastecido con nitrógeno que ya haya sido convertido en una forma orgánica adecuada. Esto produce la paradójica situación de que aun cuando el nitrógeno en su forma elemental es muy abundante, los compuestos de nitrógeno que pueden ser utilizados

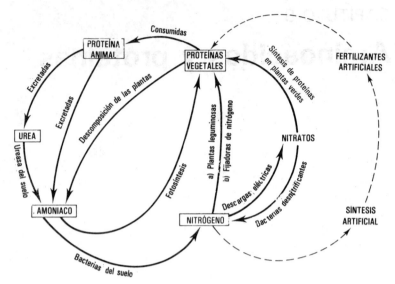

Figura 8.1   Ciclo de nitrógeno.

por el hombre son escasos. La explicación de lo anterior se encuentra en las propiedades químicas del nitrógeno, el cual se caracteriza por ser un gas inerte. Esta falta de reactividad dificulta la conversión del elemento en sus compuestos, un proceso conocido como *fijación*.

La fijación del nitrógeno para formar amoniaco y posteriormente sales solubles de amonio se lleva a cabo pero las cantidades así producidas de nitrógeno fijado resultan infinitesimales comparadas con las cantidades requeridas por los seres vivos. Afortunadamente, la fijación del nitrógeno realizada con dificultad por los químicos se efectúa con facilidad en la naturaleza, ayudada por microorganismos como las bacterias del género *Rhizobium*, que permiten a las plantas leguminosas (por ejemplo: el chícharo y el frijol) sintetizar proteínas a partir del nitrógeno. Otras plantas verdes sintetizan proteínas a partir de los nitratos presentes en el suelo. A la síntesis de proteína se contraponen procesos destructivos que descomponen las proteínas por etapas en nitrógeno, lo que completa el ciclo que se resume en la figura 8.1.

AMINOÁCIDOS

La estructura de los aminoácidos es relativamente sencilla y cada aminoácido contiene un grupo amino —NH_2 y un grupo carboxilo —COOH. Los aminoácidos de interés en la nutrición tienen los grupos amino y carboxilo fijados al mismo átomo de carbono, y para poder comprender su estructura resulta más fácil empezar con el *ácido acético*. Si un átomo de hidrógeno del carbono adyacente al grupo —COOH es sustituido por un grupo —NH_2, se forma el aminoácido más sencillo posible: el ácido aminoacético o *glicina*.

$$H-\underset{\underset{H}{|}}{\overset{\overset{H}{|}}{C}}-C\overset{O}{\underset{OH}{\diagup}} \qquad H_2N-\underset{\underset{H}{|}}{\overset{\overset{H}{|}}{C}}-C\overset{O}{\underset{OH}{\diagup}} \qquad H_2N-\underset{\underset{R}{|}}{\overset{\overset{H}{|}}{C}}-C\overset{O}{\underset{OH}{\diagup}}$$

CH_3COOH CH_2NH_2COOH $CHRNH_2COOH$

Ácido acético   Glicina   Fórmula general

Todos los aminoácidos que se encuentran en los alimentos poseen una estructura que se expresa por la fórmula general $CHRNH_2COOH$, y en la que la naturaleza de R varía considerablemente, como se aprecia en la tabla 8.1 que da la naturaleza de R para los aminoácidos importantes obtenidos de las proteínas del cuerpo y de los alimentos.

El átomo de carbono al que está fijado el grupo —NH_2 se conoce como carbono α y, excepto en el caso de la glicina, tiene cuatro átomos o grupos de átomos *diferentes* fijados. Estas estructuras pueden existir en dos distribuciones espaciales diferentes que son imágenes especulares. En la naturaleza sólo existe una de estas formas, la forma L.

CLASIFICACIÓN DE LOS AMINOÁCIDOS   A partir de las proteínas de los alimentos y del cuerpo se han obtenido más de 20 aminoácidos. Éstos se clasifican en *neutros*, *básicos* o *ácidos*, como se muestra en la tabla 8.1. Los aminoácidos neutros son aquellos que, como la glicina, contienen un grupo amino y un grupo carboxilo; los aminoácidos básicos contienen un grupo amino y más de un grupo básico; mientras que los aminoácidos ácidos contienen un grupo amino y dos grupos carboxilo. Los aminoácidos marcados con la letra E se conocen como *aminoácidos esenciales*, lo que significa que no pueden ser elaborados por el cuerpo y en consecuencia deben ser suministrados por los alimentos. En el caso de los adultos se conocen ocho aminoácidos esenciales, y cada vez hay más indicios de que un noveno aminoácido, la *histidina*, es también esencial para los adultos. Asimismo, se ha establecido que la histidina es un componente esencial de la dieta para los lactantes y los niños cuando el crecimiento es rápido, y parece ser ahora que continúa siendo esencial cuando el crecimiento se retarda o se ha detenido.

PROPIEDADES DE LOS AMINOÁCIDOS   Los aminoácidos son sustancias blancas cristalinas solubles en cierto grado en agua pero en la mayoría de los casos insolubles en disolventes orgánicos. El grupo amino, como lo indica su nombre, está relacionado con el amoniaco, y como éste tiene caracterís-

Tabla 8.1   Estructura de los aminoácidos, $H_2NCHRCOOH$

Nombre (E = esencial)		Abreviatura	R	Punto isoeléctrico
Neutros				
Glicina		Gly	$H-$	6.0
Alanina		Ala	CH_3	6.0
Valina	(E)	Val	$(CH_3)_2CH-$	6.0
Leucina	(E)	Leu	$(CH_3)_2CHCH_2-$	6.0
Isoleucina	(E)	Ile	$CH_3CH_2CH(CH_3)-$	6.0
Norleucina		Nor	$CH_3(CH_2)_3-$	6.1
Fenilalanina	(E)	Phe	$C_6H_5CH_2-$	5.5
Tirosina		Tyr	$C_6H_4(OH)CH_2$	5.7
Serina		Ser	$HOCH_2-$	5.7
Treonina	(E)	Thr	$CH_3CH(OH)-$	5.6
Cisteína		CySH	$HSCH_2-$	5.1
Cistina		CySSCy	$HOOCCH(NH_2)CH_2S_2CH_2-$	4.8
Metionina	(E)	Met	$CH_3SCH_2CH_2-$	5.7
Triptófano	(E)	Trp		5.9
Básicos				
Ornitina			$H_2N(CH_2)_3-$	9.7
Arginina		Arg	$HN=CNH(CH_2)_3-$ con NH_2	10.8
Lisina	(E)	Lys	$H_2N(CH_2)_4-$	10.0
Histidina		His		7.6
Ácidos				
Ácido aspártico		Asp	$HOOCCH_2-$	2.8
Ácido glutámico		Glu	$HOOC(CH_2)_2-$	3.2

ticas básicas mientras que el grupo carboxilo es ácido. La combinación de un grupo amino y de un grupo carboxilo en la misma molécula da por resultado que ésta es capaz de actuar como ácido o como base; de una sustancia de este tipo se dice que es *anfotérica*.

Las fórmulas de la tabla 8.1 muestran la distribución de los enlaces covalentes en los aminoácidos pero no muestran el carácter iónico que los aminoácidos presentan en solución. Los aminoácidos en solución se representan más correctamente como se indica a continuación:

$$\overset{+}{N}H_3-CH-\overset{-}{C}OO$$
$$|$$
$$R$$

Esta fórmula muestra el carácter iónico de un aminoácido y que contiene tanto un grupo positivo como uno negativo. Los aminoácidos son electrólitos débiles y se ionizan de acuerdo con el pH del sistema. Esta ionización se representa como:

$$\overset{+}{N}H_3-CH-COOH \underset{\text{ácido}}{\overset{+H^{+}}{\longleftarrow}} \overset{+}{N}H_3-CH-COO^{-} \underset{\text{álcali}}{\overset{-H^{+}}{\longrightarrow}} NH_2-CH-COO^{-}$$

|||
|R|R|R|

Ion positivo   Zwitterion   Ion negativo

Por tanto, si se añade ácido a una solución neutra de un aminoácido se forma un ion positivo, mientras que si se agrega álcali se forma un ion negativo. En consecuencia, un aminoácido puede ser neutro o estar positiva o negativamente cargado, según sea el pH del sistema.

Cuando un aminoácido es neutro, es decir cuando las cargas positiva y negativa son iguales, se dice que está en su *punto isoeléctrico* y se denomina un *zwitterion* o ion dipolar. Dichos iones bipolares son amortiguadores o buffers debido a su capacidad para combinarse tanto con los ácidos como con las bases, impidiendo así el cambio del pH, que de otro modo ocurriría. La acción amortiguadora de los aminoácidos es muy importante, particularmente en el caso de las células vivas, mismas que sólo funcionan cuando el pH se mantiene dentro de límites estrechos.

En la tabla 8.1 se indican los puntos isoeléctricos de varios aminoácidos. El punto isoeléctrico es importante debido a que a este pH muchas de las propiedades alcanzan un valor máximo o mínimo; por ejemplo, la conductividad eléctrica, la solubilidad y la viscosidad están todas en su valor mínimo.

IMPORTANCIA DE AMINOÁCIDOS INDIVIDUALES   La *arginina* es un aminoácido básico que se forma en el hígado y participa en la elaboración de urea en el hígado. La *lisina* es un aminoácido esencial y, a semejanza de la arginina, básica en cuanto a reacción. Se utiliza para producir *carnitina* en el cuerpo, una sustancia que transporta los ácidos grasos dentro de las células. Los cereales son deficientes en lisina, y esto constituye un importante factor en la elaboración de una dieta adecuada en lo que respecta a contenido de proteínas (véase la página 198).

La *cisteína*, la *cistina* y la *metionina* son aminoácidos que contienen azufre y constituyen la fuente principal de azufre en la dieta. El cuerpo puede preparar cisteína a partir de la metionina (un aminoácido esencial). La cistina es uno de los aminoácidos principales de la insulina, y se forma en el cuerpo a partir de la cisteína.

El *ácido glutámico* es de naturaleza ácida; no es un aminoácido esencial a pesar de que es importante en el metabolismo del amoniaco. Reviste un interés particular debido a que su sal, el *glutamato monosódico*, se utiliza como saborizante de los alimentos (véase la página 428).

El glutamato se encuentra tanto en los alimentos como en el cuerpo ya sea libre o formando parte de las proteínas. Por ejemplo, las proteínas de alimentos como la leche, el queso y la carne son ricas en glutamato, mientras que algunos vegetales, de manera notable las setas, el tomate y los chícharos, poseen niveles elevados de glutamo libre. El cuerpo contiene tanto glutamato libre como combinado con las proteínas; aproximadamente una quinta parte de la proteína del cuerpo es glutamato.

La *histidina* es un aminoácido básico a causa del anillo de *imidazol* de su estructura (la que se representa en la tabla 8.1). La capacidad del cuerpo para elaborarla es limitada, de manera que durante los periodos de rápido crecimiento, como en los primeros meses de vida y la niñez, la dieta debe suministrar cantidades adicionales. Existen pruebas cada vez más numerosas que la histidina es esencial en la vida adulta. En el cuerpo, la histidina se convierte en *histamina* mediante un proceso llamado *descarboxilación*, en el cual los aminoácidos son convertidos en compuestos afines llamados *aminas* por la remoción del grupo ácido. La histamina dilata los capilares sanguíneos y estimula la producción de ácido en el estómago.

La *fenilalanina* y la *tirosina* son aminoácidos neutros con una estructura similar (véase la tabla 8.1). El cuerpo no puede producir fenilalanina pero sí la puede convertir en tirosina, de manera que no es la fenilalanina la que es esencial sino la tirosina. Ambas contienen un anillo de benceno en su estructura que le proporciona al cuerpo materia prima para sintetizar las hormonas *adrenalina* y *tiroxina*.

El triptófano se encuentra formando parte de las proteínas caseína (en la leche) y fibrina (en la sangre). Es un aminoácido esencial que tiene que ver con la síntesis de las proteínas de la hemoglobina y el plasma. Asimismo, resulta de interés por el hecho de que el cuerpo puede convertirlo en la vitamina *ácido nicotínico*. Sin embargo, sólo se producen pequeñas cantidades de ácido nicotínico mediante este método ya que no es un proceso eficiente, 6 g de triptófano producen solamente 0.1 g de ácido nicotínico.

Péptidos

Cuando se combinan dos moléculas de aminoácidos, el grupo ácido de una de las moléculas reacciona con el grupo básico de la otra con eliminación de agua:

$$\overset{+}{N}H_3CHCOO^- + \overset{+}{N}H_3\underset{\underset{R^1}{|}}{\overset{\overset{R^2}{|}}{C}}HCOO^- \rightarrow \overset{+}{N}H_3\underset{\underset{R^1}{|}}{C}HCON\underset{}{}H\overset{\overset{R^2}{|}}{C}HCOO^- + H_2O$$

El producto formado es un *dipéptido* y contiene el grupo —CONH— que constituye el enlace peptídico. Las sustancias de peso molecular relativamente pequeño se conocen como *péptidos*.

Un dipéptido contiene todavía un grupo amino y un grupo carboxilo y puede reaccionar con otra molécula de aminoácido para formar un *tripéptido*. Teóricamente, este proceso se puede repetir una y otra vez con la formación de *polipéptidos*. En la práctica, los aminoácidos no reaccionan entre sí de esta manera pero los dipéptidos, tripéptidos y polipéptidos pueden ser sintetizados indirectamente.

PROTEÍNAS

Las moléculas de proteínas constan de cadenas de cientos y hasta miles de unidades amino unidas entre sí como las cuentas ensartadas en un hilo; son las sustancias más complejas conocidas por el hombre. Este hecho se ilustra de modo sencillo comparando el peso molecular y la fórmula de las proteínas con los de otros tipos de sustancias. Un monosacárido simple como la glucosa tiene un peso molecular de 180 y la fórmula $C_6H_{12}O_6$, mientras que una proteína simple tiene un peso molecular calculado en miles y una fórmula correspondientemente compleja. La proteína *lactoglobulina*, por ejemplo, tiene un peso molecular de alrededor de 42 000 y una fórmula aproximada de $C_{1864}H_{3012}O_{576}N_{468}S_{21}$. Las moléculas de proteínas grandes tienen proporciones mayores que ésta y pesos moleculares de varios millones.

ESTRUCTURA DE LAS PROTEÍNAS: ESTRUCTURAS PRIMARIA Y SECUNDARIA   La manera como se ha calculado la compleja estructura de las proteínas constituye uno de los mayores avances de la bioquímica en los últimos años. El problema es de una dificultad impresionante, pero se dio un paso hacia adelante cuando, en 1951, Stanger determinó la naturaleza de la proteína *insulina*. La insulina es una proteína relativamente pequeña y simple constituida por sólo 51 aminoácidos (figura 8.3), mientras que las grandes proteínas pueden contener más de 500 aminoácidos. La continua investigación ha permitido determinar la estructura de incluso las proteínas más complejas.

Además de los elementos carbono, hidrógeno, oxígeno y nitrógeno, las proteínas contienen a menudo azufre y a veces fósforo. Por hidrólisis, las proteínas se desdoblan en polipéptidos y finalmente en aminoácidos; una sola proteína produce hasta cerca de 20 aminoácidos diferentes. Resulta obvio, por tanto, que los aminoácidos son las unidades de construcción que componen las proteínas, pero, ¿cómo se unen estas unidades para formar una molécula de proteína? La respuesta es que estas unidades se unen mediante *enlaces peptídicos*. Por ejemplo, a pesar de que las moléculas de

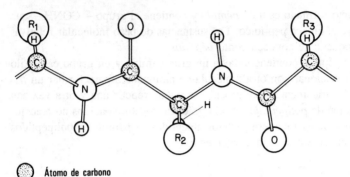

◉ Átomo de carbono

Figura 8.2   Estructura en zigzag de una cadena polipeptídica mostrando su estructura tridimensional.

proteína contienen pocos grupos amino o carboxilo libres, al hidrolizarse se produce un número aproximadamente igual de dichos grupos, como es de esperar si son enlaces peptídicos los que se rompen.

Las moléculas de proteína están compuestas de un gran número de hasta 20 diferentes aminoácidos unidos mediante enlaces peptídicos. El análisis por rayos X suministra alguna indicación de cómo las cadenas de péptidos están arregladas en las moléculas de proteína. Dichas cadenas tienen una estructura en zigzag en la que los grupos R se proyectan alternadamente en direcciones opuestas como se muestra en la figura 8.2. El primer problema importante en la determinación de la estructura de una proteína es dilucidar la secuencia de los aminoácidos R_1, R_2, R_3 que constituyen la cadena.

Cuando se considera que existen cientos, y a veces miles, de aminoácidos en una sola molécula de proteína y de que se dispone de más de 20 *diferentes* aminoácidos para escoger, resulta obvio que el número de diferentes moléculas de proteínas que se pueden construir es casi ilimitado. Se ha calculado que para una proteína de tamaño medio que contenga 288 unidades de aminoácidos y 12 aminoácidos *diferentes* existen 10^{300} diferentes posibilidades. Quizá se pueda apreciar la magnitud de este número por el hecho de que hay menos de 10^{10} personas viviendo en la tierra.

Al presente se conoce la secuencia de aminoácidos de muchas proteínas, en la figura 8.3 se representa la de la insulina, que contiene 51 unidades de aminoácidos.

La determinación de la secuencia de los aminoácidos en las cadenas de polipéptidos revela lo que se conoce como la estructura *primaria* de la proteína, pero esto no es más que el inicio del problema de dilucidar la estructura completa de una proteína. En una molécula de proteína, las cadenas de polipéptidos se unen de varias maneras diferentes originando moléculas de forma definida; esto constituye la estructura *secundaria* de la proteína. Muchos de los grupos R de las cadenas polipeptídicas contienen grupos reactivos (véase la tabla 8.1) que se acoplan a grupos reactivos

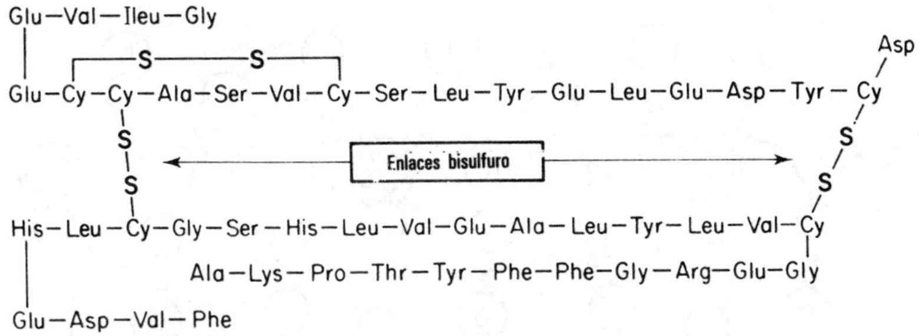

```
Glu—Val—Ileu—Gly
 |      ┌——S————S——┐                                                    Asp
Glu—Cy —Cy—Ala—Ser—Val —Cy—Ser—Leu—Tyr —Glu—Leu—Glu—Asp—Tyr — Cy
         S                                                            /
         |              ┌─────────────────────┐                      S
         S      ◄————————│   Enlaces bisulfuro  │————————————————►    |
         |              └─────────────────────┘                      S
His—Leu —Cy—Gly—Ser —His—Leu—Val—Glu—Ala— Leu—Tyr—Leu—Val—Cy
 |            Ala—Lys—Pro—Thr—Tyr—Phe—Phe—Gly—Arg—Glu—Gly
Glu—Asp—Val—Phe
```

Figura 8.3 Secuencia de aminoácidos de la insulina en la que se aprecia cómo se unen dos cadenas por medio de enlaces bisulfuro.

en cadenas adyacentes uniendo de esta manera las cadenas por medio de enlaces transversales.

El grupo R más importante implicado en los enlaces transversales es ·el de la *cisteína* que contiene el grupo SH. Cuando dos unidades de cisteína en diferentes cadenas polipeptídicas están contiguas se forma un puente bisulfuro —S—S— entre ambas unidades por la oxidación de los grupos SH—, enlazando así las cadenas. La figura 8.3 muestra cómo dos de estas cadenas se enlazan en dos puntos diferentes de la insulina. Asimismo, indica cómo se forma un puente bisulfuro interior entre unidades de cisteína que se encuentran en la misma cadena.

Además de los fuertes enlaces covalentes transversales por medio de puentes bisulfuro, otros tipos de enlaces transversales más débiles contribuyen también a la estructura de la proteína. Por ejemplo, cuando grupos R vecinos de diferentes cadenas polipeptídicas contienen grupos $\overset{+}{N}H_3$ y $\overline{COO}$ libres la atracción electrostática resultante mantiene unidas las cadenas, aunque la fuerza de la atracción depende del pH del sistema. Asimismo, se forman enlaces transversales por la formación de sales entre los grupos básicos de una cadena y los grupos ácidos de otra, y por la formación de ésteres entre los grupos hidroxilo de una cadena (por ejemplo: treonina y serina) y grupos como fosfato de otra. También se pueden producir enlaces transversales por la formación de *puentes de hidrógeno*, aunque dichos enlaces entre el hidrógeno de una cadena y, por ejemplo, el oxígeno de una cadena vecina son mucho más débiles que los verdaderos enlaces químicos. En la figura 8.4 se representa cómo se forman dichos enlaces entre cadenas polipeptídicas adyacentes.

CLASIFICACIÓN DE LAS PROTEÍNAS: ESTRUCTURA TERCIARIA   Las proteínas de origen animal se clasifican de acuerdo con su forma molecular ya sea como *fibrosas* o *globulares*. Las proteínas de origen vegetal son más difíciles de clasificar, pero de manera general se dividen en *gluteninas* o *prolaminas*. La naturaleza de estos diferentes tipos se resume en la tabla 8.2.

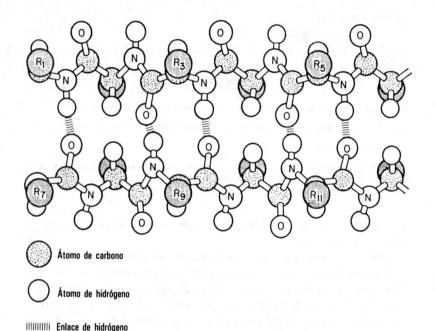

Átomo de carbono

Átomo de hidrógeno

||||||||| Enlace de hidrógeno

Figura 8.4   Cadenas polipeptídicas unidas por puentes de hidrógeno en una molécula de proteína.

Las proteínas *fibrosas*, que son más simples que las proteínas globulares, están constituidas por cadenas polipeptídicas individuales en zigzag que se mantienen unidas por medio de enlaces transversales para formar moléculas alargadas o fibrosas con una estructura muy estable pero elástica. Se caracterizan por ser sustancias bastante insolubles.

Las proteínas fibrosas *queratina* y *colágena* han sido muy estudiadas y sirven para ilustrar las características típicas de esta clase de proteínas. La queratina es la principal proteína del pelo. En su forma natural, conocida como α-queratina, una fibra de lana o un pelo consiste en muchas cadenas polipeptídicas en forma de alfa hélice (figura 8.5). Estas cadenas se mantienen unidas mediante puentes de hidrógeno y también por puentes bisulfuro suministrados por el aminoácido cistina que contiene azufre. Las cadenas están embebidas en una matriz insoluble de proteína. Cuando la α-queratina es sometida a calor húmedo y estiramiento se rompen los puentes de hidrógeno, se desintegra la estructura de la alfa hélice y se forma un producto inelástico estirado permanentemente conocido como α-queratina. Lo anterior constituye la base del ondulado "permanente" del cabello.

La colágena es la proteína más abundante en el cuerpo. Se encuentra principalmente en la piel, los cartílagos y los huesos y es la principal proteína estructural del cuerpo. Los principales aminoácidos de la colágena son glicina, prolina e hidroxiprolina, y éstas impiden la formación de una

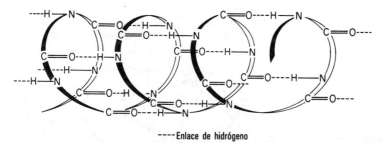

----Enlace de hidrógeno

Figura 8.5   Una alfa hélice que muestra cómo se mantienen en su lugar los enlaces de la espiral por medio de puentes de hidrógeno.

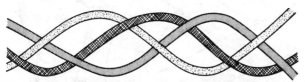

Figura 8.6   Colágena, mostrando su estructura de triple hélice.

estructura de alfa hélice. En su lugar, las cadenas polipeptídicas se enredan una sobre otra en grupos de tres para formar una triple hélice (figura 8.6) que tiene una estructura parecida a la de una cuerda. Los hilos de la "cuerda" se mantienen unidos por puentes de hidrógeno y toda la estructura tiene una gran resistencia a la tensión y es insoluble en agua.

Las proteínas globulares son más complejas que las proteínas fibrosas debido a que la cadena helicoidal alfa está doblada de diversas maneras para formar moléculas con una forma irregular pero voluminosa. La manera particular en la que tienen lugar los plegamientos depende de los puntos en los espirales adyacentes en los cuales se forman los puentes bisulfuro y otros tipos de enlaces transversales. Una de las complejidades de la determinación de la estructura de las proteínas globulares estriba en que no existe ningún patrón general para el plegado, y por tanto, es necesario determinar la naturaleza exacta del plegamiento, llamada estructura *terciaria*, para cada proteína. La figura 8.7 da una impresión de cómo se pliega la alfa hélice en la molécula de *mioglobina*, en la que aproximadamente tres cuartas partes de la cadena están en forma de una alfa hélice. Es posible apreciar que la estructura es compleja y asimétrica, aunque la forma global es aproximadamente esférica. Las proteínas globulares son muy importantes en el cuerpo ya que incluyen todas las proteínas que se encuentran en el interior de las células corporales y muchas proteínas de los alimentos.

La estructura de las proteínas de las plantas se conoce menos que la de las células animales, pero se dividen convenientemente en dos categorías. Las *glutelinas* se caracterizan por su insolubilidad en soluciones neutras y su solubilidad en ácidos y álcalis. Las *prolaminas*, por otra parte, son

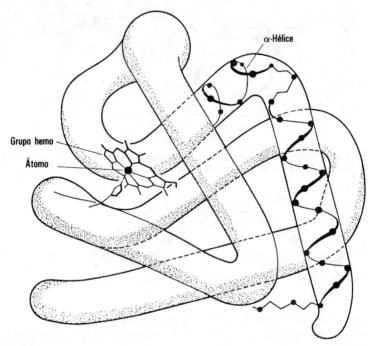

Figura 8.7 Esquema de una molécula de *mioglobina* mostrando la naturaleza helicoidal de una sección de la cadena y la manera como se pliega ésta (según R.E. Dickerson).

Tabla 8.2 Clasificación simple de las proteínas

Tipo	Solubilidad/función	Ejemplos/fuente
Animales		
Fibrosas	Insolubles, proteínas elásticas que forman la parte estructural de los tejidos	Queratina (pelo), colágena (tejido conectivo), elastina (tendones, arterias), miosina (músculos).
Globulares	Relativamente solubles. Son parte de los fluidos de todas las células corporales. Muchas proteínas alimenticias.	Enzimas, hormonas proteínicas, albúminas, globulinas (sangre), caseína (leche), ovoalbúmina (clara de huevo)
Vegetales		
Glutelinas	Insolubles en soluciones neutras. Solubles en ácidos y álcalis.	Glutenina (trigo) Hordenina (cebada)
Prolaminas	Insolubles en agua. Solubles en alcohol.	Orizenina (arroz) Gliadina (trigo) Zeina (maíz)

insolubles en agua pero solubles en alcohol. En la tabla 8.2 se incluyen ejemplos de ambas clases. Vale la pena hacer hincapié nuevamente en la importancia de que estén presentes tanto la *glutenina* como la *gliadina* en el trigo. En combinación, ambas constituyen el *gluten*, cuya importancia en la fabricación del pan se discutió en la página 162.

PROTEÍNAS SIMPLES Y CONJUGADAS   Las proteínas que se han encontrado hasta ahora consisten en su totalidad de aminoácidos combinados. Dichas proteínas se distinguen de las proteínas conjugadas, cuyas moléculas contienen aminoácidos combinados y además un componente no proteínico, llamado *grupo prostático*. Los tipos principales de proteínas conjugadas se resumen en la tabla 8.3.

Los ácidos nucleicos: el *ácido ribonucleico* (RNA) y el *ácido desoxirribonucleico* (DNA) revisten un interés e importancia particulares debido a que desempeñan una función importante en la síntesis de todas las proteínas del cuerpo, incluyendo las enzimas. Casi todas las células humanas contienen *nucleoproteínas* en las que los ácidos nucleicos están unidos a diferentes proteínas. El RNA se encuentra principalmente fuera del núcleo mientras que el DNA se encuentra dentro de éste. El DNA lleva la información genética que determina la naturaleza de las proteínas que se deben sintetizar a fin de mantener el carácter hereditario. El DNA transfiere esta información al RNA que controla la síntesis de dichas proteínas. El DNA y el RNA no necesitan ser suministrados por la dieta ya que el cuerpo puede fabricar todo lo que requiera de éstos. No obstante, ciertos alimentos los contienen, particularmente la hueva, el hígado y los riñones de pescado.

Propiedades de las proteínas

El peso molecular de un proteína promedio es de alrededor de 60 000, y asimismo las proteínas no presentan temperaturas de fusión características. Algunas han sido obtenidas en forma cristalina. La solubilidad de las pro-

Tabla 8.3   Clasificación de las proteínas conjugadas

Tipos	Grupo prostético	Ejemplos
Nucleoproteínas	Ácido nucleico	DNA combinado con protaminas RNA combinado con ribosomas
Lipoproteínas	Lípido	Distinguidas por la densidad; por ejemplo: LDL (baja densidad) véase la tabla 5.11
Cromoproteínas	Grupo coloreado que contiene un metal	Hemoglobina (sangre)
Glicoproteínas	Carbohidrato	Algunas enzimas y hormonas Mucinas (clara de huevo)
Fosfoproteínas	Fosfato	Caseína (leche)

teínas en los diferentes disolventes varía ampliamente, en particular en el agua, las soluciones salinas y el alcohol, y esta diversidad se utiliza para clasificarlas. A pesar de que se habla de la solubilidad de las proteínas, éstas no forman verdaderas soluciones sino que, debido a su tamaño relativamente grande, forman dispersiones colidales o soles. El carácter coloidal de las proteínas es importante en muchos alimentos como ya se ha visto en relación con los sistemas coloidales de alimentos, como leche, mantequilla y helado, discutidos en los capítulos 4 y 5.

Las propiedades de las proteínas son similares en muchos aspectos a las de los aminácidos que las componen. Por ejemplo, contienen grupos amino y carboxilo libres en los extremos de las cadenas polipeptídicas, y como éstos llevan una carga positiva y una negativa, las proteínas forman zwitterions; por consiguiente, son anfotéricas y actúan como amortiguadores. La carga neta sobre las moléculas de proteína varía con el pH y es cero en el punto isoeléctrico. Este punto isoeléctrico es importante al considerar el comportamiento de las proteínas de los elementos debido a que a este pH muchas de las propiedades están a un máximo o a un mínimo; en la tabla 8.4 se dan algunos valores.

Las propiedades de las proteínas fibrosas son diferentes de las de las proteínas globulares. Las primeras son relativamente insolubles, al ser resistentes a los ácidos y los álcalis, y no son alteradas por el calentamiento moderado, mientras que las últimas son solubles y son afectadas por los ácidos, los álcalis y el calentamiento. Las proteínas globulares son muy sensibles a las condiciones químicas y físicas a causa de los débiles enlaces transversales que mantienen en posición a las cadenas helicoidales alfa plegadas. Un pequeño cambio en el pH o un pequeño aumento en la temperatura bastan para romper dichos enlaces transversales y hacer que se desdoblen las cadenas, un proceso conocido como *desnaturalización*. Cuando se desnaturalizan las proteínas sus propiedades se alteran totalmente; se destruye la actividad biológica, disminuye la solubilidad y aumenta la viscosidad. Además, el cambio es irreversible.

Tabla 8.4   Pesos moleculares y puntos isoeléctricos de algunas proteínas alimenticias

Proteína	Fuente	Peso molecular	Punto isoeléctrico
Caseína	Leche	34 000	4.6
β-Lactoglobulina	Leche	35 000	5.1
Ovoalbúmina	Huevos	44 000	4.6
Gliadina	Trigo	27 000	6.5
Gluten	Trigo	39 000	7.0
Gelatina	Huesos	Variable	4.9
Miosina	Carne	850 000	5.4

La desnaturalización se puede efectuar controlando el pH y ocurre más fácilmente en el punto isoeléctrico cuando las proteínas son menos estables. Por ejemplo, la caseína, la principal proteína de la leche, tiene un punto isoeléctrico de 4.6, y esto explica por qué cuando la leche se agria y baja el pH, se cuaja con rapidez. Explica también por qué la leche en el estómago es coagulada o cuajada tan fácilmente por la renina, ya que el pH es bajo y no se halla muy lejos del punto isoeléctrico de la caseína. La desnaturalización de las proteínas de la leche se discute con mayor detalle en la página 90.

Muchas proteínas son desnaturalizadas por el calor. Por ejemplo, si se calienta la clara de huevo, la coagulación se inicia cerca de los 60°C cuando la proteína *ovoalbúmina* se empieza a separar como un sólido. Conforme se eleva la temperatura, continúa la coagulación hasta que toda la masa se solidifica totalmente. Es obvio que la coagulación tiene lugar en la cocción de los alimentos que contienen proteínas. Por ejemplo, las proteínas de la carne magra se coagulan al calentar. La coagulación se inicia a alrededor de 60°C, como en el caso de la albúmina, y si las temperaturas de cocción se mantienen ligeramente por debajo de 100°C, la coagulación es lenta y la proteína cocida no resulta demasiado dura. En este estado la proteína es muy digestible. Sin embargo, si se utiliza una temperatura de 100°C o más, como en la ebullición y el asado, la coagulación es más rápida y la proteína desnaturalizada forma una masa sólida bastante dura.

La coagulación parcial de las proteínas puede efectuarse batiéndolas hasta formar espuma. Por ejemplo, cuando se baten las claras de huevo, la espuma que se forma es estabilizada por la coagulación parcial de la ovoalbúmina. Si dicha espuma se calienta se endurece a causa de la coagulación adicional de la ovoalbúmina. Esta formación de espuma tiene lugar con mayor facilidad en el punto isoeléctrico cuando la ovoalbúmina es menos estable, y se puede promover por la adición de una sustancia ácida que baje el pH hasta un valor cercano al punto isoeléctrico.

Las proteínas precipitan de la solución por la acción de ciertas sales como el sulfato de amonio, el cloruro de sodio, el cloruro mercúrico y el acetato de plomo. Así, la presencia de sales minerales afecta la desnaturalización de las proteínas por tratamiento térmico. El hecho de que el acetato de plomo cause la precipitación de la ovoalbúmina de la clara de huevo explica por qué éstas se utilizan en los casos de envenenamiento por plomo, ya que al reaccionar con la clara de huevo una sal soluble de plomo se convierte rápidamente en un compuesto insoluble que no es asimilado.

PRUEBAS PARA LAS PROTEÍNAS Para detectar la presencia de nitrógeno (y azufre) en una sustancia se puede utilizar la *prueba de Lassaigne*. La sustancia que se desea probar se calienta con sodio, el cual reacciona con el nitrógeno y el azufre formando cianuro de sodio y sulfuro de sodio, respectivamente. Los iones sulfuro dan un color púrpura al añadir una solución de nitroprusiato sódico y los iones cianuro dan un precipitado o un color azul con una mezcla de iones ferrosos y férricos.

La prueba de Lassaigne detecta la presencia de nitrógeno en una sustancia, pero se requieren pruebas adicionales para determinar si el compuesto que contiene nitrógeno es una proteína. Las proteínas se pueden detectar por medio de pruebas de color. Por ejemplo, en la *prueba de Biuret*, las proteínas dan un color púrpura característico cuando se les calienta en presencia de un álcali fuerte y una solución de sulfato de cobre. Se obtiene un color similar con cualquier sustancia que contenga más de un agrupamiento —CONH—, de manera que la prueba no es específica para las proteínas sino que es también positiva para todos los polipéptidos.

La mayoría de las proteínas dan un resultado positivo con la reacción *Xantoproteica*, en la cual la sustancia que se cree es proteína se calienta con ácido nítrico concentrado. En presencia de proteína la solución se vuelve amarilla y, al añadir un álcali, anaranjada. La reacción de *Millon* se utiliza para detectar proteínas que por hidrólisis producen *tirosina*. La gelatina es la única proteína común que no da un resultado positivo con esta prueba. La sustancia se calienta moderadamente con el reactivo de Millon (el que contiene nitratos mercuriosos y mercúricos en ácido nítrico), y si una proteína está presente se obtiene un precipitado blanco que se vuelve rojo.

GELES Y GELATINA Los geles son sistemas coloidales en los que grandes volúmenes de líquido son inmovilizados por pequeñas cantidades de material sólido; el líquido constituye el medio dispersor y el sólido la fase dispersa. Los geles son de considerable importancia en la preparación de los alimentos a causa de la rigidez que poseen dichos sistemas. Por ejemplo, los geles formados por polisacáridos, como los geles de pectina en la jalea y los geles de almidón en los alimentos amiláceos cocinados, han sido discutidos en el capítulo 7. Las proteínas también forman geles y el gel formado por la *gelatina* es de particular importancia en la preparación de los alimentos.

La gelatina se prepara a partir de la proteína *colágena* que se encuentra en la piel y los huesos de diversos animales. Las moléculas de colágena están constituidas por tres cadenas entrelazadas que forman una triple hélice y se mantienen en posición por medio de enlaces transversales covalentes y otros enlaces más débiles (véase la figura 8.6). Cuando la colágena se trata con agua caliente y un ácido o un álcali todos los enlaces transversales son débiles y, según el rigor del tratamiento, se rompe una producción de los enlaces transversales covalentes. El producto resultante, la *gelatina* comercial, es soluble y contiene una gama de moléculas de proteínas y alrededor del 12 por ciento de agua y uno por ciento de sales minerales. Se produce tanto en forma granular como en forma de delgadas hojas, siendo más corriente la primera.

Cuando se añade agua fría a la gelatina, esta aumenta de volumen debido a que absorbe agua. Esto ocurre porque las diferentes moléculas de proteína que constituyen la gelatina están en forma de cadenas polipeptídicas en zigzag unidas de modo débil para formar una red tridimensional. El agua es atrapada e inmovilizada en esta red de manera muy parecida a como el agua es retenida en una esponja. Una cantidad adicional de agua se une a la gelatina mediante puentes de hidrógeno. Si la gelatina hidratada se calienta con agua a una temperatura por arriba de 35°C se licúa y forma un sol. Al enfriarse, el sol "cuaja" y se solidifica, un proceso conocido como *gelación*. Para producir un gel semejante, basta una cantidad tan pequeña de gelatina como uno por ciento. El gel formado es semirrígido, aunque pierde su rigidez al calentarlo o sacudirlo; la solución así formada no es coagulada por el calor.

La capacidad de endurecerse de la gelatina se utiliza en la preparación de los alimentos. Las jaleas de mesa del tipo comercial se preparan con jarabes de glucosa y sacarosa. Se añade gelatina al jarabe caliente y, después que se disuelve, se agregan ácido (generalmente cítrico), saborizante y colorante y la mezcla se enfría hasta que endurece. La gelatina es también la que hace que los guisados y el caldo que se preparan hirviendo huesos se cuajen. Si un sol de gelatina se enfría hasta que se haga viscoso pero no se solidifique firmemente, se puede batir para obtener una espuma. Ésta se forma con más facilidad en el punto isoeléctrico de la gelatina (véase la tabla 8.4), cuando las partículas se adhieren mutuamente con mayor fuerza. Durante el batido, se incorpora aire a la mezcla y como la gelatina tiene en esta etapa una cierta elasticidad es capaz de estirarse y rodear a las burbujas de aire sin que éstas se rompan. En la preparación de postres de gelatina es posible añadir crema batida y saborizantes a dichas espumas.

La gelatina se utiliza asimismo como un agente estabilizador para las emulsiones, y su utilización en este respecto se discutió en referencia al helado en la página 63.

Tabla 8.5 Contenido de aminoácidos esenciales de proteínas animales de alta calidad (mg/g de proteína)

Aminoácido	Huevos	Leche	Carne de res	Patrones sugeridos para adultos*
Histidina	22	27	34	16
Isoleucina	54	47	48	13
Leucina	86	95	81	19
Lisina	70	78	89	16
Metionina y cistina	57	33	40	17
Fenilalanina y tirosina	93	102	80	19
Treonina	47	44	46	11
Triptófano	17	14	12	9
Valina	66	64	50	5

* FAO/OMS. Informe de 1985, suponiendo un nivel seguro de ingestión de proteínas para adultos de 0.7 g por kg de peso corporal.

Calidad de la proteína

La calidad de los alimentos que contienen proteínas puede juzgarse por su contenido de las mismas el número y cantidad de los aminoácidos esenciales que contienen y el grado al cual las proteínas son digeridas y absorbidas por el cuerpo. Los alimentos proteínicos de mayor calidad son aquellos que proveen todos los aminoácidos esenciales en las proporciones que necesita el ser humano (tabla 8.5).

CALIDAD DE LA PROTEÍNA: EVALUACIÓN BIOLÓGICA   El *valor biológico* (VB) de un alimento con proteínas se mide generalmente alimentando con la proteína sometida a prueba a ratones jóvenes como la única fuente de nitrógeno y a un nivel por debajo del requerido para mantener el balance de nitrógeno (véase la página 199). El valor biológico se calcula midiendo la ingestión de nitrógeno y la cantidad de nitrógeno que se pierde en la orina y el excremento. El nitrógeno que se pierde en la orina mide el nitrógeno que se ha sido absorbido y utilizado por el cuerpo mientras que el nitrógeno que se pierde en el excremento mide el nitrógeno que no ha sido absorbido.

$$VB = \frac{\text{Ingestión de nitrógeno} - \text{Nitrógeno que se pierde en la orina y las heces}}{\text{Ingestión de nitrógeno} - \text{Nitrógeno que se pierde en las heces}} \times 100$$

$$= \frac{\text{Nitrógeno retenido}}{\text{Nitrógeno absorbido}} \times 100$$

El VB se define como el porcentaje de proteína absorbida que es retenida en el cuerpo, esto es, aquélla que es convertida en proteína corporal.

El VB de una proteína no tiene en cuenta la digestibilidad de la proteína, y si se toma en cuenta, se mide entonces la *utilización neta de la proteína* (UNP). Ésta se define como el porcentaje de proteína ingerida que es retenida en el cuerpo.

$$UNP = \frac{\text{Nitrógeno retenido}}{\text{Ingestión de nitrógeno}} \times 100 = VB \times \text{digestibilidad}$$

Como la mayor parte de las proteínas tienen una digestibilidad que excede del 90 por ciento (véase la tabla 8.8), los valores de VB y UNP no difieren gran cosa, como se demuestra en la tabla 8.6. Puesto que la evaluación biológica de la calidad de la proteína se efectúa generalmente con ratones, no se tiene garantía alguna de que los resultados para los valores de VB y UNP sean los mismos para los seres humanos. En la práctica, se considera que los resultados son razonablemente confiables, a pesar de que tienden a subestimar la calidad de la proteína para el ser humano, en particular para los adultos. El valor UNP de una buena dieta mixta es de alrededor de 70.

Tabla 8.6 Calidad proteínica comparativa de algunos alimentos con base en los valores VB, UNP y químicos

Alimento	VB	UNP	Evaluación química
Huevo entero	98	94	100
Leche	77	71	95
Harina de soya	70	65	74
Trigo	49	48	53
Maíz	36	31	49
Arroz	67	63	67
Gelatina	0	0	0

CALIDAD DE LA PROTEÍNA: EVALUACIÓN QUÍMICA   La calidad de la proteína de un alimento se evalúa en términos químicos midiendo su contenido de aminoácidos y comparándolo con una proteína de referencia. La proteína de un huevo entero es la que generalmente se toma como referencia y se le asigna un valor de 100. Los valores químicos asignados se halla que concuerdan bastante bien con los valores biológicos, lo que se aprecia en la tabla 8.6.

AMINOÁCIDOS LIMITANTES   Una inspección de la tabla 8.5 demuestra que los huevos, la leche y la carne son proteínas de alta calidad debido a que contienen todos los aminoácidos esenciales y en cantidades suficientes para satisfacer las necesidades de un adulto. Sin embargo, en otros alimentos proteínicos uno o más aminoácidos pueden estar presentes en cantidades que son inferiores a los requerimientos humanos. El aminoácido que se encuentra por abajo de los requerimientos humanos se conoce como el *aminoácido limitante*. En la tabla 8.7 se apuntan los aminoácidos limitantes de una variedad de alimentos.

PROTEÍNAS COMPLEMENTARIAS   Cuando una proteína en particular es deficiente en un aminoácido esencial, es posible superar la desventaja comiendo sencillamente una mayor cantidad de la proteína en cuestión. Sin embargo, en algunas circunstancias, como en tiempo de escasez de alimento o en el caso de los lactantes, puede que esto no sea posible.

Tabla 8.7 Aminoácidos limitantes en los alimentos de origen animal y vegetal

De origen animal	Aminoácidos limitantes	De origen vegetal	Aminoácidos limitantes
Leche	Ninguno	Trigo	Lisina
Huevos	Ninguno	Maíz	Triptófano
Carne de res	Ninguno	Legumbres	Metionina
Queso	Metionina	Soya	Metionina
Gelatina	Triptófano	Nueces	Metionina

Las dietas normales contienen una mezcla de proteínas y el hecho de que cualquier proteína tenga un valor biológico alto o bajo no es de gran importancia. El requerimiento dietético importante es que la ingestión total de proteína debe suministrar todos los aminoácidos esenciales en proporciones suficientes para nuestras necesidades. Por tanto, aunque una proteína sea de baja calidad al faltarle un aminoácido particular, si se ingiere junto con una segunda proteína a la que le falte un aminoácido esencial *diferente*, la mezcla tiene un elevado valor biológico. Se dice entonces que tales aminoácidos se *complementan*. Este principio está ilustrado por la mezcla de gelatina y pan. El aminoácido limitante del trigo es la lisina mientras que el de la gelatina es el triptófano. Como la gelatina es relativamente rica en lisina los dos alimentos se complementan. El pescado y el arroz y el maíz y los frijoles constituyen ejemplos de otras proteínas complementarias.

Siempre que una dieta contenga una mezcla de diferentes proteínas es poco probable que sea deficiente en cualquier aminoácido esencial. Aun cuando las dietas sean de baja calidad en cuanto a contenido de proteínas, como es el caso de algunas dietas a base de vegetales en los países subdesarrollados, satisfacen por lo general los requerimientos de aminoácidos esenciales de los adultos. Es solamente en el caso de los niños, cuyas necesidades de proteínas son relativamente mayores a fin de mantener el crecimiento, que dichas dietas carecen de suficientes aminoácidos esenciales.

La conclusión general es que siempre que las dietas contengan una variedad de fuentes de proteínas, la mezcla total tendrá un elevado valor biológico. Sólo cuando el 70 por ciento o más de las proteínas de la dieta provengan de un alimento básico, que sea muy bajo en proteínas (como la yuca o mandioca o el plátano macho), es que hay que preocuparse de que la calidad de la proteína esté por debajo de un nivel aceptable.

DIGESTIBILIDAD DE LAS PROTEÍNAS   Mientras que se ha hecho mucha investigación sobre la calidad de las proteínas, se le ha dado poca consideración a la digestibilidad. Puesto que hoy en día se piensa que son pocas las dietas que proveen cantidades insuficientes de aminoácidos esenciales, excepto en el caso de los recién nacidos y los niños en edad preescolar, es necesario prestar mayor atención a la digestibilidad, especialmente de las dietas de los países en vías de desarrollo.

Resulta evidente de la tabla 8.8 que en tanto que las proteínas de origen animal son altamente digestibles, las proteínas de origen vegetal pueden tener una digestibilidad mucho menor. Es preciso tener en cuenta este factor al considerar los requerimientos de proteínas (véase más adelante). La digestibilidad de las proteínas de los alimentos está relacionada con su contenido de fibra dietética, la que aumenta la excreción de nitrógeno en el excremento y reduce por consiguiente la digestibilidad aparente.

Tabla 8.8 Digestibilidad relativa de diferentes alimentos (FAO/OMS, 1985)

Alimento	Digestibilidad
Referencia: huevos, leche, queso, carne, pescado	100
Trigo, refinado	101
Mantequilla de cacahuate	100
Chícharos, maduros	93
Arroz, pulido	93
Harina de avena	90
Trigo, entero	90
Maíz	89
Frijoles	82

Requerimientos de proteínas

Al considerar qué cantidad de proteínas se debe suministrar al cuerpo en la dieta, se debe tomar en cuenta la naturaleza de la proteína; por consiguiente, es mucho más difícil estimar la ingestión óptima de proteínas que la de carbohidratos o grasas. Puesto que una determinada cantidad de proteínas de un elevado valor nutritivo puede satisfacer los requerimientos proteínicos del cuerpo, se necesitará una cantidad mucho mayor de proteína de baja calidad. Por consiguiente, sólo es posible calcular la ingestión mínima de proteína necesaria para conservar la salud suponiendo que esta cantidad de proteína suministra al cuerpo el mínimo de aminoácidos esenciales que éste requiere.

El requerimiento de proteínas de un individuo se define como el nivel más bajo de ingestión de proteínas que equilibra las pérdidas de nitrógeno del cuerpo en personas que mantienen el balance de energía en niveles moderados de actividad física. En el caso de los niños y las mujeres embarazadas o lactantes se considera que los requerimientos de proteína incluyen las necesidades asociadas con la formación de tejidos o la secreción de leche en proporciones compatibles con una buena salud.

Cuando dicha definición se generaliza para incluir una clase de gente, el requerimiento de proteína se expresa como *nivel seguro de ingestión*, conocido anteriormente como *ingestión recomendada*. Se expresa como la cantidad de proteína que satisface o excede los requerimientos de casi todos los individuos del grupo.

En términos prácticos, el requerimiento de proteína se mide cuando una persona se halla en *equilibrio de nitrógeno*, es decir, cuando la ingestión de nitrógeno de la dieta es igual a la eliminación de nitrógeno en la orina, las heces y la piel. El requerimiento es sencillamente la mínima cantidad de proteína necesaria para mantener el equilibrio de nitrógeno. Al tratar de medir este requerimiento de proteína se han establecido dos puntos de referencia, a saber, los de un niño de poca edad y los de un adulto joven. Para otros grupos se han hecho estimaciones con base en los puntos de referencia.

NORMAS DE LA ORGANIZACIÓN DE LAS NACIONES UNIDAS PARA LA ALIMENTACIÓN Y LA AGRICULTURA (FAO)   El primer intento de determinar el requerimiento de proteínas fue hecho por la Liga de las Naciones (Comité Técnico sobre Nutrición, 1936) cuando se recomendó en el caso de los adultos la ingestión de 1 g de proteína/kg de peso corporal. Dicho valor tenía el mérito de la sencillez, pero desde entonces se ha hecho una serie de recomendaciones por la FAO y la OMS (Organización Mundial de la Salud) que ha reducido gradualmente la cantidad recomendada. Al presente se considera (FAO/OMS, 1985) que una ingestión diaria de proteína de 45 g, o alrededor de 0.7 g/kg de peso corporal de proteína de buena calidad con una UNP de cuando menos 70, debe mantener el equilibrio de nitrógeno en la mayoría de los adultos.

Para aquellas personas que requieran una mayor proporción de proteínas, se recomienda ingerir cantidades adicionales de proteínas. Por ejemplo, las mujeres embarazadas requieren 6 g adicionales de proteína por día, mientras que las lactantes requieren de 11 a 16 g adicionales por día, lo que depende de la etapa de la lactancia.

Asimismo, la FAO ha estimado los requerimientos diarios de aminoácidos individuales para diferentes grupos, mismos que se resumen en la tabla 8.9, y en la que se aprecia el considerable efecto que el crecimiento tiene sobre las necesidades de aminoácidos.

NORMAS BRITÁNICAS   En Inglaterra, las cantidades diarias recomendadas de proteína (CDR) están basadas en una premisa diferente de las cifras recomendadas por la FAO/OMS. Se considera que una dieta que suministre menos del 10 por ciento de la energía total del alimento en forma de proteína es probable que resulte desagradable para la mayor parte de los

Tabla 8.9   Estimación de los requerimientos diarios de aminoácidos en mg/kg de peso corporal (basada en los valores de FAO/OMS, 1985)

Aminoácidos	Lactantes, de 3 a 4 meses	Infantes, 2 años	Muchachos, de 10 a 12 años	Adultos
Histidina	28	?	?	8-12
Isoleucina	70	31	28	10
Leucina	161	73	44	14
Lisina	103	64	44	12
Metionina (+ cistina)	58	27	22	13
Fenilalanina (tirosina)	125	69	22	14
Treonina	87	37	28	7
Triptófano	17	12	3	3
Valina	93	38	25	10
Totales:	742	351	216	91-95

ingleses. Además, una dieta semejante podría ser deficiente en otros nutrientes de fácil absorción como hierro, vitamina B_{12}, riboflavina, ácido nicotínico y cinc, los cuales están a menudo asociados con las proteínas. Las CDR de proteína dadas en el apéndice I están por tanto establecidas en un nivel que provee diez por ciento de la energía del alimento bajo la suposición de que la proteína de la dieta tiene una UNP de 75.

La consecuencia de relacionar la ración recomendada de proteína con el gusto de energía es que los valores ingleses recomendados son ligeramente más altos que los valores de FAO/OMS. Por ejemplo, para los hombres jóvenes moderadamente activos entre las edades de 18 y 34 años la recomendación inglesa es de 63 g de proteína por día, en comparación con el valor de FAO/OMS de 45 g. Aunque la cifra dada por FAO/OMS basada en los experimentos sobre equilibrio de nitrógeno proporcionan indudablemente el mínimo de proteínas que necesita el cuerpo muchos nutriólogos son de la opinión de que es prudente ingerir una cantidad mayor a fin de prepararse para cualquier necesidad adicional de proteína como podría ser el caso durante una enfermedad. Las cifras inglesas aunque empíricas, bien podrían constituir una recomendación más segura.

LA ADAPTABILIDAD HUMANA   A pesar de que no se han escatimado esfuerzos para determinar los requerimientos mínimos de proteínas, se sabe que los adultos son capaces de adaptarse a una amplia gama de ingestión de proteínas. Se considera que en la mayor parte de los adultos, la salud no resulta afectada por la ingestión de proteína dentro de los límites de 45 a 150 g de proteína por día. La razón de que los seres humanos se adapten tan bien a las diferentes ingestiones de proteína depende de la actividad del hígado, el que tiene la capacidad de transformar los aminoácidos en urea que luego es excretada del cuerpo. Cuando la ingestión de proteína es elevada, se activa la enzima *argininosuccinasa* que hace que se forme urea con la consecuente pérdida de proteína del cuerpo en la orina. Cuando la ingestión de proteína es baja se activan las enzimas encargadas de la utilización de aminoácidos en la síntesis de proteínas, de manera que en estas condiciones se pierde poca proteína del cuerpo.

Vale la pena hacer notar que la adaptabilidad del cuerpo con respecto a la ingestión de proteína contrasta notablemente con su adaptabilidad en lo que respecta a la entrada de energía. En este último caso, el requerimiento de energía es determinado por el gasto de energía. Si la entrada excede o disminuye, por debajo de la salida de energía, el cuerpo es incapaz de adaptarse y reacciona almacenando energía en forma de grasa o bien consumiéndola, respectivamente.

La cantidad total de proteína en el cuerpo también varía en grado considerable sin consecuencias graves para la salud. El cuerpo de un adulto bien alimentado contiene alrededor de 11 kg de proteína, pero puede perder hasta 3 kg sin consecuencias perjudiciales importantes para la salud.

INGESTIÓN ALTA DE PROTEÍNAS   ¿Es conveniente o perjudicial una alta ingestión de proteína? Con el fin de hallar una respuesta a esta pregunta se ha estudiado el estado de salud de grupos de personas con niveles altos y bajos de ingestión de proteínas. Los guerreros de la tribu Masai del África Central, por ejemplo, parecen estar sanos y físicamente bien con una elevada ingestión de proteína de hasta 300 g por día. Por otra parte, mucha gente en los países en vías de desarrollo tienen una baja ingestión de proteínas de alrededor de 45 g por día y ellos también están sanos siempre y cuando su dieta sea adecuada en otros aspectos.

Estos resultados confirman que el cuerpo es capaz de adaptarse a una amplia gama de valores de ingestión de proteína. Se cree que una elevada ingestión de proteína durante toda la vida no hace daño; por otra parte, se piensa también que una elevada ingestión de proteína no es en absoluto necesaria.

La creencia de que las personas con necesidades altas de proteínas como los atletas, se benefician de una dieta elevada en proteínas, basada quizá en un elevado consumo de bisteces, carece de fundamento. La ingestión de proteínas para los atletas, como la de la gente en general, debe suministrar alrededor de diez por ciento de los requerimientos de energía.

DESNUTRICIÓN POR CARENCIA DE PROTEÍNAS Y ENERGÍA   Ya se ha establecido que los adultos raras veces sufren de deficiencia de proteínas aun cuando tengan que subsistir con dietas deficientes a base principalmente de vegetales. Sin embargo, la deficiencia de proteínas es corriente entre los niños de los países subdesarrollados. Otra posibilidad es que los niños de dichos países pueden sencillamente carecer de suficiente alimento; es decir, es posible que subsistan con dietas que carecen tanto de energía como de proteína (y otros nutrientes). Entre estos dos extremos de falta de proteínas y falta de alimento se encuentra una variedad de dietas que carecen de diversas combinaciones de proteínas y energía (y otros nutrientes). Toda la gama de estas dietas dan origen a lo que se conoce como *desnutrición por carencia de proteínas y energía*.

La desnutrición por falta de proteínas y energía constituye el mayor problema de salud en los países subdesarrollados. En dichos países esta condición es una de las causas principales de muerte y hasta la mitad de los niños no llegan a los cinco años.

La deficiencia de proteínas produce en los niños la enfermedad conocida como el *síndrome del kwashiorkor* que se presenta cuando, después de un período de lactancia materna, los niños son destetados para pasar a una dieta en la que el alimento principal es ya sea mandioca o yuca o bien plátanos verdes (matoke) y por consiguiente deficiente en proteína. El kwashiorkor hace que se hinche el cuerpo y produce manchas de pigmentación tanto en el cabello como en la piel: produce también apatía. Está asimismo asociada con otras enfermedades por deficiencia como la *pelagra*, cuya causa es una deficiencia de ácido nicotínico.

La falta de alimento en los niños produce semiinanición, una condición que se conoce como *marasmo*. A pesar de ser causada por la falta de alimento, es empeorada por las repetidas infecciones fruto de una higiene deficiente. El marasmo produce niños encogidos y deshidratados con músculos enflaquecidos; es a menudo acompañado por diarrea.

La desnutrición por falta de proteínas y energía es el resultado de la pobreza y la ignorancia. Las tradiciones también tienen que ver, haciendo que al jefe de la familia se le dé la carne o el alimento con proteínas disponible, mientras que el resto de la familia tiene que arreglárselas con lo que quede de otros alimentos.

PROTEÍNAS EN EL CUERPO

DIGESTIÓN   Durante la digestión las proteínas se desdoblan en aminoácidos. La degradación es producida progresivamente por peptidasas como se explicó en el capítulo 3. Las peptidasas son enzimas hidrolizantes que operan catalizando la hidrólisis de los enlaces peptídicos de la molécula de proteína, lo que descompone a las proteínas en unidades más pequeñas.

Una vez en el estómago, las glándulas gástricas segregan pepsinógeno que, al bajo pH del jugo gástrico, se activa formando la enzima pepsina. La actividad de la pepsina es extremadamente específica; cataliza la hidrólisis de sólo aquellos enlaces peptídicos que están unidos a agrupamientos particu-

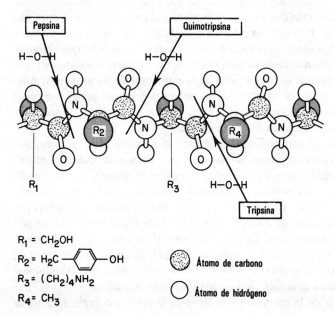

$R_1 = CH_2OH$

$R_2 = H_2C$ —⟨ ⟩— OH

$R_3 = (CH_2)_4NH_2$

$R_4 = CH_3$

Átomo de carbono

Átomo de hidrógeno

Figura 8.8   Hidrólisis de un fragmento de proteína.

lares. Además, es una endopeptidasa y actúa solamente sobre los enlaces peptídicos interiores de las cadenas polipeptídicas. La figura 8.8 muestra parte de una molécula de proteína, y el único punto que la pepsina actúa como se indica. Como resultado de la actividad de la pepsina, las proteínas se desdoblan en unidades de peptona más pequeñas. La enzima renina también está presente en el jugo gástrico y lleva a cabo la coagulación de la caseína de la leche.

En el intestino delgado, las endopeptidasas como la tripsina y la quimotripsina, continúan con la hidrólisis de proteínas y completan su desdoblamiento en peptonas. La actividad de estas enzimas es casi tan específica como la de la pepsina, cada enzima ataca solamente a un determinado tipo de enlace. Los puntos en los que dichas enzimas atacan a un fragmento típico de la proteína se señalan en la figura 8.8. Las peptonas se dividen aun más por un grupo de exopeptidasas llamado erepsina, las cuales están presentes en el jugo intestinal. Dichas enzimas catalizan la hidrólisis de las peptonas en dipéptidos que se descomponen en aminoácidos por medio de una serie de dipeptidasas. Las proteínas son así totalmente hidrolizadas en aminoácidos antes de pasar del intestino delgado a la sangre. Sin embargo, los aminoácidos son rápidamente retirados de la sangre por todas las células del cuerpo, pero particularmente por el hígado.

ENZIMAS   La suprema importancia de las enzimas en el cuerpo y su naturaleza proteínica ya ha sido puesta de relieve en el capítulo 2. Ahora que se ha estudiado la estructura de las enzimas, resulta posible obtener una más clara comprensión de la naturaleza y el mecanismo de la actividad de las enzimas. Hay que reconocer, sin embargo, que a pesar de los buenos resultados de las investigaciones actuales todavía hay mucho que aprender acerca de la manera como actúan las enzimas, lo que no es nada sorprendente considerando la complejidad de la estructura de las proteínas. Además, los resultados de investigaciones recientes demuestran que son pocas las generalizaciones que se pueden hacer en este campo y que es necesario investigar individualmente a cada enzima.

Las enzimas son proteínas globulares que, como ya se ha visto, son las proteínas más complejas que se conocen y constan de cadenas helicoidales alfa plegadas, el método de plegamiento es irregular y dependiente de la naturaleza de los enlaces transversales formados entre las espirales helicoidales adyacentes. Dichas estructuras son muy sensibles tanto a las condiciones químicas como a las físicas debido a la facilidad con que se rompen los enlaces transversales. Esto explica por qué las enzimas son tan sensibles a los cambios de la temperatura y del pH. Además, la estructura de zwitterión de las enzimas les permite resistir los cambios del pH en los sistemas vivientes al actuar como amortiguadores o buffers.

La teoría de la cerradura y la llave de la actividad enzimática ya se esbozó en el capítulo 2, y esta teoría tiene el mérito de su extremada sencillez. Los avances modernos han confirmado la validez esencial de esta teoría pero han demostrado que los detalles son mucho más complicados. Al parecer, la cerradura se debe considerar como flexible y que un sustrato no sólo debe ajustarse a la cerradura de la enzima de manera precisa sino que también debe inducir un cambio en la estructura de la enzima, para rearreglar los grupos de la enzima que participan en la catalización. Por tanto, la especificidad de una enzima se debe no solamente a un buen ajuste entre la cerradura y la llave sino también a la capacidad de la llave de efectuar ciertos cambios estructurales en la cerradura.

Las estructuras de las enzimas lisozima, ribonucleasa y carboxipeptidasa ya se conocen y permiten apreciar que estas moléculas están plegadas de tal manera que tienen una muesca en forma de quijada en la que ajustan las moléculas de sustrato. En el caso de la carboxipeptidasa se ha demostrado, además, que la proteína del sustrato causa cambios estructurales en la molécula de la enzima que son esenciales para la actividad catalítica de ésta. Sin embargo, no todas las moléculas de enzimas poseen muescas en forma de quijada y en tales casos (por ejemplo: la quimotripsina) debe operar algún otro mecanismo.

Como ya se mencionó en el capítulo 2, algunas sustancias promueven la actividad de la enzima, y ya son tres los tipos principales identificados: *coenzimas*, *cofactores* (o activadores), y *grupos prostéticos*. Las coenzimas son moléculas orgánicas grandes como varios miembros de las vitaminas del complejo B. La coenzima no está firmemente unida a la enzima, pero puede fijarse temporalmente a ésta durante la actividad enzimática sólo para ser liberada más tarde de manera que, como la propia enzima, puede volver a utilizarse.

Los cofactores son generalmente iones, ya sea metálicos o no metálicos, que se fijan temporalmente a una enzima durante la actividad de la misma pero que son más tarde liberados. La actividad de los iones cloruro como cofactor para la enzima amilasa salival (página 31) ya se mencionó.

Los grupos prostéticos son grupos no proteínicos que están permanentemente enlazados a las enzimas para formar proteínas conjugadas (véase la tabla 8.3). La enzima *catalasa* presente en los vegetales (véase la página 386) es un ejemplo en el cual el grupo prostético contiene un ion ferroso y se conoce como *hemo*.

METABOLISMO   El conocimiento actual que se tiene del metabolismo de las proteínas es muy diferente a las primeras teorías que suponían que las proteínas de los tejidos vivos eran estables y sólo requerirían ser reemplazadas después un largo período de servicio. Se sabe ahora que lejos de ser estables, las proteínas del cuerpo están en un constante estado de flujo y están constantemente siendo degradadas y resintetizadas de manera similar a la de las moléculas de grasa. Por una parte se encuentran las proteínas corporales íntegras, por la otra un depósito de aminoácidos derivados en parte de los alimentos y en parte de las proteínas corporales degradadas. Durante la vida las proteínas y los aminoácidos mantienen un equilibrio dinámico. Un equilibrio de esta clase implica la hidrólisis continua de los enlaces peptídicos de las moléculas de proteína y la resíntesis continua de proteínas a partir de los aminoácidos.

La síntesis de proteínas tiene lugar en todas las células y tejidos del cuerpo. Los aminoácidos que se requieren para esta síntesis son tomados del hígado, y participan aminoácidos tanto esenciales como no esenciales. Si no se dispone de aminoácidos no esenciales en la reserva de aminoácidos del hígado, pueden elaborarse en las células del cuerpo por un proceso de *transaminación* en el que un grupo *amino* es *trans*ferido a una sustancia que no contiene nitrógeno convirtiéndola así en un aminoácido. Este proceso es controlado por enzimas conocidas como *transaminasas* y por la coenzima piridoxal-5-fosfato (PLP) derivada de la vitamina B_6. Dichas síntesis son extremadamente rápidas, y los aminoácidos se ensamblan correctamente para formar proteínas mediante la actividad del DNA y el RNA.

LAS PROTEÍNAS COMO FUENTES DE ENERGÍA   A pesar de que la función primaria de las proteínas de los alimentos es la provisión de aminoácidos para la producción y el mantenimiento de las proteínas del cuerpo (incluyendo las enzimas), ellas son finalmente desdobladas en urea con liberación de energía. Por tanto, la función secundaria de las proteínas consiste en servir como fuente complementaria de energía.

La primera etapa en la descomposición de los aminoácidos es normalmente la *desaminación*, en la que el grupo amino es removido del aminoácido como amoniaco. El amoniaco formado en la desaminación es venenoso y es rápidamente convertido en urea, la que luego es excretada por los riñones en la orina.

La desaminación, que requiere la presencia de las vitaminas del complejo B, el ácido nicotínico y la riboflavina en forma de dinucleótidos, origina la formación de un ácido orgánico que puede ser *glucogénico* o bien *cetogénico*. Los ácidos glucogénicos se desdoblan en glucosa mientras que los ácidos cetogénicos se convierten en ácidos grasos. Ambas sustancias pueden ser descompuestas para producir energía, como se describió anteriormente, lo que ilustra cómo los carbohidratos, las grasas y los aminoácidos desaminados siguen vías o rutas metabólicas estrechamente relacionadas. Si el cuerpo no requiere energía los residuos no nitrogenados de la desaminación son convertidos en grasa.

CAPÍTULO 9

Alimentos que contienen proteínas

No existe ningún alimento que esté constituido por pura proteína, es decir, que contenga 100 por ciento de proteína. Como se puede apreciar en la tabla 9.1, incluso aquellos alimentos que tienen los más altos valores de proteínas no contienen más del 45 por ciento, y aun este valor resulta excepcionalmente elevado.

Al determinar el valor proteínico de los alimentos a menudo resulta útil conocer la proporción de energía del alimento aportada por las proteínas además del contenido proteínico. La mayor parte de las dietas adecuadas desde el punto de vista de la nutrición proporcionan de 10 a 15 por ciento de la energía en forma de proteína. Así, la tabla 9.2 facilita determinar si los alimentos constituyen una fuente de proteínas deficiente, adecuada o buena con respecto al contenido de energía.

Tabla 9.1 Contenido de proteínas de algunos alimentos animales y vegetales

Alimentos animales	Proteína (%)	Alimentos vegetales	Proteínas (%)
Queso, Cheddar	26	Harina de soya, baja en grasa	45
Tocino, magro	20	Harina de soya, grasa completa	37
Carne de res, magra	20	Cacahuates	24
Bacalao	17	Pan, integral	9
Arenque	17	Pan, blanco	8
Huevos	12	Arroz	7
Carne de res, grasa	8	Chícharos, frescos	6
Leche	3	Papas, viejas	2
Queso, crema	3	Plátanos	1
Mantequilla	< 1	Manzanas	< 1
		Tapioca	< 1

Tabla 9.2   Contenido proteínico de los alimentos expresado en términos de su contribución a la energía suministrada por cada alimento

Valor del alimento como fuente de proteínas	Por ciento de la energía total proveniente de la proteína
Deficiente	
Yuca	3
Camote o batata, plátano macho	4
Adecuado	
Papas	8
Arroz	8
Harina de trigo	13
Bueno	
Cacahuates	19
Leche	22
Frijoles y chícharos	26
Carne de res, magra	38
Frijol soya	45

Se recordará que en el capítulo anterior se dijo que una dieta basada en la yuca o en el plátano macho es la causa de la enfermedad conocida como kwashiorkor en los niños. Eso se debe a que cuando dichos alimentos constituyen la principal fuente de energía no hay un suministro suficiente de proteínas para mantener el crecimiento y la salud.

En el capítulo 5 ya se estudiaron algunos alimentos, como la leche y el queso, que son importantes fuentes de proteínas. En este capítulo se describen otros alimentos apreciados en particular como fuentes de proteínas, a saber: carne, pescado, soya y huevos.

CARNE

La carne magra es el tejido muscular de los animales. Su composición es diferente de la de los órganos internos, como los riñones y el hígado, que se conocen colectivamente como *vísceras*. La composición de la carne de los diferentes animales muestra una considerable variación y la composición de incluso un solo tipo de carne, como la de res, varía de acuerdo con la raza, el tipo de alimentación y la parte del animal de donde procede la carne.

El *tejido muscular* consiste en aproximadamente tres cuartos de agua y un cuarto de proteína junto con una pequeña cantidad variable de grasa, uno por ciento de elementos minerales y algunas vitaminas. Estructuralmente, el tejido está compuesto de fibras microscópicas, cada una de las

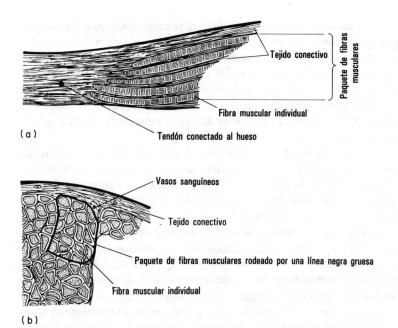

Figura 9.1 Carne. Diagrama de un músculo en el que se aprecian las fibras y el tejido conectivo. **a)** Corte longitudinal. **b)** Corte transversal.

cuales está formada por células. El principal constituyente de las células es el agua en la que las proteínas y otros nutrientes están disueltos o en suspensión. Varias fibras se mantienen unidas por tejido conectivo para formar un haz. Una cierta cantidad de dichos haces está envuelta por una cubierta resistente de tejido conectivo, la que forma un tendón que une al músculo con el esqueleto (figura 9.1).

Las células de las fibras musculares contienen varias proteínas, siendo las más importantes la *miosina* (7 por ciento) y la *actina* (2.5 por ciento). La miosina es una proteína elástica relativamente grande que existe en dos formas, la estirada y la no estirada, y está clasificada como una proteína fibrosa (tabla 8.2, página 190). La actina tiene dos formas, una pequeña forma globular con peso molecular de alrededor de 70 000 y una forma fibrosa en la que una serie de unidades globulares están dispuestas en una doble cadena. Las células contienen asimismo ATP (trifosfato de adenosina) el cual, como ya se vio en el capítulo 6, suministra la energía utilizada cuando se contraen las fibras musculares. Después de la muerte, el ATP se degrada y en su ausencia la miosina y la actina se combinan para formar cadenas rígidas de *actomiosina*. En este estado, conocido como *rigor mortis*, la carne es dura y rígida, por lo que no se consume hasta que, después de un período de almacenamiento conocido como *acondicionamiento*, haya disminuido la rigidez y mejorado la suavidad y el sabor.

Los cambios que ocurren durante el acondicionamiento son complejos, como cabría esperar dada la naturaleza proteínica de la carne; asimismo, dichos cambios son afectados por un conjunto de variables de igual importancia como temperatura, pH y duración del período de almacenamiento. A pesar de que los cambios que constituyen el acondicionamiento son complejos y todavía no se conocen bien, es un proceso muy importante que da por resultado la conversión del tejido muscular en la "carne" de nuestra dieta.

Después de sacrificado el animal, el glucógeno presente en el tejido muscular es desdoblado por etapas en ácido láctico con la consecuente disminución del pH. El pH final es por lo general de alrededor de 5.5, valor cercano al punto isoeléctrico de las principales proteínas musculares (el punto isoeléctrico de la miosina es de 5.4). Como ya se ha hecho notar, las proteínas son menos estables y se desnaturalizan más fácilmente en el punto isoeléctrico, y durante el acondicionamiento, las proteínas del tejido muscular se desnaturalizan, aunque no las proteínas del tejido conectivo. La desnaturalización es seguida por algo de descomposición de las proteínas desnaturalizadas, lo que da como resultado la formación de péptidos y aminoácidos y un aumento en la suavidad de la carne. Otro cambio importante es resultado del hecho de que la solubilidad de las proteínas es mínima en el punto isoeléctrico, de aquí que durante el acondicionamiento se pierde algo de agua de la carne.

Durante al acondicionamiento el color de la carne cambia de rojizo a café, y esto se asocia con la conversión del principal pigmento muscular *mioglobina* en *metmioglobina*. La molécula de mioglobina está formada de una parte proteínica, consistente en cadenas plegadas de alfa hélices como se muestra en la figura 8.7, junto con un grupo hemo no proteínico coloreado que contiene un átomo de hierro en el estado ferroso. Durante el acondicionamiento la mioglobina se desnaturaliza y se oxida, el hierro ferroso se convierte en ion férrico y la metmioglobina resultante es de color café.

El *tejido conectivo* o *conjuntivo* de la carne que rodea a los haces de fibras musculares está formado principalmente por *colágena*, mientras que las paredes de las fibras musculares consisten principalmente de *elastina*. Ambas proteínas se clasifican como proteínas fibrosas (véase la tabla 8.2), la colágena contiene cadenas polipeptídicas no elásticas unidas por enlaces transversales y la elastina tiene una forma de alfa hélice no estirada. La colágena y la elastina, al ser insolubles y duras, son difíciles de digerir. Sin embargo, cuando se cocina la carne en presencia de humedad la colágena se convierte en gelatina, la cual es soluble en agua. Esto hace mucho más fácil la digestión del tejido conectivo y permite a los jugos digestivos ponerse en íntimo contacto con la miosina de las fibras musculares. Mientras mayor sea la edad del animal y más activa sea su vida, mayor será la cantidad de tejido conjuntivo y el espesor de las paredes de las fibras. De este modo, la carne de animales viejos es más difícil de digerir que la de los

Tabla 9.3 Porcentaje de los diferentes tipos de ácidos grasos en la carne de varios animales

	Saturados	Monoinsaturados	Poliinsaturados
Carne de res	44	50	4
Carnero	52	40	5
Puerco	43	47	8
Pollo	35	48	16

jóvenes y el tejido muscular de los animales activos es más difícil de digerir que la de los inactivos.

Embebida en el tejido conjuntivo se encuentra una cantidad variable de *grasa invisible*. Esta hace más difícil la digestión de la carne puesto que recubre las fibras musculares con una delgada capa grasa que resiste la acción de los jugos digestivos. Además de la grasa invisible existe una cantidad mucho mayor de grasa visible que es almacenada en los depósitos de grasa del cuerpo del animal. Dicha grasa se encuentra principalmente debajo de la piel y alrededor de los órganos internos y, por consiguiente, no forma parte de la carne magra.

La grasa de la carne tiene algún interés desde el punto de vista de la nutrición a causa de su naturaleza predominantemente saturada, como resulta evidente en la tabla 9.3. La grasa de pollo es notable por tener una mayor proporción de AGPI que otros tipos de grasa de carne. Los consumidores tienen preferencia por la carne magra y los tipos de carne o de productos cárnicos bajos en ácidos grasos saturados y altos en AGPI.

Además de las proteínas y la grasa, la carne contiene pequeñas cantidades de elementos minerales y vitaminas, pero es notable por su falta de carbohidratos, en lo que se asemeja a los huevos. La carne es una buena fuente de hierro a pesar de que la cantidad presente es pequeña excepto en ciertos órganos como el hígado y los riñones, los que son fuentes relativamente ricas en hierro. La carne es una buena fuente de cinc, pero una deficiente de calcio. La carne es una fuente útil de vitaminas del grupo B, especialmente niacina. La cantidad de tiamina en la carne no es grande excepto en el caso de la carne de puerco, la que contiene 0.6 mg por 100 gramos de carne. La riboflavina se encuentra en cantidades útiles, especialmente en los órganos internos como los riñones. La carne magra contiene muy poca vitamina A, y prácticamente nada de vitamina D ni de ácido ascórbico. La tabla 9.4 resume las diferencias en el contenido de nutrientes entre la carne de res, cordero, cerdo y pollo y pone de relieve las considerables diferencias en el contenido de nutrientes de la carne magra y la carne grasa.

El *sabor* de la carne constituye uno de sus principales atractivos y se debe principalmente a la presencia de una variedad de sustancias conocidas como *extractivos de la carne* que son solubles en agua. Entre éstas se in-

Tabla 9.4 Composición de 100 g de porciones comestibles de carne de varios animales

	Carne de res		Carnero		Puerco		Pollo
	magra	grasa	magra	grasa	magra	grasa	
Energía (kJ)	517	2625	679	2762	615	2757	508
Proteína (g)	20	9	21	6	21	7	21
Grasa (g)	5	67	9	72	7	71	4
Calcio (mg)	7	10	7	7	8	7	10
Hierro (mg)	2	1	2	1	1	1	1
Niacina (mg)	5	—	6	—	6	—	8
Riboflavina (mg)	0.2	—	0.3	—	0.3	—	0.2

El guión indica valores difíciles de obtener; pueden estar presentes cantidades pequeñas

cluyen algunas producidas durante la actividad muscular en el animal vivo, como ácido láctico y algunos derivados del ATP; asimismo, sustancias que son el resultado del metabolismo de las proteínas, como aminoácidos (por ejemplo: ácido glutámico) y urea. Los extractivos ayudan a la digestión estimulando la secreción de saliva y jugo gástrico.

Aunque se sabe mucho acerca del sabor de la carne, se trata de un asunto complicado y todavía no se entiende por completo.

Cocción de la carne

Las principales razones de la cocción de la carne son las siguientes:

1. Para mejorar su *textura* haciéndola más blanda y digestible.
2. Para mejorar el *sabor*, especialmente por medio de la formación y la retención de extractivos.
3. Para mejorar su *color* y hacerla más atractiva a la vista y al paladar.
4. Para hacerla más *segura* mediante la destrucción de las bacterias.

BLANDURA   Como ya se mencionó, lo tierno de la carne depende de la edad del animal, la cantidad de actividad en su vida y el correcto acondicionamiento después de haber sido sacrificado. El tejido muscular que ha tenido mucha actividad forma fibras musculares más largas y gruesas y más tejido conjuntivo para mantenerlas juntas que el tejido que raras veces se utilizó. Esto explica por qué, en el mismo animal, el cuello y las patas son siempre más duros que el solomillo o la cadera.

Además de mejorar la blandura de la carne mediante cocción, se puede hacer más blanda de otras maneras.

1. La manera más eficaz de ablandar la carne es inyectar al animal una *enzima proteolítica* antes de proceder a sacrificarla. Lo anterior reduce

en 1 ó 2 días el tiempo requerido para acondicionar la carne. Se debe tener cuidado de no ablandar demasiado la carne o se producirá un sabor desagradable y una textura pulposa. Asimismo, se pueden añadir enzimas proteolíticas a la carne después de sacrificado el animal para ayudar a descomponer la fibra muscular y el tejido conjuntivo. El jugo de la papaya, por ejemplo, contiene la enzima proteolítica *papaína*, que puede añadirse a la carne antes de cocinarla. La actividad de esta enzima es más eficaz a bajas temperaturas de cocción. Las enzimas *bromelina*, obtenida de la piña, y *ficina*, obtenida de los higos, pueden ser asimismo utilizadas como ablandadores de la carne.

2. La carne, particularmente en forma de cortes delgados como bisteces, se hace más blanda por *descomposición mecánica* de la fibra muscular y el tejido conjuntivo golpéandola con un objeto pesado como un mazo.

3. Si se añade *sal* a la carne se aumenta la capacidad de retención de agua de las proteínas cuando se cocina la carne, lo que la hace más blanda.

4. La carne puede ser *marinada*, esto es, mantenerla en remojo en una solución ácida de vino, vinagre y especias durante varios días antes de proceder a la cocción. La carne puede luego ser cocida en la marinada para mejorar el sabor.

CAMBIOS QUÍMICOS Y FÍSICOS   La blandura de la carne considerada en la sección anterior se mejora por la cocción y, como ya ha sido mencionado, esta es una de las principales razones para cocinar la carne. La cocción mejora la blandura de la carne al aumentar la desnaturalización de las proteínas musculares iniciada durante el acondicionamiento y al convertir la colágena en gelatina, este último proceso es ayudado por el agua.

La cocción efectúa cambios químicos que incluyen el desdoblamiento de nucleoproteínas y sustancias similares, lo que da por resultado la producción del apetecible sabor de la carne cocida. La cocción cambia también el color de la carne. La superficie de la carne cortada es de un color rojo intenso debido a que la *mioglobina* de color rojizo se oxida en el aire para formar *oximioglobina*. Cuando se deja en reposo la carne, la mioglobina es convertida en *metmioglobina* de color café. La cocción produce una atractiva coloración café, en parte a causa de la metmioglobina y en parte a un encalecimiento de naturaleza no enzimática.

La cocción produce asimismo varios cambios estructurales y físicos en la carne. Las proteínas se coagulan y de este modo se reduce su hidratación, lo que da como resultado que se pierda el agua de la carne junto con las sustancias hidrosolubles disueltas en la misma. Esta pérdida de agua trae como consecuencia que la carne se encoja durante la cocción. La grasa se derrite en la cocción y si se usa una temperatura demasiado alta la grasa puede carbonizarse.

La manera como la suavidad, el sabor y el color son afectados por la cocción, y la manera como los nutrientes individuales son también afectados, depende del método de cocimiento empleado: calor seco o calor húmedo; así como del tiempo de cocción y la calidad de la carne en cocimiento.

MÉTODOS DE CALOR SECO Los métodos de calor seco para cocer la carne incluyen el cocimiento en la lumbre y el cocimiento en la parrilla. Conforme la temperatura se aproxima a 60°C, algunas proteínas empiezan a coagularse. Si la temperatura permanece baja, la coagulación es lenta y la proteína estará en su forma más digestible. Por otra parte, si se utilizan temperaturas elevadas, la coagulación es más completa y la proteína se vuelve más dura y correosa. El calor por sí solo no aumenta la blandura debido a que, con excepción de la coagulación, la elastina que es correosa no experimenta ningún cambio y la conversión de colágena en una forma soluble es lenta. Por tanto, los métodos de calor seco son mejores para cocinar carne que contenga poco tejido conjuntivo.

A temperaturas elevadas una parte de la proteína puede hacerse no disponible al reaccionar con carbohidratos (oscurecimiento no enzimático) como se describe más adelante en el capítulo 14. Uno de los aminoácidos expuestos a no quedar disponibles en el oscurecimiento no enzimático es la lisina, y la pérdida de este aminoácido que tiene lugar durante la cocción de la carne ha sido estudiada en una diversidad de condiciones. Se ha hallado, por ejemplo, que la carne de res cocida durante tres horas a una temperatura de 120°C pierde una quinta parte de su contenido de lisina, pero que cuando se eleva la temperatura en 40°C, la cantidad perdida aumenta a la mitad.

A una temperatura un poco por arriba de 60°C la carne se empieza a encoger debido a la contracción de las proteínas del tejido conjuntivo. El encogimiento da por resultado que algo del "jugo" de la carne salga, y mientras más elevada sea la temperatura de cocción mayor serán el encogimiento y la pérdida de jugo. Al asar, por ejemplo, el encogimiento hace que el peso de la carne disminuya en alrededor de un tercio. El jugo es principalmente agua, pero contiene asimismo sales minerales, extractivos y pequeñas cantidades de vitaminas hidrosolubles o solubles en agua.

Durante el asado en recipientes abiertos, al agua que toca la superficie de la carne se evapora rápidamente, dejando atrás el material no volátil. Esto es causa de que la parte exterior tostada tenga un buen sabor pero a la vez sea seca. El rociado ocasional de la carne con grasa caliente evita la sequedad. En recipientes cerrados y a temperaturas más bajas, la evaporación es mucho más lenta y el jugo rezuma de la superficie de la carne, reduciendo así el sabor. No obstante, cuando se utilizan estos métodos, por lo general se recoge el jugo y se come junto con la carne en forma de salsa.

La grasa cerca de la superficie de la carne se derrite durante la cocción y en su mayor parte pasa al recipiente del cocimiento, aunque una pequeña porción de la grasa fundida penetra en la carne magra. Mientras mayor sea la temperatura de cocción mayor será la pérdida en el recipiente de cocción, y si se emplea una temperatura demasiado alta, parte de la grasa se puede carbonizar.

Algunas de las vitaminas del grupo B se pierden durante el calentamiento de la carne. La tiamina, el ácido fólico, el ácido pantoténico y la piridoxina son los más sensibles al calor, y alrededor de 30 a 50 por ciento de dichas vitaminas se pierden durante la cocción con calor seco.

MÉTODOS DE CALOR HÚMEDO   Los métodos para cocer la carne mediante calor húmedo incluyen la ebullición, el estofado, la ebullición a fuego lento y la freidura seguida de ebullición a fuego lento. La ventaja particular de estos métodos se relaciona con la temperatura relativamente baja del medio de cocción. Al estofar y hervir a fuego lento (y en particular cuando se emplean los recipientes eléctricos de cocción lenta) la conducción del calor a través del tejido muscular hacia el centro de la carne es un proceso lento y por consiguiente la desnaturalización de las proteínas que lleva a la etapa de endurecimiento y encogimiento se retarda y el ablandamiento está al máximo.

Asimismo, la blandura mejora por la acción del agua y el calor puesto que producen la conversión de la colágena en gelatina soluble, permitiendo así que las fibras musculares se separen. La otra proteína del tejido conjuntivo, la elastina, no sufre cambio alguno, de manera que las partes del animal que contengan una elevada proporción de esta proteína, como el cuello, nunca se ablandarían, no importa cuán largo sea el período de cocción.

Los métodos de cocción por calor húmedo implican la pérdida inevitable de las sustancias solubles en agua ya que éstas se disuelven en el agua utilizada para el cocimiento. En dichos métodos, la superficie de la carne está en contacto con el agua de cocción. Cuando la proteína se encoge, el jugo es llevado a la superficie de la carne y la materia soluble se disuelve en el agua. De este modo, las sales minerales, los extractivos y la tiamina se separan de la carne con la consiguiente pérdida de los mismos, y en consecuencia, la carne tiene menos sabor y valor nutritivo que si se hubiera cocido con un método de calor seco. No obstante, como dicha carne se consume normalmente junto con el caldo en que se coció, lo anterior carece de importancia desde el punto de vista *nutricional*.

Productos cárnicos

Un gran número de productos cárnicos se elaboran a partir de aquellas partes del animal que no pueden venderse como carne en canal. Dichas partes incluyen los restos de carne que se recuperan por medios mecánicos después de que la mayor parte de carne magra ha sido retirada a mano, así como las vísceras. La mayor parte de los productos elaborados de la carne se preparan con carne desmenuzada o molida que se compacta o moldea y a la que se le añaden otros ingredientes, como sustancias de relleno, gra-

Tabla 9.5   Contenido mínimo legal de carne magra de los productos cárnicos

Alimento	Carne magra (%)	Observaciones
Embutidos: puerco	32	80% de la carne debe ser de puerco
res	25	50% de la carne deberá ser de res
hígado	25	30% de la carne deberá ser hígado
Tortas de carne	52	80% de la carne debe ser de res
Hamburguesas, fiambres	52	
Cecina	115(a)	Debe contener sólo carne de res salada
Carne picada	58	
Carne para untar	45	70% debe ser de carne cocida
Paté: hígado o carne	35	
Empanada, budín de carne	10-12 ⎫	Se refiere al peso total del pastel
Salchichas	5-6 ⎬	Los valores más altos se relacionan con los productos cocidos

(a) Sobre la base de peso fresco, ya que pierde agua durante la elaboración

sas, conservadores y otros aditivos que incluyen sal y glutamato monosódico (GMS).

Los principales tipos de productos elaborados de carne son los embutidos, mismos que pueden ser frescos, cocidos o secos, y otros productos como carne para hamburguesas, pasteles de carne, rollos y albóndigas. La composición en términos de contenido de carne está controlada por la Meat Products and Spreadable Fish Product Regulations 1984 (Reglamentaciones para los productos de carne y pescado para untar de 1984). La tabla 9.5 suministra los requerimientos legales mínimos de la carne magra para algunos de dichos productos, la importancia de los cuales está aumentando con el incremento de la "comida rápida".

EMBUTIDOS   Los *embutidos frescos* se preparan con carne cruda, grasa, un producto de relleno (pan molido, harina) agua y condimentos. Esta mezcla se introduce en una tripa (natural o artifical), y el producto debe cocerse antes de su consumo, ya sea friéndolo o en la parrilla. *Los embutidos cocidos* utilizan ingredientes similares a los de los embutidos frescos excepto que los rellenos (aglutinantes) utilizados pueden ser harina de maíz (embutido de hígado), harina de arroz *polonaise* o harina de avena (morcilla). Los ingredientes adicionales imparten un carácter especial a ciertos productos como la morcilla, en la cual la sangre fresca del cerdo (desfibrinada para impedir la coagulación) constituye un ingrediente principal. Estos productos se cuecen antes de su venta aunque algunos, como la morcilla y la salchicha alemana se calientan antes de comerlos.

Los *embutidos secos* son similares a la variedad fresca, excepto que son de mayor tamaño, la carne se cura ya sea antes de la elaboración o bien en una primera etapa del proceso, y luego se secan en condiciones controladas. El *salami alemán* representa un ejemplo típico de un embutido seco. Se prepara con carne magra de res y de puerco con grasa finamente picadas, curadas, mezcladas con ajo y otros condimentos, humedecidas con vino del Rin, secadas al aire durante dos semanas y ahumadas en frío.

OTROS TIPOS Asimismo, se elaboran muchos otros tipos diferentes de derivados cárnicos, algunos se producen a partir de los recortes que sobran de la carne en canal (por ejemplo: las hamburguesas) mientras otros se preparan con las vísceras (por ejemplo: queso de puerco, *haggis*). Las *hamburguesas*, el producto principal de tantas cadenas de comida rápida se preparan con recortes picados de carne de res, grasa de puerco, cebolla picada y cocida, migaja de pan (o pan molido) y condimentos. Se les da forma y se fríen o se asan en la parrilla antes de servirlas. El *haggis*, el objeto de innumerables chistes, es un manjar que se prepara con pulmones, hígado, corazón y bazo de carnero picados en trozos grandes y mezclados con harina de avena, caldo y condimentos, todo vertido en el estómago de un carnero (o su equivalente sintético) antes de hervirlo.

Muchos de los productos elaborados de la carne son propensos a echarse a perder y, por consiguiente, deben almacenarse con cuidado después de su fabricación. Dichos productos han sido la causa de muchos casos de envenenamiento por alimentos, y por esta razón se conservan utilizando un conservador permitido. Los embutidos y las hamburguesas, por ejemplo, se pueden conservar con *sulfito* (que tiene la desventaja de destruir la tiamina) y las carnes curadas o en salmuera con *nitrito*.

PESCADO

La carne de pescado está compuesta de haces de fibras cortas llamadas *miómeros*, los que se mantienen unidos mediante delgadas capas de tejido conectivo compuestas de colágena. Así, las proteínas del pescado difieren de las de la carne en tener menos tejido conectivo y ninguna elastina. La carencia de elastina dura y la conversión de la colágena en gelatina durante la cocción hacen que las proteínas del pescado sean fácilmente digeribles. El pescado contiene bastante más agua y material de desecho que la carne.

El pescado puede dividirse en dos clases: el *pescado blanco*, como el abadejo, el bacalao, la merluza y la platija, los cuales contienen muy poca grasa (por lo general, menos del dos por ciento), y el pescado *graso*, como el arenque, la trucha y el salmón, que contienen por lo general de 10 a 25 por ciento de grasa.

La carne de casi todos los pescados blancos no contienen grasa, ya que ésta se concentra en el hígado, mismo que se extrae frecuentemente y se utiliza como una fuente de vitaminas (por ejemplo: el aceite de hígado de bacalao). Algunos de los peces blancos (por ejemplo: el hipogloso) contienen pequeñas cantidades de "grasa invisible" dispersa en la carne. Los peces grasos contienen una cantidad considerable de grasa invisible, la que reviste un particular interés debido a su riqueza en AGPI. La cantidad real varía, y antes del desove es más elevada.

El pescado es particularmente valioso como una fuente rica en proteínas, y la cantidad y la calidad de la proteína del pescado es similar a la de la carne magra. El pescado no contiene ningún carbohidrato pero es una buena fuente de fósforo, aunque no de calcio, a menos que se coman los huesos. Por lo general no son una buena fuente de hierro, aunque las sardinas constituyen una excepción. Los peces de agua salada son una valiosa fuente de yodo. Los peces grasos constituyen una buena fuente de las vitaminas hidrosolubles A y D, de las que los aceites de hígado de pescado son fuentes excepcionalmente buenas. Asimismo, contienen cantidades aprovechables de vitaminas del complejo B. El pescado blanco no contiene vitaminas A y D y por lo general contiene menos vitaminas B que los peces grasos.

A diferencia de la carne, el pescado se deteriora rápidamente después de muerto debido a que la carencia de tejido conectivo hace a las proteínas musculares más propensas a la descomposición. Esta rápida deterioración y el hecho de que los peces sean frecuentemente capturados lejos de tierra es el motivo de que la mayor parte del pescado se congele en el mar inmediatamente después de haber sido capturado. El consumo de pescado fresco ha declinado en Inglaterra en años recientes, en tanto que el consumo de pescado congelado y de productos congelados de pescado, como el filete, ha aumentado.

Las variedades de pescado consumidas han cambiado también en los últimos años. En el Reino Unido, el bacalao, junto con el abadejo, el hipogloso y la platija han sido tradicionalmente los más populares. Sin embargo, la restricción de la pesca en las áreas donde se encuentran dichos peces ha llevado a su sustitución por otros, como la macarela, el *coley* y la merluza. Además, se están llevando a cabo investigaciones sobre otras varie-

Tabla 9.6 Composición de nutrientes de 100 g de pescado

	Bacalao	Abadejo	Platija	Arenque	Macarela	Salmón
Valor energético (kJ)	322	308	386	970	926	757
Proteínas (g)	17.4	16.8	17.9	16.8	19.	18.4
Total de grasa (g)	0.7	0.6	2.2	18.5(a)	16.3(a)	12
AGPI (g)	0.4	0.3	0.6	3.6	4.4	2.9
Calcio (mg)	16	18	51	33	24	27
Hierro (mg)	0.3	0.6	0.3	0.8	1	0.7
Vitamina A (μg)	0	0	0	45(b)	45(b)	0
Tiamina (mg)	0.1	0.1	0.3	0	0.1	0.2
Vitamina D (μg)	0	0	0	22.5	17.5	0

a) El valor varía durante el año, siendo más alto entre julio y octubre
b) Expresado como equivalentes de retinol

dades, de las cuales la merluza azul es la más prometedora. El cultivo de peces constituye también una industria en proceso de desarrollo; en Gran Bretaña el salmón y la trucha arco iris se producen de esta manera.

Cocción del pescado

Cuando se cuece el pescado, los cambios que tienen lugar son similares a los que ocurren en la cocción de la carne. Como hay menos tejido conectivo en el pescado que en la carne y nada de elastina, no se requiere que la cocción lo haga más blando sino sólo que lo vuelva tan apetitoso y digestible como sea posible. El pescado debe cocerse tan poco y tan lentamente como sea posible ya que las proteínas se coagulan rápida y fácilmente. Si se cuece demasiado, la carne adquiere una consistencia semejante a la del cancho y se seca.

En el pescado hay menos extractivos que en la carne, y por tanto el pescado debe cocerse de tal manera que se conserva el sabor tanto como sea posible. Durante la cocción, las proteínas se coagulan, la colágena se convierte en gelatina y tiene lugar algún encogimiento. Aunque este encogimiento es menor que en el caso de la carne debido a la menor cantidad de tejido conectivo. El encogimiento expulsa el agua y la materia soluble del pescado, y en los métodos de cocción por calor húmedo, el agua, los extractivos y las sales minerables solubles se pierden. Por ejemplo, en el cocimiento por ebullición se pierden más de un tercio de los extractivos y las sales minerales, de manera que el pescado cocido de este modo es bastante insípido. Por otra parte, la cocción por calor seco causa la rápida evaporación del agua desde la superficie del pescado en tanto que la materia soluble no volátil queda en el recipiente. Por tanto, el pescado cocido de esta manera tiene un mejor sabor que el pescado que ha sido hervido o cocido al vapor. El pescado graso, como la sardina o la trucha se cocinan mejor mediante un método de calor seco como el asado en la parrilla o el horneado, puesto que el elevado contenido de grasa los mantiene húmedos.

Tanto el pescado blanco como el graso pueden ser fritos en una sartén, y esto resulta particularmente bien cuando el pescado se reboza o capea con una albardilla antes de freírlo puesto que la albardilla ayuda a conservar la estructura de la carne, aun cuando el período de cocción sea relativamente largo.

Productos de pescado

Además de conservarse por congelación, enlatado y ahumado, el pescado asimismo se convierte en una variedad de productos como filetes, tortas y pastas para untar. Los filetes de pescado, por ejemplo, se preparan de bloques de pescado blanco fileteado y congelado que luego se cortan en tiras, se sumergen en una albardilla y miga de pan y se vuelven a congelar.

Tabla 9.7 Contenido mínimo legal de pescado de los derivados del mismo

Alimento	Contenido de pescado (%)
Tortas de pescado	35
Pastas de pescado para untar	70
Pescado en gelatina	95
Pescado en gelatina con mantequilla	96 (pescado y mantequilla)
Pasta de pescado con otro ingrediente principal	80

De los varios productos disponibles sólo la composición de las tortas y las pastas para untar de pescado es controlada por la ley, y el contenido mínimo de pescado de estos dos productos se indica en la tabla 9.7. Los filetes contienen por lo general de 50 a 70 por ciento de pescado mientras que las tortas (que contienen también papa, hierbas y condimentos) deben contener cuando menos 35 por ciento de pescado.

En la preparación de los productos de pescado se utiliza una variedad de aditivos. Los aditivos permitidos incluyen colorantes (amarillo en el filete ahumado, café en el arenque ahumado), saborizante y emulsificantes. Los antioxidantes y los conservadores, aunque no se añadan al producto terminado, pueden estar presentes en los ingredientes utilizados. Por ejemplo, el pescado frito y congelado contiene los antioxidantes presentes en el aceite utilizado para freír. Asimismo, es probable que se utilicen otros aditivos no controlados por la ley. Por ejemplo, se pueden añadir tanto soluciones de humo como de polifosfatos, ya que éstos impiden la pérdida de agua que tiene lugar durante los procesos tradicionales de curado.

HUEVOS

El huevo de gallina, que es la única variedad que se considerará en esta parte, es un alimento muy interesante debido a que está diseñado para acomodar a un organismo. Contiene una suficiente provisión de nutrientes para proporcionar todo lo que necesita al embrión de pollo en desarrollo duran-

Tabla 9.8 Contenido de nutrientes de los huevos, por 100 g

Energía (kJ)	612	Calcio (mg)	52
Proteínas (g)	12.3	Hierro (mg)	2
Grasa, total (g)	10.9	Sodio (mg)	140
Grasa, saturada (g)	3.4	Vitamina A (μg)	140
Grasa, poliinsaturada (g)	1.2	Tiamina (mg)	0.09
Carbohidratos (g)	0	Riboflavina (mg)	0.47
Agua (g)	75	Niacina (mg)	3.68
Colesterol (mg)	450	Vitamina C (mg)	0
		Vitamina D (μg)	1.75
		Vitamina E (mg)	1.6

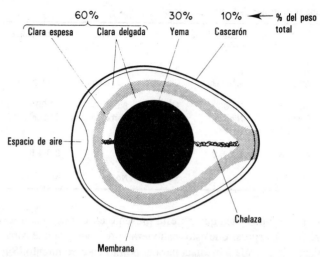

Figura 9.2 Estructura de un huevo de gallina.

te las primeras etapas del crecimiento. Por tanto, constituye un alimento completo para un embrión de pollo en crecimiento, y aunque no es un alimento completo para los seres humanos, es, no obstante, uno muy valioso. El contenido de nutrientes de los huevos se muestra en la tabla 9.8.

El huevo está constituido por tres partes principales: el cascarón, la clara y la yema, mismas que se aprecian en la figura 9.2. El cascarón exterior forma una capa protectora dura compuesta principalmente de carbonato de calcio, que al ser porosa permite que el embrión en desarrollo obtenga oxígeno. El color del cascarón puede variar de blanco a café, y contrario a la creencia popular, el color no da indicación alguna en lo que se refiere a la calidad del contenido del huevo.

Dentro del cascarón se encuentra un líquido viscoso e incoloro llamado clara, la que en un huevo fresco se divide en regiones de clara delgada y gruesa y representa alrededor de 60 por ciento del peso total del huevo. Es un sol acuoso diluido, formado por aproximadamente un octavo de proteína y siete octavos de agua. La proteína principal es la *ovalbúmina*, aunque están presentes cantidades más pequeñas de otras; por ejemplo, la *mucina*, que causa la viscosidad del líquido. Están asimismo presentes pequeñas cantidades de sales disueltas y de la vitamina riboflavina.

En el centro del huevo se encuentra la yema, misma que consiste en una emulsión espesa de aceite en agua, de color amarillo o anaranjado y estabilizada por la lecitina. Está en suspensión dentro de la clara, es mantenida en posición por las *chalazas* y es una rica fuente de nutrientes mucho más concentrada que la clara de huevo. Contiene aproximadamente una tercera parte de grasa, la mitad de agua y una sexta parte de proteína; contiene también elementos minerales y vitaminas.

Tabla 9.9 Principales proteínas de la clara de huevo

	Ovalbúmina	Conalbúmina	Lizosima	Ovomucina	Ovomucoide
Por ciento de la proteína total	70	9	3	2	13
Tipo	Albúmina	Albúmina	Globular	Conjugada	Conjugada
Peso molecular	44 000	74 000	15 000	8 000 000	28 000
Parte no proteínica	Fosfato Carbohidratos	Ninguna	Ninguna	Carbohidratos	Carbohidratos
Punto isoeléctrico	4.6-4.8	5.6-6.0	10.5-11.0		3.9-4.5
¿Es coagulada por el calor?	Sí	Sí	No	No	No

El único tipo de nutrientes que no está presente en el huevo son los carbohidratos. Cabría esperar que éstos estuvieran presentes, ya que constituiría una fuente de energía inmediata para el pollito en crecimiento. Sin embargo, el tamaño del huevo está limitado, y la grasa, que peso por peso posee más del doble del valor energético de los carbohidratos, constituye la única fuente de energía.

La grasa está concentrada en la yema que es asimismo una rica fuente de colesterol.

Las proteínas del huevo, particularmente las de la clara, han sido estudiadas intensivamente. Se han identificado nueve proteínas en la clara, la naturaleza y propiedades de las principales se resumen en la tabla 9.9. Además de las mencionadas en la tabla, están asimismo presentes dos proteínas globulares, identificadas como G_2 y G_3, junto con una pequeña cantidad de una proteína llamada *avidina*. La avidina posee alguna importancia nutritiva ya que se combina con la vitamina *biotina*, haciéndola inaprovechable por el cuerpo. Sin embargo, la avidina es inactivada durante la cocción, de manera que toda la biotina de los huevos cocidos queda disponible. La presencia de la proteína *conalbúmina* en la clara del huevo impide la absorción del hierro de los huevos.

Las principales proteínas de la yema del huevo son las fosfoproteínas *lipovitelina* y *lipovitelinina*, que comprenden aproximadamente 40 por ciento de los sólidos totales de la yema. El contenido de fósforo de dichas proteínas se halla en forma de ácido fosfórico esterificado con los grupos hidroxilo de los hidroxiaminoácidos. Asimismo, contienen una parte lipídica como lo indican sus nombres, que consiste principalmente en lecitina.

Las proteínas del huevo poseen un elevado valor nutritivo y debido a la cantidad presente, alrededor de 12 por ciento de la parte comestible, los huevos deben considerarse como un valioso alimento proteínico. Además, las propiedades de las proteínas del huevo, particularmente la facilidad con que se coagulan, son causa de que los huevos se utilicen en muchos métodos de preparación de alimentos.

El valor nutritivo del huevo puede resumirse diciendo que contribuye a la dieta con valiosas cantidades de hierro, fósforo y proteínas de alto valor nutritivo junto con útiles cantidades de grasa, vitamina A y calcio. Suministra asimismo algo de vitamina D, riboflavina, tiamina y biotina.

Cocción de los huevos

Cuando se calientan los huevos, se coagulan las proteínas. El exceso de cocción produce una excesiva coagulación de las proteínas y una textura semejante a la del caucho, particularmente en la clara. La rapidez a la que se coagulan las proteínas del huevo depende de condiciones como el pH, la concentración de sales y la temperatura. La clara del huevo se coagula rápidamente formando un sólido blanco cuando se le calienta, y a su pH normal de alrededor de nueve, la coagulación se inicia a aproximadamente 60°C. La rapidez de coagulación aumenta con la temperatura hasta que, finalmente, es casi instantánea. La yema del huevo coagula con menos facilidad que la clara y no se coagula apreciablemente por debajo de 70°C. Conforme procede la coagulación, aumenta la viscosidad de la yema hasta que finalmente se vuelve sólida.

Los huevos cocidos constituyen un alimento de fácil digestión y, siempre que no se cuezan con exceso, es poca la pérdida del valor nutritivo de la proteína. Sin embargo, ocurren algunas pérdidas de tiamina y riboflavina aunque no se destruye la niacina.

Como ya se ha hecho notar, los huevos tienen muchos usos en la preparación de alimentos. Esta versatilidad se debe mayormente a las propiedades de las proteínas del huevo. Los huevos pueden ser utilizados como espesantes, en los cuales la coagulación de las proteínas del huevo se utiliza para espesar salsas, natillas, sopas y queso de limón. Del mismo modo, los huevos se utilizan como *agentes para ligar* en aquellos casos en los que la coagulación de las proteínas del huevo da cohesión a una mezcla que contenga ingredientes secos, como en las empanadas y las croquetas. Los huevos se utilizan como *recubrimientos*, como cuando se utiliza una mezcla de huevos y pan molido para recubrir el pescado antes de freírlo. La coagulación del huevo durante la freidura forma una capa resistente que mantiene unida la estructura del pescado. El huevo batido se utiliza como una cubierta protectora para los alimentos que se fríen debido a que al calentar la clara de huevo ésta se endurece rápidamente; esto tiene la ventaja adicional de impedir que el aceite penetre en el alimento durante la freidura.

Como ya se aprendió en el capítulo anterior, la clara de huevo tiene la capacidad de atrapar el aire y formar *espumas*. La formación de la espuma se logra batiendo las claras y es promovida por la adición de un ácido que disminuya el pH a un valor cercano al punto isoeléctrico de la ovoalbúmina. El calentamiento causa una coagulación adicional y produce una espuma sólida como cuando se hace merengue. Cuando se baten los huevos enteros éstos atrapan también aire y son capaces de aligerar la textura de los productos horneados como el pastel esponja. Actúan también como *emulsificantes* y ayudan a la formación de una emulsión estable a partir de una mezcla cremosa de grasa y harina durante la preparación de un pastel. Asimismo, las yemas de huevo se utilizan para emulsificar el aceite y el vinagre al preparar mayonesa.

Los huevos enteros se utilizan para mejorar la *textura* y acentuar el *sabor* especialmente cuando se preparan productos horneados como pasteles. Las yemas contribuyen asimismo con un vivo *color* amarillo. La grasa de la yema hace también que la pastelería adquiera una consistencia delezable (véase la página 85).

La versatilidad de los huevos en la cocina es aumentada por el hecho de que la clara y la yema se pueden utilizar ya sea juntas o separadas. La preparación de merengue ilustra el uso de la clara de huevo mientras que la preparación del relleno de un pay de merengue de limón ilustra el uso de la yema de huevo, la cual se mezcla con harina de maíz y limón. El Zabalione, este delicioso postre de nombre exótico, se prepara por la cuidadosa mezcla de yemas de huevo, azúcar granulado fino y vino de Marsala, y el posterior calentamiento a fuego muy lento. El suave espesamiento producido por la lenta coagulación de las yemas de huevo contribuye a la textura particularmente suave, delicada y cremosa de este platillo.

Los huevos enteros se utilizan para preparar la natilla de huevo en la que una mezcla de huevos batidos (colados para eliminar las chalazas), azúcar y leche se calientan juntos. La intensidad y la duración del calentamiento se ajusta para producir ya sea una viscosa natilla batida, que se produce por la coagulación parcial de las proteínas del huevo, o bien una forma sólida horneada, producida por una coagulación más completa. Si se desea obtener una buena textura es esencial una coagulación lenta y uniforme durante la elaboración de ambos productos. El calentamiento rápido causa fácilmente el cuajado.

SOYA

Hace alrededor de 5 000 años el frijol soya ya se cultivaba en China y se utilizaba como alimento. Sin embargo, no fue sino hasta 1804 que la soya llegó a Estados Unidos de Norteamérica, e incluso así lo hizo por accidente ya que arribó como lastre a bordo de un barco procedente de China. Cuando se sembraron estos frijoles fue sencillamente por curiosidad sin considerar en absoluto su potencial como alimento.

No fue sino hasta el período de la guerra de 1914-1918 que se reconoció el valor de la soya como fuente de aceite, y fue hasta la guerra de 1939-1945 que la escasez de proteína de origen animal hizo que se empezara a considerar el potencial de la soya como una posible alternativa. Hoy en día se cultiva gran cantidad de soya, siendo Estados Unidos el mayor productor y Brasil y China los otros dos principales productores.

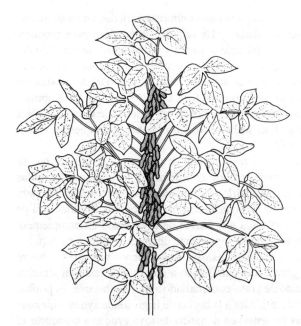

Figura 9.3 Planta de frijol soya.

La soya crece en vainas en plantas herbáceas de abundante follaje (figura 9.3), y en los países templados algo cálidos donde mejor se desarrolla llega a la madurez en aproximadamente cuatro meses. La soya, como el chícharo y la lenteja, es una leguminosa.

Como lo demuestra la tabla 9.10, la soya tiene un elevado valor como alimento y constituye una valiosa fuente de proteínas de elevado valor biológico. Asimismo, es una importante fuente de aceite, el cual se extrae de las semillas. El aceite es rico en AGPI, en particular en ácido linoleico que representa alrededor de la mitad del contenido de ácidos grasos. El frijol soya constituye también una importante fuente de hierro, calcio y algunas vitaminas del grupo B.

Tabla 9.10 Contenido de nutrientes de 100 g de frijol soya y harina de soya

	Frijoles cocidos	Harina	Harina baja en grasa
Valor energético (kJ)	648	1871	1488
Proteínas (g)	13.1	36.8	45.3
Grasa total (g)	6.8	23.5	7.2
Grasa poliinsaturada (g)	3.8	13.3	4.2
Carbohidratos (g)	9	23.5	28.2
Calcio (mg)	87	120	240
Hierro (mg)	3.2	6.9	9.1
Tiamina (mg)	0.4	0.75	0.90
Riboflavina (mg)	0.1	0.31	0.36

En China, el frijol soya tiene una asombrosa variedad de usos. Se utiliza como verdura en ensaladas y las semillas se emplean para producir germinados de soya. El frijol seco se tuesta y utiliza como un sustituto del café (que tiene la ventaja de estar libre de cafeína) y el grano fermentado constituye la base de la salsa de soya. La semilla, o la harina derivada de la misma, se utiliza para preparar una forma de ''leche'' que tiene aproximadamente el mismo contenido de proteínas que la leche de vaca y se utiliza de manera semejante. Esta leche se utiliza para hacer un queso o cuajada conocido como *tofu.*

El frijol soya se convierte a menudo en una forma de harina, que se produce eliminando la capa exterior de la semilla y triturando las semillas entre rodillos a fin de convertirlos en hojuelas que luego se muelen para obtener harina. La harina de soya es una harina con una cantidad alta de proteínas y puede ser añadida a la harina de trigo como un complemento proteínico. Es un importante ingrediente de muchos alimentos para bebés y de los productos alimenticios para adelgazar y ''naturales''. No se puede utilizar sola para hacer pan debido a que es deficiente en almidón y gluten y su contenido de grasa es demasiado alto. No obstante, es posible añadirla en pequeñas cantidades a la harina de trigo donde ayuda a mejorar el color (las enzimas presentes en la harina de soya ayudan a blanquear el pigmento amarillento de la harina de trigo), mejora la textura y las cualidades de conservación e imparte un atractivo sabor a nuez a la hogaza horneada.

Nuevos alimentos proteínicos

Por más de 20 años, desde la década de 1940 a la de 1960, se le concedió gran importancia a una escasez mundial de proteínas que se columbraba y por consiguiente a las maneras de sustituir las costosas proteínas de origen animal, de las que había escasez, con nuevas formas de alimentos proteínicos derivados de las plantas. Hoy en día es evidente que el problema mundial de la alimentación consiste en la falta de alimentos y no en la falta de proteínas, y que la mayoría de las dietas mixtas proveen un suministro adecuado de proteínas. Por tanto, el ímpetu original para obtener alimentos proteínicos concentrados, conocidos como *nuevos alimentos proteínicos,* ha disminuido. Sin embargo, la proteína animal sigue siendo costosa y la conversión de alimentos vegetales en proteína animal en el cuerpo del ganado y otros animales constituye una utilización extremadamente ineficiente y extravagante de los recursos alimentarios del mundo. En consecuencia, continúa siendo apropiado considerar los nuevos alimentos proteínicos derivados de fuentes no animales.

Los nuevos alimentos proteínicos son de dos tipos:

1. Los producidos por la elaboración de los alimentos de origen vegetal.

2. Los producidos a partir de fuentes no utilizadas previamente como alimento, que incluyen: a) plantas y b) microorganismos.

PROTEÍNA DE SOYA Entre los nuevos alimentos proteínicos de mayor utilización se encuentran los derivados de la soya, cuyas proteínas, a diferencia de la mayor parte de las proteínas vegetales, poseen un elevado valor biológico. Dichos productos se preparan a menudo para imitar a la carne y están concebidos como un sustituto menos costoso de la misma. Una comparación del contenido de aminoácidos de la soya con el de la carne (tabla 9.11) indica que la primera es baja en metionina, que es el aminoácido limitante, pero de otro modo, en términos generales son comparables. Los productos derivados del frijol soya se preparan a partir de la harina de soya y la conversión de dicha harina en productos con una textura semejante a la de la carne se lleva a cabo al presente en gran escala (figura 9.4). La manera más sencilla de realizar esta operación es convertir la harina en una pasta, calentarla bajo presión por arriba de 100°C y forzarla a pasar a través de una tobera a la presión atmosférica o reducida. La súbita caída de presión hace que el material se expanda y se obtenga la textura deseada. El material se corta en trozos y se seca. Puede utilizarse en su forma natural o se pueden añadir saborizantes o colores a la pasta de manera que el producto final, conocido como *proteína vegetal texturizada* (PVT), tenga un color y textura semejantes al de la carne. La PVT se utiliza principalmente para aumentar el volumen de la carne y se expande en forma de trozos o de gránulos para añadirlos a los productos de carne como el picadillo, los guisados y los pasteles.

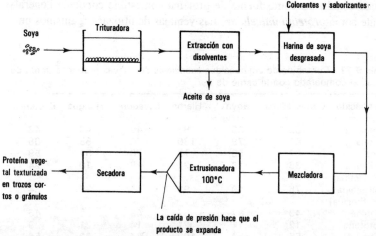

Figura 9.4 Proceso de elaboración de PVT extrusionada a partir de frijol soya.

Otro tipo de producto, conocido como *proteína vegetal hilada*, se fabrica extrayendo la proteína de la harina de soya, disolviéndola en álcali y forzando a la solución resultante a pasar por los minúsculos orificios de una hilera para obtener muchos hilos delgados de material hilado. Los hilos de la proteína precipitada son estirados y torcidos en mazos de fibras que tienen una textura semejante a la de la carne, a los que se les puede añadir aditivos como colorantes, saborizantes, grasas y ligantes proteínicos. El producto final puede ser congelado, o más generalmente, desecado. Los productos hilados tienen una textura más fibrosa que los texturizados, pero su costo de producción es mayor.

Las proteínas vegetales se utilizan por lo regular en escuelas, hospitales y restaurantes, usualmente como un aumentador de la carne para sustituir parte de ésta en los platillos tradicionales. Se recomienda que (Food Standards Committee, 1974) en Gran Bretaña no se sustituya por proteínas vegetales más de un diez por ciento de la carne, aunque en Estados Unidos el límite es de 30 por ciento. Las proteínas vegetales se utilizan al presente como componentes de productos cárnicos vegetales, por ejemplo: guisados, platillos de curry, hamburguesas, etc.

OTRAS FUENTES DE NUEVOS ALIMENTOS PROTEÍNICOS   Grandes cantidades de diversas plantas se cultivan como una fuente de aceites vegetales. Además de frijol soya, se utiliza cacahuate, semilla de algodón y otras semillas, y después de que ha sido extraído el aceite queda un residuo rico en proteínas. Por otra parte, es posible extraer la proteína concentrada no sólo de dichas semillas oleaginosas sino también de hierba y otros materiales no digestibles, pero a menudo abundantes, y también del pescado. Al presente dichos procesos sólo se llevan a cabo en pequeña escala.

Los microorganismos como levaduras, hongos, bacterias y algas están siendo estudiadas como fuente de proteína comestible conocida generalmente como *proteína unicelular*. Las ventajas de utilizar organismos uni-

Tabla 9.11 Contenido de aminoácidos esenciales de nuevas proteínas (mg/g de proteína) comparado con la carne de res

Aminoácidos	Carne de res	Soya	Hierba	Levaduras	Hongos	Bacterias
Isoleucina	53	62	93	45	43	43
Leucina	81	79	130	70	55	68
Lisina	87	53	72	70	51	59
Metionina (+ cistina)	38	16	21	18	10	24
Fenilalanina (+ tirosina)	75	49	93	44	39	34
Treonina	43	37	67	49	25	46
Triptófano	12	11	21	14	21	9
Valina	55	53	103	54	60	56

celulares como una fuente de proteína son: a) es posible cultivarlos en medios no costosos, como los materiales industriales de desecho y b) crecen con mucha rapidez. Los medios utilizados deben contener una fuente adecuada de carbono, que puede ser un carbohidrato de bajo costo (como la melaza o un hidrocarburo de desecho producido durante la refinación del petróleo) y una fuente no costosa de nitrógeno (como el amoniaco líquido o las sales de amonio o de nitrato). Además, los microorganismos necesitan un suministro de oxígeno, agua y pequeñas cantidades de elementos minerales, azufre, fósforo y posiblemente vitaminas.

Del análisis de la tabla 9.11 es evidente que, comparadas con la carne, las proteínas unicelulares son bajas en metionina, pero por otra parte sus contenidos de aminoácidos son bastante semejantes. La explotación comercial de la proteína monocelular se encuentra en plena investigación. Por ejemplo, las especies de hongos microscópicos como *Fusarium graminearum* se cultivan al presente en desechos de almidón, las levaduras se cultivan en petróleo y las bacterias se cultivan en metano y metanol. Por el momento, se tiene el propósito de utilizar estos concentrados de proteínas como alimentos para los animales, pero se espera que en el futuro puedan ser empleados como nuevos alimentos proteínicos para los seres humanos.

LECTURAS RECOMENDADAS

BRITISH NUTRITION FOUNDATION (1986). *Nutritional Aspects of Fish.* BNF Briefing Paper No. 10. BNF, Londres.

DAVIS, P. (Ed.) (1974). *Single Cell Protein.* Academic Press, Londres.

DEPARTMENT OF HEALTH AND SOCIAL SECURITY (1980). *Foods which Simulate Meat: Nutritional Aspects.* HMSO, Londres.

FAO/WHO (Reports 1973, 1975, 1978, 1985). *Energy and Protein Requirements.* WHO, Ginebra.

FORREST, J.C. *et al.* (1975). *Principles of Meat Science.* Freeman, USA.

GERRARD, F. (1977). *Meat Technology,* 5th edition. Northwood Publications, Londres.

JONES, A. (1974). *World Protein Resources.* Medical and Technical Publishing Co., Lancasier.

LAWRIE, R.A. (1985). *Meat Science,* 4th edition. Pergamon Press, Oxford.

MINISTRY OF AGRICULTURE, FISHERIES AND FOOD (1974). *Food Standards Committee Report on Novel Protein Foods,* HMSO, Londres.

STADELMAN, W.J. AND COTTERILL, O.J. (Eds) (1977). *Egg Science and Technology,* Avi, USA.

TAYLOR, R.J. (1969). *The Chemistry of Proteins,* 2nd edition. Unilever Booklet, Unilever, Londres.

TAYLOR, R.J. (1976). *Plant Protein Foods.* Unilever Booklet, Unilever, Londres.

WOLF, W.J. AND COWAN, J.C. (1975). *Soya Bean as a Food Source.* Blackwell, Oxford.

CAPÍTULO 10

Agua y bebidas

AGUA

Sin el agua no habría vida; el agua es esencial para la vida de toda forma de vida, desde la planta más sencilla y los organismos monocelulares hasta el más complejo sistema viviente conocido, el cuerpo humano. Además, en tanto que los seres vivos pueden existir durante un tiempo considerable sin los otros nutrientes esenciales, moriría bien pronto sin agua. Los seres vivos contienen una sorprendente cantidad de agua, nunca menos del 60 por ciento del peso total y a veces tanto como el 95 por ciento. Cerca de las dos terceras partes del cuerpo está constituida por agua, y todos los órganos, tejidos y fluidos tienen al agua como su constituyente esencial. Sólo unas pocas partes del cuerpo, como los huesos, los dientes y el pelo contienen poca agua.

Mientras dura la vida, se pierde continuamente agua del cuerpo, parte por la orina, parte por la superficie del cuerpo como sudor y en parte como vapor de agua en los gases expulsados en la respiración. Asimismo, se pierden pequeñas cantidades de agua en las heces fecales. Para que el cuerpo funcione bien es preciso reemplazar el agua que se pierde y mantener un equilibrio entre la entrada y la salida de la misma. La principal fuente de agua para el cuerpo son los alimentos y las bebidas, aunque se produce algo de agua cuando los nutrientes se oxidan para obtener energía. Por ejemplo, cuando la glucosa se desdobla para formar bióxido de carbono y agua. Un kilogramo de glucosa produce un poco más de medio litro de agua cuando se oxida. El balance entre la entrada y la salida para una persona que lleva una vida sedentaria en un clima templado y con una dieta que proporciona 8.8 MJ al día se muestra en la tabla 10.1.

Tabla 10.1   Equilibrio del agua en el cuerpo en un clima templado

Origen	Consumo de agua (cm^3/día)	Origen	Pérdida de agua (cm^3/día)
Alimento	1120	Orina	1300
Bebida	1180	Pulmones	300
Oxidación de		Piel	920
nutrientes	280	Heces	60
Total:	2580	Total:	2580

El agua se diferencia de los otros elementos esenciales en que en su mayor parte no experimenta cambios químicos dentro del cuerpo. Mientras que las proteínas, por ejemplo, se desdoblan en aminoácidos durante la digestión, la mayor parte del agua pasa a través del cuerpo sin experimentar cambio alguno. Las funciones realizadas por el agua son en su mayoría de naturaleza física y dependen de su capacidad para transportar nutrientes a través del cuerpo, disolver las sustancias o mantenerlas en suspensión y, sobre todo, conservarlas en estado líquido a lo largo de una amplia gama de temperaturas. Esta última propiedad permite que el agua provea un medio líquido en el cual tienen lugar las innumerables reacciones necesarias para la vida.

Aunque la mayor parte del agua del cuerpo está implicada en cambios físicos, una parte de la misma está relacionada con cambios químicos. Algunos de estos cambios, como los desdoblamientos enzimáticos e hidrolíticos de los nutrientes durante la digestión, incluyen la absorción del agua, mientras que otros, como la oxidación de los nutrientes absorbidos para suministrar energía al cuerpo, liberan agua. Además del agua que participa en dichos cambios químicos, ésta es asimismo requerida por todas las plantas a fin de sintetizar carbohidratos durante la fotosíntesis.

Estructura del agua y del hielo

Una molécula de agua contiene dos átomos de hidrógeno unidos en forma covalente a uno de oxígeno, el ángulo del enlace es de aproximadamente 105° como se muestra en la figura 10.1a. La electronegatividad del oxígeno, o sea, su atracción por los electrones es mayor que la del hidrógeno. Esto resulta en una desigual distribución de las cargas en la molécula; el átomo de oxígeno lleva una carga negativa parcial (δ—), equilibrada por las cargas positivas parciales (δ+) sobre los átomos de hidrógeno. Dichas moléculas se dice que son *polares* y se atraen mutuamente; en el agua, se forman puentes de hidrógeno entre las moléculas polares adyacentes como se indica en la figura 10.1. Se notará que, debido a la forma de las moléculas de agua, dicha atracción intermolecular da por resultado que las moléculas de agua se

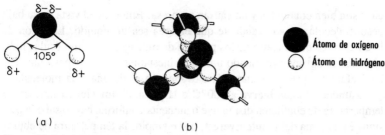

Figura 10.1 a) Una molécula de agua mostrando su carácter polar y su ángulo de enlace. **b)** Los puentes de hidrógeno del agua originan una estructura tetraédrica.

agrupen para formar estructuras tetraédricas en las que cada molécula de agua está enlazada con otras cuatro.

Los puentes de hidrógeno son enlaces electrostáticos débiles que se rompen fácilmente, y en el agua dichos enlaces están constantemente formándose, rompiéndose y volviéndose a formar. Cuando se calienta el agua, aumenta la energía térmica de las moléculas, y el aumento resultante en el movimiento de éstas favorece la ruptura en vez de la formación de los puentes de hidrógeno. En el vapor de agua no hay puentes de hidrógeno y las moléculas de agua existen como unidades individuales. Por otra parte, si se enfría agua en estado líquido, la pérdida de energía y la disminución resultante del movimiento favorece la formación de enlaces de hidrógeno. En el hielo, los puentes de hidrógeno son tan numerosos que todas las moléculas de agua están unidas entre sí por medio de puentes de hidrógeno, formando así una estructura rígida y regular. La estructura tetraédrica de los grupos de moléculas de agua se conserva, pero los tetraedros se unen adicionalmente para formar capas de anillo hexagonales que se unen para dar una estructura muy abierta. Esta estructura abierta del hielo, comparada con la del agua, explica por qué el hielo tiene un mayor volumen específico y una menor densidad que el agua.

Características físicas del agua

El agua es el más común de todos los líquidos y es quizá por esta razón que no se le considera como nada extraordinario. A causa de que se le encuentra en todas partes, como el aire, se da por descontada su presencia. Con todo, es afortunado que el agua esté tan fácilmente disponible porque, en realidad, es un líquido muy notable, con propiedades que la hacen tan adaptada de modo único a los innumerables propósitos para los que se le utiliza o resulta necesaria, entre los que se incluye el mantenimiento de la propia vida.

El agua es un líquido incoloro, inodoro y sin sabor que, en condiciones atmosféricas normales, hierve a 100°C y se congela a 0°C. Estos hechos son bien conocidos y no causan sorpresa. Empero, en vista de su bajo peso molecular es sorprendente que el agua sea un líquido. La razón de lo anterior es que a causa de los puentes de hidrógeno, las moléculas individuales se agrupan formando unidades inestables con un "peso molecular" efectivo que es mucho más elevado que el de una sola molécula.

Aunque el agua hierve a 100°C a la presión atmosférica normal, la temperatura de ebullición disminuye o aumenta conforme baja o sube la presión. En la cima del monte Everest, por ejemplo, la temperatura de ebullición es de aproximadamente 72°C, mientras que en una olla de presión operando a su máxima presión (1.05 kg/cm^2), hierve a 120°C. La temperatura a la cual hierve el agua es asimismo afectada por la presencia de sustancias disueltas. Éstas aumentan la temperatura de ebullición en una cantidad que es proporcional a su concentración molecular. Así, en la elaboración de la jalea, cuando la fruta se cuece en agua que contiene azúcar disuelto, la temperatura de ebullición es mayor de 100°C. Si se continúa la ebullición, la concentración de la solución aumenta y, por consiguiente, se eleva el punto de ebullición. En realidad, como se mencionó en la página 147, el final del período de ebullición se deduce de la temperatura de ebullición, el conocimiento de lo cual permite determinar la composición de la mezcla.

El punto de congelación del agua disminuye por la presencia de sólidos disueltos, en este caso la disminución es proporcional a la concentración molecular del material disuelto. Así, el agua en los tejidos y los alimentos vegetales no se congela sino hasta un valor por debajo de 0°C. Este hecho debe tenerse en cuenta cuando se conserven alimentos por almacenamiento en frío, en el que se utilizan normalmente temperaturas de −18°C a fin de asegurar que se congele el agua contenida en los alimentos. Cuando el agua se congela aumenta su volumen debido a un aumento en el número de hidrógeno y la formación de una estructura hexagonal que es muy abierta. Esto hace que el hielo flote sobre el agua conservando así el calor del agua que está abajo; esto tiene importantes consecuencias en la naturaleza, ya que permite que continúe la vida vegetal y animal debajo de la superficie del hielo. Otros efectos notables de la formación del hielo son el rompimiento de los tejidos vegetales que ocurren cuando se congela la savia de la planta, y la ruptura de los tejidos de los alimentos congelados que tiene lugar si se deja que se formen grandes cristales de hielo.

La capacidad específica de calor y el calor específico latente de vaporización del agua resultan elevados cuando se les compara con los valores correspondientes de otros líquidos. Si se calientan líquidos que carezcan de puentes de hidrógeno, toda la energía térmica suministrada aumenta la energía cinética de las moléculas y por consiguiente la temperatura. Sin embargo, en el agua una parte de la energía térmica se utiliza en la ruptura de los puentes de hidrógeno y por tanto es necesario suministrar más energía térmica para alcanzar un aumento determinado de temperatura que en el caso de los líquidos que no contienen puentes de hidrógeno. Lo anterior resulta importante en el cuerpo ya que la elevada capacidad del calor específico del agua le permite actuar como un depósito de calor, evitando así que se eleve rápidamente la temperatura corporal cuando se absorbe calor.

El calor específico latente de vaporización del agua resulta elevado por una razón similar, es decir: se requiere energía para romper los enlaces de hidrógeno, haciendo necesario un mayor suministro de calor para vaporizar una determinada masa de agua que la que se necesitaría para la misma masa de un líquido que no tuviera enlaces de hidrógeno. El alto valor de 2300 kJ/kg del calor específico latente quiere decir que se requieren 2300 kJ para vaporizar un kilogramo de agua a una temperatura determinada. Así, cuando el sudor se evapora de la superficie del cuerpo, una cantidad relativamente grande de calor es absorbida de la piel, lo que de esta manera la mantiene fresca.

EL AGUA COMO DISOLVENTE   El agua ha sido llamada el "disolvente universal" y, aunque ésta no es una descripción totalmente exacta, posee propiedades únicas como disolvente que le permiten disolver un número muy grande de sustancias. Algunas veces se le denomina un disolvente ionizante o polar debido a que disuelve sustancias electrovalentes como ácidos y sales. También disuelve algunos compuestos covalentes (por ejemplo: el azúcar y la urea), pero no disuelve otros (por ejemplo: la grasa). Nunca se hará demasiado hincapié en la actividad como disolvente del agua; esta actividad le permite al agua disolver un gran número de sustancias que son esenciales para la vida vegetal y animal. Estas sustancias disueltas son entonces transportadas a través del organismo hasta los sitios donde se necesitan. En ausencia del agua, o cualquier otro disolvente, dichas sustancias no podrían ser utilizadas por los seres vivientes.

La explicación de las excelentes propiedades disolventes del agua se encuentra en la naturaleza de la propia molécula: en términos más específicos, depende del carácter polar de la molécula de agua. A fin de entender lo anterior, considérese la manera como una sal típica, como el *cloruro de sodio*, forma una solución en el agua. El cloruro de sodio existe en forma de *iones*; en este compuesto el sodio se encuentra como una partícula o ion con carga positiva y el cloro existe en forma de un ion cargado negativamente.

Un cristal de cloruro de sodio contiene muchos millones de iones sodio y un número igual de iones cloruro. Los iones están arreglados en un patrón geométrico tridimensional, conocido como celda unitaria, como se muestra en la figura 10.2a. Ésta representa aproximadamente la quinta parte de una trillonésima de un cubo de 1 mm de cloruro de sodio. Representa claramente las características geométricas de la celda unitaria pero adolece del defecto de que los iones sodio y cloruro parecen estar muy separados cuando de hecho están estrechamente empacados. En la figura 10.2b se

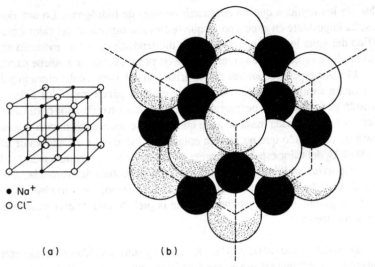

Na⁺
Cl⁻

(a)   (b)

Figura 10.2 Una celda unitaria de cloruro de sodio.

muestra amplificada una porción de la celda unitaria y tiene una apariencia más realista. En el interior de un cristal de cloruro de sodio cada ion sodio está rodeado por seis iones cloro equidistantes y, de un modo similar, cada ion cloro está rodeado por seis iones sodio equidistantes.

Un ion sodio no está asociado con un ion cloro en particular, y es una idea equivocada imaginarse así una molécula de cloruro de sodio. No obstante, es conveniente y usual hablar de la molécula de cloruro de sodio y su fórmula se escribe NaCl y no Na^+Cl^-. Las líneas del diagrama no representan, por supuesto, enlaces entre los iones sino meramente indican las propiedades geométricas de la celda unitaria.

Cuando se disuelve el cloruro de sodio en agua se rompe esta ordenada celda unitaria y los iones se separan unos de otros y quedan libres para moverse. Este proceso de separación de los iones resulta difícil de lograr debido a que requiere una gran cantidad de energía. El agua es capaz de llevarlo a cabo porque hidrata los iones, y la energía que se libera en la hidratación es suficientemente grande para compensar la energía requerida para separarlos. En otras palabras, el proceso global de disolver una sal en agua, esto es separar e hidratar los iones, requiere poca o ninguna energía, y por consiguiente se lleva a cabo con facilidad. Esto da por resultado que los iones nunca existen libres en solución; siempre están hidratados, en cuya forma están firmemente unidos a las moléculas adyacentes de agua.

El agua resulta asimismo un buen disolvente para aquellas sustancias que, a pesar de no ser iónicas, contienen grupos polares y que son capaces de formar puentes de hidrógeno y otras uniones electrostáticas débiles con las moléculas de agua. Así, los alcoholes de bajo peso molecular, por ejemplo, el etanol (C_2H_5OH), que contiene grupos hidroxilo polares, son fácilmente solubles en agua, a pesar de que conforme aumenta el peso molecular y la proporción de la cadena hidrocarbonada no polar, disminuye la solubilidad. Las moléculas que contienen varios grupos hidroxilo, como los azúcares simples, son muy fácilmente solubles en agua debido a que el mayor número de grupos polares que contienen aumenta la atracción entre ellos y el agua. La capacidad del agua de disolver sustancias covalentes, siempre que contengan una proporción razonable de grupos polares, resulta muy importante para el cuerpo. Significa que después de que el alimento ha sido desdoblado durante la digestión en moléculas polares relativamente pequeñas, como azúcares simples y aminoácidos, es disuelto por los fluidos del cuerpo, los cuales consisten principalmente en agua, y transportados en solución por todo el cuerpo.

Abastecimientos de agua

No existe ninguna cosa parecida al agua natural pura. El agua de lluvia, que es la forma más pura del agua natural, contiene pequeñas cantidades de gases disueltos, como oxígeno, bióxido de carbono y, a causa de la contaminación industrial, puede asimismo contener disueltos óxidos de azufre y nitrógeno (y entonces se conoce como "lluvia ácida"). Contiene también pequeñas cantidades de polvo. Otros tipos de agua natural, como el de los manantiales y los ríos, además de las impurezas del agua de lluvia, contiene sales disueltas, y en el caso del agua de río impurezas adicionales, procedentes de la vegetación y el drenaje.

Un suministro adecuado de agua limpia y libre de organismos patógenos es uno de los factores esenciales de la vida moderna, y el agua para el consumo doméstico debe ser cuidadosamente tratada antes de utilizarse de manera que no sea nociva para la salud. Una considerable proporción del abastecimiento de agua en Inglaterra se obtiene de depósitos que reciben el agua de las cuencas colectoras. El agua que se extrae de dichos depósitos se trata de diversas maneras antes de suministrarlo al consumidor. Las etapas esenciales son *asentamiento*, *filtración* y *esterilización*. Una parte del agua utilizada para beber es tratada asimismo por *fluoración*, como se describe en la página 267. El agua que ha sido tratada de estas maneras es sana y adecuada para el consumo humano, aunque para fines industriales puede asimismo requerir que sea suavizada. Desde 1985, la calidad de los suministros de agua han tenido que cumplir con las reglamentaciones de la CEE (Comunidad Económica Europea), que establecen estrictas normas para la calidad bacteriológica y química de los abastecimientos de agua.

Cuando el agua necesita ser suavizada se dice que es *dura* debido a que no produce fácilmente espuma con el jabón. La dureza del agua se debe a la presencia de ciertas sales minerales, principalmente sulfatos y bicarbonatos de calcio y magnesio, y a causa de que esta agua dura suministra dichos elementos, constituye una buena agua potable. Sin embargo, para usos industriales el agua dura no resulta satisfactoria debido a que las sales minerales tienden a precipitarse y formar depósitos insolubles en las calderas, las tuberías de agua y otros equipos. Por consiguiente, el agua para aplicaciones industriales es a menudo suavizada eliminando los iones calcio y magnesio mediante un proceso de *intercambio de iones*, en el que dichos iones son intercambiados por iones sodio que no forman sales insolubles.

ESTERILIZACIÓN   El agua natural contiene siempre materia orgánica y oxígeno disuelto, por lo que constituye un medio natural de crecimiento para las bacterias. La fiebre tifoidea, el cólera y la ictericia son causados por la infección de los suministros de agua, y es con el fin de eliminar las bacterias que causan estas y otras enfermedades que el agua que se va a utilizar para el consumo humano se esteriliza por lo general antes de su uso.

El agua normalmente se esteriliza añadiendo 0.5 ppm de cloro; esta baja concentración es suficiente para matar todas las bacterias sin impartir sabor al agua. El agua que se va a utilizar para conservas enlatadas o embotelladas se esteriliza añadiendo 1 ó 2 ppm de ozono. Este tratamiento es más costoso que la cloración pero tiene la ventaja de que el ozono se descompone en oxígeno que no tiene sabor.

AGUAS MINERALES   Las aguas minerales proceden de manantiales naturales, y las ventas de las aguas minerales embotelladas están aumentando en Gran Bretaña. El agua mineral contiene ciertas sales minerales como sodio, cloro, carbonato de sodio y bicarbonato de sodio, así como sales similares de calcio y magnesio. Algunas aguas minerales contienen también sales de hierro o sulfuro de hidrógeno, este último causa el desagradable olor a "huevos podridos" de ciertas aguas minerales. El total de sales minerales disueltas puede ser tan bajo como 0.1 g/l y raras veces es mayor que 3.5 g/l. Muchas aguas minerales están naturalmente aereadas con bióxido de carbono.

Durante muchos años se les ha atribuido a las aguas minerales, especialmente las más conocidas, como *Evian, Perrier* o *Vichy*, propiedades curativas y que es menos probable que causen enfermedades que el agua corriente debido a que están libres de bacterias. Sin embargo, estas supuestas cualidades carecen totalmente de fundamento y como ya se ha explicado, el agua corriente en Inglaterra y la mayor parte de los países desarrollados es muy segura y de alta calidad.

Las aguas minerales permiten que la gente beba un agua con un sabor agradable y penetrante y que carece del olor desagradable del cloro que se percibe a veces en el agua corriente. Asimismo, es preferida por la gente que se opone a beber agua que haya sido tratada de diversas formas, especialmente por la adición de "sustancias medicinales" en forma de floururos. El consumo de aguas minerales en lugar de bebidas alcohólicas o bebidas que contengan cafeína sólo es beneficioso para la salud.

EL SUMINISTRO DE AGUA Y LA SALUD   A pesar de que, como ya se mencionó, hoy en día los suministros de agua en Inglaterra son de una elevada calidad bacteriológica y química, existe una cierta inquietud acerca de los aspectos del agua blanda, es decir la que tiene en disolución una cantidad muy pequeña de sales, relacionados con la salud.

Hay cierto número de datos que sugieren que la frecuencia de la insuficiencia coronaria (IC) está relacionada con los suministros de agua blanda. El agua delgada o blanda contiene menos carbonato de calcio, magnesio y sulfatos y más sodio que el agua dura. El agua blanda puede también ser deficiente en vanadio. Además, el agua blanda recoge cantidades apenas detectables de cinc, cadmio, hierro, cobre y plomo de las tuberías. Parece ser probable que la frecuencia de la IC esté relacionada con una deficiencia de calcio, magnesio y vanadio o un exceso de cobre y cadmio, o ambos a la vez.

Antes de considerar establecida una relación entre la IC y los abastecimientos de agua blanda es necesario obtener más pruebas que lo avalen.

BEBIDAS NO ALCOHÓLICAS

Aunque el agua es esencial para el hombre, el agua corriente no constituye una manera muy popular de consumirla. Beber agua en forma de agua mineral o con hielo puede hacerla más aceptable para algunas personas, pero la gran mayoría de la gente prefieren tomar agua en forma de una bebida con sabor, generalmente una bebida no alcohólica como té o café, un jugo de frutas o un refresco. Es muy probable que dichas bebidas sean más apreciadas por su sabor o efecto estimulante, en vez de por su valor nutritivo, a pesar de que la mayor parte de los jugos de fruta constituyen una buena fuente de vitamina C.

Té, café y cocoa

TÉ   Las hojas de té, que constituyen la base de la conocida bebida, proceden de un arbusto siempre verde cultivado ampliamente en India, China y Ceilán, así como en otros países. El arbusto del té se mantiene de poca altura por medio de poda y sólo el cogollo o brote y las dos hojas más jóvenes se cosechan para preparar té de buena calidad (figura 10.3). Las hojas frescas del té contienen varios constituyentes solubles en agua, entre otros los polifenoles, que representan alrededor del 30 por ciento del peso en seco, aminoácidos (cuatro por ciento) y cantidades apenas detectables de

Yema

Hojas tiernas

Fruto pardusco

Flores blancas

Figura 10.3 Una rama del arbusto del té mostrando las hojas más tiernas y el brote, los cuales se utilizan para preparar el té de buena calidad.

azúcares. Las hojas de té también contiene materiales insolubles, principalmente material fibroso (por ejemplo: celulosa), proteínas y pectinas y una muy pequeña cantidad de aceites esenciales (cerca del 0.01 por ciento), los cuales contienen un gran número de componentes volátiles contribuyen al sabor y el aroma. El té contiene pequeñas cantidades de los oligoelementos flúor y manganeso, y es una fuente aprovechable de dichos elementos.

La *cafeína* es la sustancia más importante de las hojas del té debido a que actúa como un estimulante del sistema nervioso. La suave acción estimulante de la cafeína puede ayudar a evitar la sensación de fatiga y algunas personas hallan que promueve la concentración. Es asimismo un diurético débil, de modo que tomar té (o café) en lugar de agua estimula la producción de orina.

El *tanino* es otro componente importante de las hojas del té. Es un astringente y contribuye con un cierto amargor a la infusión de té, especialmente si se deja en infusión un tiempo considerable. El tanino tiene la propiedad de precipitar las proteínas en el té y también interfiere con la absorción del hierro.

Después de cosechadas, las hojas del té se secan y además de la pérdida de humedad esto origina algunos cambios químicos, que incluyen un aumento del contenido de cafeína y de aminoácidos. Las hojas ya secas se rompen haciéndolas pasar entre rodillos y este proceso libera enzimas, principalmente *fenolasa*, que son la causa de la llamada "fermentación". Idealmente, la "fermentación" se lleva a cabo a 25°C, temperatura a la que la actividad de la enzima es máxima. Las hojas se tienden en capas y en presencia del oxígeno del aire la fenolasa cataliza la oxidación de algunos polifenoles en *o*-quinonas, que luego reaccionan para formar compuestos coloreados, en particular las sustancias oscuras generalmente conocidas como *thearrubiginas*. Éstas proporcionan la mayor parte del color así como de la astringencia, la acidez y el cuerpo a las infusiones de té. La naturaleza exacta de los cambios químicos que tienen lugar durante la fermentación son extremadamente complejos y se desconocen en gran parte.

Después de la fermentación, las hojas se continúan secando a una temperatura que desactiva todas las enzimas, carameliza los azúcares y reduce el contenido de humedad a cerca de tres por ciento.

La popularidad del té depende principalmente del suave efecto estimulante producido por la cafeína, aunque un té de alta calidad es también apreciado por su fragante aroma y su delicado sabor. Cuando se añade agua hirviendo a las hojas de té, la infusión resultante contiene una proporción de los constituyentes solubles de las hojas. Una taza promedio de té preparada con 5 g de té contiene (aparte del azúcar o la leche que se añada) de 60 a 280 mg de tanino, de 50 a 80 mg de cafeína, de 0.2 a 0.5 mg de flúor, 1 mg de manganeso, 0.02 mg de riboflavina y 0.2 mg de niacina.

La cafeína se extrae de las hojas de té con más facilidad que el tanino de manera que la calidad del té es mayor después de unos cinco minutos de infusión cuando la mayor parte de la cafeína (alrededor del 80 por ciento) pero sólo una parte del tanino (aproximadamente 60 por ciento) han sido extraídas. Un tiempo de infusión más largo aumenta la proporción de tanino con el consiguiente aumento en el amargor.

CAFÉ   La planta de café o cafeto, como la planta de té, es un arbusto siempre verde que se cultiva en muchos países tropicales. El fruto es una drupa semejante a la cereza y contiene dos semillas, llamadas "granos de café" encerrados en una piel dura o cáscara. A fin de extraer los granos se elimina la parte pulposa exterior del fruto y éstos, rodeados aún por la

Tabla 10.2   Composición del café expresada en tanto por ciento sobre la base de peso seco

	Granos verdes	Granos tostados	Café soluble
Proteínas	13	11	15
Azúcares	10	1	7
Almidón y dextrinas	10	12	5 (sólo dextrina)
Polisacáridos complejos	40	46	33
Aceite de café	13	15	<1
Minerales, principalmente potasio	4	5	9
Ácido clorogénico	7	5	14
Trigonelina	1	1	4
Fenoles	—	2	5
Cafeína (*Arabica*)	1	1.3	4

piel, se secan al aire. Las cáscaras se eliminan luego haciéndolos pasar por un rodillo, lo que libera a los granos.

La composición de los granos de café es extremadamente compleja, y se han identificado más de 300 constituyentes; a causa de esta complejidad se ignora en gran parte la base química del sabor y el aroma del café. Los principales componentes del grano verde de café aparecen en la tabla 10.2. Los valores dados son promedio y existe una considerable variación en la composición de las diferentes variedades de café. Por ejemplo, el valor dado para la cafeína se refiere a la variedad *Arábica*; la variedad *Robusta*, el otro tipo principal, contiene casi el doble.

Las semillas de café se tuestan antes de utilizarlas; lo anterior reduce la humedad de alrededor de 12 por ciento a cerca del cuatro por ciento, convierte parte del azúcar en caramelo y hace surgir el sabor y el aroma. A pesar de que el tostado tiene poco efecto sobre la cafeína, el ácido clorogénico se desdobla en los ácidos cafeico y quínico y la trigonelina se convierte en gran parte en niacina. Los granos tostados del café son quebradizos y tienen un color café oscuro, lo que los hace fáciles de moler.

Cuando se prepara una infusión a partir de los granos de café, tostados y molidos, cerca del 35 por ciento de los constituyentes de la semilla pasan al agua. La cafeína es rápidamente extraída, expecialmente si el agua está muy caliente; a 95°C se extrae cerca del 80 por ciento después de dos minutos y el 90 por ciento después de diez minutos. Un tiempo de extracción corto de uno a dos minutos resulta ideal ya que favorece la extracción de la cafeína pero no de las sustancias menos solubles que contribuyen al amargor.

Una taza de café bastante fuerte contiene cerca de 100 mg de cafeína junto con 10 mg de potasio y 1 mg de niacina.

El *café francés* contiene *achicoria*, que es la raíz de la escarola silvestre, como ingrediente adicional. La achicoria se tuesta antes de utilizarla y a pesar de que no contiene cafeína proporciona un sabor amargo, así como un color oscuro resultante del caramelo producido durante el tostado. La razón de añadir achicoria al café es que ésta es mucho más barata que el café, pero legalmente, la mezcla debe contener cuando menos 51 por ciento de café.

El *café "instantáneo"* se prepara extrayendo los componentes solubles en agua de los granos tostados utilizando agua caliente y concentrando el extracto líquido resultante y convirtiéndolo en polvo ya sea mediante secado por aspersión y secado por congelación (véase el capítulo 16). Las técnicas modernas han dado por resultado la producción de cafés "instantáneos" que conservan la mayor parte del sabor y el aroma de los constituyentes de los granos de café tostados.

La preocupación con respecto a los posibles efectos sobre la salud de beber mucho café ha originado una creciente demanda de café descafeinado. Este café se prepara eliminando la cafeína con el disolvente diclorometano, el que luego se remueve por tratamiento con vapor. El café resultante debe contener menos de 0.3 por ciento de cafeína y menos de 10 ppm de diclorometano.

COCOA La elaboración de los granos de cacao para producir cocoa y chocolate ya ha sido descrito (página 143). La cocoa en polvo, a diferencia de las hojas de té y de los granos de café, posee un contenido considerable de nutrientes, alrededor del 12 por ciento consiste en carbohidratos, 20 por ciento en proteínas y 22 por ciento de grasas (del que aproximadamente 13 por ciento es grasa saturada). Contiene asimismo pequeñas cantidades de vitaminas A y B y algunos elementos minerales, especialmente hierro (aunque es probable que se absorba muy poco hierro). A pesar de su valor nutritivo relativamente elevado, es poco lo que contribuye a la dieta promedio puesto que se consume en pequeñas cantidades.

Además de pequeñas cantidades de cafeína la cocoa contiene también el alcaloide *teobromina* (dimetil xantina) relacionado con la cafeína, y que es un estimulante muy suave. Una taza promedio de cocoa contiene alrededor de 200 mg de teobromina y 20 mg de cafeína, pero estas cantidades no son lo suficientemente grandes para producir un efecto estimulante notable. La cocoa contiene además algún tanino.

La bebida de chocolate se prepara con cocoa en polvo tratada con un álcali para mejorar la solubilidad, a la que se añade a veces azúcar, leche en polvo, sal y vainilla.

Bebidas no alcohólicas

Éste tipo de bebidas proporcionan agua y generalmente azúcar en forma de una bebida de sabor agradable. Excepto por el azúcar que proveen, su valor nutritivo es nulo. Algunas contienen un poco de vitamina C. Las bebidas sin alcohol incluyen bebidas de frutas, bebidas de pulpa de frutas, cordiales, bebidas carbonatadas, refrescos de cola y *ginger beer* o cerveza de jengibre. Algunas bebidas sin alcohol no contienen azúcar. Por ejemplo, el agua quinada o tónica es simplemente agua carbonatada a la que se le ha añadido quinina para darle un sabor algo amargo; las bebidas a base de glucosa, como Lucozade contienen jarabe de glucosa en lugar de azúcar y las bebidas no alcohólicas para diabéticos bajas en calorías contienen un edulcorante artificial en lugar de azúcar.

En Gran Bretaña las bebidas a base de frutas deben contener una cantidad estipulada mínima de fruta y azúcar. Por ejemplo, las bebidas sin diluir a base de jugo de frutas conocidas como *squash* deben contener cuando menos 25 por ciento de jugo de fruta, mientras que las bebidas de pulpa de frutas en polvo (descritas generalmente como preparadas con fruta fresca entera) incluyen tanto la cáscara como la pulpa de la fruta a fin de obtener un mayor sabor y deben contener cuando menos diez por ciento de fruta

Tabla 10.3 Contenido de nutrientes por 100 g de jugos de frutas sin diluir y refrescos

	Energía (kJ)	Azúcares (g)	Vitamina C (mg)	Sodio (mg)	Potasio (mg)
Jugo de piña	225	13.4	8	1	140
Jugo de naranja (a)	143	8.5	35	4	130
Jugo de toronja (a)	132	7.9	28	3	110
Ribena	976	60.9	210	20	86
Jugo de tomate	66	3.2	20	230	260
Squash de naranja	456	28.5	0-60	21	17
Lucozade	288	18.0	3	29	1
Cola	168	10.5	0	8	1
Limonada	90	5.6	0	7	1

(a) sin endulzar

entera cuando no estén diluidas. Las bebidas con sabor a fruta no contienen fruta y por lo general no contienen otra cosa que agua, azúcar y un saborizante artificial; a menudo se les describe con la terminación ''ada'', como limonada. En la tabla 10.3 se presenta el contenido de nutrientes de diversas bebidas sin alcohol.

Jugos de frutas

Los jugos de frutas se fabrican extrayendo el jugo de la fruta fresca y tienen por consiguiente un contenido similar de nutrientes que el de la fruta entera excepto que han perdido la mayor parte de su pectina. Su popularidad en Gran Bretaña aumenta rápidamente hasta el grado que constituyen hoy en día una de las fuentes principales de vitamina C en la dieta promedio. El contenido de vitamina C de la fruta varía considerablemente (véase la tabla 10.3), y en la bebida conocida como Ribena (que se prepara a base de jugo de grosellas negras al que se le añade jarabe de azúcar y vitamina C) es excepcionalmente alto moderadamente alto en los jugos de cítricos, algo más bajos en el jugo de piña y de tomate y muy bajo en el jugo de manzana.

Además de constituir una manera agradable de ingerir cantidades útiles de vitamina D, los jugos de frutas tienen valor para aquellas personas con una dieta baja en sodio ya que poseen un bajo contenido de sodio pero alto en potasio (véase la tabla 10.3).

BEBIDAS ALCOHÓLICAS

Las bebidas alcohólicas se aprecian a causa de su sabor y efecto estimulante y difícilmente por ser una fuente de energía; no obstante, vale la pena hacer notar que el valor energético del vino es aproximadamente igual al de

Tabla 10.4 Bebidas alcohólicas

Tipo	Ejemplo	Contenido de alcohol (g/100 ml)	Valor energético (kJ/100 ml)
Cervezas, servidas del	Amarga	3.1	132
tonel	Ligera	2.6	104
Sidras	Seca	3.8	152
	Dulce	3.7	176
Vinos			
Blanco	Dulce	10.2	394
Tinto	Chianti	9.5	284
Encabezado	Sherry dulce	15.6	568
Bebidas espiritosas	70% proof	31.7	919
Licores	Cherry brandy	19	1073

la leche. Existen tres clases principales de bebidas alcohólicas: vinos, cervezas y licores espirituosos. Los materiales a partir de los que se preparan son todos carbohidratos y el ingrediente particular que se emplea y la manera como se procesa determina principalmente el carácter de la bebida producida. Los tipos principales de bebidas alcohólicas y sus valores energéticos se muestran en la tabla 10.4.

FABRICACIÓN   Las bebidas alcohólicas se preparan por un proceso de *fermentación*. El material inicial que se utiliza depende del producto requerido. Por ejemplo, el whisky se fabrica de malta o de grano, el ron de melazas, el vino de uvas, la cerveza de malta y la sidra de manzanas. Si el material inicial consiste esencialmente en almidón (por ejemplo en forma de grano o arroz) la fermentación tiene lugar en tres etapas, como se indica a continuación.

Etapa 1: Conversión de almidón en maltosa y dextrinas.   Esta es una hidrólisis catalizada por la enzima *diastasa*. La diastasa, una mezcla de las amilasas α y β (véase la página 123), se encuentra en la malta, que es el nombre que se da a la cebada cuando germina o echa brotes. La malta se obtiene remojando la cebada en agua, sacándola de ella y dejándola reposar en aire cálido durante algunos días, antes de desecarla lenta y cuidadosamente. Durante el período de germinación se producen amilasa y algunas peptidasas, y éstas empiezan inmediatamente su labor de hidrolizar los carbohidratos y las proteínas presentes en la cebada. Sin embargo, su actividad cesa cuando se deseca la malta.

Cuando se mezcla malta molida con una masa de materiales amiláceos en agua a una temperatura entre 50 y 60°C y se deja en reposo aproximadamente una hora, la diastasa hidroliza el almidón en maltosa y dextrinas:

$$2(C_6H_{10}O_5)_n + nH_2O \xrightarrow{\text{diastasa}} nC_{12}H_{22}O_{11}$$

Almidón   Maltosa

Etapa 2: Conservación de la maltosa en glucosa. Se trata de una hidrólisis catalizada por la enzima *maltasa* presente en la levadura que se añade:

$$C_{12}H_{22}O_{11} + H_2O \xrightarrow{\text{maltasa}} 2C_6H_{12}O_6$$

Maltosa   Glucosa

Después que se añade la levadura el proceso continúa durante varios días, manteniéndose la temperatura entre unos 30 y 35°C.

Etapa 3: Conversión de la glucosa en alcohol. La *zimasa* (que es el nombre dado a un conjunto de cuando menos 14 enzimas), también presente en la levadura, es la causa de la fermentación de la glucosa para obtener alcohol. Fermentación significa *ebullición* y el nombre se originó debido a que durante la reacción el líquido es agitado por las burbujas de bióxido de carbono, lo que le da un aspecto espumoso o de ebullición.

$$C_6H_{12}O_6 \xrightarrow{\text{zimasa}} 2C_2H_5OH + 2CO_2$$

Glucosa

Esta ecuación representa meramente el inicio y la terminación de la reacción, la cual es compleja e incluye muchas etapas. El resultado es una solución de alcohol en agua, en la que el alcohol constituye menos de 16 por ciento del total.

Debe hacerse notar que sólo la última de dichas etapas es una verdadera fermentación, ya que únicamente en ésta se produce gas. Las dos primeras etapas son ejemplos de hidrólisis enzimática aunque por conveniencia al proceso completo se le denomina por lo general *fermentación alcohólica*.

Si el material inicial está constituido por melazas (como cuando se fabrica ron) en lugar de un material amiláceo, no es necesaria la hidrólisis inicial (etapa 1) y si la materia prima es un monosacárido (como cuando se fabrica vino) sólo está implicada la etapa 3.

Tipos de bebidas alcohólicas

VINOS   Los vinos se elaboran a partir de las uvas por un proceso que implica cuatro etapas: prensado, fermentación, entonelado y embotellado.

El jugo de uva contiene los azúcares glucosa (azúcar de uva) y fructosa (azúcar de fruta), diversos ácidos, tanino y materiales nitrogenados. Las uvas fermentan naturalmente ya que contienen todos los ingredientes esenciales requeridos; es decir, azúcar, agua y levaduras; estas últimas están presentes como una cubierta o *pelusa* sobre la piel. La pelusa contiene muchas variedades de levadura incluyendo las levaduras del vino y las levaduras silvestres. Cuando se extrae el jugo de las uvas por trituración en una prensa, se añaden sulfitos en una concentración tal que se destruyen las levaduras silvestres indeseables mientras que se conservan las levaduras deseables del vino.

Durante la fermentación que viene a continuación la glucosa y la fructosa son convertidas en alcohol. Si se continúa la fermentación hasta que se haya utilizado casi todo el azúcar el vino resultante será seco, mientras que si se detiene cuando todavía queda algún azúcar será dulce. Como las levaduras no toleran un contenido de alcohol mayor de 16 por ciento, este es el máximo que pueden contener los vinos naturales y la mayor parte de los vinos contienen de 10 a 12 por ciento.

Después de la fermentación se transfiere el vino a toneles de madera o, en los procesos modernos, a grandes recipientes hechos de acero inoxidable. Algunos vinos permanecen en el tonel durante varios años, tiempo en el que tiene lugar una fermentación secundaria lenta debido a que quedan algunas células vivas de levadura procedentes de la etapa de fermentación. El vino madura lentamente en el tonel, aunque los vinos que nunca se ponen en contacto con la madera y que se maduran durante períodos relativamente más cortos no son necesariamente de calidad inferior. Finalmente, el vino es embotellado y la maduración continúa. En particular, se forman cantidades muy pequeñas de ésteres que contribuyen al *bouquet* o aroma final, mismo que constituye una de las características más atractivas de un vino bien madurado.

Los vinos se clasifican por su color como tintos, blancos y rosados. A menudo se piensa que el color del vino depende del color de la uva, aunque esto no es necesariamente así, puesto que una uva negra puede producir un vino blanco. El color de la uva se debe al pigmento que se encuentra debajo de la piel, una uva negra contiene un pigmento negro azulado que se vuelve rojo en presencia de los ácidos del jugo. Al fabricar un vino blanco, se utiliza solamente el jugo de la uva, mientras que en el caso de un vino tinto se añade la piel u hollejo durante la etapa del prensado y el alcohol disuelve el pigmento que pasa al vino. Aun los llamados vinos blancos por lo general tienen un tinte amarillento y pueden incluso tener un color oscuro; esta coloración no se debe a la uva sino que se produce cuando el vino se halla en el tonel a causa del tanino contenido en la madera del tonel. El tanino tiene un sabor astringente y amargo, y como se encuentra asimismo presente en la piel y los tallos de la uva, los vinos tintos tienden a ser más amargos que los blancos. Aun así, no es probable que la cantidad de tanino presente en un vaso de vino sea mayor que la que se halla en una taza de té.

Algunos vinos naturales, como el champán, son *espumosos*: esta característica se debe a la fermentación secundaria que tiene lugar en la botella y es producida por la adición de un cultivo puro de levadura y una pequeña cantidad de azúcar. El bióxido de carbono así producido se almacena dentro del líquido bajo su propia presión. Una botella puede contener cinco veces su propio volumen de gas. Cuando se saca el corcho, se oye el bien conocido "pop" del champán, debido a la súbita liberación de la presión que

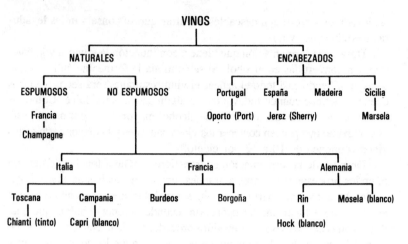

Figura 10.4   Tipos de vino.

deja escapar unas cuatro quintas partes del gas. En cada etapa de la producción del champán se tiene especial cuidado para asegurar que el producto sea de la más alta calidad posible.

En muchos países del mundo se produce una infinidad de vinos, aunque Francia permanece a la cabeza entre los países productores de vino, especialmente en la elaboración de vinos tintos, como los vinos de Burdeos (por ejemplo: St. Emilion y Médoc) y Borgoña (por ejemplo: Beaujolais y Mâcon). También son renombrados los vinos alemanes del Rin y del Mosela y el Chianti tinto de la Toscana en Italia. En la figura 10.4 se aprecian los diferentes tipos de vinos producidos con algunos ejemplos ilustrativos. De la misma manera, se producen vinos en otros países europeos como España, Grecia y Hungría, así como en otras partes del mundo, en especial Australia, EE.UU. (California) y Africa del Norte y del Sur.

Vinos encabezados.   Los vinos como el oporto y el jerez se dice que son *encabezados* debido a que se les añade alcohol extra para que tengan un contenido alcohólico de cerca del 20 por ciento. Esto tiene la ventaja de hacer que dichos vinos se conserven bien debido a que el contenido de alcohol es suficientemente elevado para matar los microorganismos que echan a perder los vinos naturales.

El oporto, que proviene de la ciudad de Oporto en Portugal, se produce añadiendo brandy al vino antes de que se complete la fermentación. El jerez genuino se fabrica con una variedad especial de uva que se cultiva cerca de Jerez en el sur de España. Es un vino muy seco que se encabeza después de la fermentación y que luego se combina con azúcar en el caso de que se desee obtener un vino dulce.

Los vinos madeira y marsala son también vinos encabezados como lo es el vermut; este último debe su sabor a ingredientes amargos (y azúcar si es que se desea obtener un vino dulce).

BEBIDAS ESPIRITOSAS Y LICORES   Las bebidas espiritosas se diferencian de los vinos en que han sido destiladas después de la fermentación; el brandy se fabrica destilando vino, el ron destilado melazas fermentadas y así por el estilo. Las características especiales de estas bebidas pueden estar asociadas con un ingrediente en particular utilizado en la etapa de fermentación, como es el caso del "Scotch", del que se dice que debe mucho al fuego de turba utilizado para sacar la malta. Más corrientemente, el carácter se imparte mediante la adición de agentes saborizantes después de completada la destilación, como es el caso de la ginebra, a la que se le añaden bayas de enebro y otros saborizantes antes de una segunda destilación. Asimismo, las bebidas espiritosas adquieren carácter dejándolas madurar durante algunos años antes de ser consumidas. Durante este tiempo ocurren cambios químicos lentos; una parte del alcohol etílico es oxidada hasta acetaldehído, otros alcoholes se oxidan formando los correspondientes aldehídos, se forman ésteres dulces con olor a fruta, y todos estos cambios imparten al producto una suavidad en el sabor y en la fragancia del bouquet.

El whisky, y la mayor parte de las bebidas espiritosas que se venden en Gran Bretaña, tiene un contenido alcohólico de alrededor del 30 por ciento (véase la tabla 10.4), pero se dice también que tienen un *proof* de 70 por ciento. El término *proof* es un término antiguo en el cual se definía al aguardiente "proof" como aquél de tal concentración que cuando se le mezclaba con pólvora se inflamaba al aplicarle un cerillo. Hoy en día en Gran Bretaña el licor proof se define como aquél que contiene 57 por ciento de alcohol en volumen y 50 por ciento en peso.

Los licores se preparan remojando hierbas aromáticas en bebidas espiritosas fuertes durante una o dos semanas y procediendo después a la destilación. El destilado de exquisito sabor contiene aceites esenciales y otras materias saborizantes procedentes de las plantas, y a esto se añade azúcar y materias colorantes.

Muchos de los licores famosos se originaron en los monasterios y los métodos y materiales utilizados en su preparación se mantienen en secreto. Un aura de romance rodea hasta a aquellos licores que no tienen ninguna relación de tipo monástica. Se dice que la receta del renombrado licor escocés, Drambuie, literalmente "la bebida que satisface", fue regalada a un antepasado del fabricante actual por el príncipe Carlos Eduardo en 1746 como muestra de gratitud por la ayuda recibida para escapar de la tierra firme de Escocia a la isla de Skye. Se prepara con whisky escocés, hierbas escocesas y miel (presumiblemente de abejas ¡también escocesas!).

CERVEZA   La cerveza es una bebida alcohólica preparada por la fermentación de cebada malteada; los ingredientes esenciales para su fabricación son: cebada malteada, lúpulo, levadura y agua. *Ale*, *lager*, porter y *stout* son cervezas y todas se preparan por métodos similares en principio pero que difieren en los detalles. Las etapas esenciales en la fabricación de la cerveza son iguales a las descritas en la página 245, excepto que se añade lúpulo al licor, conocido como *mosto* y que se hierve para extraer el sabor del lúpulo antes de que comience la etapa 2 del proceso. En la elaboración de la típica cerveza inglesa se utiliza una técnica de fermentación alta en la que la levadura flota sobre la superficie del licor en fermentación. Sin embargo, en la elaboración de la cerveza *lager* se utiliza una cepa diferente de levadura y se usa una técnica de fermentación baja en la cual la levadura trabaja en el fondo del tanque.

La mayor parte de las cervezas contienen de 3 a 7 g de alcohol/100 ml. Contienen asimismo pequeñas cantidades de riboflavina y niacina. Los *ales* suaves son los más suaves, contienen solamente 2.6 g de alcohol/100 ml y son de sabor inferior debido a que se dejan madurar sólo durante algunos días. Los *ales* amargos tienen más sabor debido a que son maduros por más tiempo que los *ales* suaves y se utiliza más lúpulo. Las cervezas *Lager* son maduradas durante varios meses a baja temperatura. La cerveza *stout* se caracteriza por un color oscuro y a menudo por un contenido relativamente alto de alcohol; una cerveza *stout* fuerte contiene alrededor de 4 g de alcohol/100 ml. Se prepara con mezclas especiales de malta que se calientan a una elevada temperatura de manera que se produzca algo de caramelo que le imparta un color café oscuro al licor. La cerveza *stout* no es más nutritiva que cualquier otra cerveza.

Efectos del alcohol en el cuerpo

Es preciso considerar al alcohol como un producto alimenticio para el cuerpo ya que puede ser descompuesto para proveer energía. De hecho, constituye una fuente más concentrada de energía que los carbohidratos o las proteínas y tiene un valor de energía disponible de 29 kJ/g. Es asimismo una droga que afecta al sistema nervioso central. Estos dos efectos deben considerarse juntos cuando se evalúe la conveniencia del alcohol como una fuente de energía. La naturaleza de los efectos del alcohol sobre el cuerpo, que varían desde una ligera estimulación cuando se consume una pequeña cantidad hasta la pérdida de la coordinación e incluso hasta la muerte cuando se ingiere una gran cantidad, se indica en la figura 10.5. El consumo de 473 ml de cerveza produce un nivel máximo de un 0.05 por ciento de alcohol en la sangre.

A diferencia de la mayor parte de los alimentos, el alcohol es absorbido por el cuerpo sin digestión previa, y esto tiene lugar principalmente en el intestino delgado pero también a través de las paredes del estómago. La absorción puede requerir desde una media hora a dos horas, lo que depende de la concentración de alcohol de la bebida consumida, la cantidad tomada

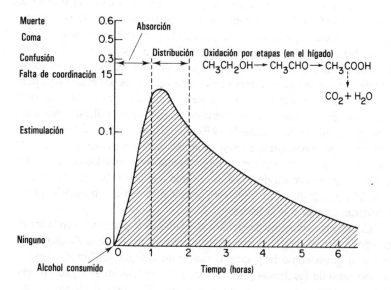

Figura 10.5 El metabolismo del alcohol mostrando la relación entre el nivel de alcohol en la sangre y el efecto de éste en el cuerpo (según von Wartburg).

y la naturaleza y cantidad del alimento ingerido con la bebida o inmediatamente antes. El tiempo promedio de absorción es de alrededor de una hora.

El metabolismo del alcohol en el cuerpo se resume en la figura 10.5. Después de la absorción, el alcohol se distribuye a través del cuerpo en el torrente senguíneo, y luego es desdoblado en una serie de etapas de oxidación con liberación de energía. El proceso de desdoblamiento está controlado por una serie de enzimas; cada etapa está controlada por sus propias enzimas. La oxidación inicial del alcohol en acetaldehído es controlada principalmente por la *alcohol deshidrogenasa* y, como su nombre lo indica, esta etapa implica la remoción del hidrógeno. A continuación tiene lugar una oxidación adicional para formar ácido acético, y la enzima más importante que participa en esta etapa es la *aldehído deshidrogenasa*. Estas etapas iniciales de desdoblamiento tienen lugar en el hígado, y entonces el ácido acético producido se vuelve parte del depósito general de esta sustancia en el cuerpo y es oxidado todavía más, en un proceso complejo, en bióxido de carbono y agua. El alcohol se oxida en el cuerpo con bastante lentitud y sólo se pueden oxidar alrededor de siete gramos en una hora. Lo anterior significa que el alcohol se elimina de la sangre muy lentamente y que hace sólo una pequeña contribución total a las necesidades energéticas.

EL CONSUMO DE ALCOHOL Y LA SALUD   Desde 1945, el consumo del alcohol en Gran Bretaña ha aumentado rápidamente. En un período de 20 años, entre 1962 y 1982, el consumo de vino aumentó en 240 por ciento, el de las bebidas espiritosas en 95 por ciento y el de la cerveza en 22 por ciento. No se conocen en su totalidad los efectos de este aumento en el consumo de alcohol, pero el costo en términos sociales y de la salud es considerable. Se desconoce el número de muertes causadas por el alcohol, pero se ha registrado que el número de muertes causada por cirrosis hepática, la cual está estrechamente relacionada con el consumo de alcohol, aumentó en 60 por ciento en la década de 1970. Asimismo, se ha registrado que el número de personas que ingresan cada año a los hospitales psiquiátricos como resultado del alcoholismo o de problemas relacionados con el mismo se duplicó en la década de 1970. Se estima que alrededor de tres cuartos de millón de personas en Inglaterra y en Gales son alcohólicos o tienen problemas graves con la bebida.

El excesivo consumo de alcohol tiene un efecto perjudicial en la salud, incluye la cirrosis hepática mencionada anteriormente. Si el alcohol sustituye a la grasa como la principal fuente de energía del hígado, cesa el metabolismo de las grasas y se acumulan los lípidos en el hígado produciendo lo que se conoce como "hígado graso". El consumo excesivo y prolongado de alcohol, aun cuando forme parte de una dieta adecuada desde el punto de vista nutricional, conduce a diversos grados de daños al hígado que varían desde un hígado graso reversible a la hepatitis alcohólica y finalmente a una cirrosis irreversible.

El consumo excesivo de alcohol contribuye también a la obesidad y puede llevar a la desnutrición debido a las deficiencias de elementos minerales y vitaminas. En tanto que la deficiencia de minerales es poco común, la deficiencia de las vitaminas del grupo B, en particular la tiamina y el ácido fólico, es relativamente común. La deficiencia de vitaminas se origina de diversas maneras, la más probable es que el alto contenido energético del alcohol reduzca el consumo de otros alimentos, algunos de los cuales bien pueden aportar las vitaminas B necesarias. Además, el alcohol puede interferir con la absorción de las vitaminas B y otros nutrientes.

LECTURAS RECOMENDADAS

AMERINE, M.A. *et al.* (1980). *Technology of Wine Making,* 4th edition. Avi, USA.

FRANKS, F. (1984). *Water.* Royal Society of Chemistry, Londres.

HARLER, C.R. (1964). *The Culture and Marketing of Tea,* 3rd edition. Oxford University Press, Oxford.

MATZ, S.A. (1965). *Water in Foods.* Avi, USA.

PRICE, P.V. (1984). *The Penguin Wine Book.* Allen Lane, Londres.

ROYAL COLLEGE OF PHYSICIANS (1976). *Fluoride, Teeth and Health.* Pitman Medical, Londres.

URQUHART, M. (1961). *Cocoa,* 2nd edition. Longman Group, Harlow, Essex.

CAPÍTULO 11

Elementos minerales

Los elementos que se encuentran con mayor abundancia en los alimentos son carbono, hidrógeno, oxígeno y nitrógeno. Empero muchos otros elementos pueden también estar presentes, y se califican colectivamente como elementos minerales. Son cuando menos 25 los minerales que se encuentran en los alimentos, a veces en cantidades extremadamente pequeñas, y que pueden llegar a formar parte de nuestros cuerpos. Se sabe que cuando menos 16 de éstos son esenciales para la vida y deben estar presentes en la dieta.

Los elementos minerales que el cuerpo requiere en mayor cantidad se apuntan en la tabla 11.1. Los elementos conocidos como *oligoelementos esenciales*, que, como su nombre lo indica, se requieren por el cuerpo en mucho menor cantidad, se apuntan en la tabla 11.4.

Los elementos minerales se utilizan por el cuerpo en una gran variedad de maneras. Forman parte de la estructura rígida del cuerpo (es decir, del esqueleto), o están presentes en los fluidos celulares o en los fluidos corporales, esto es, los fluidos fuera de las células. Sus principales funciones y fuentes, que se apuntan en la tabla 11.1 y 11.4, se describen, más adelante con mayor detalle.

Las cifras que se dan en la tabla 11.1 deben considerarse como estimaciones y no como cantidades determinadas con precisión. La cantidad de un elemento mineral particular presente en el cuerpo dependerá obviamente del peso de éste. El hecho de que una persona de un peso dado sea alto, bien proporcionado y musculoso o gruesa y de poca altura y con un esqueleto comparativamente pequeño también es importante. De modo similar, las cifras para los consumos promedio diarios no son otra cosa que promedios aproximados debido a las variaciones en la disponibilidad de los alimentos y en el apetito y gustos individuales.

Tabla 11.1 Principales elementos minerales

Elemento	Requerimiento diario aproximado (adultos)	Contenido corporal aproximado (adultos)	Funciones en el cuerpo	Fuentes alimentarias principales
Calcio (Ca)	1 g	1 000 g	Presente en huesos y dientes. Necesario para la coagulación de la sangre, la contracción muscular y la actividad nerviosa.	Leche, queso, pan y harina (si es enriquecida), cereales, hortalizas verdes.
Fósforo (P)	1.5 g	800 g	Presente en huesos y dientes. Esencial para el almacenamiento y la transferencia de la energía, la división y la reproducción celulares.	Leche, queso, pan y cereales, carne y sus derivados.
Azufre (s)	0.9	150 g	Presente en las proteínas del cuerpo.	Alimentos ricos en proteínas; por ejemplo: carne, pescado, huevos, leche, pan y cereales.
Sodio (Na)	4.5 g	100 g	Presente en los fluidos corporales con Na^+. Esencial para el mantenimiento del equilibrio corporal de los fluidos y la actividad nerviosa y la contracción muscular.	La fuente principal es la sal (cloruro de sodio, NaCl) utilizada en la elaboración de los alimentos, la cocción y la mesa. Las principales fuentes en los alimentos elaborados, son: pan, productos derivados de los cereales y derivados de las carne.
Cloro (Cl)	6.0 g	100 g	Presente en el jugo gástrico y los fluidos corporales como Cl.	
Potasio (K)	3.3 g	140 g	Presente en los fluidos celulares como K^+. Función similar a la del sodio	Ampliamente distribuido en hortalizas, carne, leche, frutas y jugos de frutas.
Hierro (Fe)	15 g	49 g	Componente esencial de la hemoglobina de los glóbulos rojos.	Carne y vísceras, pan y harina, papas y hortalizas.
Magnesio (Mg)	0.3 g	20 g	Presente en los huesos y los fluidos	Leche, pan y otros derivados de los

Tabla 11.1 *(Continuación)*

Elemento	Requerimiento diario aproximado (adultos)	Contenido corporal aproximado (adultos)	Funciones en el cuerpo	Fuentes alimentarias principales
			celulares. Necesario para la actividad de algunas enzimas.	cereales, papas y hortalizas.
Cinc (Zn)	15 g	2.5 g	Esencial para la actividad de varias enzimas que intervienen en los cambios de energía y la síntesis de proteínas.	Carne y sus derivados, leche y queso. Pan, harina y productos derivados de los cereales.

La ingestión promedio diaria de minerales debe diferenciarse del requerimiento diario promedio, y sólo una parte de lo que se ingiere es absorbido y utilizado por el cuerpo. Los elementos como el sodio, el potasio y el cloro, que forman sales solubles, son absorbidos fácilmente. Otros, como el hierro, el calcio, el magnesio y el cinc pueden formar compuestos insolubles que son absorbidos con menor facilidad por el cuerpo. En estos casos, es preciso no ser tan estrictos al estimar los requerimientos dietéticos a fin de tomar en cuenta la proporción de lo ingerido que no es absorbido por el cuerpo.

PRINCIPALES ELEMENTOS MINERALES

Calcio y fósforo

Estos dos elementos representan cerca del 75 por ciento de los elementos minerales que se encuentran en el cuerpo, y ambos llevan a cabo varias funciones esenciales. De aquí que el cuerpo deba recibir un suministro suficiente de cada uno de ellos para conservarse soludable.

FUNCIONES DEL CALCIO Y EL FÓSFORO   Casi todo el calcio y el 85 por ciento del fósforo del cuerpo se hallan en los huesos y los dientes como fosfato de calcio, $Ca_3(PO_4)_2$, o más exactamente, como el derivado del fosfato de calcio, hidroxiapetita, $Ca_{10}(PO_4)_6(OH)_2$.

La pequeña cantidad de calcio (cerca del uno por ciento o 5 a 10 g) que no se utiliza para la formación de los huesos o los dientes se halla en la sangre y los fluidos del cuerpo en forma de iones de calcio o combinada con las proteínas. Asimismo, participa en la contracción muscular (incluyendo el mantenimiento de un ritmo cardiaco regular), la coagulación de la sangre y la actividad de varias enzimas importantes. La concentración del calcio en la sangre se mantiene constante por la actividad de las hormonas por las glándulas tiroides y paratiroides. Demasiado o muy poco calcio en la sangre altera notablemente la función de las fibras musculares y las células nerviosas.

El fósforo que no se encuentra en los huesos o los dientes se distribuye por todas las células y fluidos del cuerpo. El fósforo está presente en los ácidos nucleicos que forman parte de todas las células y está relacionado con la fabricación de las proteínas del cuerpo y la transmisión de las características hereditarias. El trifosfato de adenosina (ATP) tiene una función clave en los complejos procesos por medio de los cuales el cuerpo obtiene energía mediante la oxidación de los nutrientes (véase la página 133). Asimismo, desempeña una función importante en el metabolismo de grasas y proteínas. Los iones fosfato están presentes en la sangre y ayudan a mantener constante el pH de ésta a un valor de alrededor de 7.4.

REQUERIMIENTOS DE CALCIO Y DE FÓSFORO   El CDR del calcio en Gran Bretaña varía de 500 mg para hombres adultos (y la mayoría de mujeres adultas) a 1200 mg para mujeres embarazadas y madres lactantes, las que requieren cantidades adicionales para impedir la pérdida de calcio de los huesos de la madre (véase el apéndice 1). El CDR para los niños y niñas en crecimiento es de 600 ó 700 mg. Las recomendaciones varían de un país a otro, y las recomendaciones inglesas tienden a ser bajas comparadas con las de otros países. No obstante, concuerdan de modo aproximado con las recomendaciones de la Organización de las Naciones Unidas para la Alimentación y la Agricultura (FAO).

Normalmente, sólo se absorbe del 20 al 30 por ciento del calcio de la dieta. La proporción absorbida puede disminuir a niveles todavía más bajos si no hay disponible suficiente vitamina D (véase la página 278). El ácido fítico, que está presente en el pan y los cereales integrales, también puede interferir con la absorción del calcio. No obstante, si se consumen con regularidad pan integral o cereal integral, el cuerpo es capaz de adaptarse a su presencia y el efecto del ácido fítico sobre la absorción es menos grave de lo que se supuso en un tiempo.

Los oxalatos, que están presentes en pequeñas cantidades en el ruibarbo y las espinacas, pueden reaccionar con el calcio presente en otros alimentos para formar oxalato de calcio insoluble, lo que hace que el calcio no sea asequible para el cuerpo. Afortunadamente, ni el ruibarbo ni la espinaca constituyen una parte importante de la dieta de la mayoría de las personas, y así no es necesario preocuparse indebidamente acerca del efecto perjudicial de los oxalatos sobre la absorción del calcio.

Una parte del calcio absorbido de la dieta se pierde subsecuentemente en la orina y una cantidad menor se pierde en el sudor. Dichas pérdidas deben componerse a fin de mantener la concentracción de iones calcio en la sangre a un nivel de aproximadamente 10 mg por 100 ml. Si las fuentes dietéticas del calcio resultan insuficientes, el calcio requerido se toma de los huesos, y si esta situación continúa durante un largo período tiene lugar una considerable descalcificación.

Por lo general se tiene la tendencia a considerar los huesos como una parte fija e inmutable del cuerpo pero, en realidad, éstos se hallan en un estado de cambio continuo. De manera constante se está formando hueso nuevo, y eliminando el hueso viejo, por intercambio de iones calcio entre el hueso y la sangre. Mientras se está llevando a cabo el crecimiento, se absorbe calcio a una proporción ligeramente mayor que la que se pierde.

Los huesos de un bebé recién nacido son blandos y consisten principalmente en colágena. Se endurecen, es decir se calcifican, cuando los minúsculos cristales de calcio (o hidroxiapatita) se depositan sobre la blanda armazón de colágena. El desarrollo de los huesos continúa hasta alcanzar *la masa osea máxima*, por lo general entre los 20 y 30 años. De ahí en adelante, los huesos pierden gradualmente calcio, mismos que después de un tiempo se hacen menos densos. Si tiene lugar una pérdida muy grande de hueso, puede presentarse la condición conocida como *osteoporosis*, literalmente, huesos porosos. Esta afecta a muchas mujeres (y a algunos hombres) desde alrededor de la edad de 45 años en adelante. Son características de la osteoporosis el encogimiento y la fragilidad de los huesos, que se fracturan con facilidad.

Al principio se creía que la osteoporosis era una consecuencia de absorción deficiente de calcio de la dieta. Empero hoy en día se sabe que la escasez de la hormona sexual femenina *estrógeno* es la causa en la mayor parte de los casos. Esto explica por qué las mujeres que han dejado atrás la menopausia, cuyos cuerpos secretan menos estrógeno, son más propensas a sufrir de osteoporosis que las mujeres más jóvenes. El comienzo de la enfermedad no es posible retrasarlo o impedirlo aumentando el contenido de calcio de la dieta a una edad avanzada. No obstante, resulta benéfico tratar de obtener una elevada masa ósea mediante la buena nutrición y el ejercicio durante el período de crecimiento de los huesos. Los estudios han demostrado asimismo que en las áreas donde el agua ha sido tratada con flúor es considerablemente más baja la frecuencia de la osteoporosis.

La deficiente absorción del calcio por parte de los niños pequeños puede ser causa del *raquitismo*, que se caracteriza por la atrofia del crecimiento y la deformación de los huesos de las piernas. Una condición similar en los adultos se conoce como *osteomalacia*. Esta enfermedad fue en otro tiempo corriente entre las mujeres cuyos huesos habían sufrido pérdida de calcio debido a repetidos embarazos.

El británico promedio consume alrededor de 800 mg de calcio por día y es improbable que las dietas normales de Inglaterra o de otros países occidentales sean deficientes en tal mineral. Con todo, la deficiencia de calcio puede ocurrir aun en el caso de que sean adecuadas las fuentes dietéticas si no se dispone de suficiente vitamina D, la cual es necesaria para la absorción de este elemento. El calcio es absorbido por la sangre a través del revestimiento del intestino delgado cuando se une con las proteínas. En ausencia de vitamina D, no puede formarse el complejo calcio/proteína y no tiene lugar la absorción.

El fósforo se encuentra en casi todos los alimentos, principalmente en forma de fosfato. La dosis diaria promedio es de alrededor de 1.5 g y es poco probable que falte en una dieta normal. Por esta razón no se cuenta con cifras de la cantidad diaria recomendada.

FUENTES DEL CALCIO Y FÓSFORO   Sólo unos pocos alimentos son ricos en calcio, y las fuentes más importantes de la dieta inglesa son la leche, el queso, el pan y la harina. Alrededor de la mitad de la dosis diaria promedio proviene de productos lácteos, un cuarto del pan y de otros alimentos clasificados como cereales y el resto de la carne. En Inglaterra, el pan y

Tala 11.2   Contenido de calcio y fósforo de los alimentos

Alimento	Calcio (mg/100 g)	Fósforo (mg/100 g)
Productos lácteos y huevos		
Leche	103	88
Mantequilla	15	24
Queso (Cheddar)	800	520
Huevos (hervidos)	52	220
Carne y pescado		
Carne de res (cruda)	7	140
Hígado (crudo)	8	313
Pescado (blanco)	22	171
Sardinas (enlatadas)	550	683
Cereales		
Pan (blanco)	100	79
Pan (integral)	23	210
Harina (de índice de extracción del 70%)	140	84
Arroz	4	99
Hortalizas y frutas		
Papas (viejas)	8	40
Col (Savoy)	57	54
Espinacas	70	93
Manzanas	4	9
Naranjas	41	24

ıa harina (excepto la harina integral) son enriquecidos con creta (véase la página 156) para prevenir una ingestión insuficiente de calcio.

El calcio de los productos lácteos es de fácil absorción y una pinta de leche contiene más de la cantidad diaria recomendada. El contenido de calcio de algunos alimentos se da en la tabla 11.2.

Por extraño que parezca, el agua constituye un buen suministro de calcio en aquellas áreas donde es "dura" (véase la página 238). Por ejemplo, un litro de agua corriente de la llave en Londres contiene alrededor de 200 mg de calcio, ¡40 por ciento de la CDR!

Las hortalizas cocidas en agua dura recogen algo de calcio de la misma. Sin embargo, cuando se utiliza agua dura para preparar té o café, la mayor parte del calcio se deposita como carbonato de calcio en la tetera o la cafetera.

Como ya se explicó, no hay peligro de que el cuerpo carezca de fósforo, excepto, quizá, en el caso de una dieta de hambre o inanición. El cerebro y el sistema nervioso contienen abundante fósforo, y se pensó alguna vez que los alimentos ricos en este mineral serían beneficiosos para el cerebro y los nervios. Este es el origen del mito de que el pescado es bueno para el cerebro.

Hierro

El hierro representa alrededor de 0.1 por ciento de los elementos minerales del cuerpo, y la cantidad total de hierro en el cuerpo de un adulto es de sólo 4 g. Más de la mitad de esta cantidad se halla en los glóbulos rojos en el pigmento llamado *hemoglobina*, el cual transporta el oxígeno de los pulmones a los tejidos. Los glóbulos rojos tienen una vida de aproximadamente cuatro meses, y se ha estimado que unos diez millones de dichas células son retirados de la circulación cada segundo. Si el hierro contenido en dichas células saliera del cuerpo sería difícil sustituirlas a partir de los alimentos. Afortunadamente, la mayor parte del hierro liberado, se conserva y es utilizado para formar los nuevos glóbulos rojos que se producen en la médula de los huesos. De esta manera, el hierro contenido en la hemoglobina se utiliza varias veces.

Una pequeña proporción del hierro del cuerpo está presente en la proteína muscular *mioglobina*; algunas enzimas celulares, como los *citocromos*, también contienen hierro. El resto del hierro del cuerpo se almacena en el hígado, el bazo y la médula ósea en forma de proteínas especializadas que fijan hierro, y se conocen como *ferritina* y *hemosiderina*. Estos depósitos de hierro contienen hasta 1 g de hierro en el hombre y aproximadamente la mitad de esta cantidad en las mujeres. El hierro presente sólo se libera lentamente por lo que no resulta útil para combatir una súbita escasez. El hierro almacenado reviste una gran importancia durante los primeros seis meses de la vida del bebé, ya que este elemento sólo está presente en muy poca cantidad en la leche.

Tabla 11.3 Contenido de hierro de los alimentos

Alimento	Contenido de hierro (mg/100 g)	Alimento	Contenido de hierro (mg/100 g)
Hígado, de cordero, frito	10.9	Harina, índice de extracción del 72%	2.2
Riñones, de cerdo, fritos	9.1	Huevos, hervidos	2.0
Harina, integral	4.0	Pan, blanco	1.7
Espinacas, hervidas	4.0	Frijoles horneados	1.4
Avena, potaje	3.8	Bacalao, frito	0.5
Carne de res, cocida	3.0	Col, hervida	0.4
Sardinas, enlatadas	2.9	Papas (viejas)	0.4
Pan, negro o integral	2.5	Queso, Cheddar	0.4
		Manzanas	0.3
		Leche	0.1

FUENTES DE HIERRO   Las principales fuentes de hierro de la dieta son la carne, el pan y otros derivados de los cereales, las papas y las hortalizas. En algunas áreas, el agua hace una pequeña contribución. No obstante, aun las fuentes de hierro más ricas de la dieta contienen solamente cantidades muy pequeñas del elemento. El hígado de cordero, una de las fuentes más ricas, contiene sólo una parte de hierro en 10 000. Las principales fuentes de hierro de la dieta aparecen en la tabla 11.3.

El pan y otros alimentos basados en los cereales proveen cerca del 40 por ciento de la entrada total de hierro en una dieta promedio inglesa. La carne y los vegetales proveen cada una aproximadamente 20 por ciento y los huevos alrededor de cinco por ciento. El hierro es uno de los elementos que podrían faltar en una dieta promedio y por esta razón se añade en Inglaterra a toda la harina, con excepción de la harina integral, de manera que el contenido de hierro sea por lo menos de 1.65 mg/100 g. Mas desafortunadamente, los estudios realizados indican que la mayor parte del hierro agregado a la harina pasa a través del cuerpo sin ser absorbido.

REQUERIMIENTOS DE HIERRO   El cuerpo utiliza el hierro absorbido de manera muy eficiente y sólo se necesita una cantidad mínima para compensar las pérdidas. Sin embargo, sólo una pequeña porción del hierro presente en los alimentos es absorbido por el cuerpo, de modo que la aportación de la dieta debe ser mucho mayor que la cantidad necesaria para compensar las pérdidas.

Por lo general, los adultos sólo absorben alrededor del diez por ciento del hierro de la dieta, pero los individuos que experimentan una mayor necesidad del hierro, como los niños en crecimiento o las mujeres embarazadas, son capaces de absorber una mayor cantidad. Son muchos los factores que afectan la proporción de la absorción, y la fuente de hierro está entre ellos. El hierro en la carne o las vísceras, hierro hemo, está enlazado a compuestos orgánicos y es absorbido más rápidamente que el hierro no hemo presente en las plantas. A guisa de ejemplo, se ha demostrado que sólo se absorbe un pequeño porcentaje del hierro añadido a la harina no integral para compensar el que se pierde durante la molienda. De modo similar, sólo es absorbido del 2 al 3 por ciento del hierro no hemo presente en los vegetales.

La presencia del ácido ascórbico (vitamina C) en la dieta promueve la absorción del hierro no hemo debido a que reduce el hierro férrico al estado ferroso susceptible de ser absorbido y ayuda a conservarlo como hierro ferroso. La absorción del hierro no hemo es promovida asimismo por el alcohol, pero el té, que forma con el hierro sales insolubles de ácido tánico, tiene el efecto opuesto.

En Inglaterra, la cantidad diaria recomendada de hierro para un hombre adulto es de 10 mg. Las mujeres que pierden sangre en la menstruación requieren una mayor cantidad, probablemente alrededor de 12 mg por día. Para las mujeres embarazadas se recomienda 13 mg por día y para las madres lactantes 15 mg por día (véase el apéndice I).

Si la cantidad de hierro provista por la dieta resulta insuficiente la deficiencia se compensa a partir de los depósitos de hierro del cuerpo. En una escasez prolongada los depósitos de hierro finalmente se agotan, de tal manera que la cantidad de hemoglobina en la sangre disminuye por abajo de los niveles normales, una condición conocida como *anemia*.

Sodio y potasio

El sodio y el potasio son metales altamente reactivos, tan reactivos que se combinan vigorosamente con el agua. Sin embargo, en los alimentos o en el cuerpo, están presentes en forma de sales, como el cloruro de sodio, NaCl, o el cloruro de potasio, KCl. En estos compuestos el sodio y el potasio están presentes como cationes, Na^+ y K^+, respectivamente y no en la forma metálica altamente reactiva. El cloruro de sodio es conocido por todo el mundo como sal común, y es principalmente en esta forma que el sodio está presente en los alimentos. En el cuerpo, los iones sodio y potasio, cargados positivamente, están acompañados por un número igual de aniones, es decir, iones cargados negativamente, a fin de asegurar la neutralidad eléctrica. Los aniones son principalmente iones cloruro y fosfato pero puede haber otros aniones (por ejemplo: iones carbonato y bicarbonato) en los alimentos, y éstos también desempeñan una función importante en los procesos corporales.

FUNCIONES DEL SODIO Y EL POTASIO Casi todo el sodio y el potasio del cuerpo se halla en los tejidos blandos y los fluidos corporales. Los iones sodio están presentes principalmente en los fluidos extracelulares de los tejidos y en el plasma sanguíneo, mientras que los iones potasio se hallan principalmente dentro de las células. Alrededor de 100 g de sodio (o sea, alrededor de 250 g de cloruro de sodio) y una cantidad equivalente de sales de potasio están presentes en el cuerpo. El volumen y la presión osmótica de la sangre y los fluidos tisulares están estrechamente relacionados con las concentraciones de los iones sodio y potasio, los que son controlados con precisión por los mecanismos reguladores del cuerpo.

La dieta corriente es rica en sodio y potasio y ambos son fácilmente absorbidos por el cuerpo. Cualquier exceso es eliminado por los riñones y excretado en la orina. Asimismo, en el sudor se pierde algo de ambos elementos. Cuando se elimina sodio y potasio del cuerpo, también se pierde agua. Esta es la razón por la que se experimenta sed después de comer alimentos salados.

El sodio y el potasio desempeñan una función muy importante en la transmisión de los impulsos nerviosos y la contracción muscular, que incluye los latidos del corazón.

FUENTES DE SODIO Y POTASIO   El contenido de sodio de la mayor parte de los alimentos en su estado natural es generalmente bastante bajo, pero se añade sal a muchos alimentos elaborados. Asi, aunque el contenido de sodio de la carne fresca sea bajo, el tocino, los embutidos, las tortas y la mayor parte de otros productos de la carne contienen cantidades considerables de dicho elemento. Lo mismo es cierto en el caso del pescado: el pescado fresco contiene poco sodio pero el pescado ahumado puede ser muy salado. De la misma manera se añade sal a la mayor parte de mantequilla y margarina, hortalizas enlatadas, queso, pan y algunos cereales para el desayuno. Los vegetales cocidos en agua salada contienen mucho más sodio que los vegetales frescos. La *marmite* (complemento alimenticio a base de levadura) es particularmente rica en sodio pero como se consume en pequeñas cantidades no influye, grandemente en la dosis total de sodio.

A pesar de estar presente en tantos alimentos, a la mayoría de las personas les gusta ingerir todavía más sal, y alrededor de un tercio de la sal en la dieta inglesa es añadida durante la cocción y en la mesa. Otro tercio proviene de los cereales y el pan, cerca de un sexto de la carne y de los productos derivados de la misma y el sexto restante de otros alimentos.

El potasio está presente en casi todos los alimentos, especialmente los de origen vegetal. Las fuentes principales de la dieta inglesa son los vegetales, la carne y la leche. Las frutas y los jugos de frutas contienen más potasio que sodio.

REQUERIMIENTO DE SODIO Y POTASIO   El cloruro de sodio (u otras sales de sodio) debe estar presente en la dieta a fin de reemplazar el sodio que se pierde en el sudor. El sodio que se excreta en la orina es el que excede los requerimientos del cuerpo y no es necesario reemplazarlo. Por consiguiente, el requerimiento diario varía de acuerdo con la transpiración de una persona. El tiempo caluroso, una actividad agotadora y una tendencia a transpirar con facilidad contribuyen a aumentar la necesidad de sal en la dieta. Una ingestión diaria de sal de 2 a 3 g debe proporcionar suficiente sodio para aquellas personas que viven en un clima templado y no sudan abundantemente. Sin embargo, en condiciones extremas se pierde tanto como 50 g por día debido a la transpiración. Estos variables requerimientos hacen difícil recomendar niveles diarios de ingestión realistas e individuales.

El requerimiento diario promedio de sal en Inglaterra se ha estimado en aproximadamente 12 g aunque, sin embargo, muchos individuos consumen una cantidad mayor o menor.

Los bebés menores de un año no tienen capacidad para tratar de manera eficaz el exceso de sodio debido a que sus riñones no están totalmente desarrollados. Un infante que se alimenta sólo del pecho de su madre recibirá únicamente cerca de 0.5 g de sal por día, pero dicha cantidad la consumirá dos o tres veces si se le alimenta con leche de vaca. El contenido de sal de la leche en polvo y de otros alimentos para bebés se mantiene bajo para evitar una ingestión excesiva. Nunca se debe añadir sal a los alimentos destinados al bebé que se preparen en casa y no se le deben dar alimentos salados para untar como la *marmite* a los niños de pocos meses.

Existen algunos datos que sugieren que hay una relación entre la elevada ingestión de sal y la aparición de la alta presión arterial, o hipertensión, en la edad avanzada. Otros estudios indican que si esto es así, sólo resultará afectada del 10 al 20 por ciento de la población, porción de esta que muestre una especial sensibilidad a la sal. La alta presión sanguínea es uno de los factores de riesgo asociados con la insuficiencia coronaria y apoplejía. La Organización Mundial de la Salud (OMS) no considera que las pruebas sean lo suficientemente convincentes como para justificar la recomendación de que la población en general debe reducir su consumo de sal. No obstante, las pruebas bien pueden ser suficientes para justificar una reducción en el consumo de sal de aquellas personas que ''están en riesgo'' por otras causas. En Gran Bretaña, el informe del Committee and Medical Aspects of Food Policy de 1984 (véase el capítulo 15) recomienda que el consumo promedio de sal no debe incrementarse y que es necesario considerar las maneras de disminuirlo. El informe del National Advisory Committee on Nutrition Education de 1983 (véase el capítulo 15) recomienda, por otra parte, que la ingestión promedio de sal se reduzca a 3 g por día.

El potasio está presente en una amplia variedad de alimentos y se absorbe y excreta con tanta facilidad que no es necesario especificar un consumo diario recomendado. La dieta promedio diaria contiene alrededor de 3 g de potasio.

Magnesio

El cuerpo humano contiene entre 20 y 25 g de magnesio, y la mayor parte de éste se halla en los huesos como fosfato de magnesio. El magnesio se presenta también en forma iónica en todos los tejidos donde participa en muchas reacciones relacionadas con la utilización de la energía.

El magnesio se encuentra en muchos alimentos. Está presente en las hortalizas verdes como parte de la molécula de clorofila, y éstas suministran las dos terceras partes del magnesio en una dieta inglesa normal. Asimismo la carne constituye una buena fuente de magnesio como consecuencia de que los animales comen hierba y otra vegetación.

La deficiencia de magnesio es rara y es causada normalmente por enfermedad y no debido al bajo consumo.

Se estima que los adultos requieren entre 200 y 300 mg de magnesio por día, y la dieta inglesa normal lo proporciona adecuadamente.

Cinc

Un suministro adecuado de cinc es esencial para una buena salud. Este elemento forma parte de la enzima *anhidrasa carbónica*, que se encuentra en los glóbulos rojos y contribuye a la liberación del bióxido de carbono de la sangre venosa que pasa por los pulmones. El cinc es también importante como constituyente de varias otras enzimas e interviene en el metabolismo de las proteínas y los carbohidratos. Una prolongada escasez de cinc lleva a un desarrollo físico y mental retardado en los adolescentes.

El cinc está presente en una amplia variedad de alimentos que incluyen la carne y sus derivados, la leche, el pan y otros cereales. El requerimiento diario estimado en Inglaterra es de 15 mg. En Inglaterra no se cuenta con un consumo diario recomendado, pero la *Food and Nutrition Board* (Junta para la Alimentación y la Nutrición) de Estados Unidos de Norteamérica recomienda un consumo diario de 15 mg. La Organización de las Naciones Unidas para la Alimentación y la Agricultura (FAO) sugiere una ingestión diaria para los adultos de 22 mg con la salvedad de que los niños en crecimiento y las mujeres embarazadas o lactantes necesitan una mayor cantidad.

Es probable que sólo se absorbe menos de la mitad del cinc presente en los alimentos.

OLIGOELEMENTOS O ELEMENTOS TRAZA

Además de los principales elementos minerales ya mencionados, el cuerpo requiere asimismo pequeñísimas cantidades de otros elementos conocidos como *oligoelementos esenciales*, los que son necesarios para la vida humana. Estos elementos son los siguientes: cobalto, cobre, manganeso, molibdeno, selenio, flúor, yodo y cromo. La función exacta que dichos elementos realizan en el cuerpo a menudo no se conoce en su totalidad, aunque muchos de ellos forman parte de las moléculas de vitaminas, hormonas y enzimas. Asimismo, sólo se requieren cantidades pequeñísimas en la dieta y cualquier dieta normal contiene una cantidad suficiente para las necesidades del cuerpo. La tabla 11.4 constituye un resumen de lo más importante sobre los oligoelementos.

Tabla 11.4   Algunos oligoelementos esenciales

Elemento	Requerimiento diario aproximado (adultos)	Contenido corporal aproximado (adultos)	Fuentes alimentarias principales	Funciones en el cuerpo
Cobalto (Co)	0.3 mg	1.5 mg	Hígado y otras carnes.	Requerido para la formación de glóbulos rojos
Cobre (Cu)	3.5 mg	75 mg	Hortalizas verdes, pescado e hígado.	Componente de muchas enzimas. Necesario para la formación de hemoglobina
Cromo (Cr)	0.15 mg	1 mg	Hígado, cereales, cerveza, levadura	Contenido en todos los tejidos. Es posible que intervenga en el metabolismo de la glucosa
Flúor (F)	1.8 mg	2.5 g	Té, pescados y mariscos, agua	Requerido para la formación de huesos y dientes
Yodo (I)	0.2 mg	25 mg	Leche, pescados y mariscos, sal yodatada	Componente de las enzimas de la tiroides
Manganeso (Mn)	3.5 mg	15 mg	Té, cereales, legumbres, nueces	Forma parte de algunos sistemas enzimáticos
Molibdeno (Mo)	0.15 mg	?	Riñones, cereales, hortalizas	Activación de enzima
Selenio (Se)	0.2 mg	25 mg	Cereales, carne, pescado	Presente en algunas enzimas. Asociado con la actividad de la vitamina E

El níquel, el silicio, el estaño y el vanadio probablemente también desempeñan una función en el metabolismo humano.

Los oligoelementos están particularmente asociados con la actividad de las enzimas y constituyen por lo general una parte integral de la enzima. El cobre forma parte de varios sistemas enzimáticos que incluyen la citocromo oxidasa y la *tirosinasa*. El cobre y todos los otros oligoelementos esenciales poseen una valencia variable, y esto les permite tomar parte en las reacciones de oxidorreducción del cuerpo. En la citocromo oxidasa, el cobre está asociado con el hierro y cataliza los mecanismos de oxidación relacionados con la respiración de los tejidos. La tirosina está relacionada con la oxidación de la tirosina y parese ser única en cuanto a que es capaz de catalizar la reacción aun cuando la tirosina forma parte de una proteína intacta. El manganeso activa a las enzimas *fosfatasa alcalina* y *arginasa*, las cuales intervienen en la formación de los huesos y de la urea, respectivamente.

El cobalto forma parte de la molécula de la vitamina B_{12}, este elemento sólo es utilizable por el hombre en esta forma.

La cantidad de oligoelementos en el cuerpo es realmente pequeñísima, y la cantidad necesaria en los alimentos es excesivamente pequeña. Por ejemplo, la cantidad de cobalto en el cuerpo es de cerca de 1.5 mg y la cantidad requerida diariamente es de sólo algunas millonésimas de gramo. Las dietas normales suministran una cantidad suficiente de oligoelementos, con excepción posiblemente del yodo y el flúor. Por esta razón es que estos dos elementos justifican una consideración por separado.

YODO El yodo es el miembro más pesado del grupo de los halógenos que comprende los elementos químicamente relacionados flúor, cloro, bromo y yodo. Todos ellos se presentan en la naturaleza en forma de sales y todos se encuentran en el agua de mar. Todos los halógenos se encuentran en el cuerpo y asimismo todos son esenciales, excepto el bromo. El yodo es llevado a todo el cuerpo por la sangre en forma de yoduro y es absorbido por la glándula tiroides situada en el cuello donde es convertido en las hormonas *tirosina y triyodotiroxina*. Estas dos importantes hormonas están relacionadas con la actividad metabólica general del cuerpo y controlan la producción de energía en todas las células.

El cuerpo contiene normalmente sólo entre 20 y 50 mg de yodo y la cantidad requerida diariamente es realmente muy pequeña; para las necesidades normales bastan alrededor de 0.15 mg. Cuando la dieta proporciona una cantidad insuficiente de yodo la glándula tiroides aumenta de tamaño en un intento de compensar la deficiencia. El característico cuello hinchado, o bocio, alguna vez se conoció en Gran Bretaña como ''cuello de Derbyshire'' debido a la frecuencia de dicha condición en dicho lugar. El bocio todavía se presenta en algunas partes del mundo, especialmente en las áreas montañosas e interiores, donde son bajos los niveles de yodo del suelo y por tanto de la vegetación. La frecuencia de esta enfermedad resulta baja en los países desarrollados donde es posible tomar medidas preventivas.

El agua potable puede proporcionar pequeñas cantidades de yodo, y también se obtiene de los alimentos, de las que los de origen marino constituyen la fuente más rica en yodo. Así el bacalao, el salmón y el arenque son todos buenas fuentes de yodo, aunque la mejor de todas la constituye el aceite de hígado de bacalao. La leche y otros productos lácteos son importantes fuentes del yodo en Inglaterra como resultado del enriquecimiento con yodo del alimento para el ganado. Los vegetales cultivados en un suelo rico en yodo contienen también yodo aprovechable pero la mayor parte de los cereales, las legumbres y los tubérculos tienen un bajo contenido de yodo.

Se dice que algunos vegetales son *bociogénicos*, es decir capaces de producir bocio. La col, la coliflor y las coles de Bruselas interfieren con la absorción del yodo por la glándula tiroides y de este modo son causa de bocio. No obstante, esto es sólo probable que ocurra si se ingieren cantidades considerables y el contenido de yodo de la dieta es muy bajo.

Algunas algas marinas concentran los yoduros procedentes del agua del mar y son, por consiguiente, un depósito aprovechable de yodo combinado. En algunas partes del mundo ciertas algas marinas se consideran como un valioso alimento para el hombre, y en el suroeste de Gales se consumen algas marinas cocidas, lo que se conoce como pan de ova.

En el área donde es bajo el contenido de yodo, una manera satisfactoria de aumentar la dosis de yodo es el empleo de sal "yodatada". Esta sal se prepara añadiendo una parte de yoduro de potasio a aproximadamente 40 000 partes de sal. El yoduro de potasio es soluble en agua y es rápidamente absorbido por la sangre; cualquier sobrante es totalmente inocuo. El uso de la sal yodatada es una manera sencilla y segura de complementar el yoduro obtenido de los alimentos.

FLÚOR El flúor es el más ligero y más reactivo de los miembros del grupo de los halógenos y se encuentra en los huesos y los dientes, aunque no se cuenta con pruebas directas de que sea esencial para el cuerpo. Parece ser que endurece el esmalte de los dientes al combinarse con el fosfato de calcio de los dientes. Por otra parte, se ha demostrado que el flúor combinado en cantidades infinitesimales resulta beneficioso ya que protege los dientes contra la caries, este efecto protector es más notorio en los niños menores de ocho años.

Los minerales que contienen flúor combinado tienen una amplia distribución en la naturaleza, a pesar de que se encuentran solamente en pequeñas cantidades. En consecuencia, por lo general se encuentran sólo pequeñas cantidades de compuestos de flúor en las aguas naturales. En Inglaterra, el agua casi siempre contiene cantidades apenas detectables de fluoruros, aunque su concentración raras veces excede de una parte por millón (ppm) de partes de agua. El agua de beber es la fuente principal de flúor en la dieta ya que son muy pocos los alimentos que contienen más de 1 ppm, las principales excepciones son los peces de agua salada, mismos que contienen de 5 a 10 ppm, y el té que puede contener hasta 100 ppm.

El consumo promedio diario de fluoruro en Inglaterra procedente de los alimentos es de alrededor de 0.6 a 1.8 mg. En aquellas áreas donde el agua potable contiene muy poco o nada de fluoruro, la ingestión de fluoruro puede ser demasiado baja para proteger contra las caries dentales. Esta situación puede remediarse si se añaden cantidades controladas de fluoruro al agua potable. Esto se puede llevar a cabo añadiendo fluoruro de sodio o silicofluoruro de sodio, NA_2SiF_6, o ácido hidrofluosilícico en cantidades tales que el contenido total de fluoruros del agua sea de 1 ppm. La cantidad de fluoruro añadido se debe controlar cuidadosamente, ya que si excede de 1.5 ppm los dientes adquieren una apariencia manchada.

Los experimentos llevados a cabo en EE.UU., Gran Bretaña y otros países demuestran más allá de toda duda razonable que la fluoración del agua con el fin de aumentar el contenido de fluoruros a un ppm reduce la frecuencia de la caries dental, particularmente en los niños pequeños. Un informe autorizado del Real Colegio de Médicos (Royal College of Physicians) (1976) concluyó que:

1. La presencia de fluoruro en el agua potable reduce considerablemente las caries dentales durante toda la vida.
2. Un nivel de 1 ppm de fluoruro en el agua de beber es completamente segura independientemente de la dureza del agua.
3. Otros métodos de ingerir fluoruro, como la pasta de dientes o las tabletas, son menos eficientes que la fluoración de los abastecimientos de agua.
4. La fluoración no daña al ambiente.
5. Donde el contenido natural de fluoruros del abastecimiento de agua sea menor que 1 ppm, se debe añadir fluoruro hasta alcanzar dicho nivel.

OLIGOELEMENTOS Y ELABORACIÓN DE LOS ALIMENTOS   Los oligoelementos pueden ser incorporados a los alimentos durante la elaboración y aunque cantidades minúsculas de dichos elementos pueden resultar benéficas o hasta esenciales, cantidades ligeramente mayores son frecuentemente tóxicas. Las modernas técnicas de análisis como la fotometría de flama y la espectrofotometría de absorción atómica, que permiten determinar concentraciones de menos de 1 ppm de muchos elementos, han abierto el camino para la legislación que fija los límites para varios elementos. La capacidad de medir concentraciones de menos de 1 ppm y las mejoras en las técnicas de elaboración están haciendo posible reducir dichos límites. En la tabla 11.5 se resume la posición y se dan ejemplos de los límites específicos y generales que se aplican.

La inclusión de cantidades apenas detectables de algunos elementos en los alimentos durante la elaboración tiene un efecto adverso sobre la cantidad y éste constituye una razón adicional para medir y controlar las canti-

Tabla 11.5 Límites para los oligoelementos en los alimentos

Elemento	Límite general Estatutario o recomendado	Límite en ppm	Ejemplos de límites específicos (ppm)
Plomo	Estatutario	1	Hierbas aromáticas secas y especias, 10; cecina, té, 5; pescado enlatado, 3; alimentos enlatados, 2; alimentos para niños, 0.2
Arsénico	Estatutario	1	Especias, 5; achicoria, 4; helado, concentrados para refrescos, jugos de frutas y cervezas, 0.5
Flúor	—	—	Polvo para hornear, 15; harina autoesponjable, 3
Cobre	Recomendado	20	Té, 150; achicoria y gelatina, 30; cerveza y vinos, 7
Cinc	Recomendado	50	Gelatina, 100; bebidas listas para beber; 5
Estaño	Recomendado	250	Sólo alimentos enlatados

dades de los oligoelementos que se incorporan de este modo a los alimentos. El cobre, por ejemplo, aun en concentraciones de menos de 0.1 ppm, provoca la rancidez de la leche y la mantequilla.

LECTURAS RECOMENDADAS

BRITISH NUTRITIONAL FOUNDATION (1985). *Salt in the Diet*. Briefing Paper No. 7, BNF, Londres.

DAVIES, L.S. AND HOLDSWORTH, M.D. (1985). *Prevention of Osteoporosis*. Symposium report. WHO, Ginebra.

NATIONAL DAIRY COUNCIL (1986), *Calcium and Health*, Fact File 1, NDC, Londres.

ROYAL COLLEGE OF PHYSICIANS (1976). *Fluoride, Teeth and Health*, Pitman Medical, Londres.

WHO (1973). *Report on Trace Elements in Human Nutrition*. HMSO, Londres.

CAPÍTULO 12

Vitaminas

Las vitaminas son compuestos orgánicos que se encuentran en pequeñas cantidades en muchos alimentos; su presencia en la dieta resulta esencial debido a que, en la mayor parte de los casos, el cuerpo es incapaz de sintetizarlas a partir de otros nutrientes. Son varias las enfermedades, llamadas *enfermedades por deficiencia*, que están asociadas con la escasez de vitaminas específicas. Las enfermedades por deficiencia han causado mucho sufrimiento y muertes en épocas anteriores, pero hoy en día se pueden evitar y curar asegurándose que la dieta contenga una cantidad suficiente y variada de vitaminas.

La mayor parte de las vitaminas poseen estructuras químicas complejas; no pertenecen a una familia química determinada sino que son bastante diferentes entre sí. No obstante, se conocen las estructuras de todas ellas y, con una excepción, se pueden preparar sintéticamente. Antes de que se determinaran sus estructuras las vitaminas se designaban mediante letras, como vitamina A, vitamina B, y así sucesivamente. Hoy en día se les conoce por nombres que dan alguna indicación de su estructura química, y en general, se prefiere utilizar estos nombres con respecto a las letras. Sin embargo, en algunos casos se utilizan todavía las letras con las que se conocieron originalmente.

Los alimentos contienen solamente muy pequeñas cantidades de vitaminas, pero estas pequeñas cantidades llevan a cabo algunas de las tareas más importantes en el cuerpo. Los miembros del grupo de vitamina B, por ejemplo, forman parte de varias moléculas de coenzimas necesarias para el mantenimiento de una buena salud. Las otras vitaminas son igualmente esenciales, a pesar de que en algunos casos no se conoce exactamente el trabajo preciso que realizan en los procesos químicos del cuerpo.

El cuerpo necesita sólo pequeñas proporciones de vitaminas y las cantidades presentes en los alimentos son por lo general suficientes para las necesidades de las personas. No obstante, se distribuyen entre los muchos tipos de alimentos, y para asegurarse de que están presentes todas las vitaminas en la dieta es importante que se consuma una variedad de diferentes alimentos. El contenido de proteínas de un alimento varía considerablemente. Este es especialmente el caso de las frutas y las hortalizas, en las que el contenido de vitaminas depende, entre otras cosas, de la frescura y variedad de la fruta o de la hortaliza y de las condiciones climáticas durante su crecimiento. Las cifras del contenido de vitaminas de los alimentos dadas en este capítulo son valores promedio y esto se deberá tener en cuenta cuando se les utilice.

Es tan importante que se consuman suficientes cantidades de vitaminas que en algunos casos se añaden vitaminas adicionales a los alimentos. Ya se ha mencionado el caso de la harina, a la cual se le añaden las vitaminas tiamina y niacina a fin de reponer las pérdidas que ocurren durante la molienda, y el de la margarina, a la que se le añaden las vitaminas A y D. De modo similar, a la mayor parte de las marcas de hojuelas de maíz (*corn flakes*) se "enriquecen" con la adición de vitaminas del grupo B a fin de compensar el bajo contenido de vitaminas del maíz con que se preparan.

Tabla 12.1 Vitaminas (el CDR de las vitaminas se encuentra en el apéndice I).

Nombre	Fuentes principales	Función en el cuerpo y efecto de la escasez
Vitaminas liposolubles		
Vitamina A o retinol	Leche, productos lácteos, margarina, aceite de hígado de pescado. También se sintetiza en el cuerpo a partir de los carotenos de las hortalizas verdes y las zanahorias.	Necesaria para una piel sana y también para el crecimiento y desarrollo normales. La deficiencia retarda el crecimiento y puede causar alteraciones de la piel, disminución de la resistencia a las infecciones y trastornos de la visión como ceguera nocturna.
Vitamina D o colecalciferol	Margarina, suero de leche, aceites de hígado de pescado, pescado graso.	Necesaria para la formación de huesos y dientes fuertes. La escasez puede causar enfermedades de los huesos y caries dental.
Vitamina E o tocoferoles	Aceites vegetales.	No se conoce.
Vitamina K o naftoquinonas	Hortalizas verdes.	Ayuda a la coagulación de la sangre.

Continuación

Tabla 12.1   *Continuación*

Nombre	Fuentes principales	Función en el cuerpo y efecto de la escasez
Vitaminas hidrosolubles		
Vitaminas del grupo B		
Tiamina, B_1 Riboflavina, B_2 Niacina Piridoxina, B_6 Ácido pantoténico Biotina	Pan y harina, carne, leche, papas, extracto de levadura, hojuelas de maíz enriquecidas (véase el texto para los detalles).	Funcionan como coenzimas en muchas de las reacciones relacionadas con el aprovechamiento de los alimentos. Su ausencia produce inapetencia, retarda el crecimiento y el desarrollo y perjudica a la salud en general. Produce enfermedades graves por deficiencia como la pelagra o el beriberi.
Cobalamina, B_{12}	Vísceras, carne, leche, hojuelas de maíz enriquecidas.	Necesaria para la formación de ácidos nucleicos y glóbulos rojos. La escasez puede causar anemia megaloblástica y (en el caso de la cobalamina) anemia perniciosa (véase el texto).
Ácido fólico	Papas, vísceras, hortalizas verdes, pan, *marmite*, hojuelas de maíz enriquecidas.	
Vitamina C o ácido ascórbico	Hortalizas verdes, frutas, papas, jarabe de casis, jarabe de escaramujo.	Necesaria para la adecuada formación de los dientes, los huesos y los vasos sanguíneos. Su escasez causa un retraso en el crecimiento de los niños, y si la escasez es prolongada puede conducir al escorbuto.

Cuando se añaden vitaminas a los alimentos se utilizan por lo corriente vitaminas sintéticas (es decir, artificiales) en lugar de las de origen natural. Las vitaminas sintéticas son iguales en su estructura a las naturales y se comportan en el cuerpo de la misma manera. No se les debe considerar como substitutos.

En la tabla 12.1 se resumen las fuentes y principales funciones de las vitaminas. Resulta conveniente dividir las vitaminas en dos grupos: las solubles en grasas y las solubles en agua. Las vitaminas solubles en grasas, o liposolubles, son las vitaminas A, D, E y K, se encuentran principalmente en los alimentos grasos y los aceites de hígado de pescado son particularmente ricos en las vitaminas A y D. Estas dos vitaminas se encuentran también en el hígado de los seres humanos, y si la dieta contiene más vitaminas A o D de la inmediatamente requerida, el sobrante se almacena en el hígado. En el hígado de una persona bien alimentada se almacena una cantidad suficiente de dichas vitaminas para satisfacer las necesidades del cuerpo durante varios meses si no se les suministra en la dieta. Sin embargo, si la dieta contiene demasiada vitamina A o D, el exceso se acumula en el hígado y puede llegar a ser perjudicial. Es poco probable que este consumo excesivo resulte del exceso en la comida, más bien se debe a un uso demasiado entusiasta de las píldoras de vitaminas o complementos dietéticos.

El grupo de vitaminas solubles en agua, o hidrosolubles, está formado por varias vitaminas B y ácido ascórbico (vitamina C). El cuerpo es incapaz de almacenar dichas vitaminas y si la dieta contiene más de lo inmediatamente requerido, el exceso es excretado en la orina. No obstante, una persona bien alimentada se mantiene saludable durante varios meses con una dieta que contenga poca vitamina C y durante varios años con una dieta que contenga poca o ninguna vitamina B_{12}. No obstante, en general es necesario un suministro dietético adecuado y uniforme de las vitaminas solubles en agua para asegurar el mantenimiento de una buena salud.

La ingestión óptima diaria para cada vitamina no se puede establecer con precisión. Los requerimientos precisos varían de una persona a otra y con la naturaleza del resto de la dieta. A pesar de esta incertidumbre, varios organismos nacionales e internacionales recomiendan consumos aconsejables de vitaminas para ciertos grupos de la población. Estas cantidades se publican como *consumo diario recomendado* (CDR), y son de un nivel tal que satisfacen los requerimientos de casi todas las personas saludables del grupo de que se trate. En Inglaterra, el Department of Health and Social Security (Departamento de Salubridad y Seguridad Social) publicó tablas de consumo diario recomendado (1979, véase el apéndice I) y también la Organización Mundial de la Salud ha publicado recomendaciones. Por otra parte, quizá sea conveniente hacer hincapié en que a pesar de que se emplea la palabra ''diario'', no es necesario considerar los valores de CDR como cantidades *diarias*. Para empezar, como ya se explicó, las cantidades especificadas sólo son aproximadas; la cantidad precisa requerida varía según la persona y según el tiempo. En segundo lugar, el cuerpo tiene una reserva suficiente para hacer frente con facilidad a las variaciones de un día a otro. En lo que respecta a las vitaminas, es mejor considerar los valores del CDR como ingestión *promedio* deseable, y las variaciones diarias (hacia un valor más alto o hacia uno inferior) con respecto al CDR carecen por lo general de importancia.

VITAMINAS SOLUBLES EN GRASA O LIPOSOLUBLES

Retinol o vitamina A

El retinol es un sólido color amarillo pálido que se disuelve libremente en aceites y grasas pero que es sólo muy ligeramente soluble en agua. Es una vitamina soluble en grasa y se halla por lo tanto en las partes grasas de los alimentos; por ejemplo, en la grasa de la leche y la mantequilla, los aceites de hígado de pescado y en la pequeña cantidad de grasa presente en las hortalizas verdes y las zanahorias.

El retinol es un alcohol insaturado bastante complejo con una fórmula molecular de $C_{20}H_{29}OH$. Se comporta químicamente de la misma manera que los demás alcoholes. En los tejidos animales se almacena y transporta como un éster formado por un ácido graso de cadena larga, como el esteárico o el palmítico, enlazado a una proteína.

El retinol ha sido sintetizado y se produce al presente en una escala bastante grande para el enriquecimiento de la margarina.

Los vegetales no contienen retinol como tal, pero están presentes pigmentos llamados *carotenos*. Éstos son convertidos en retinol en las paredes del intestino delgado durante la absorción y por tanto los vegetales poseen una considerable actividad como vitamina A. Se conocen varios carotenos: el más importante es el betacaroteno, denominado a veces provitamina A. El betacaroteno es un sólido de color rojo que se aisló por primera vez de la zanahoria; de hecho, debe su nombre a dicha relación (por supuesto, esta relación es con el nombre en inglés, carrot). Las soluciones de betacaroteno son de color amarillo y se utilizan para darle color a la margarina. La molécula del betacaroteno es casi exactamente dos veces mayor que la de la vitamina A, pero el primero es un hidrocarburo insaturado, y no de un alcohol. La actividad como vitamina A de los carotenos no es tan grande como la del propio retinol. El betacaroteno, por ejemplo, tiene aproximadamente sólo una sexta parte de la eficiencia de un peso igual de retinol. Otros carotenos presentes en los alimentos vegetales son convertidos en retinol todavía con menor eficiencia y tienen la mitad de la actividad del betacaroteno. Para tener en cuenta esta variación en la disponibilidad, la actividad como vitamina A de los alimentos se representa generalmente en *equivalentes de retinol*.

FUENTES DE RETINOL Y CAROTENOS   El retinol se halla en los tejidos animales (especialmente en el hígado) y los productos lácteos. Los aceites de hígado de pescado constituyen la fuente más rica y el consumo del aceite de hígado de bacalao o el de hígado de hipogloso constituye un modo sencillo de asegurar un suministro correcto de la vitamina.

Los carotenos se hallan en los tejidos vegetales y cerca de una tercera parte de la actividad como vitamina A de la dieta inglesa promedio la proporcionan los carotenos. Las zanahorias, las hortalizas verde oscuro y las frutas amarillas constituyen buenas fuentes de carotenos. Sin embargo, algunas hortalizas verdes son fuentes bastante deficientes. La lechuga, con sus hojas color verde pálido, la col (especialmente las partes interiores más pálidas) y los chícharos no son buenas fuentes, pero la espinaca con sus hojas verde oscuro tiene una buena cantidad de caroteno. Cuando se comen hortalizas no todo el caroteno que contienen se absorbe y sólo una fracción de lo absorbido se convierte en retinol. El origen del caroteno puede afectar su disponibilidad; por ejemplo, el caroteno se obtiene de las hortalizas verdes con mayor facilidad que de las zanahorias, las cuales tienen una estructura comparativamente fibrosa.

La leche y los productos derivados de esta son asimismo buenas fuentes de vitamina A, pero la cantidad presente depende de la cantidad de caroteno o retinol en el alimento comido por la vaca, y así los productos lácteos son por lo general una fuente más rica de vitamina A en verano, cuando se dispone de yerba fresca, que en invierno. No obstante, al alimento para el ganado se le incorporan aceite de hígado de bacalao o retinol sintético, por lo que la diferencia no es tan grande como cabría esperar.

En la tabla 12.2 se muestran las principales fuentes de la actividad de vitamina A de la dieta. El retinol y los carotenos son altamente insaturados y son por tanto fácilmente destruidos por oxidación, en especial a temperaturas elevadas. Asimismo, son mucho más susceptibles a la oxidación des-

Tabla 12.2 Valores promedio del contenido de vitamina A de los alimentos, en μg/100 g

Alimento	Equivalentes de retinol
Alimentos que suministran retinol	
Aceite de hígado de hipogloso	900 000
Aceite de hígado de bacalao	18 000
Hígado, cordero, fritos	30 500
Arenque	45
Sardinas, enlatadas	7
Mantequilla	1 000
Margarina	985
Queso, Cheddar	363
Huevos, duros	190
Leche	44
Alimentos que suministran caroteno	
Aceite rojo de palma	20 000
Zanahorias	2 000
Espinacas, hervidas	1 000
Lechuga	167
Tomates	167
Plátanos	33
Alimentos con actividad insignificante de vitamina A	
Papas	
Grasas para cocinar, manteca y sebo	
Tocino, carne de puerco, carne de res (trazas) y carnero (trazas)	
Pan, harina y otros cereales	
Azúcar, mermelada y jarabes	
Pescado blanco	

pués de ser extraídos de los alimentos que cuando se encuentran en los tejidos animales o vegetales. Las pérdidas causadas por la oxidación durante los procesos normales de cocción son pequeñas, pero durante el almacenamiento del alimento deshidratado puede ocurrir una pérdida considerable si no se toman precauciones para evitar el contacto con el oxígeno. Aparte de esta sensibilidad a la oxidación, el retinol y los carotenos son razonablemente estables y sólo se destruyen lentamente a las temperaturas utilizadas para cocer los alimentos. De igual manera, son casi insolubles en agua y así hay poca o ninguna pérdida por extracción durante la ebullición de las hortalizas.

INGESTIÓN RECOMENDADA DE VITAMINA A   La cantidad de vitamina A requerida para el mantenimiento de una salud normal depende principalmente de la edad y el consumo diario recomendado aparece en el apéndice I. Las recomendaciones están expresadas en términos de equivalentes de retinol para tener en cuenta el hecho de que mucha de la actividad de la vitamina A de una dieta mixta es proporcionada por los carotenos. El CDR para los adultos es de 750 μg diarios de equivalentes de retinol. Durante la lactancia, éste debe aumentarse a 1200 μg diarios. Para las personas más jóvenes se recomienda un CDR menor.

El retinol no es soluble en agua y la cantidad que excede las necesidades del cuerpo no se excreta en la orina sino que se acumula en el hígado. Esto explica por qué el hígado de un animal constituye una fuente tan valiosa de vitamina A. El hígado de una persona bien alimentada contiene suficiente retinol para permitir la subsistencia por varios meses sin una cantidad adicional de retinol o de caroteno. Debido a que el retinol se acumula de este modo, se debe evitar una dosis excesiva. Las madres que les administran a sus bebés complementos de vitamina A en forma de aceite de hígado de pescado deben tener especial cuidado de no exceder la dosis recomendada. Los adultos no son inmunes a los efectos perjudiciales de una dosis excesiva de vitamina A: ¡los adictos a las píldoras de vitaminas y los alimentos dietéticos deben tener cuidado!

Las dosis recomendadas de vitamina A se expresan en términos de cantidad diaria, como el caso de otros nutrientes. No obstante, las deficiencias de un día para otro de la vitamina no tienen normalmente consecuencias. Debido a la capacidad del hígado de almacenar la vitamina A, una dieta mixta normal que suministra cantidades adecuadas de otros nutrientes proveerá casi con toda certeza suficiente vitamina A para satisfacer los niveles recomendados de ingestión durante cierto tiempo, aun cuando no lo haga todos los días.

EFECTOS DE LA DEFICIENCIA DE RETINOL   Una deficiencia a largo plazo de la vitamina A puede llevar a una condición conocida como ''ceguera nocturna o nictalopía'' que es la disminución brusca de la visión en la penumbra. En condiciones normales, los ojos se adaptan a los cambios en la iluminación; esto explica por qué no es capaz de ver los alrededores después de haber estado un rato en un cine que al principio parecía muy oscuro. La ceguera nocturna es causada por la falta de un derivado del retinol llamado *rodopsina* (púrpura visual) la cual es esencial para el funcionamiento apropiado de la retina que se encuentra en la parte posterior del ojo. La ceguera nocturna es muy común en algunas partes de Asia y Africa donde la dieta es deficiente en vitamina A.

Una ingestión adecuada de vitamina A es esencial para mantener saludables la piel y otros tejidos superficiales como las membranas mucosas. La deficiencia a largo plazo puede ser causa de una enfermedad de los ojos conocida como *xeroftalmía* en la que las células muertas se acumulan sobre la superfice de los ojos, lo que hace que éstos se vuelvan secos y opacos. La córnea se puede ulcerar e infectar, una condición conocida como *queratomalacia*, y la ceguera es una secuela común. Aunque la causa de dicha condición se conoce y se pueden tomar con facilidad medidas preventivas, se estima que hasta 20 000 niños se quedan ciegos de este modo cada año en los países en vías de desarrollo.

La falta de vitamina A en la infancia durante la formación de los dientes puede producir dientes defectuosos, y aun después de que se han formado los dientes la falta de vitamina A puede afectar al esmalte.

Colecalciferol o vitamina D

La vitamina D que se encuentra en la naturaleza se denomina más precisamente vitamina D_3 o *colecalciferol*. Otra forma de la vitamina D, conocida como vitamina D_2 o *ergocalciferol*, se prepara exponiendo el compuesto ergosterol, que se encuentra en hongos y levaduras, a la luz ultravioleta. El nombre vitamina D_1, que en un tiempo se utilizó para una mezcla de sustancias que presentan actividad de vitamina D, ya no se utiliza en la actualidad. El colecalciferol, vitamina D_3, es el único de los compuestos que tiene importancia dietética y en adelante se le mencionará sencillamente como vitamina D.

La vitamina D es un sólido blanco cristalino que, como la vitamina A, es soluble en los aceites y las grasas pero insoluble en agua. La vitamina A se almacena en el hígado, y puesto que es insoluble en agua el exceso no se elimina con facilidad en la orina y se acumula en el hígado.

Demasiada vitamina D es perjudicial, y en lo que concierne a esto se asemeja también a la vitamina A.

FUENTE DE VITAMINA D   La vitamina D no tiene una amplia distribución y se encuentra casi exclusivamente en alimentos de origen animal. Los aceites de hígado de pescado constituyen la más rica fuente natural. Las fuentes principales en la dieta promedio de Inglaterra son: margarina, cereales para el desayuno enriquecidos con vitaminas, mantequilla, huevos y pescados grasos. A toda la margarina que se vende en Inglaterra se le añade vitamina D sintética, excepto la utilizada en la industria pastelera, así como a muchos alimentos para niños.

La vitamina D no se destruye en grado significativo durante los procesos normales de cocción.

Además de obtenerse de los alimentos de la dieta, la vitamina D se produce en el cuerpo por acción de la luz solar sobre un compuesto químicamente relacionado que se encuentra en la piel.

FUNCIONES Y CONSUMO RECOMENDADO DE LA VITAMINA D   La vitamina D se relaciona con la absorción de calcio y fósforo por el cuerpo. En ausencia de la vitamina el cuerpo es incapaz de hacer uso de dichos elementos y se pierden en las heces. Tanto el fósforo como el calcio son necesarios para la formación de los huesos, como ya se explicó anteriormente (véase la página 255). La deficiencia de vitamina D es causa del raquitismo en niños y jóvenes y de la osteomalacia, una enfermedad ósea relacionada con la anterior, en aquellas personas en las que ha cesado el crecimiento de los huesos. El raquitismo se caracteriza por la curvatura de los huesos de los miembros y otros penosos síntomas derivados de una impropia formación de los huesos. Anteriormente era muy común en Inglaterra pero es rara hoy en día, excepto en los hijos de los inmigrantes asiáticos entre los cuales constituye un problema que continúa.

Desde hace unos 90 años se reconoce que el raquitismo prevalece más en las áreas industriales de las regiones templadas donde la luz solar es deficiente. La enfermedad se ha tratado con buenos resultados mediante la exposición a la máxima cantidad de luz solar, y más tarde se demostró que cualquier otra fuente de luz ultravioleta es también eficiente (por ejemplo: una "lámpara de sol"). La razón de los buenos resultados resulta clara ahora: la luz ultravioleta convierte una provitamina presente en los tejidos de la piel en vitamina D, la cual es entonces capaz de llevar a cabo sus funciones.

Empero si la dieta proporciona calcio insuficiente, ninguna cantidad de vitamina D o de exposición a luz solar impedirá el desarrollo del raquitismo. La enfermedad puede ser causada por escasez de calcio, vitamina D insuficiente o falta de sol.

Tabla 12.3 Valores promedio del contenido de vitamina D de los alimentos, en μg/100 g

Aceite de hígado de hipogloso	hasta 10 000	Mantequilla	hasta 2
Aceite de hígado de bacalao	200-750	Huevos, enteros	1-1.5
Arenques, sardinas	5-45	Queso	0.3
Salmón	4-30	Leche (de verano)	0.1
Hojuelas de maíz (enriquecidas)	2.8	Yema de huevo	4-10
Margarina	2-2.5		

El raquitismo a menudo se encuentra en asociación con la caries dental debido a que la vitamina D es también necesaria para la adecuada calcificación de los dientes. No solamente la vitamina D ayuda a la formación de dientes sanos sino que también ayuda a evitar la formación de caries en los dientes ya formados (aunque también están implicados otros factores). En los adultos que no reciben suficiente vitamina D se puede desarrollar osteomalacia. En esta enfermedad se pierde el calcio de los huesos y toma su lugar un tejido más blando.

La mayoría de las personas obtienen suficiente vitamina D mediante la acción de la luz solar sobre la piel. No se cuenta con cantidades diarias recomendadas para los adultos. Existen, sin embargo, grupos vulnerables para los cuales se prescribe un CDR como una salvaguardia contra la insuficiente exposición al sol. Para los niños menores de un año el CDR es de 7.5 μg diarios, y para los niños de 1 a 4 años y las mujeres embarazadas y lactantes el CDR es de 10 μg diarios: la misma cantidad se sugiere para quienes llevan una vida de reclusión.

Una ingestión elevada de vitamina D es perjudicial. Demasiado calcio puede ser absorbido de la dieta y el exceso depositarse en los riñones donde causa daños y finalmente puede sobrevenir la muerte. Existe el riesgo particular de que los infantes a los que se les administra vitamina D adicional en forma de aceite de hígado de pescado reciban una dosis excesiva a menos que se observe cuidadosamente la dosificación recomendada.

Tocoferoles o vitamina E

Vitamina E es el nombre que se le aplica al *alfa tocoferol* (un aceite de color amarillo claro con fórmula $C_{29}H_{50}O_2$) y a un grupo de alcoholes saturados e insaturados solubles en grasa estrechamente relacionados con el mismo.

La mayor parte de los tejidos vegetales contienen algo de vitamina E, y los aceites vegetales, como el aceite de maíz, el aceite de soya y, en particular, el aceite de germen de trigo, constituyen buenas fuentes. La carne y otros alimentos de origen animal son fuentes deficientes.

La vitamina E es un antioxidante natural y los tocoferoles son aditivos permisibles de los alimentos (E307-309; véase el capítulo 18). La presencia de la vitamina E en los aceites vegetales insaturados indica probablemente que su función en los tejidos vegetales es la de proteger a estos aceites fácilmente oxidables. Es probable que realice también una función similar en el cuerpo humano, es decir, proteger de la oxidación a los nutrientes fácilmente oxidados, como son los ácidos grasos insaturados, el retinol y la vitamina C.

Hay pruebas de que la vitamina E ayuda a evitar la aparición de una grave enfermedad de los ojos llamada fibroplasia retrolental que afecta a los niños prematuros. Esta enfermedad es causada por la actividad del oxígeno sobre los vasos sanguíneos en proceso de desarrollo de los ojos del bebé.

La carencia de vitamina E hace estériles a las ratas macho; las ratas hembra pueden concebir pero la preñez queda interrumpida y las crías nacen muertas. No se cuenta con pruebas concluyentes de que la vitamina E influya en la fertilidad humana, aunque se ha afirmado lo anterior repetidamente. En ocasiones se ingiere la vitamina E con la optimista creencia de que retardará la vejez, mejorará las condiciones de la piel o aumentará la capacidad sexual. Todas estas esperanzas carecen de fundamento; todavía no se ha reconocido en el hombre una condición de deficiencia de vitamina E y no existe por consiguiente un consumo diario recomendado.

Naftoquinonas o vitamina K

La vitamina K comprende varios compuestos estrechamente relacionados solubles en grasa y derivados de la menadiona (2-metil-1-4-naftoquinona) todos los cuales poseen actividad de vitamina K. Ésta es esencial para la coagulación normal de la sangre; sin la vitamina K, el hígado es incapaz de sintetizar la *protrombina*, la cual es el precursor de la enzima trombina que coagula la sangre.

La vitamina K está presente en la mayor parte de los alimentos, pero las hortalizas verdes y hojosas constituyen las mejores fuentes. La síntesis bacteriana en los intestinos proporciona a los seres humanos vitamina K además de la que se obtiene de los alimentos.

En la mayor parte de los casos la cantidad que se hace disponible de esta manera resulta suficiente para satisfacer los requerimientos del cuerpo. Existe poca probabilidad de que haya deficiencia de vitamina K en una persona que tiene una alimentación balanceada y no hay un consumo diario recomendado.

VITAMINAS SOLUBLES EN AGUA O HIDROSOLUBLES

Complejo B de vitaminas

El complejo B de vitaminas comprende varias vitaminas que tienen varias funciones similares y se encuentran con frecuencia juntas en los alimentos. En el cuerpo están relacionadas principalmente con la liberación de la energía de los alimentos. Todas son solubles en agua, en mayor o menor grado, y puesto que el cuerpo carece de la capacidad de almacenarlas, cualquier exceso con respecto a los requerimientos inmediatos es excretado en la orina. Los miembros del complejo B de vitamina son:

Tiamina, o vitamina B_1
Riboflavina, o vitamina B_2
Niacina (ácido nicotínico y nicotinamida)

Piridoxina, o vitamina B_6
Ácido pantoténico
Biotina
Cobalamina, o vitamina B_{12} (conocida anteriormente como *cianoco-balamina*)
Ácido fólico

Tiamina o vitamina B_1

Se trata de un sólido blanco cristalino, soluble en agua. La molécula de tiamina tiene una estructura compleja que incluye un grupo amino ($—NH_2$) y un grupo hidroxilo. Al igual que todas las aminas, forma sales con los ácidos. El cloruro de tiamina se fabrica en una escala bastante grande para utilizarlo en el enriquecimiento de la harina. El grupo hidroxilo se esterifica, y la tiamina se halla en los alimentos como éster de pirofosfato.

FUENTES DE TIAMINA   La tiamina tiene una función importante en la utilización de los carbohidratos por las células vivientes. En consecuencia, está presente en cierta proporción en todos los alimentos naturales. Desafortunadamente, a menudo falta en los alimentos elaborados debido a que en la preparación de los alimentos para el mercado se elimina o destruye. El arroz pulido y la harina de bajo índice de extracción de la cual se ha eliminado la mayor parte de tiamina, el azúcar, los aceites y las grasas refinados y las bebidas alcohólicas son ejemplos de alimentos que contienen poca o nada de tiamina. No obstante, la tiamina se halla todavía presente en una gama bastante amplia de alimentos como se aprecia en la tabla 12.4. La mayor parte de la tiamina en la dieta corriente de Inglaterra proviene del pan y los cereales enriquecidos, las papas, la leche y la carne.

Debido a que la tiamina es tan soluble en agua, se puede perder hasta 50 por ciento cuando se hierven las hortalizas. Las papas hervidas con la cáscara intacta retienen hasta 90 por ciento de la tiamina que contienen en comparación con una relación de cerca del 75 por ciento en el caso de las papas peladas y hervidas. La tiamina se descompone al calentar aunque es bas-

Tabla 12.4 Valores promedio del contenido de tiamina de los alimentos, en mg/100 g

Marmite	5.00	Pan (integral)	0.26
Hojuelas de maíz (enriquecidas)	1.00	Pan (negro)	0.24
Avena (potaje)	0.90	Pan (blanco)	0.18
Carne de puerco (cocido)	0.60	Carnero o cordero (cocidos)	0.10
Tocino (frito)	0.57	Huevos (crudos o duros)	0.09
Chícharos (congelados, hervidos)	0.41	Papas (hervidas)	0.20
Riñones (de puerco, fritos)	0.30	Leche (pasteurizada)	0.05
		Queso (Cheddar)	0.04

tante estable a la temperatura de ebullición del agua y hay poca pérdida a esta temperatura en condiciones ácidas. En condiciones neutras o alcalinas la descomposición es más rápida. Los alimentos que se han sometido a temperaturas más elevadas, como cuando se asan o preparan para el enlatado, pueden perder una mayor proporción de su tiamina. La carne pierde alrededor de 15 a 40 por ciento de su tiamina cuando se hierve, de 40 a 50 por ciento cuando se asa y hasta 75 por ciento cuando se enlata. Cuando se hornea el pan, de 20 a 30 por ciento de la tiamina presente en la harina se puede destruir a causa del calor húmedo. En los pasteles a los que se agrega polvo para hornear toda la tiamina se puede destruir al reaccionar con el polvo para hornear. Algunos conservadores destruyen también la tiamina, y los sulfitos que se utilizan en los embutidos son particularmente propensos a causar la descomposición de la tiamina.

La enfermedad por deficiencia que se conoce como beriberi es causada por la falta de tiamina, y es prácticamente desconocida en Gran Bretaña, pero es todavía corriente en los países del Lejano Oriente, donde el nivel de vida es muy bajo. En dichos países el alimento principal es el arroz pulido, el cual contiene poca tiamina. La cáscara y la capa de aleurona del arroz se eliminan a fin de mejorar el sabor y las propiedades de conservación. Sin embargo, desafortunadamente este proceso elimina la mayor parte de la tiamina. Si se sancochan los granos de arroz antes de remover la cáscara, gran parte de la tiamina es absorbida y retenida por el endospermo. La pérdida de tiamina tiene lugar de la misma manera durante la molienda del trigo a fin de producir harina de bajo índice de extracción y es por esta razón que ahora se añade tiamina sintética a toda la harina de este tipo producida en Gran Bretaña. La harina enriquecida proporciona alrededor del 25 por ciento de la tiamina que contiene la dieta promedio.

FUNCIONES Y CONSUMO RECOMENDADO DE TIAMINA   La tiamina se esterifica en el cuerpo con ácido pirofosfórico para producir *pirofosfato de tiamina*, o cocarboxilasa, que es una coenzima esencial en la utilización de los carbohidratos. En ausencia de suficiente tiamina, se trasforma el metabolismo de los carbohidratos y se detiene el crecimiento de los niños junto con la pérdida del apetito y otros síntomas, como irritabilidad, fatiga y mareos. Una prolongada deficiencia causa la enfermedad conocida como beriberi. Se conocen varios tipos de esta enfermedad pero todos ellos están asociados con la pérdida de apetito, que lleva a un consumo reducido de los alimentos y, con el tiempo, al adelgazamiento y el aumento del tamaño del corazón. El sistema nervioso resulta gravemente afectado y esto puede producir parálisis parcial y debilidad muscular.

La cantidad de tiamina necesaria en la dieta depende de la cantidad de carbohidratos consumido. Una dieta que consiste principalmente en carbohidratos requiere más tiamina que las dietas más variadas, y debido a esta dependencia del consumo de carbohidratos es difícil estimar los requerimientos diarios de tiamina. La situación se complica aún más debido a que algo de tiamina es sintetizada por las bacterias en el intestino grueso y la cantidad disponible de esta fuente varía según la persona y de tiempo en tiempo. La OMS aconseja que el consumo de tiamina se relacione con el contenido total de energía de la dieta y que la relación apropiada sea de 96 μg/MJ. Los valores del CDR en Inglaterra se aproximan estrechamente a esta relación numérica (véase el apéndice I). Estos valores varían desde 0.1 para los niños menores de un año hasta 1.3 para los hombres muy activos.

En común con otras vitaminas hidrosolubles, la tiamina no es almacenada en el cuerpo y cualquier exceso con respecto a los requerimientos inmediatos se excreta rápidamente en la orina. En consecuencia, es esencial un suministro *uniforme* y adecuado de la vitamina.

Riboflavina o vitamina B_2

Esta vitamina es un sólido fluorescente de color verde amarillento que, como la tiamina, tiene una estructura química compleja. La molécula contiene un sistema complejo de anillo heterocíclico de carbono y nitrógeno combinado con el azúcar ribosa. La riboflavina es sintetizada comercialmente y se utiliza en algunos países para el enriquecimiento de los alimentos.

FUENTES DE RIBOFLAVINA   La riboflavina está ampliamente distribuida en los tejidos animales y vegetales y las fuentes más importantes se enumeran en la tabla 12.5. Las principales fuentes de la riboflavina en la dieta inglesa son la leche, la carne, los cereales para el desayuno enriquecidos y los huevos. Se encuentra en la cerveza pero está presente en cantidades tan pequeñas que se requerirían alrededor de 4.3 l para proporcionar el CDR de un hombre.

La riboflavina es sólo ligeramente soluble en agua, y las pérdidas por disolución en el líquido de la cocción son pequeñas. El calor causa poco desdoblamiento de la riboflavina, y la pérdida es poca o nula durante el enlatado. La carne pierde cuando se asa cerca de la cuarta parte de la riboflavina que contiene. Si se calienta la riboflavina en condiciones alcalinas como las que se presentan cuando se añade al agua bicarbonato de sodio para hervir las hortalizas, ocurre una mayor pérdida.

Tabla 12.5 Valores promedio del contenido de riboflavina de los alimentos, en mg/100 g

Marmite	6.75	Leche	0.17
Hígado (de cordero, frito)	5.65	Pan (integral)	0.06
Riñones (de cerdo, fritos)	3.70	Pan (negro)	0.06
Hojuelas de maíz (enriquecido)	1.5	Pan (blanco)	0.03
Queso (Cheddar)	0.50	Cerveza (de barril)	0.03
Huevos (duros)	0.47	Col (hervida)	0.03
Carne de res (cocida)	0.33	Papas (hervidas)	0.02

Aunque la riboflavina es muy estable al calor es sensible a la luz. Esto no tiene importancia en el caso de alimentos sólidos como la carne pero en el de la leche tiene lugar pérdidas considerables. Hasta tres cuartas partes de la riboflavina presente en la leche pueden ser destruidas por la exposición a la luz solar directa durante tres horas y media. Las sustancias producidas cuando la riboflavina se descompone de esta manera son agentes oxidantes capaces de reaccionar con, y destruyéndolo totalmente, el ácido ascórbico (vitamina C) presente en la leche. Además, las grasas presentes en la leche se oxidan parcialmente con la producción de sabores desagradables. Obviamente, no constituye una buena práctica permitir que las botellas de leche permanezcan demasiado tiempo en el escalón de la puerta o en los anaqueles brillantemente iluminados de un supermercado.

FUNCIONES Y CONSUMOS RECOMENDADOS DE RIBOFLAVINA La riboflavina se esterifica en el cuerpo con ácido fosfórico o ácido pirofosfórico y forma parte de dos encoenzimas relacionadas con una variedad de procesos de oxidorreducción en las células vivientes. La deficiencia de riboflavina origina una detención en el crecimiento de los niños y lesiones en los labios, y pueden aparecer grietas y escamosidades en las comisuras de la boca. Asimismo, se puede presentar irritación de la lengua y los ojos.

Cuando se ingiere riboflavina, se almacena temporalmente en el hígado hasta que el cuerpo la necesite. Sin embargo, no es posible almacenar grandes cantidades de esta manera, y es necesario ingerir cantidades uniformes y adecuadas. La cantidad de riboflavina necesaria para el mantenimiento de la salud no se conoce con certeza pero se cree que está relacionada con el índice del metabolismo basal y no (como en el caso de la tiamina) con el contenido total de energía de la dieta. Los valores de CDR dados en el apéndice I se han calculado sobre esta base y son suficientes para satisfacer todos los requerimientos. El CDR para un hombre adulto es de 1.6 mg y para una mujer adulta de 1.3. Durante el embarazo y la lactancia el CDR se aumenta en 0.3 mg y 0.5 mg respectivamente. La riboflavina de la dieta puede ser complementada en una proporción baja por la producida por síntesis bacteriana en el intestino grueso, pero ésta no se absorbe en su totalidad.

Niacina (ácido nicotínico y nicotinamida)

La vitamina del grupo B conocida como niacina existe en dos formas: una piridina del ácido carboxílico, ácido nicotínico, y la amida de éste, nicotinamida. A diferencia de casi todos los otros miembros del grupo B de vitaminas, estas dos sustancias poseen estructuras químicas sencillas. El ácido y la amida son igualmente eficientes como vitaminas.

$$H$$
$$HC \overset{C}{\underset{HC}{\|}} \overset{COOH}{\underset{N}{C}} CH$$

$$H$$
$$HC \overset{C}{\underset{HC}{\|}} \overset{CONH_2}{\underset{N}{C}} CH$$

Ácido nicotínico   Nicotinamida

El ácido nicotínico se preparó por vez primera, mucho tiempo antes de que se reconociera su importancia como vitamina, a partir de la nicotina. Sin embargo, en los alimentos, no se deriva de la nicotina ni se produce al fumar tabaco. El nombre de ácido nicotínico se pensó que daría a la gente una indeseable impresión de relación estrecha con la nicotina, y por esa razón se adoptó el nombre niacina. Este nombre se utiliza para denominar tanto al ácido nicotínico como a la nicotinamida, aunque esta última se llama también niacinamida. La niacina se fabrica en muy grande escala para utilizarse en el enriquecimiento de la harina.

FUENTES DE NIACINA   La niacina se encuentra en los tejidos tanto animales como vegetales. Las principales fuentes de la vitamina en la dieta corriente de Inglaterra son: carne, y productos derivados de ésta, papas, pan y cereales para el desayuno enriquecidos. En Inglaterra, toda la harina (excepto la integral) es "enriquecida" añadiéndole niacina adicional (véase la página 156) y aproximadamente una séptima parte del CDR se obtiene del pan y de los otros productos de la harina.

Algunos productos derivados de los cereales son bastante ricos en niacina, pero ésta desafortunadamente está unida a un complejo con hemicelulosas conocido como *niacitina*. Este complejo no se descompone durante la digestión y por consiguiente la cianina no queda disponible para el cuerpo. Por esta razón, los productos de cereales no enriquecidos deben por consiguiente considerarse como fuentes deficientes de niacina. El aminoácido triptófano, que está presente en los cereales, es convertido por el cuerpo en niacina pero la cantidad que de esta manera se hace disponible a partir de los cereales es normalmente pequeña.

La leche y los huevos contiene poca niacina pero sus proteínas son especialmente ricas en triptófano y de esta manera dichos alimentos constituyen buenas fuentes de la vitamina. Para tener en cuenta la presencia del triptófano en la dieta, el contenido de niacina de los alimentos se expresa convenientemente en términos de *equivalentes de niacina*, y con este fin se considera que 60 g de triptófano equivalen a 1 mg de niacina. Los valores dados en la tabla 12.6 están expresados de esta manera.

La niacina no se descompone fácilmente por el calor y es sólo moderadamente soluble en agua de manera que las pérdidas en la cocción resultan ser pequeñas.

Tabla 12.6 Valores promedio del contenido equivalente de niacina de los alimentos, en mg/100 g

Extracto de levadura (*Marmite*)	75.0	Carne de res (asada)	10.2
Extracto de carne de res (Bovril)	67.7	Cecina	9.1
Hígado (de cordero, frito)	24.7	Queso (Cheddar)	6.2
Hojuelas de maíz (enriquecidas)	21.9	Bacalao (frito)	4.9
Riñones (de cerdo, fritos)	20.1	Huevos (duros)	3.7
Atún (enlatado)	17.2	Chícharos (congelados)	2.6
Pollo (rostizado)	12.8	Pan (negro)	1.9
Sardinas (enlatadas)	12.6	Pan (blanco)	1.8
Tocino (a la parrilla)	12.5	Pan (integral)	1.7
Cordero (asado)	11.0	Papas	1.5
Chuletas de puerco (a la parrilla)	11.0		

FUNCIONES Y CONSUMO RECOMENDADO DE NIACINA   La nicotinamida está presente en el cuerpo como parte de dos coenzimas esenciales que participan en un gran número de procesos de oxidación relacionados con la utilización de carbohidratos, grasas y proteínas. La cantidad requerida resulta difícil de estimar debido a que algo de niacina es producida y puesta a disposición del cuerpo por los microorganismos que se hallan en el intestino grueso. La cantidad de niacina requerida para el mantenimiento de una buena salud se considera que está relacionada con el índice del metabolismo basal y el CDR es aproximadamente 11 veces mayor que el de la riboflavina después de tomar en cuenta la posible distribución hecha por el triptófano (véase el apéndice I). El CDR para un hombre adulto es de 18 mg mientras que para una mujer adulta es de 15 mg. Durante el embarazo y la lactancia se recomiendan aumentos de 3 mg y 6 mg, respectivamente.

Una aguda deficiencia de niacina es causa de la enfermedad llamada pelagra que se caracteriza por dermatitis, diarrea y síntomas de desorden mental. Desde hace mucho tiempo, la pelagra se ha asociado, como muchas otras enfermedades por deficiencia, con un bajo nivel de vida. En particular, la pelagra es el resultado de subsistir con una dieta que consiste principalmente en maíz, y por esta razón predominó particularmente en los estados del sur de EE.UU., donde el maíz alguna vez constituyó el alimento principal. La niacina presente en el maíz no está disponible por las razones que ya se han dado, y las proteínas de dicho grano son deficientes en triptófano. Sin embargo, la pelagra no está asociada solamente con el consumo de maíz, y puede presentarse siempre que la ingestión de nicotinamida (o su precursor, el triptófano) sea insuficiente. Algo de nicotinamida es sintetizada por los microorganismos que se encuentran en el intestino grueso pero la cantidad absorbida es pequeña.

Piridoxina o vitamina B_6

La piridoxina o vitamina B_6 es el nombre que se le da a un grupo de tres derivados simples de la piridina que tienen la siguiente estructura:

Piridoxol

Piridoxal

Piridoxamina

Todos los tres compuestos han sido sintetizados y son igualmente potentes como vitaminas. La vitamina B_6 se halla en los alimentos que contienen las otras vitaminas del grupo B. La principal fuente la constituyen las papas y otros vegetales, la leche y la carne. En la tabla 12.7 se da el contenido de vitamina B_6 de algunos alimentos.

Los síntomas de la deficiencia de vitamina B_6 en los animales se producen alimentándolos con una dieta desprovista de dicha vitamina. Empero no resulta fácil hacer lo mismo con los seres humanos, aunque se piensa que varias lesiones de la piel son causadas por la deficiencia de vitamina B_6. Asimismo, se encontró que los infantes alimentados con leche en polvo deficiente en vitamina B_6 sufrían de convulsiones pero responden rápidamente al tratamiento con la vitamina. Se cree que la pirodoxina y la piridoxamina son convertidas por el cuerpo en piridoxal, cuyo fosfato funciona como una coenzima en el metabolismo de las proteínas. No obstante, no está bien establecida la función precisa de la vitamina B_6 en el mantenimiento de una buena salud.

Tabla 12.7 Valores promedio del contenido de vitamina B_6 de los alimentos, en mg/100 g

Germen de trigo	0.95	Papas	0.25
Plátanos	0.51	Frijoles horneados	0.12
Pavo	0.44	Pan (integral)	0.12
Pollo	0.29	Chícharos (congelados)	0.10
Pescado (blanco)	0.29	Pan (blanco)	0.07
Coles de Bruselas	0.28	Leche	0.06
Carne de res	0.27	Naranjas	0.06

Resulta difícil estipular una dosis recomendada diaria de vitaminas B_6 debido a que es muy poco lo que se conoce de las funciones y los efectos de una deficiencia de dicha vitamina. No obstante, tiene una amplia distribución y una dieta variada debe proporcionar de 1 a 2 mg por día, lo que parece suficiente para la mayoría de la gente.

Ácido pantoténico

Esta vitamina es un aceite de color amarillo pálido cuya estructura es la siguiente:

$$HOCH_2C(CH_3)_2CHOHCONHCH_2CH_2COOH$$
Ácido pantoténico

Se le encuentra en una gran variedad de tejidos vegetales y animales, de hecho, el nombre se deriva de las palabras griegas que significan "de todas partes". Es soluble en agua y es rápidamente destruida por el tratamiento con ácidos y álcalis o calentándola en estado seco.

El ácido pantoténico es un constituyente esencial de la coenzima A que está relacionada con todos los procesos metabólicos que implican la eliminación o la adición de un grupo acetil ($-COCH_3$). Dichos procesos revisten gran importancia en las muchas transformaciones complejas que tienen lugar dentro del cuerpo humano, en particular aquéllas relacionadas con la liberación de energía de los carbohidratos y las grasas.

El ácido pantoténico es indudablemente de importancia fundamental como una coenzima y los síntomas de deficiencia de esta vitamina se han producido en numerosas especies de animales, así como también en el ser humano mediante dietas desprovistas de ácido pantoténico. Los requerimientos diarios de ácido pantoténico se presume que son de alrededor de 5 a 10 mg por 10 MJ de entrada de energía pero no se dan recomendaciones rígidas. Es tan amplia su distribución que una dieta normal diaria, que contenga de 10 a 20 mg, debe ser adecuada y no hay peligro de una deficiencia.

Biotina

La biotina es otra vitamina de amplia distribución que se requiere en minúsculas cantidades como una coenzima implicada en el metabolismo de grasas y carbohidratos. Muchos alimentos contienen biotina; el hígado y los riñones son buenas fuentes (véase más adelante), y cantidades menores se encuentran en la yema de huevo, la leche y los plátanos.

Son tan pequeñas las cantidades requeridas por el cuerpo, que los microorganismos presentes en el intestino grueso producen una cantidad suficiente. Por tanto, las fuentes de la dieta no son de gran importancia y no existe un CDR.

La clara del huevo crudo contiene una proteína, o sustancia semejante a las proteínas llamada avidina que se combina con la biotina de la yema para formar un compuesto estable. Éste no es absorbido del tracto intestinal y así la biotina no queda disponible para el cuerpo. Asimismo, la avidina hace que no sea posible aprovechar la biotina de otros alimentos. Esta avidez por la biotina no es mostrada para la clara de huevo cocida.

Cobalamina o vitamina B_{12}

La cobalamina es una sustancia cristalina de color rojo intenso con una fórmula molecular $C_{63}H_{90}O_{14}N_{14}PCo$, y tiene con mucho la estructura química más compleja de cualquier vitamina. La presencia de un átomo de cobalto en la molécula constituye una característica notable.

La cobalamina se encuentra en pequeñas cantidades en todos los tejidos de origen animal pero está ausente de los alimentos de origen vegetal. Es requerida por el cuerpo en cantidades extremadamente pequeñas, y los vegetarianos obtienen por lo general suficiente cantidad de los huevos y la leche. Los vegetarianos que se abstienen completamente de los alimentos de origen animal, incluyendo los alimentos lácteos, pueden sufrir una deficiencia. Afortunadamente, la cobalamina se prepara a partir de un hongo que se emplea para producir el antibiótico estreptomicina, y los vegetarianos que se abstienen de todo alimento animal obtienen sus suministros de esta fuente.

La cobalamina desempeña una función importante en la producción de ácidos nucleicos y en el complejo proceso de la división de las células del cuerpo. Tienen especial importancia, junto con el ácido fólico y el hierro, para la formación de los glóbulos rojos de la sangre. Asimismo, participa en la formación de los tubos o vainas de *mielina* que rodean a cada fibra nerviosa.

La cantidad de cobalamina requerida para el mantenimiento de una buena salud no se conoce con certeza, y no se cuenta con un CDR especificado para la Gran Bretaña. Empero, sólo se necesitan cantidades pequeñísimas, y la OMS considera que tan poco como 1 μg es suficiente para los adultos. Es prácticamente seguro que esta cantidad tan pequeña está presente en todas las dietas, excepto en el riguroso régimen dietético de los vegetarianos a ultranza. Por ejemplo, la leche, que no es una fuente particularmente rica, contiene más de 2 μg por 473 ml. El cuerpo mantiene buenas reservas de cobalamina y se estima que hay disponible una cantidad suficiente para cinco años a falta del aporte de esta vitamina por la dieta. En la tabla 12.8 se indica el contenido promedio de cobalamina de algunos alimentos: las fuentes principales en la dieta corriente de Inglaterra son carne, vísceras y leche. La cobalamina es bastante estable al calor y es sólo ligeramente soluble en agua, de manera que son pequeñas las pérdidas durante la cocción.

Tabla 12.8 Valores promedio del contenido de cobalamina en los alimentos, en μg/100 g

Hígado (de cordero)	54.0	Huevos	1.7
Hígado (de cerdo)	23.0	Queso (Cheddar)	1.5
Marmite	8.0	Leche	0.4
Carne de res, cordero, cerdo	2.0		
Pescado (blanco)	2.0		
Hojuelas de maíz (enriquecidas)	1.7		

Algunas personas incapaces de absorber la cobalamina de los alimentos que ingieren sufren de una grave enfermedad conocida como *anemia perniciosa*, en la que la extrema anemia está acompañada por la degeneración de los cordones nerviosos de la médula espinal. En un tiempo esta enfermedad era invariablemente fatal pero hoy en día se trata con buenos resultados mediante inyecciones de hidroxicobalamina a intervalos de tres meses. La anemia perniciosa es causada por la ausencia en los intestinos de un *factor intrínseco* que es esencial para la absorción de la cobalamina. *No* se trata de una enfermedad por deficiencia debido a que, si falta el factor intrínseco, tendrá lugar aun en caso de que la dieta contenga suficiente cobalamina

Ácido fólico

El ácido fólico es el nombre dado a un grupo de compuestos estrechamente relacionados derivados del ácido pteroilglutámico. En el cuerpo participa, junto con la cobalamina, en la producción de ácidos nucleicos y, en particular, en la formación de los glóbulos rojos.

Una deficiencia de ácido fólico causa un tipo particular de anemia llamada *anemia megaloblástica*. Ésta es similar a la anemia causada por la falta de absorción de la cobalamina pero no está acompañada por la degeneración de las células nerviosas, la cual es una característica de la anemia perniciosa. Las mujeres embarazadas son propensas a enfermarse de este tipo de anemia, y hay informes que se presenta en hasta 25 por ciento de las mujeres embarazadas de Inglaterra. La deficiencia de ácido fólico durante el embarazo es probable que sea la causa de un parto prematuro y un bajo peso al nacer. Si la dieta de una madre es deficiente en ácido fólico antes de la concepción o durante las primeras etapas del embarazo, se tienen pruebas de que aumenta el riesgo de que el bebé nazca con defectos en el tubo neural, como espina bífida.

De manera sorprendente, no se tienen valores de CDR en Inglaterra para el ácido fólico. La OMS recomienda una ingestión diaria de 170 μg para las mujeres adultas y de 20 μg para los hombres adultos.

El ácido fólico se encuentra en pequeñas cantidades en una amplia variedad de alimentos; el hígado, las hortalizas verdes, las papas, la *marmite* (complemento alimenticio a base de levaduras) y las hojuelas de maíz enriquecido constituyen buenas fuentes. La fruta y las hortalizas contribuyen con alrededor del 40 por ciento del ácido fólico en una dieta inglesa normal, y el pan con cerca del 20 por ciento. El ácido fólico es fácilmente destruido durante la cocción y se pierde una buena cantidad en el agua utilizada para cocer las hortalizas. Las pérdidas son todavía mayores si se añade bicarbonato de sodio al agua con el fin de conservar el color de las hortalizas verdes.

Ácido ascórbico o vitamina C

El ácido ascórbico o vitamina C, es un sólido blanco soluble en agua, de fórmula $C_6H_8O_6$. A pesar del nombre de ácido ascórbico, la molécula no contiene ningún grupo carboxilo libre. Se trata en realidad de una *lactona* formada del ácido libre por la pérdida de agua entre un grupo carboxilo de un átomo de carbono y un grupo hidroxilo de otro. Tiene la siguiente estructura:

Ácido ascórbico

Ácido libre correspondiente
al ácido ascórbico

Las lactonas se comportan de manera muy semejante a los ácidos y para muchos fines se consideran como ácidos. El ácido ascórbico tiene el gusto agrio asociado generalmente con los ácidos y forma sales. Es ópticamente activo y dextrorrotatorio; se conoce también el ácido ascórbico levorrotatorio pero éste tiene poca o ninguna actividad como vitamina. El ácido ascórbico es un buen agente reductor y por consiguiente se oxida con facilidad. El producto de la oxidación, el *ácido deshidroascórbico*, se reconvierte con facilidad en ácido ascórbico por la actividad de agentes reductores moderados, y debido a que esta reducción es realizada por el cuerpo resulta tan activo como el propio ácido ascórbico. Sin embargo, es menos estable que el ácido ascórbico y sólo está presente en pequeñas cantidades en los alimentos.

De todas las vitaminas, el ácido es el más fácilmente destruido por la oxidación, y en extractos, jugos y alimentos con superficies expuestas (cortados) puede ser oxidado por la exposición al aire. La oxidación es catalizada enzimáticamente por las oxidasas contenidas en las células de los alimentos y que queden libres al cortarlos, picarlos o triturarlos. La oxidación es grandemente acelerada por el calor (si la temperatura no es lo suficientemente elevada para destruir las oxidasas), los álcalis y en particular las cantidades infinitesimales de cobre que catalizan la oxidación. La oxidación disminuye en una solución ácida débil y por el almacenamiento en frío.

FUENTES DE ÁCIDO ASCÓRBICO   El ácido ascórbico se encuentra principalmente en los alimentos de origen vegetal. Las frutas son por lo general buenas fuentes pero muchas de las frutas que más se consumen, como las manzanas, las peras y las ciruelas, suministran cantidades insignificantes. Las hortalizas verdes y las papas son las fuentes más importantes de ácido ascórbico en la dieta de Inglaterra. En la tabla 12.9 se da una lista del contenido promedio de las fuentes más importantes de esta vitamina.

La cantidad de ácido ascórbico presente en los vegetales es mayor en los períodos de crecimiento activo durante la primavera y el comienzo del verano. El almacenamiento disminuye el contenido de ácido ascórbico y esto se aprecia claramente en las cifras que se dan para las papas en la tabla 12.9.

Las papas contienen menos ácido ascórbico que las hortalizas verdes pero se consumen en tan grandes cantidades que constituyen una importante fuente de esta vitamina. Una porción normal de papas frescas hervidas proporcionan aproximadamente 90 por ciento de la ingestión diaria recomendada de ácido ascórbico, y alrededor de la cuarta parte del ácido ascórbico

Tabla 12.9 Valores promedio del contenido de ácido ascórbico de los alimentos, en mg/100 g

Grosellas negras	200	Papas (crudas, frescas)	30
Jarabe de escaramujo	175	Papas (crudas, oct.-nov.)	20
Germinados (crudos)	87	Papas (crudas, dic.)	15
(cocidos)	41	Papas (crudas, ene.-feb.)	10
Coliflor (cruda)	64	Papas (crudas, de marzo en adelante)	8
(cocida)	20	Papas (hervidas)	6
Col (cruda)	55	Manzanas, para comer (crudas)	5
(hervida)	20	Lechuga (cruda)	15
Espinacas (crudas)	60	Plátanos (crudos)	10
(hervidas)	25	Betabel (hervido)	5
Berros (crudos)	60	Cebollas (crudas)	10
Fresas	60	(hervidas)	6
Naranjas (crudas)	50	Zanahorias (crudas)	6
Limones (jugo)	50	(hervidas)	4
Toronja (cruda)	40	Ciruelas (crudas)	3
Chícharos (crudos)	25	(en compota)	2
(hervidos)	15	Papas (crudas)	3
(secos hervidos)	trazas	(en compota)	2
Tomates (crudos o jugo)	20	(enlatadas)	1
Hígado (de cordero, frito)	19	Leche de vaca (fresca)	2
		Leche humana	5

presente en la dieta inglesa se deriva de las papas (de modo aproximadamente tanto como el derivado de todas las otras hortalizas). Durante muchos años las papas constituyeron la fuente principal del ácido ascórbico en Inglaterra, pero la fruta y los jugos de fruta son al presente la fuente principal.

Hasta 75 por ciento del ácido ascórbico presente en las hortalizas verdes puede perderse durante la cocción. Esta pérdida se compensa consumiendo hortalizas verdes crudas en las ensaladas pero las cantidades que convenientemente se consumen de este modo son comparativamente pequeñas y es posible obtener más ácido ascórbico comiendo una mayor cantidad de hortalizas cocidas. Por ejemplo, 25 g de lechuga, que es una ración conveniente, proporcionan 4 mg de ácido ascórbico comparados con 23 mg provistos por 100 g de col cocida. La col cruda es con mucho una mejor fuente de ácido ascórbico que la lechuga, 25 g proporcionan alrededor de 13 mg de la vitamina.

La leche de vaca contiene sólo aproximadamente una cuarta a una tercera parte del contenido de ácido ascórbico de la leche humana y una porción de éste es destruido durante la pasteurización. La exposición de la leche a la luz solar es también causa de la disminución de su contenido de ácido ascórbico, y este cambio es ocasionado por los productos de desdoblamiento de la riboflavina (véase página 284). Es importante que a los bebés alimentados con leche de vaca hervida se les proporcionen otras fuentes de la vitamina. El jugo de naranja concentrado, el jarabe de escaramujo o el jugo de casis son fuentes adicionales atractivas de la vitamina. Cuando los bebés pasan a una dieta mixta son menos necesarios dichos complementos, y a los dos años de edad una dieta normal debe suministrar suficiente ácido ascórbico.

Las frutas y hortalizas enlatadas varían considerablemente en cuanto a contenido de ácido ascórbico pero algunos, por ejemplo los tomates, son buenas fuentes de la vitamina. Es inevitable la pérdida de algo de ácido ascórbico en el enlatado, pero las frutas y las hortalizas enlatadas de buena calidad contienen a menudo más cantidad de esta vitamina que las frutas y hortalizas "frescas" cocidas en casa. Lo anterior se debe a que se enlatan cuando están frescas y se cuecen en condiciones cuidadosamente controladas.

Los alimentos como la levadura, la yema de huevo, las carnes y los cereales que son ricos en vitaminas del grupo B están por lo general desprovistos de ácido ascórbico, pero el hígado y los riñones constituyen la excepción.

PÉRDIDA DE ÁCIDO ASCÓRBICO EN LA COCCIÓN   Ya se ha mencionado el hecho de que durante el almacenamiento de las frutas y las hortalizas tienen lugar pérdidas de ácido ascórbico. Asimismo, se experimentan algunas pérdidas durante la preparación y cocción de los alimentos. Esto se debe en parte a la oxidación y en parte a que dicha vitamina se disuelve en el agua utilizada para cocinar. A fin de evitar pérdidas indebidas de esta vitamina, se recomienda que las hortalizas y las frutas no se trituren ni se piquen finamente antes de cocerlas, ya que esto libera las oxidasas que catalizan la oxidación del ácido ascórbico por el aire. Existen pruebas, que demuestran que la pérdida de ácido ascórbico es mayor cuando se cortan las verduras con un cuchillo sin filo que cuando se hace con uno bien afilado, debido presumiblemente a que el primero rompe más células por trituración y libera por tanto más oxidasas que el otro.

Si se ponen las hortalizas en agua fría que luego se hace hervir, el oxígeno disuelto en el agua destruirá, en presencia de las oxidasas, una cantidad considerable del ácido ascórbico presente. Las oxidasas presentan su mayor actividad a alrededor de 60 a 85°C, y por arriba de esta temperatura se desactivan rápidamente. Los mejores resultados se obtienen cuando se ponen las hortalizas en agua hirviendo ya que ésta no contiene oxígeno disuelto y las oxidasas se destruyen con rapidez a esta temperatura. Por ejemplo, se ha encontrado en el caso de las papas que cocerlas de esta manera hace que las pérdidas del contenido de ácido ascórbico se reduzcan sólo a la mitad de las que se producen en el método normal de cocción.

Al cocer las hortalizas se debe utilizar una cantidad mínima de agua de manera que no se disuelvan grandes cantidades de la vitamina. Esto es particularmente importante en el caso de las hortalizas hojosas, como la col, debido a la gran área superficial a partir de la cual pueden tener lugar las pérdidas de la vitamina. Las hortalizas que al cocerlas quedan completamente sumergidas en agua pueden perder hasta 80 por ciento del ácido ascórbico que contienen. Si sólo quedan cubiertas en una cuarta parte se pierde únicamente la mitad del ácido ascórbico. En el caso de las papas, las que tienen un área superficial más pequeña por unidad de peso, y en las que la gelatinización del almidón impide la difusión del ácido ascórbico, la cantidad de agua utilizada en la cocción no afecta en gran medida a la cantidad de ácido ascórbico que se pierde. Asimismo, se deben evitar las condiciones alcalinas durante la cocción y del mismo modo evitar la adición de bicarbonato de sodio y las hortalizas verdes para conservar o intensificar el color, aunque se pueden utilizar pequeñas cantidades a fin de reducir la acidez de las frutas ácidas sin una disminución considerable en el contenido de ácido ascórbico.

El ácido ascórbico se oxida muy rápidamente en presencia de cantidades infinitesimales de cobre. Por esta razón no se deben utilizar recipientes de cobre o de aleación de cobre para cocinar alimentos ricos en vitamina C.

Finalmente, los alimentos cocidos no se deben mantener calientes más tiempo del absolutamente necesario antes de servirlos porque eso destruye casi todo el ácido ascórbico. Se ha demostrado que el 25 por ciento del ácido ascórbico de los alimentos cocidos calientes se pierde en 15 minutos y el 75 por ciento en 90 minutos. Es probable que esta sea la mayor causa de la pérdida de ácido ascórbico en restaurantes y hoteles donde los alimentos cocidos se reciben de una cocina central.

FUNCIONES Y CONSUMO RECOMENDADO DEL ÁCIDO ASCÓRBICO   No se conocen con certeza las funciones del ácido ascórbico en el cuerpo, pero se ha demostrado que es necesario para la formación de proteína conectiva intercelular, colágena. Las células del cuerpo que tienen por función la formación de los huesos y del esmalte y la dentina de los dientes pierden su actividad funcional normal en ausencia del ácido ascórbico.

La falta del ácido ascórbico en la dieta es causa de una enfermedad conocida como escorbuto, la cual se caracteriza por hemorragias debajo de la piel y en otros tejidos y encías hinchadas y esponjosas de las que se pueden aflojar fácilmente los dientes o caerse. El escorbuto infantil está asociado con una gran fragilidad y dolor en los miembros inferiores junto con cambios en la estructura ósea que no se hallan en el escorbuto que ataca a los adultos. La enfermedad se conoce desde hace siglos y en otro tiempo abundaba entre los marineros y otros individuos cuya dieta era deficiente en ácido ascórbico. No se conocía la causa de la enfermedad pero en el transcurso del tiempo se empezó a observar que el consumo de alimentos frescos, particularmente verduras y frutas, la prevenía y curaba. En la actualidad el escorbuto es prácticamente desconocido en Inglaterra, aunque en ocasiones todavía se encuentra.

Una deficiencia de ácido ascórbico que no sea lo suficientemente aguda para causar el escorbuto se piensa que aumenta la susceptibilidad de la boca y las encías a la infección y retarda la cicatrización de heridas y fracturas. El aumento de la susceptibilidad a muchos tipos de infecciones, incluyendo el resfriado común, se ha atribuido a una escasez de ácido ascórbico, pero aunque se sabe que esto es cierto en el caso de los cobayos en el laboratorio no existe la certidumbre total que esto sea aplicable a los seres humanos. No obstante, se sabe que el cuerpo necesita mayores cantidades de la vitamina cuando está aquejado por enfermedades infecciosas. Asimismo, el ácido ascórbico contribuye a la absorción del hierro al promover la recaudación de éste al estado ferroso.

La cantidad de ácido ascórbico para mantener una buena salud ha sido tema de mucha controversia. Una ingestión de 10 mg por día parece ser suficiente para proteger a la población adulta de los síntomas del escorbuto e incluso para curar la enfermedad. Si se ingieren más de 10 mg, el cuerpo sigue absorbiendo la vitamina hasta un valor de cerca de 100 mg por día. Más allá de este punto, el llamado nivel de saturación, el exceso se elimina por la orina. El CDR en Inglaterra para los adultos es de 30 mg, y esto representa un término medio entre ambos extremos. Durante el embarazo y la lactancia el CDR se aumenta a 60 mg. El CDR para otros grupos de edades se indica en el apéndice I.

LECTURAS RECOMENDADAS

BIRCH, G.G. AND PARKER, T. (Eds) (1974). *Vitamin C* (Symposium Report). Applied Science, Barking.
MARKS, J.A. (1945). *Guide to the Vitamins-their role in health and disease.* Medical and Technical Publishing Co., Lancaster.
STEIN, M. (Ed.) (1971). *Vitamins.* Churchill Livingstone, Edimburgo.

CAPÍTULO 13

Frutas y hortalizas

Las frutas y las hortalizas constituyen una parte importante de la dieta y se les considera generalmente como alimentos "buenos". Asimismo, son importantes fuentes de vitamina C, ácido fólico y fibra pero, como se indica en las tablas 13.1 y 13.2, en general no son ricas en otros nutrientes.

FRUTOS

Desde el punto de vista botánico, un fruto es el ovario maduro de una flor, incluyendo la semilla (o semillas) y cualquier otra parte de la flor que quede adherida al mismo. Los frutos que se ajustan estrictamente a esta definición se llaman *frutos verdaderos* e incluyen nueces, legumbres, bayas y drupas (véase más adelante). Los frutos como la manzana, la pera y la fresa que incluyen alguna otra parte de la flor que se ha agrandado, así como el ovario maduro se llaman *falsos frutos*.

Los botánicos consideran al chícharo, tomate, pimiento, berenjena y pepino como frutos. La mayoría de la gente, sin embargo, tiene una idea más restringida de lo que constituye un fruto y los consideran como hortalizas. Asimismo, las partes suculentas de las plantas caracterizadas por un sabor dulce o ácido y un gusto diferente se han llegado a considerar como frutos. Esta descripción es algo vaga, que difícilmente merece ser llamada una definición, resulta más adecuada para nuestros híbridos fines culinarios científicos que la definición botánica más restringida.

Tipos de frutos

Se conocen cientos de frutos diferentes y cada uno puede existir en una variedad de formas. Por ejemplo, existen más de 6000 variedades diferentes de manzana, la totalidad de las cuales se originaron de los manzanos silvestres agrios, *Malus pumila* y *Malus silvestris*.

Los frutos se clasifican de diferentes maneras pero un método sencillo, que resulta satisfactorio para nuestros fines, se basa en sus características físicas.

Los *frutos en pomo o de pepita* tienen un núcleo dividido en compartimientos que contiene las semillas y está rodeado de una masa carnosa y firme; la manzana y la pera son ejemplos de esta clase de frutos.

Las *drupas* tienen un hueso o nuez embebido en una carne comestible: ciruela, durazno y aceituna constituyen ejemplos obvios.

Las *bayas* tienen semillas encerradas en una pulpa: las uvas y las naranjas son bayas.

Frutos en pomo o de pepita

Los miembros más importantes de esta clase de frutos son la manzana y la pera, y ambos son miembros de la misma familia botánica, la familia de las rosas o *Rosaceae*. El núcleo de una manzana o de una pera es realmente el ovario maduro que consiste en cinco carpelos, cada uno de los cuales contiene dos semillas o "pepitas".

Las *manzanas* se cultivan en prácticamente cualquier parte del mundo, excepto en las áreas más calientes y más frías. La mayor parte de las manzanas se consumen crudas, y las manzanas para postre, o manzanas para consumo directo, son generalmente pequeñas y dulces con un aroma y un sabor fragantes. Las manzanas para cocinar son generalmente grandes y de color verdoso; poseen un sabor más agrio que las manzanas para consumo directo debido a la presencia de mayor cantidad de ácido, y se convierten fácilmente en pulpa al cocerlas. Las manzanas no son fuentes particularmente buenas de nutrientes pero contienen algo de vitamina C y cerca del dos por ciento de fibra. Aproximadamente una tercera parte de la fibra se halla en forma de pectina, la cual se extrae comercialmente de la pulpa de la manzana para utilizarse como gelificante (véase la página 128). Grandes cantidades de manzanas se convierten en sidra.

Las *peras* están estrechamente relacionadas con las manzanas pero difieren en el sabor y presentan a menudo partículas duras o "células péticas" embebidas en la carne. Las peras, en lo que respecta a valor nutritivo, equivalen aproximadamente a las manzanas. Así como el jugo de manzana se utiliza para hacer sidra, el jugo de pera se utiliza para hacer sidra de pera.

Drupas

Las drupas son frutos jugosos que contienen una semilla rodeada por una dura capa leñosa que juntas forman un hueso.

Las *ciruelas* se cultivan en la mayor parte del mundo y se consumen como una fruta fresca de postre y se utilizan para la fabricación de mermeladas o el enlatado. Las ciruelas secas se conocen como *ciruelas pasas*.

El color de las cerezas varía de amarillo a negro y su acidez de ácida a dulce.

De los *duraznos* o *melocotones* existen dos variedades principales. Los duraznos de hueso o carozo libre tienen un hueso que se separa fácilmente de la pulpa. Los duraznos en los que la pulpa está adherida al hueso son más firmes, de color más intenso y resisten mejor el manejo que la variedad de hueso libre. La *nectarina* es un tipo de durazno más pequeño y carente de vello.

La *zarzamora*, la *frambuesa* y la *fresa* se agrupan generalmente como frutos blandos. A pesar de su denominación no son bayas. Las dos primeras son drupéolas, esto es, agregados de varias ''minidrupas'' fijadas a la punta hinchada o receptáculo, del tallo del fruto. Las fresas son falsos frutos: los verdaderos frutos son los menudos *aquenios* o 'pepitas' adheridos a la parte exterior del fruto.

La zarzamora y la frambuesa crecen silvestres en la mayor parte de Europa pero también se cultivan comercialmente. Se utilizan principalmente en la cocina y en la fabricación de mermeladas y jaleas. Las fresas tienen un elevado contenido de vitamina C. Las fresas frescas se consumen por lo general crudas pero los fabricantes de mermelada utilizan grandes cantidades de fruta en conserva.

Bayas

FRUTOS CÍTRICOS   Los frutos cítricos o agrios más importantes son naranjas, limones, limas y toronjas. Las semillas de estos frutos están contenidas en secciones segmentadas o *carpelos* de pulpa jugosa que están rodeados y protegidos por una cubierta resistente o cáscara. Los cítricos o agrios son ricos en vitamina C, particularmente en la capa blanca o *albedo* que se encuentra debajo de la cáscara. El jugo de naranja sólo contiene de 20 a 30 por ciento de la vitamina C que se encuentra en la fruta y el jugo de toronja contiene una proporción todavía más pequeña. Los frutos cítricos poseen un sabor refrescante debido a su alto contenido de agua y la presencia de ácido cítrico y sacarosa. La relativa cantidad de estas dos sustancias determina si la fruta es ácida o dulce al gusto.

Las *naranjas* son con mucho los frutos cítricos más importantes, y el jugo de naranja constituye una fuente importante de vitamina C en la dieta inglesa. Las naranjas se cultivan en los países tropicales y subtropicales pero adquieren su color característico sólo cuando las temperaturas nocturnas son inferiores a 10°C durante el período de maduración. Las naranjas de color verde (pero maduras) pueden ser tratadas con gas etileno, el cual las estimula artificialmente (véase la página 306), a fin de que adquieran su color anaranjado característico. La naranja agria, o naranja Sevilla, se utiliza en la fabricación de mermeladas. Existen muchas variedades diferentes de naranja y también frutas semejantes a la naranja como tangerina, mandarina y satsuma que poseen sabores característicos y una cáscara frágil flojamente adherida. Algunos frutos clasificados como "cítricos blandos" son híbridos de naranja y tangerina o mandarina.

Los *limones* no se consumen como postre debido a su alto contenido de ácido y su consiguiente sabor agrio.

La *toronja* deriva su nombre en inglés (*grapefruit*) del hecho de que el fruto crece en racimos como de vid que contienen de 3 a 18 frutos. Se conocen más de 25 variedades de toronja, algunas de las cuales tienen una pulpa de color rosado o rojizo causado por la presencia del carotenoide *licopeno*.

OTRAS BAYAS El *casis* es notable principalmente por su elevado contenido de vitamina C y se le utiliza principalmente en la fabricación del jugo de casis, que se emplea para preparar bebidas de frutas ricas en esta vitamina. Asimismo, grandes cantidades se convierten en mermelada o bien se secan al sol para ser utilizadas en la confección de pasteles. Las grosellas, que se presentan en variedades rojas y blancas también son bayas.

Las *uvas* constituyen probablemente el fruto de mayor cultivo en el mundo. Sólo una pequeña proporción de la uva cultivada se utiliza como alimento, la mayor parte se convierte en vino por la fermentación del jugo como se explicó en el capítulo 10. La mayor parte de las uvas cultivadas son variedades de una sola vid europea, *Vitis vinifera*. Las uvas secadas al sol o *pasas* se preparan generalmente de uvas sin semilla. Las uvas no son ricas en nutrientes y contienen sólo aproximadamente una décima parte de la vitamina C que contienen las naranjas.

Los *plátanos* se cultivan en la mayor parte de los países tropicales pero los que se consumen en Inglaterra proceden principalmente de América Central y las islas del Caribe. El fruto es recogido cuando todavía no está maduro, y durante su transporte a Inglaterra por barco se mantiene a aproximadamente 12°C en bodegas ventiladas a fin de retardar la maduración. Antes de enviarla al mercado, el fruto se madura en almacenes de temperatura controlada a 15°C. Durante la maduración, la cáscara del plátano cambia de verde a amarillo y la parte carnosa del fruto se hace más suave y más dulce ya que el almidón que contiene se convierte casi totalmente en azúcar.

El plátano no es en particular importante como alimento en Inglaterra y se consume normalmente como postre. Sin embargo, en algunas partes del mundo, el plátano verde hervido o cocido al vapor constituye una fuente importante de almidón.

Los plátanos maduros son algo más que fuentes de fácil digestión de carbohidratos. Suministran energía y algo de vitamina C pero muy poco de otros componentes. En cuanto a cantidad de nutrientes, se equiparan a las papas, pero como se consumen en menor proporción no son importantes como fuentes de nutrientes.

Valor nutritivo de la fruta

La fruta es refrescante como alimento y añade color y sabor a la dieta. La mayoría de las frutas consisten principalmente en agua, y por tanto, su contenido de nutrientes es bajo, como se aprecia en la tabla 13.1. La importancia de la fruta radica en que es fuente de vitamina C y fibra. Alrededor del 40 por ciento del contenido de vitamina C de la dieta promedio en Inglaterra es suministrado por la fruta y los jugos de frutas. La mayor parte de este porcentaje procede de los frutos cítricos y, especialmente de los jugos de frutas y poco de los plátanos, las manzanas y las peras que son las frutas más populares. Algunas frutas contienen asimismo vitamina A y hacen también una pequeña contribución al contenido mineral de la dieta. A pesar de su dulzura las frutas contribuyen solamente con cerca del cinco por ciento del contenido de energía de la dieta inglesa promedio.

La fruta contiene fibra en forma de celulosa, hemicelulosa, pectina y protopectina. De hecho, una gran parte de lo que queda después de exprimir todo el jugo consiste en fibra. Si se descartan aquellas partes que normalmente no se comen, como las semillas, el corazón y la cáscara de los cítricos, el peso seco real de la fibra es muy bajo y generalmente equivalente a menos del dos por ciento del peso de la fruta. No obstante, cerca del diez por ciento de la fibra de la dieta inglesa promedio proviene de la fruta. El consumo de fruta adicional es una manera agradable (pero costosa) de aumentar la ingestión de fibra.

Cuando se almacena la fruta tiene lugar una pérdida progresiva de vitamina C, y hasta 20 por ciento de la que está presente en los frutos cítricos puede perderse en un mes. Asimismo, hay por lo general una pérdida de tiamina pero como sólo están presentes inicialmente pequeñas cantidades la pérdida no tiene importancia desde el punto de vista de la nutrición. También pueden perderse pequeñas cantidades de caroteno.

La fruta enlatada es una buena fuente de vitamina C a pesar de la pérdida del 20 al 30 por ciento que puede tener lugar durante el enlatado. Lo anterior se debe a que el enlatado se realiza inmediatamente después de la recolección cuando el contenido de vitamina C es máximo. El contenido de caroteno y de tiamina no se reduce mucho durante el enlatado. Si las frutas enlatadas se almacenaran durante un largo período puede tener lugar

Tabla 13.1 Valores promedio del contenido de nutrientes de la fruta por 100 gramos de porción comestible

Tipo de fruta	Energía (kJ)	Proteínas (g)	Carbohidratos (como monosacáridos) (g)	Agua (g)	Calcio (mg)	Hierro (mg)	Sodio (mg)	Vitamina A (retinol equiv.) (µg)	Tiamina (mg)	Ribo-flavina (mg)	Niacina (equiv.) (mg)	Vitamina C (mg)
Manzanas	196	0.3	11.9	84	4	0.3	2	5	0.04	0.02	0.1	5
Plátanos	326	1.1	19.2	71	7	0.4	1	33	0.04	0.07	0.8	10
Grosellas negras	121	0.9	6.6	77	60	1.3	3	33	0.03	0.06	0.4	200
Cerezas	201	0.6	11.9	82	16	0.4	3	20	0.05	0.07	0.4	5
Dátiles (secos)	1056	2.0	63.9	15	68	1.6	5	10	0.07	0.04	2.9	0
Higos (secos)	908	3.6	52.9	17	280	4.2	87	8	0.10	0.08	2.2	0
Grosellas blancas (cocidas)	62	0.9	2.9	90	24	0.3	2	25	0.03	0.03	0.5	31
Uvas	288	0.6	16.1	79	19	0.3	2	0	0.04	0.02	0.3	4
Toronjas	95	0.6	5.3	91	17	0.3	1	0	0.05	0.02	0.3	40
Melones	97	0.8	5.2	94	16	0.4	17	175	0.05	0.03	0.3	50
Naranjas	150	0.8	8.5	86	41	0.3	3	8	0.10	0.03	0.3	50
Jugo de naranja	161	0.6	9.4	88	12	0.3	2	8	0.08	0.02	0.3	25-45
Duraznos	156	0.6	9.1	86	5	0.4	3	83	0.02	0.05	1.1	8
Peras	175	0.3	10.6	83	8	0.2	2	2	0.03	0.03	0.3	3
Piñas (enlatadas en su jugo)	194	0.5	11.6	77	12	0.4	1	7	0.08	0.02	0.3	20-40
Ciruelas	137	0.6	7.9	85	12	0.3	2	37	0.05	0.03	0.6	3
Ciruelas pasas	686	2.4	40.3	23	38	2.9	12	160	0.10	0.20	1.9	0
Frambuesas	105	0.9	5.6	83	41	1.2	3	13	0.02	0.03	0.5	25
Fresas	109	0.6	6.2	89	22	0.7	2	5	0.02	0.03	0.5	60

alguna pérdida de vitamina C, pero menos del 15 por ciento se pierde por lo general durante un año de almacenamiento.

Las frutas congeladas conservan la mayor parte de su vitamina C durante el proceso de congelación y el subsiguiente almacenamiento. Durante la mondadura, el lavado y el blanqueado preliminares tienen lugar algunas pérdidas.

Cuando se seca la fruta a fin de producir pasas, sultanas, ciruelas pasas o grosellas secas, se destruye la totalidad de la vitamina C y alrededor del 50 por ciento de la tiamina. El contenido de caroteno resulta poco afectado.

Maduración y almacenamiento de las frutas

MADURACIÓN   La mayor parte de los alimentos que consumimos pueden ser ingeridos en cualquier momento de un ciclo de vida; es decir, no presentan un período en el que sean más atrayentes al paladar que en otros momentos. Sin embargo, no sucede así con la fruta. La fruta no madura es prácticamente incomible pero cuando madura cambia considerablemente a una condición en la que el sabor, el color y la textura alcanzan su punto máximo. La fruta no madura tiene a menudo color verde pero durante la maduración el color verde puede ser sustituido por un matiz amarillo o rojizo. La pulpa se suaviza y se vuelve más dulce y más jugosa y se origina un característico sabor y aroma a ''cocido''.

Los cambios que ocurren durante la maduración son en parte, consecuencia de la conversión enzimática de sustancias complejas en sustancias más simples. Las duras células que poseen almidón muy compactado se suavizan debido a la conversión del almidón en azúcares, que se disuelven y acrecientan la dulzura y jugosidad de la fruta. Al mismo tiempo, la insoluble proteopectina, que une apretadamente las células de la planta, es convertida en pectina soluble que las conecta de manera más flexible.

Cuando se cosecha una fruta se corta el suministro de nutrientes y cesa el crecimiento de la misma. Sin embargo, la maduración puede continuar, y a veces la fruta madura con mayor rapidez que si se hubiera dejado que siguiera creciendo.

Los cítricos y otros frutos que no almacenan almidón obtienen su azúcar de las hojas de la planta en la que crecen. De este modo, no se vuelven más dulces después de cosechados.

Algunas frutas producen cantidades mínimas del hidrocarburo insaturado etileno (o eteno), $H_2C = CH_2$, durante el período de crecimiento. De este compuesto se producen grandes cantidades cuando el fruto está pasando por el período crítico de maduración y la actividad celular está al máximo. Durante la maduración no sólo se produce etileno, sino que se ha demostrado que éste promueve la maduración. Si la fruta sin madurar es expuesta a pequeñas cantidades de etileno en el aire (menos de una parte por millón), este compuesto inicia la maduración y, además, estimula a la fruta a que produzca su propio etileno. Esto se explota comercialmente utilizando el gas para acelerar la maduración de la fruta que ha sido almacenada en condiciones que retardan la maduración. Los frutos cítricos no producen etileno cuando maduran en forma natural, pero incluso éstos pueden ser madurados artificialmente utilizando una atmósfera rica en etileno. De esta manera, las manzanas verdes pero maduras, las que como es comprensible no resultan muy atractivas para los compradores, pueden ser convertidas en el familiar fruto de color anaranjado. Los plátanos verdes se maduran de la misma manera.

ALMACENAMIENTO   La madurez marca el final del crecimiento y el comienzo de la muerte de un fruto. Los frutos que tienen una pulpa blanda y una cáscara delgada pasan rápidamente de la madurez a la descomposición y difícilmente se podrá decir que tienen una vida de almacenamiento a la temperatura normal. No obstante, los frutos más resistentes y aquéllos protegidos por una cáscara resistente permanecen en buenas condiciones durante varios meses.

La fruta almacenada se deteriora por el envejecimiento normal y el arrugamiento causado por la pérdida de agua. La fruta sin deterioro puede conservarse comestible durante algún tiempo pero finalmente se echará a perder como resultado de la actividad continua de sus propias enzimas y el ataque de los microorganismos. Las frutas blandas se vuelven por lo general incomestibles debido al crecimiento sobre su superficie de mohos y levaduras. Las esporas de los mohos y las levaduras siempre están presentes en el aire (véase el capítulo 16) y la piel de las frutas, y son especialmente numerosos cerca de otra fruta mohosa. Conforme las frutas envejecen y se encogen, especialmente si la piel ha sido dañada, se escapa el jugo azucarado y cubre la piel con un medio ideal para el crecimiento de mohos y levaduras. En general, las frutas no son atractivas para las bacterias debido a su acidez y falta de proteínas, pero el crecimiento de los mohos tiene lugar con facilidad.

En el caso de la fruta que se ha manejado con maltrato es posible que aparezcan manchas oscuras sobre la superficie de la misma. Las membranas celulares rotas permiten que se mezcle el contenido de las mismas y se originen pudriciones blandas. La enzima *fenolasa (polifenooxidasa)* oxida a los componentes fenólicos hasta compuestos que se polimerizan para formar polímeros oscuros. De este modo es como se forman las familiares ''magulladuras'' color oscuro en la superficie del fruto dañado. La fenolasa no se encuentra en los cítricos, ni en el melón ni el tomate y así en estos frutos no se desarrollan magulladuras oscuras. Sin embargo, cuando se rompen las células y escapa el jugo dichos frutos están propensos a ser atacados por los mohos y se vuelven rápidamente incomibles.

La fruta debe almacenarse en condiciones que retardan la acción destructiva de sus propias enzimas y el crecimiento de los mohos. Se debe mantener fresca y en condiciones tales que la pérdida de humedad sea mínima. La humedad debe ser suficientemente alta para evitar la pérdida excesiva de agua pero no tan alta como para que propicie el crecimiento de los mohos. Las temperaturas por arriba de la temperatura de congelación son las mejores para retardar la acción enzimática y el crecimiento de los mohos pero demasiado bajas para muchas frutas tropicales. Los plátanos, por ejemplo, resultan irreversiblemente dañados si se mantienen a una temperatura inferior a 10°C por varias horas. El compartimiento para las verduras de un refrigerador, donde ni la temperatura ni la humedad son demasiado bajas, proporciona buenas condiciones para almacenar la mayor parte de las frutas.

Las manzanas sin defectos se conservan durante largos períodos en un ambiente fresco pero algunas variedades se dañan si la temperatura es menor de 3°C. Para fines de comercio, su vida de almacén se puede extender considerablemente manteniéndolas en una atmósfera que contenga poco oxígeno (de 1 a 3 por ciento) y añadiendo bióxido de carbono (de 1 a 5 por ciento). Este tratamiento suprime la producción de etileno y retarda la maduración posterior a la cosecha.

HORTALIZAS

La palabra "hortaliza" se utiliza para designar a una planta, o parte de la misma, comestible que se come ya sea cocida o cruda como parte principal de una comida, como platillo secundario o como alimento para abrir el apetito. Esta definición incluye un amplio y algo heterogéneo conjunto de plantas, que incluye plantas hojosas (col y lechuga), raíces y tubérculos (zanahorias, chirivía o pastinaca y papas) y hasta flores (coliflor, brócoli y alcachofa). Los miembros de un grupo completo de hortalizas (tomates, pimientos, berenjenas y pepinos) son, en realidad, frutos.

Hortalizas en la dieta

La mayor parte de las hortalizas se cocinan antes de comerlas; aquéllas que no lo son se llaman a veces "hortalizas para ensalada". Sin embargo, la distinción dista mucho de ser rígida ya que muchas hortalizas que normalmente se cuecen antes de comerlas se comen crudas en ensaladas y, a la inversa, las "hortalizas para ensaladas" algunas veces se cuecen. Así, la zanahoria rallada se come a menudo en ensaladas y los tomates en sopas y salsas. Algunas hortalizas son más o menos incomestibles hasta antes de cocerlas. La cocción las ablanda al disolver las pectinas y las hemicelulosas y gelatinizar el almidón (véase la página 126). Los vegetales amiláceos

Tabla 13.2 Valores promedio del contenido de nutrientes de las hortalizas por 100 g de porción comestible

Tipo de hortaliza	Energía (kJ)	Proteínas (g)	Grasa (g)	Carbohidratos (como monosacáridos) (g)	Agua (g)	Calcio (mg)	Hierro (mg)	Sodio (mg)	Vitamina A (retinol equiv.) (µg)	Tiamina (mg)	Riboflavina (mg)	Niacina (equiv.) (mg)	Vitamina C (mg)
Frijoles horneados	345	4.8	0.6	15.1	74	48	1.4	550	12	0.08	0.06	1.3	0
Frijoles (ayocote) (hervidos)	83	1.9	0.2	2.7	91	22	0.7	1	67	0.03	0.07	0.8	5
Betabel (hervida)	189	1.8	0.	9.9	83	30	0.4	64	0	0.02	0.04	0.4	5
Coles de Bruselas (hervidas)	75	2.8	0.	1.7	92	25	0.5	2	67	0.06	0.10	0.9	40
Col (cruda)	92	2.8	0.	2.8	88	57	0.6	7	50	0.06	0.05	0.8	55
Col (hervida)	66	1.7	0.	2.3	93	38	0.4	4	50	0.03	0.03	0.5	20
Zanahorias (maduras)	98	0.7	0.	5.4	90	48	0.6	95	2000	0.06	0.05	0.7	6
Coliflor (cocida)	40	1.6	0.	0.8	95	18	0.4	4	5	0.06	0.06	0.8	20
Apio	36	0.9	0.	1.3	94	52	0.6	140	0	0.03	0.03	0.5	7
Pepino	43	0.6	0.1	1.8	96	23	0.3	13	0	0.04	0.04	0.3	8
Lentejuelas (cocidas)	420	7.6	0.5	17.0	72	13	2.4	12	0	0.11	0.04	1.6	0
Lechuga	51	1.0	0.4	1.2	96	23	0.9	9	167	0.07	0.08	0.4	15
Cebolla	99	0.9	0.	5.2	93	31	0.3	10	0	0.03	0.05	0.4	10
Pastinacas (cocidas)	238	1.3	0.	13.5	83	36	0.5	4	0	0.07	0.06	0.9	10
Chícharos (congelados)	307	6.0	0.9	10.7	78	35	1.6	2	50	0.30	0.09	1.6	12
Chícharos (enlatados, procesados)	366	6.9	0.7	18.9	70	33	1.8	380	10	0.10	0.04	1.4	0
Papas	315	2.0	0.2	17.1	79	8	0.4	8	0	0.2	0.02	1.5	8-19
Papas (hervidas)	322	1.8	0.1	18.0	80	4	0.4	7	0	0.2	0.02	1.2	5-9
Papas fritas en rajas	2224	6.3	35.9	49.3	3	37	2.1	550	0	0.19	0.07	6.1	17
Papas fritas en hojuelas	983	3.6	10.2	34.0	44	14	0.84	41	0	0.2	0.02	1.5	6-14
Espinaca (hervida)	128	5.1	0.5	1.4	85	136	4.0	120	1000	0.07	0.15	1.8	25
Tomates (frescos)	60	0.9	0.	2.8	93	13	0.4	3	100	0.06	0.06	0.8	20

o feculentos no cocidos son de difícil digestión debido a que los gránulos de almidón resisten a la actividad de las enzimas digestivas.

Las hortalizas constituyen un grupo tan variado que resulta difícil generalizar acerca de su contenido de nutrientes. En la tabla 13.2 se enumeran algunas de las hortalizas más corrientes, y se verá en la misma que en general las hortalizas verdes y hojosas y las papas son buenas fuentes de vitamina C y las legumbres son buenas fuentes de proteínas. Sin embargo, a semejanza de las frutas, las hortalizas están compuestas principalmente de agua. No obstante, debido a las grandes cantidades de hortalizas que se consumen, éstas proporcionan la mitad de la vitamina C, de 15 a 20 por ciento de la vitamina A, tiamina, niacina y hierro y alrededor de 10 por ciento de las proteínas y la energía en la dieta inglesa normal. Asimismo, proporcionan cerca de la mitad de la fibra.

Algunas hortalizas comunes

HORTALIZAS VERDES   Las hortalizas verdes y hojosas como la col y las coles de Bruselas son importantes desde el punto de vista nutricional como fuentes de vitamina C, β-caroteno (provitamina A, véase la página 274), ácido fólico y hierro. Las hojas exteriores verde oscuro contienen más vitamina C y β-caroteno que las pálidas hojas interiores. La col y las coles de Bruselas contienen de 3 a 4 por ciento de fibra pero la lechuga contiene solamente una tercera parte cuando más. Las hortalizas verdes pierden rápidamente su contenido de vitamina C cuando se almacenan, y si se hierven hasta la mitad de su contenido de vitamina C puede perderse en el agua de la cocción. Por consiguiente, siempre que sea posible, deben preferirse hortalizas frescas y crudas con respecto a las que se han cocido.

El brócoli y la espinaca son buenas fuentes de vitaminas A y C. La coliflor es también rica en vitamina C pero contiene poca vitamina A, excepto en las hojas verdes exteriores. La cebolla y el poro o puerro califican como hortalizas verdes puesto que sus hojas son verdes. Las partes blancas que se comen contienen vitamina C pero nada de vitamina A, y son apreciadas principalmente por su sabor. El apio consiste en el tallo de la hoja y, fuera de fibra, tiene poco valor nutritivo.

HORTALIZAS DE RAÍZ   La zanahoria, el nabo, la rutabaga o nabo de Suecia y la tinaca son las más importantes hortalizas de raíz. La papa se considera corrientemente también como hortaliza aunque en realidad se trata de un tubérculo (véase más adelante). Las hortalizas de raíz son buenas fuentes de fibra y las zanahorias son una fuente importante de vitamina A (como β-caroteno). El nabo corriente, el nabo de Suecia y la pastinaca, todos incoloros, no contienen β-caroteno pero son mucho más ricos en vitamina C que las zanahorias.

PAPAS   Las papas son *tubérculos*, es decir, extremos hinchados de tallos subterráneos que almacenan la energía en forma de almidón para alimentar a los nuevos tallos que crecen de los "ojos". Las papas son de fácil
cultivo y proporcionan buenos rendimientos. Representan una parte importante de la dieta inglesa desde hace más de 200 años. Además de su bajo
costo, facilidad de cultivo y versatilidad culinaria, una de sus ventajas estriba en el hecho de que tienen un período de reposo después de ser cosechadas. De este modo, se pueden almacenar durante los meses de invierno
cuando escasea el suministro de otras hortalizas. La papa se puede procesar para obtener una harina que se utiliza en productos horneados o bien
deshidratarse para dar un producto que se rehidrata fácilmente con agua
caliente para producir puré de papas "instantáneo". La mayor parte de
la papa deshidratada contiene vitamina C y tiamina adicionadas a fin de reemplazar las que se destruyen durante la elaboración.

Las papas, como todas las hortalizas, consisten principalmente en agua.
Además del agua, están constituidas principalmente de almidón, y es por
esta razón que se les considera a menudo meramente una fuente poco costosa de energía. No obstante, es un hecho que las papas tienen una gran
importancia en la dieta como una fuente importante de vitamina C, tiamina, ácido fólico y fibra.

La tabla 13.2 indica que las papas de ninguna manera son ricas en vitamina C y que alrededor de la mitad de la que está presente se pierde cuando
se cuecen las papas (véase la tabla 13.3). No obstante, constituyen una importante fuente de vitamina C debido a que se consumen en gran cantidad.
Sin embargo, existe una variación tan amplia en la cantidad consumida, que
cualquier afirmación sobre la contribución de las papas a la dieta en Inglaterra (y en cualquier otro lugar) debe tomarse con reservas.

Las cifras que aparecen en la tabla 13.2 indican que las papas fritas
en tiras y en hojuelas son fuentes más ricas de vitamina C que las papas hervidas. Sin embargo, el contenido de agua de las papas fritas es considerablemente menor (en particular en el caso de las papas fritas en tiras) y
sobre la base del peso seco su contenido de vitamina C es también más bajo.

El contenido de vitamina C de las papas acabadas de desenterrar es
tan alto como 20 mg/100 g pero declina bruscamente hasta cerca de la mi-

Tabla 13.3 Retención de vitamina C en las papas
cocidas

Método de cocción	Contenido de vitamina C (porcentaje del valor en crudo)
Hervir	55-65
Hornear	70-80
Asar	60-70
Freír (en hojuelas)	75-85

tad de dicho valor después de un almacenamiento de tres meses. En el almacenamiento prolongado, la pérdida de vitamina C continúa pero con mayor lentitud. Cuando se cuecen las papas ocurren pérdidas considerables de vitamina C, como se aprecia en la tabla 13.3. Las pérdidas durante la cocción tienen lugar por oxidación y disolución. Si se mantienen calientes las papas hervidas durante algún tiempo antes de servirlas o si se les incorpora aire, como cuando se reducen a puré o se baten, pueden tener lugar pérdidas adicionales de vitamina C.

Sólo cerca del cuatro por ciento de las proteínas en una dieta inglesa normal es suministrado por las papas, pero su valor biológico es elevado (véase la página 196) y casi equivale al de las proteínas del huevo. Las personas que consumen grandes cantidades de papas tienen a menudo una dieta que dista mucho de la ideal, y en estas circunstancias, la proteína suministrada por las papas resulta valiosa. Una ingestión diaria de 1 kg de papas hervidas o 0.5 kg de papas fritas suministra suficiente cantidad de todos los aminoácidos esenciales exceptuando la metionina.

Las papas constituyen una fuente importante de tiamina y ácido fólico. Suministran alrededor del 20 por ciento de la tiamina presente en una dieta promedio y ocupan un segundo lugar con respecto a las hortalizas verdes como fuente de ácido fólico. Los modernos métodos de análisis han demostrado que el contenido de ácido fólico de las papas cocidas puede ser tan alto como 45 μg/100 g.

El contenido de hierro de las papas no es en modo alguno elevado, pero un kilogramo suministra alrededor de la mitad del consumo diario recomendado. Las papas suministran alrededor del cinco por ciento del hierro presente en una dieta inglesa promedio y ocupan el tercer lugar como la más importante fuente de la dieta. El hierro que se halla en las papas es bien absorbido, debido posiblemente a que la vitamina C está también presente, y ésta puede asimismo promover la absorción del hierro de otros alimentos que se consumen al mismo tiempo.

Las papas contienen alrededor de 1.3 por ciento de fibra y proveen alrededor del 15 por ciento de la ingestión promedio de fibra. Aproximadamente la mitad de la fibra es clasificada como fibra soluble (véase las páginas 175-176). Se ha sugerido algunas veces que las papas cocidas con su cáscara intacta contienen considerablemente más fibra que las que han sido peladas, pero la diferencia es en realidad insignificante.

Debido a que las papas raras veces se incluyen en las dietas de "calorías controladas" o "adelgazadoras", han adquirido una reputación inmerecida como "alimentos que engordan". Es cierto que son una forma barata de *energía* pero no engordan más que cualquier otro alimento y, como ya se ha visto, suministran a la dieta apreciables cantidades de valiosos nutrientes. Aunque en Gran Bretaña se consume mucha cantidad de papas, éstas contribuyen solamente con alrededor del 5 por ciento del contenido de energía de la dieta inglesa promedio. En realidad, debido a su elevado contenido de agua, su "densidad energética" (esto es, la cantidad de energía disponible por unidad de peso) es muy pequeña. Si se cuecen o se sirven con gran cantidad de grasa, como en los diversos tipos de papas fritas, o bien se reducen a puré al que se le agrega mantequilla, entonces, por supuesto, la densidad energética del producto tendrá poca relación con la de la propia papa.

Cuando las papas se exponen a la luz puede formarse el venenoso alcaloide *solanina* en su superficie. Afortunadamente, también se ponen verdes cuando se exponen a la luz y esta coloración sirve para advertir que es probable que la solanina esté presente. Antes de cocerlas, se deben eliminar todas las partes verdes de las papas y todos los brotes y los ojos (los que también podrían contener solamina).

LEGUMBRES O LEGUMINOSAS   El chícharo, el frijol y la lenteja, que crecen dentro de una vaina, se conocen colectivamente como legumbres o leguminosas. Normalmente, sólo se comen las semillas pero a veces, como en el caso del frijol ejotero, se comen también las vainas. En Inglaterra las legumbres, a pesar de ser nutritivas, forman solamente una parte pequeña de la dieta, pero en muchos otros países del mundo son alimentos importantes. Las semillas poseen un elevado contenido de proteína y son ricas en lisina pero contienen poca metionina. Esto es lo contrario de lo que sucede en el caso de las proteínas de los cereales, y de este modo, la combinación de un alimento basado en un cereal con leguminosas proporciona una mezcla de aminoácidos con un elevado valor biológico. La indudable popularidad de los frijoles horneados servidos sobre tostadas se basa obviamente sobre sólidos principios nutricionales.

Los chícharos frescos o congelados y los frijoles que se comen junto con sus vainas (ejotes) suministran vitamina C, tiamina, niacina y caroteno. Sin embargo, muchas leguminosas se comen después de haber sido secadas y almacenadas, y así se destruye la vitamina C que contienen. El contenido de vitamina C de los chícharos enlatados (los que a menudo son chícharos secos enlatados) es también igual a cero.

Los chícharos son la hortaliza verde más popular en Inglaterra y algo más de la mitad de éstos se venden en forma congelada. Una gran proporción de los frijoles verdes que se ponen a la venta han sido también congelados. La congelación tiene lugar a las pocas horas de la cosecha y el contenido de vitamina C de los chícharos y frijoles congelados es a menudo más elevado que el de sus contrapartes "frescas" debido al tiempo que les lleva a estas últimas llegar al mercado.

Se conocen más de 200 tipos de frijoles y todos se cultivan en todo el mundo. La mayor parte son variedades de la especie *Phaseolus vulgaris*. En Inglaterra son populares las alubias o judías (habichuelas verdes o judías de España) y se dispone de muchos otros tipos. Las judías horneadas son más populares en Inglaterra que en cualquier otro lugar. Se preparan con alubias o frijoles blancos que se remojan en agua, se hornean y enlatan en una salsa dulce de tomate. Los frijoles horneados, como todas las leguminosas, son una buena fuente de proteínas y hierro. El frijol soya no se consume como hortaliza en Inglaterra pero, no obstante, tiene una gran importancia en todo el mundo. Los frijoles son ricos en proteínas de elevado valor biológico y contienen más de 20 por ciento de grasa. El aceite de soya, que es rico en AGPI (véase la página 63) se utiliza extensamente en la fabricación de la margarina y como aceite para cocinar. Los frijoles también se utilizan en la fabricación de la proteína vegetal texturizada (PVT; véase la página 227).

El frijol soya y el frijol rojo contiene un *factor antitripsina* que interfiere con la actividad de la enzima proteolítica tripsina en el intestino delgado. Algunos frijoles contienen *lectinas*, las cuales interfieren con la absorción de nutrientes en el intestino delgado, y *hemoaglutininas*, que son la causa de que los glóbulos rojos se adhieran unos a otros. Afortunadamente, todas estas toxinas son destruidas por el calor y los frijoles bien cocidos no son dañinos.

Las leguminosas son buenas fuentes de proteínas, y son más ricas en vitamina B y fibra que las hortalizas verdes y de raíz. Los chícharos frescos y congelados y los ejotes son también buenas fuentes de vitamina C.

Algunas veces las leguminosas causan problemas digestivos o flatulencia a causa de la producción de gas en los intestinos. Estas plantas contienen trisacáridos y tetrasacáridos que no son hidrolizados por las enzimas del intestino delgado. Dichos compuestos pasan sin experimentar cambio alguno al intestino grueso, donde son descompuestas por las bacterias en moléculas más pequeñas que incluyen los gases bióxido de carbono, metano e hidrógeno.

Almacenamiento de las hortalizas

La mayor parte de las hortalizas duras se almacenan por largos períodos después de haber sido cosechadas. Las papas, por ejemplo, sólo se deterioran lentamente y se conservan en buenas condiciones durante varios meses. Sin embargo, algunas otras hortalizas tienen una vida de almacenamiento más corta. El brócoli, por ejemplo, se cosecha mientras la planta está todavía en proceso de desarrollo y debe consumirse antes de que abran las flores.

El tiempo que dura en almacenamiento un tipo en particular de hortaliza depende principalmente de la calidad de ésta en el momento de la cosecha pero, por supuesto, las condiciones son asimismo importantes. La mayor parte de las hortalizas maduran gradualmente y, a diferencia de las frutas, no poseen un período crítico de maduración. A menudo se cosechan antes de que se complete su crecimiento a fin de asegurar que la ternura y el sabor se encuentren en su punto máximo. Si se retrasa mucho el tiempo de la cosecha las hortalizas pueden hacerse duras o fibrosas debido al engrosamiento de las paredes celulares. Asimismo, su contenido de azúcar puede disminuir, lo que lleva a una reducción de la dulzura y el sabor. A fin de asegurar que las hortalizas se cosechen en el momento adecuado que garantice sus mejores condiciones en el momento del consumo o a su llegada a la planta de congelación o a la empacadora.

Una vez que las hortalizas son cosechadas empiezan a perder agua por difusión a través de las paredes celulares. Esto causa arrugamiento o marchitamiento conforme las membranas celulares se separan de las paredes y la hortaliza pierda su firmeza.

Cuando se comen hortalizas crudas resulta sorprendente el contraste entre las frescas y las "no tan frescas". Una hortaliza fresca ofrece una resistencia inicial cuando se le muerde seguida de una copiosa liberación de jugo. Por otra parte, una hortaliza que ha empezado a deteriorarse es menos firme y jugosa. Las hortalizas hojosas son particularmente propensas a marchitarse, debido a que pierden agua con mayor facilidad a causa de su mayor área superficial.

Para que las hortalizas hojosas se mantengan el mayor tiempo posible en almacenamiento, éstas deben mantenerse en condiciones frescas y bastante húmedas. Resulta obvio que las condiciones secas propician la pérdida de agua y el marchitamiento. El "compartimiento para verduras" del refrigerador proporciona buenas condiciones ya que la temperatura es baja y la humedad en compartimiento cerrado es más elevada que en las parrillas del refrigerador.

Las papas no se deben guardar en un refrigerador debido a que comienzan a convertir su almidón en azúcar a una temperatura inferior a los 8°C. Adquieren un gusto dulce y las papas fritas preparadas a partir de dichas papas adquieren un color oscuro. A una temperatura inferior a 0°C tiene lugar la ruptura de las células, y al descongelar se obtienen papas fofas e incomestibles que se deterioran rápidamente. En términos generales, las hortalizas no se dañan tan fácilmente como las frutas durante el almacenamiento y el transporte. Sin embargo, pueden ser golpeadas y adquirir manchas negras por la actividad de la fenolasa de la misma manera que en el caso de las frutas (véase la página 306).

Las hortalizas almacenadas pierden gradualmente vitamina C conforme envejecen pero la proporción de la pérdida puede ser lenta si no están dañadas. Por ejemplo, una col entera pierde poca o nada de vitamina C en una semana. Las hortalizas que poseen una estructura "abierta y se marchitan rápidamente, como la lechuga y la espinaca, pierden vitamina C con bastante rapidez. No obstante, su vida de almacenamiento no es tan larga que por lo general se consumen antes de que ocurra una pérdida considerable de vitamina C. Las otras vitaminas presentes en las hortalizas no resultan grandemente afectadas por el almacenamiento, aunque puede ocurrir alguna pérdida de tiamina.

CARACTERÍSTICAS ORGANOLÉPTICAS DE LA FRUTA Y LAS HORTALIZAS

La preferencia por un tipo particular de fruta o de hortalizas dependerá con mayor probabilidad de su sabor, aroma y olor que del conocimiento de sus cualidades nutritivas. El gusto y el aroma contribuyen al sabor, y ambas cualidades están tan extremadamente relacionadas que resulta difícil distinguirlas o definirlas. Todas ellas tienen origen químico ya que son causadas por la presencia de compuestos específicos en la fruta y hortaliza. Sin embargo, más allá de lo anterior no siempre es posible afirmar con seguridad por qué un fruto u hortaliza en particular debe tener el gusto, aroma y sabor característicos que se asocian con él.

Sabor y olor

El gusto o sabor de una fruta es una sutil mezcla de dulzura y acidez (a veces combinadas con astringencia y amargor) delicadamente complementada con el olor de la fruta de que se trate. Las frutas son dulces porque contienen azúcares, que se forman cuando madura la fruta, y si están también presentes los "ácidos de la fruta" producen un sabor ácido. Las cantidades relativas de azúcar y ácidos presentes determina en gran parte si una determinada fruta será dulce o ácida.

A continuación se muestran las estructuras químicas de algunos ácidos que se encuentran corrientemente en las frutas. Todos ellos contienen un grupo carboxilo (—COOH). Los ácidos oxálico, málico y tartárico son ácidos dicarboxílicos porque contienen dos grupos carboxilo en su molécula y, de igual modo, el ácido cítrico y el ácido isocítrico, que contienen tres grupos carboxilos, son ácidos tricarboxílicos. Con excepción del ácido oxálico, todos son ácidos hidroxílicos puesto que sus moléculas contienen grupos hidroxilo (—OH).

$$
\begin{array}{lllll}
\text{COOH} & \text{COOH} & \text{COOH} & \text{COOH} & \text{COOH} \\
| & | & | & | & | \\
\text{COOH} & \text{CHOH} & \text{CHOH} & \text{CH}_2 & \text{CH}_2 \\
 & | & | & | & | \\
 & \text{CH}_2 & \text{CHOH} & \text{COHCOOH} & \text{CHCOOH} \\
 & | & | & | & | \\
 & \text{COOH} & \text{COOH} & \text{COOH} & \text{CHOHCOOH} \\
\end{array}
$$

| Ácido oxálico | Ácido málico | Ácido tartárico | Ácido cítrico | Ácido isocítrico |

Los ácidos de las frutas son sólidos incoloros, inodoros y solubles en agua. El ácido cítrico, como su nombre lo indica, está presente en el jugo de los frutos cítricos pero también se encuentra en otras frutas. El ácido málico está asimismo presente en la mayor parte de los jugos de fruta y es la causa principal de la acidez del jugo de manzana. El ácido tartárico es el ácido principal del jugo de uva pero los ácidos cítricos y málico están asimismo presentes. Las zarzamoras deben principalmente su acidez al ácido isocítrico. El ácido oxálico se encuentra en los tomates y fresas inmaduras en cantidades muy pequeñas, pero los tallos de ruibarbo pueden contener tanto como una parte en 200. La presencia del ácido oxálico es indeseable debido a que se combina con el calcio presente en otros alimentos para formar oxalato de calcio insoluble, y de esta manera hace que el calcio no pueda ser aprovechado por el cuerpo.

El amargor y la astringencia, una característica estrechamente relacionada con la primera, no tienen nada que ver con el pH ni con la presencia de los ácidos de las frutas y tanto las frutas dulces como las ácidas pueden ser amargas o astringentes. El amargor (como en las naranjas de Sevilla) es causada por la presencia de sustancias fenólicas complejas conocidas como *flavonoides* o taninos. Un bajo nivel de astringencia contribuye al sabor de muchas frutas y se encuentran niveles mucho más altos en las frutas inmaduras y algunas toronjas.

El aroma es una propiedad mucho más sutil que el sabor, y consiste en una combinación de gusto y olor. La fruta debe su olor a la presencia de una variedad de compuestos orgánicos volátiles de olor suave que incluyen ácidos, alcoholes, ésteres (los que se forman por la reacción entre ácidos y alcoholes), aldehídos, cetonas e hidrocarburos. Un gran número de estos compuestos contribuyen al sabor de una fruta en particular, y más de 200 se han identificado en los plátanos maduros. Algunos de ellos pueden estar presentes en cantidades sumamente pequeñas pero incluso así son detectados por el paladar. Se ha demostrado, por ejemplo, que el olor del etil-2-metilbutirato puede ser detectado en concentraciones tan bajas como una parte en 10^{10} (esto es, una parte en 10 000 000 000). Los compuestos más simples están presentes en muchas frutas maduras y son los que dan el característico olor a fruta, pero un solo compuesto puede ser responsable del sabor característico de una fruta determinada. Por ejemplo, la presencia del benzaldehído caracteriza el sabor de las cerezas y las almendras, y la del etil 2-metilbutirato el de las manzanas maduras. Cuando maduran las frutas hay una mayor producción de compuestos volátiles, y asimismo cambia la proporción en la que están presentes las diversas sustancias.

En la cocina y los alimentos elaborados se emplean mezclas de ésteres con alcoholes y otros compuestos fragantes como saborizantes sintéticos o "esencias" para sustituir a los sabores genuinos de las frutas (véase la página 430).

Las hortalizas no tienen, en general, olores y sabores tan agradables como los de las frutas. Nadie ha considerado que valga la pena producir saborizantes de col o de cebolla para ser utilizados en refrescos o mermeladas, ni se tienen dulces con sabor a hortalizas. No obstante, las hortalizas tienen olores y sabores que, aunque menos prominentes que los sabores de las frutas, son igualmente distintivos.

Muchos de los olores menos atractivos de las hortalizas (y quizá los más pronunciados) son originados por compuestos de azufre. La col, las coles de Bruselas y la coliflor deben su olor a un grupo de compuestos azufrados que se conocen como isotiocianatos o aceites de mostaza. En las hortalizas crudas o no maltratadas estos compuestos de olor desagradable están unidos al azúcar y de esa manera se hacen inodoros. Cuando los tejidos de las plantas son dañados por el corte, el magullamiento o la masticación una enzima cataliza el desdoblamiento de los complejos compuestos que contienen azufre y se liberan los isotiocianatos de olor picante. Los sabores y olores así producidos varían en intensidad desde el olor acre de la semilla triturada de mostaza hasta el olor relativamente suave de la col picada o desmenuzada.

Cuando las hortalizas del tipo de la col se cuecen en agua hirviendo, se desdoblan los complejos compuestos del azufre y se combinan con otros materiales vegetales. Se producen entonces nuevos compuestos de azufre con un fuerte olor, que incluyen el gas sulfuro de hidrógeno.

El ajo, la cebolla, el puerro o poro y los cebollinos deben sus olores y sabores similares pero diferentes a la presencia de compuestos de azufre. Estas hortalizas contienen un compuesto derivado del aminoácido cisteína que carece de olor en tanto se encuentre dentro de los tejidos de la planta. Sin embargo, cuando se rompen las células por trituración, este compuesto inodoro es convertido enzimáticamente en otros compuestos de azufre. Algunos de éstos tienen un olor penetrante, mientras que otros son lacrimógenos, esto es, son sustancias que producen una sensación de ardor en los ojos y hacen que éstos lloren. El sulfuro de dialilo, $(CH2=CH-CH_2)_2S$, es la causa principal del bien conocido olor del ajo.

Color

Existen tres tipos principales de compuestos que le dan color a las frutas y las hortalizas.

Clorofilas-colores verdes
Carotenoides-colores amarillo, anaranjado y rojo
Antocianina-colores rojo, púrpura y azulado

CLOROFILAS   Estas constituyen la materia verde colorante de las hortalizas hojosas y las frutas inmaduras, en las que su presencia es esencial para la conversión del bióxido de carbono en carbohidratos simples mediante la fotosíntesis. Son dos los tipos presentes en las hortalizas y las frutas (*clorofila a*, que es de color verde brillante, y *clorofila b*, de un verde menos brillante). Las dos clases difieren ligeramente en cuanto a estructura pero ambas tienen grandes moléculas como se puede apreciar en la fórmula molecular de la clorofila: $C_{55}H_{72}O_5N_4Mg$. Por lo general, hay aproximadamente tres veces más clorofila a en los tejidos de la planta que clorofila b. Desde nuestro punto de vista ambas son equivalentes y en lo que sigue se les denominará sencillamente como clorofila.

La molécula de clorofila posee una estructura anular grande y complicada, la que se asemeja en ciertos aspectos a la molécula de hemoglobina, la materia roja colorante de la sangre. Sin embargo, la molécula de clorofila tiene un átomo de magnesio en el centro en lugar del átomo de hierro presente en la hemoglobina. Tiene además una larga "cola" que contiene 20 átomos de carbono, derivada del alcohol fitol, $C_{20}H_{39}OH_2$, y esto la hace soluble en grasas.

La molécula de clorofila no es particularmente estable y tanto el átomo central de magnesio como la cadena lateral de fitilo son fácilmente removidos cuando las frutas o las hortalizas se cocinan o se procesan. El átomo de magnesio es desplazado por el calor en condiciones ácidas y se producen derivados de la clorofila de color oscuro. Esto es lo que ocurre cuando se cuece en exceso la col. Si se añade bicarbonato de sodio al agua en la que se cuecen las verduras, éste "conserva" el color verde al impedir o retrasar la pérdida de magnesio. Sin embargo, esta práctica no se recomienda ya que hace que se pierda vitamina C.

El desplazamiento del átomo central de magnesio de la molécula de clorofila hace que las hortalizas verdes en conserva pierdan su color natural. Esto puede ocurrir cuando se enlaten o durante el almacenamiento subsiguiente, y es causado probablemente por la liberación de ácidos orgánicos de los tejidos de la planta. No es posible impedir la pérdida de color añadiendo bicarbonato de sodio debido a que cuando se hace esto las hortalizas se saturan durante el procesamiento y el almacenamiento. Para compensar la pérdida del color natural, se añaden generalmente colorante artificiales a las hortalizas verdes enlatadas (véase la página 426).

La cadena lateral de fitilo puede separarse de la molécula de clorofila durante el blanqueado, la cocción o el procesamiento. El resto de la molécula, que conserva su color verde, es más soluble en agua y la pérdida de color puede ocurrir por la transferencia al agua circundante.

CAROTENOIDES   La mayor parte de los alimentos amarillos o anaranjados (y algunos rojos) deben su coloración a la presencia de *carotenoides*, que son las más extendidas de todas las materias colorantes de las plantas. Los carotenoides se encuentran en todas las plantas verdes junto con la clorofila: llevan a cabo una función indirecta en la fotosíntesis al absorber la luz solar de ciertas longitudes de onda y haciéndola así disponible a la clorofila.

Existen muchos carotenoides pero todos caen dentro de dos categorías, los *carotenos* que son hidrocarburos (esto es, contienen solamente carbono e hidrógeno) y las *xantofilas*, que contienen además oxígeno. Los carotenos se encuentran principalmente en las plantas de color anaranjado o rojizo y las xantofilas en las plantas de color amarillo.

Los carotenoides tienen grandes moléculas y son altamente insaturados y solubles en las grasas. Sus moléculas contienen numerosos enlaces dobles de carbono a carbono y son, por consiguiente, susceptibles a la oxidación. El β-caroteno, por ejemplo, tiene la fórmula molecular $C_{40}H_{56}$ y su molécula contiene 11 enlaces dobles entre carbono y carbono. Sin embargo, en los tejidos de las plantas se hallan en un ambiente protegido y sólo tienen lugar pequeñas pérdidas durante el almacenamiento o las operaciones normales del cocinado.

Los carotenos (pero no las xantofilas) se convierten en retinol (vitamina A; véase el capítulo 12) en el intestino delgado. De esta manera, resultan importantes para la nutrición, así como para hacer que los alimentos sean más visualmente atractivos.

ANTOCIANINAS   Las antocianinas pertenecen a una clase de compuestos conocidos como *flavonoides* e imparten colores rojos, púrpuras y azules a las frutas, las hortalizas y el vino. Existen seis antocianinas que difieren ligeramente en cuanto a estructura química pero todas poseen el mismo esqueleto básico. En los tejidos vegetales, están combinados con azúcares y el número de las diferentes combinaciones, y por tanto de los diferentes colores, es muy grande.

Las antocianinas son solubles en agua y se pierden con facilidad de los tejidos de las frutas y las hortalizas durante la cocción. Son sensibles a los cambios en la acidez, que los hacen cambiar de color. Los colores rojos predominan en las condiciones ácidas (es decir, a pH bajo) pero a un pH más elevado el color cambia a amarillo o azul. No obstante, en la mayor parte de las operaciones de cocción las antocianinas son muy estables y retienen su color debido a que el pH se mantiene bajo por la actividad de los ácidos vegetales. Cuando se enlata la fruta las condiciones se hacen más duras, y muchas frutas coloreadas se blanquean o decoloran. Con frecuencia se añaden colorantes artificiales a la fruta enlatada a fin de compensar la pérdida del color natural.

LECTURAS RECOMENDADAS

DUCKWORTH, R.B. (1966). *Fruit and Vegetables*. Pergamon Press, Oxford.

JOHNS, L. AND STEVENSON, V. (1979). *The Complete Book of Fruit*. Angus & Robertson, Londres.

LUH, B.S. AND WOODROOF, J.G. (1975). *Commercial Vegetable Processing*. Avi, EE.UU.

YAMAGUCHI, M. (1984). *World Vegetables-Principles, Production and Nutritive Values*. Ellis Horwood, Chichester.

CAPÍTULO 14

Métodos de cocción

Algunos alimentos es mejor comerlos recientemente cosechados, sin preparación o cocción adicionales. Algunas hortalizas, como lechuga, tomates y rábanos, y algunas frutas, como fresas, duraznos y melones, entran dentro de esta categoría. Su sabor y textura característicos se aprecian mucho mejor cuando se comen frescos y crudos; la cocción sólo deteriora dichas cualidades. No obstante, la mayor parte de los alimentos mejoran bastante con la cocción, misma que si se lleva a cabo en forma apropiada realza la apariencia, el sabor, la textura y la digestibilidad de los alimentos. Asimismo, la cocción promueve la seguridad y las cualidades de conservación de los alimentos al matar hongos, levaduras y bacterias que son patógenos o causan el deterioro. Es preciso distinguir, sin embargo, entre la cocción y el uso del tratamiento térmico para conservar los alimentos, un tema que se discutirá en el capítulo 16.

La preparación y cocción de los alimentos constituye tanto un arte como una ciencia. El arte culinario se ha desarrollado durante siglos y al refinar las técnicas de cocción y las recetas, los cocineros han adquirido inconscientemente las habilidades científicas necesarias de la cuidadosa experimentación y la precisa observación. Los conocimientos acumulados de esta manera han pasado de generación en generación y representan los resultados de numerosos experimentos. Hoy en día, aplicando principios científicos, podemos comprender los cambios que tienen lugar durante la cocción; de esta manera podemos mejorar los procesos de cocimiento tanto en términos de calidad como de valor nutritivo de los alimentos producidos.

La cocción se puede sencillamente definir como el tratamiento térmico de los alimentos con el fin de mejorar sabor, digestibilidad y seguridad. La cocción implica transferencia tanto de *calor* como de *masa*.

Los métodos tradicionales de cocción como la ebullición y el horneado son mejoras del método original en el que se utilizaban hogueras al aire libre. Los únicos métodos de cocimiento que no se derivan de la técnica de la hoguera son los métodos de cocción por microondas y por inducción electromagnética.

MÉTODOS POR TRANSFERENCIA DE CALOR   Los alimentos son conductores de calor relativamente poco eficientes, y en los métodos tradicionales de cocción el alimento es calentado en la superficie y el calor se transfiere luego al resto del alimento por conducción o por convección, o por ambas a la vez. En los métodos en los que se emplea una fuente de calor a una temperatura elevada, como asar en la parrilla o la tostadora, el calor se transfiere directamente por radiación a la superficie del alimento. Más generalmente, el calor es transferido de la fuente de calor a la superficie del alimento utilizando algún agente intermedio como agua, vapor, aire o aceite. La cocción por microondas difiere de los métodos tradicionales en que el calor es generado *dentro* del alimento. Aún así, el calor generado de esta manera es transferido luego a las regiones de más baja temperatura por medio de conducción y convección.

La *radiación* implica la emisión de calor en forma de ondas a partir de una fuente de alta temperatura. Dichas ondas, que son similares por su naturaleza a las ondas luminosas, atraviesan el aire en línea recta para llegar al alimento sin que medie ningún agente intermedio. La energía de la radiación es absorbida por la superficie del alimento, la que, por consiguiente, se calienta con rapidez. Por tanto, los métodos de cocción que utilizan el calor radiante, como cocer en la parrilla y con radiaciones infrarrojas, están expuestos a recocer la parte exterior del alimento y dejar el interior sin cocer. Cuando se desea obtener este resultado, como al cocinar bisteces, la cocción en la parrilla podría ser el método de elección.

En tanto que la radiación implica la transferencia *directa* de calor de la fuente de calor al alimento, la conducción y la convección son métodos *indirectos* de transferencia de calor. La convección es la transferencia de calor como resultado del movimiento de un fluido, como el aire o el agua, de una región de temperatura elevada a otra de temperatura más baja. Así, cuando el alimento se coloca en un horno caliente, el aire caliente del horno asciende y cuando alcanza la superficie del alimento algo de la energía cinética de las moléculas de aire es transferida a la superficie del alimento como energía calórica. El aire caliente que se eleva desplaza al aire más frío de la parte superior del horno obligándolo a bajar de manera que es recalentado por la fuente de calor. En un horno de este tipo existe por consiguiente una circulación de aire caliente, y la parte superior del horno se encuentra unos 50°C más caliente que la parte inferior. El calentamiento por convección en un horno depende del flujo de aire caliente sobre el alimento, y esto se mejora aumentando la rapidez del flujo mediante un ventilador. Este es el principio que se utiliza en los hornos de convección forzada y que permite obtener una temperatura uniforme en todo el horno.

La *conducción* del calor tiene lugar cuando un recipiente metálico se coloca sobre una fuente de calor. Los metales son buenos conductores del calor, lo que significa que transfieren la energía térmica rápida y eficientemente. En la ebullición, por ejemplo, el recipiente conduce el calor de la fuente calórica al agua contenida. El agua calentada circula, calentando la superficie del alimento sólido por convección. El calor se transfiere por conducción al interior del alimento.

Otro método de cocción implica la *inducción electromagnética*. El principio en que se basa este método es el de que algunos metales, en particular las aleaciones de aluminio, absorben corrientes eléctricas de ciertas frecuencias y generan a partir de ellas corrientes parásitas en el metal que producen un efecto de calentamiento. La ventaja de esta técnica estriba en el hecho de que el calor para la cocción se genera dentro del recipiente donde se efectúa la operación, eliminando así la transferencia de calor de la fuente al recipiente. Por tanto, esta técnica es a la vez más eficiente y más segura que los métodos tradicionales; en la actualidad es asimismo la más costosa.

La cantidad de transferencia de calor implicada en la cocción se considera en dos etapas:

1. la proporción a la que es absorbido el calor por la superficie del alimento;
2. la rapidez de la conducción del calor al centro del alimento.

El arte culinario consiste en controlar ambos parámetros a fin de producir el resultado deseado. Los factores que afectan al primer parámetro son la conducción si la fuente calórica está en contacto directo con el alimento, como en el caso de la parrilla, o la convección si el alimento se encuentra inmerso en un fluido como aire o agua, como en el horneado o la ebullición. Los factores que afectan al segundo parámetro son la temperatura de la superficie del alimento, el espesor de éste, la evaporación a partir de la superficie del mismo y la conductividad térmica.

TRANSFERENCIA DE MASA   Aparte de la transferencia de calor, la cocción incluye la transferencia de masa, principalmente la transferencia de agua a través del alimento conforme avanza la cocción. Durante la cocción, el agua se mueve del centro del alimento a la superficie donde se evapora. Los nutrientes solubles y los sabores se mueven también con el agua, y en los métodos de cocción con calor húmedo se pueden perder al pasar de la superficie del alimento al agua de cocción, un proceso conocido como *arrastre*. La grasa también se transfiere durante la cocción y se agrega a los alimentos, como cuando se fríen, o se pierde de éstos por goteo cuando se cuecen en la parrilla o en el horno.

EFECTOS GENERALES DE LA COCCIÓN La transferencia del calor y de la masa produce muchos de los cambios de color, sabor, volumen, textura y digestibilidad que tienen lugar durante la cocción. El arte de cocinar consiste en promover los cambios deseables al mismo tiempo que se reducen los indeseables. Por ejemplo, al hornear pasteles la cantidad de calor absorbido por la superficie del pastel determina el grado de tostado que se produce en parte por la caramelización del azúcar y en parte por el tostado no enzimático debido a la interacción del azúcar y la lisina. Si el calentamiento es muy bajo, el producto tendrá un aspecto crudo y blancuzco; si es demasiado elevado, el color puede ser muy oscuro (¡incluso negro!) y

Tabla 14.1 Resumen de las pérdidas de nutrientes durante la preparación y cocimiento de los alimentos

Alimentos	Procesos implicados	Pérdida causada por	Ejemplos de nutrientes perdidos
Animal			
Carne picada o molida, pescado	Congelación-descongelación	Goteo	Proteínas; vitaminas B, en especial niacina
Carne para asar	Cocción por microondas, a la parrilla, asar	Goteo	Grasa, vitaminas liposolubles
Todos	Freír o hervir a fuego lento	Disolución	Vitaminas hidrosolubles
Todos	Calentamiento largo o a alta temperatura como cuando se hornean o asan	Oxidación o desdoblamiento de nutrientes	Tiamina, aminoácidos esenciales y ácidos grasos
Vegetales			
Frutas, hortalizas	Magullamiento, largo almacenamiento	Deterioro	Vitamina C
Frutas, hortalizas	Cortado, picado	Daño a la estructura celular	Vitamina C
Todos	Cocción, lavado, remojado en agua	Disolución	Pérdida de vitaminas hidrosolubles (vitamina C, tiamina, ácido fólico, piridoxina)
Todos	Calentamiento prolongado o alta temperatura como cuando se hornean o asan	Oxidación o desdoblamiento de nutrientes	Vitamina C, riboflavina, ácidos grasos y aminoácidos esenciales
Todos	Eliminación del agua de cocción	Disolución	Pérdida de vitaminas hidrosolubles (vitamina C, tiamina, riboflavina, cinc)

habrá una considerable destrucción de la lisina debido al excesivo tostado no enzimático.

Además de los cambios mencionados, hay también cambios en el valor nutritivo durante la cocción. Algunos efectos específicos pueden ser benéficos; por ejemplo, la destrucción por el calor de la sustancia que inhibe la actividad enzimática de la tripsina en muchas legumbres crudas, como los cacahuates y la soya. Otros efectos específicos es probable que sean perjudiciales, como el tostado no enzimático antes mencionado. Algunos cocineros, al tratar de mejorar el color de las hortalizas verdes mediante la adición de bicarbonato de sodio, causan la destrucción de la vitamina C. En la tabla 14.1 se resumen los principales tipos de pérdidas de nutrientes que tienen lugar durante la preparación y cocción de los alimentos.

CAMBIOS QUE TIENEN LUGAR DESPUÉS DEL COCIMIENTO   En el hogar, los alimentos se consumen inmediatamente después de cocinarlos, pero es posible que esto no sea el caso de los proveedores de alimentos comerciales e industriales. Los estudios sobre suministro de alimentos en escuelas, hospitales y restaurantes en muchos países han demostrado que los alimentos cocinados se mantienen calientes durante 0 a 7.5 horas antes de consumirlos. Un estudio sobre el *Meals-on-Wheels Service* (Servicio de comedor a domicilio) realizado en Gran Bretaña demostró que la comida se mantenía caliente entre 50 minutos y 3.5 horas, y que la temperatura interna de la comida variaba de 38 a 47°C.

Siempre y cuando los alimentos se conserven a más de 65°C, los microorganismos no son capaces de crecer; por debajo de esta temperatura existe la posibilidad de crecimiento microbiano. Sin embargo, si se almacenan los alimentos a temperaturas seguras superiores a 65°C habrá una destrucción bastante rápida y los nutrientes sensibles al calor, en particular las vitaminas. El estudio realizado con el *Meals-on-Wheels Service* demostró que se perdía de 31 a 54 por ciento de vitamina C entre el final de la cocción y la primera comida que se servía. En general, la vitamina C es la vitamina que más rápidamente se destruye cuando se mantiene caliente la comida, la tiamina se destruye con menor rapidez y sólo se pierde pequeñas cantidades de riboflavina y niacina.

Métodos por calor húmedo

Los métodos de cocimiento por calor húmedo emplean temperaturas relativamente bajas y, por consiguiente, la destrucción de los nutrientes por el calor no es grande. Sin embargo, los tiempos de cocción a estas temperaturas tan bajas tienden a ser largos, y esto da por resultado una gran pérdida de los nutrientes hidrosolubles en el líquido utilizado. La vitamina C es el nutriente que se destruye con mayor facilidad en la cocción, y por tanto,

Tabla 14.2 Contenido de vitamina C de hortalizas crudas y hervidas

Hortaliza	Vitamina C (mg/100 g)		Porcentaje de pérdida de vitamina C
	Crudas	Hervidas	
Frijol ayocote	20	5	75
Col de Milán	60	15	75
Coles de Bruselas	90	40	56
Zanahorias	6	4	33
Chícharos frescos	25	15	40
Papas maduras	8 – 20	4 – 14	50 – 70

la pérdida de esta vitamina puede tomarse como el índice de lo enérgico del proceso de cocción. Si se pierde poca vitamina C, puede inferirse que el proceso de cocción es moderado y que habrá poca pérdida de otros nutrientes. En la tabla 14.2 se indican las pérdidas de vitamina C cuando se hierven las hortalizas, y las cifras indican que las pérdidas pueden ser cuantiosas.

Es necesario hacer hincapié en que las pérdidas de nutrientes en la cocción citadas en la bibliografía deben tomarse con reservas.

Las cifras citadas para un alimento en particular pueden mostrar una considerable variación, y esto se debe a que las pérdidas de nutrientes dependen en alto grado de la manera en la que se lleva a cabo la cocción y también del estado físico del alimento. Por ejemplo, la calidad del alimento fresco, el tratamiento que éste recibe antes de la cocción, el tiempo de ésta, la cantidad de líquido utilizado, el grado a que se excluye el aire y el tiempo que se mantiene caliente el alimento antes de consumirlo son factores que afectan al grado de pérdida de los nutrientes. Las cifras citadas sobre la pérdida de nutrientes durante la cocción deben por tanto considerarse junto con las condiciones del experimento. A menos que se proceda así, los datos que aparecen en la literatura parecerán ser contradictorios.

Cuando se utiliza la cocción por calor húmedo, son varias las maneras como se pueden perder los nutrientes. La más importante es la disolución en el agua de cocción de los nutrientes hidrosolubles, principalmente vitaminas y minerales. También se pierden nutrientes por la actividad del calor en presencia del aire. Por ejemplo, la vitamina C es muy sensible a esta pérdida por oxidación. La actividad de las enzimas oxidantes causa asimismo la pérdida de nutrientes, y otra vez se pierde fácilmente la vitamina C, al ser rápidamente destruida por dichas oxidasas en presencia del oxígeno del agua de cocción. Puesto que las enzimas son destruidas por el calor, la oxidasa del ácido ascórbico se destruye rápidamente a 100°C, la pérdida de nutrientes se reduce en gran parte si los alimentos, en particular las hortalizas, se agregan al agua hirviendo en vez de ponerlas en agua fría que luego se calienta.

EBULLICIÓN   La ebullición es un método corriente para cocinar por calor húmedo; utiliza el hecho de que debido a que el agua tiene un elevado calor específico constituye un eficiente depósito de calor, y por tanto es un medio conveniente para transferir el calor a los alimentos. Su amplia disponibilidad es otro factor importante. El agua presenta la desventaja como medio de transferencia de calor de que debido a que es un buen disolvente, los alimentos cocidos en ella pueden perder una considerable proporción de su materia soluble. Las hortalizas por ejemplo, se cocinan corrientemente por ebullición, y esto da por resultado una pérdida inevitable de algunos elementos minerales y vitaminas; la pérdida de éstas es la más importante desde el punto de vista nutricional.

Aunque cuando se hierven las hortalizas se pierde poco o nada de carotenos, se destruyen cantidades considerables de tiamina y ácido ascórbico ya que ambas vitaminas son solubles en agua y fácilmente destruidas por el calor. Por lo general, se pierde cerca de un tercio de la tiamina y dos tercios del ácido ascórbico, a pesar de que, como se discute más adelante, la cantidad que se pierde varía considerablemente con las cambiantes condiciones.

A pesar de que es inevitable alguna pérdida de nutrientes solubles en agua debido a la disolución durante la ebullición, el grado de esta pérdida está hasta cierto punto determinado por la cantidad de agua utilizada. La pérdida tanto de elementos minerales como de vitaminas, ambos hidrosolubles, aumenta conforme aumenta la cantidad de agua utilizada. Por ejemplo, en una serie de experimentos se encontró que la col, que perdía 60 por ciento de ácido ascórbico cuando se cocía con poca agua, perdía 70 por ciento cuando se cocía en un volumen mayor. Las pérdidas de tiamina, que son importantes cuando se hierven alimentos derivados de los cereales, siguen un patrón semejante y, por ejemplo, se encontró que el arroz que perdía alrededor de 30 por ciento de tiamina cuando se cocía en un pequeño volumen de agua, perdía 50 por ciento cuando se cocía en un volumen mayor.

El tiempo durante el cual se hierven los alimentos afecta también la pérdida de nutrientes. Por ejemplo, cuando el tiempo de cocción es prolongado ocurre una pérdida considerable de ácido ascórbico, como se aprecia en la tabla 14.3 que muestra la manera como la pérdida de ácido ascórbico

Tabla 14.3   Relación entre tiempo de cocción y retención de vitamina C

Tiempo de cocción (min)	Porcentaje de retención de vitamina C durante la ebullición			
	Coles de Bruselas	Col	Zanahorias	Papas
20	49	—	35	—
30	36	70 – 78	22	53 – 56
60	—	53 – 58	—	40 – 50
90	—	13	—	17

Tabla 14.4 Efecto del tamaño en el porcentaje de pérdidas de nutrientes en las hortalizas hervidas

Nutrientes	Trozos grandes	Trozos pequeños
Vitamina C	22 – 23	32 – 50
Sales minerales	8 – 16	17 – 30
Proteínas	2 – 8	14 – 22
Azúcares	10 – 21	19 – 35

aumenta con el tiempo de cocción en el caso de varias hortalizas. Otro factor que afecta la pérdida de nutrientes es el tratamiento que el alimento recibe antes de ser hervido. Por ejemplo, cuanto mayor sea el área superficial del alimento, mayor será la pérdida de los nutrientes hidrosolubles en el agua de cocción. La trituración, el rebanado, el picado y el deshebrado de los alimentos no sólo aumentan el área superficial sino que también liberan enzimas que causan pérdidas adicionales. En un estudio, más de una tercera parte de la vitamina C se destruyó durante el desmenuzado y el lavado iniciales de la col de primavera antes de la cocción.

La tabla 14.4 indica el efecto que el tamaño de los alimentos tiene sobre la pérdida de nutrientes que tiene lugar durante la ebullición de hortalizas, como zanahorias, nabos de Suecia y coles de Bruselas. Si se pelan las hortalizas antes de cocerlas, aumenta asimismo la pérdida de nutrientes, y se ha encontrado que mientras las papas enteras sin pelar pierden alrededor de una tercera parte del ácido ascórbico cuando hierven, las papas peladas pierden un diez por ciento adicional.

COCIMIENTO AL VAPOR Y A PRESIÓN   El cocimiento al vapor implica utilizar el vapor producido por el agua hirviendo. A causa de que el contacto entre el alimento y el agua es menor que en el caso de la ebullición, la pérdida de material soluble es más pequeña pero, como se requiere un tiempo más largo de cocción, aumenta la cantidad de ácido ascórbico descompuesto por el calor.

La rapidez de la cocción en el método de cocimiento al vapor puede incrementarse por el uso de vapor a presión; este es el principio en que se basa la olla de presión. Como el aumento de presión eleva la temperatura a la que hierve el agua, la temperatura de cocción es mayor de 100°C; por ejemplo, cuando se utiliza una olla de presión a su máxima presión de trabajo de 1.05 kg/cm^2, la temperatura de ebullición es de 120°C. Se ha determinado que la cantidad de ácido ascórbico que se pierde debido a la mayor temperatura está más que compensada por la cantidad que se conserva debido al tiempo más corto de cocción, aunque la diferencia es pequeña. Los tiempos de cocción relativamente cortos relacionados con el uso de olla de presión los ilustra el hecho de que al utilizar la presión más alta de las papas se cuecen en alrededor de cinco minutos y un guisado de carne de res en 20 minutos.

COCIMIENTO A FUEGO LENTO   Este procedimiento implica la cocción de los alimentos en agua caliente, que se mantiene caliente por debajo de la temperatura de ebullición. Los cambios en el cocimiento a fuego lento son similares en carácter a los que ocurren durante la ebullición, aunque ocurren más lentamente. La cocción a fuego lento, como un método lento de cocción, origina una pérdida considerable de materia soluble. Por ejemplo, al cocer el pescado de este modo se puede perder una tercera parte de las sales minerales y extractivos, así como también vitaminas solubles en agua. Por consiguiente, el pescado cocido a fuego lento carece de sabor y tiene menos valor nutritivo que el pescado crudo. No obstante, si se utiliza el líquido en el que se ha cocido el pescado para hacer una salsa o una sopa, entonces el paso de los nutrientes al agua de cocción no significa pérdida alguna del valor nutritivo y el caldo retiene el sabor perdido por el alimento.

Una de las ventajas de cocer a fuego lento estriba en que, debido a la baja temperatura empleada, las proteínas sólo se coagulan ligeramente y se hallan, por tanto, en su forma más digerible. Otra ventaja es que este método ejerce un efecto suavizante sobre las proteínas del alimento, tal como la colágena dura e insoluble se convierte en una gelatina soluble por el contacto prolongado con el agua caliente. La cocción a fuego lento es, por consiguiente, un método particularmente adecuado para cocinar la carne dura.

Muchas frutas, como las fresas y los melones, es mejor comerlas crudas pero otras, como el ruibarbo y la ciruela damascena, mejoran indudablemente con el cocimiento. Las frutas se pueden cocer a fuego lento en agua a la que se le ha añadido azúcar. Las frutas secas se remojan antes de cocerlas para permitir la máxima absorción de agua por ósmosis, y se añade menos azúcar al agua de cocción puesto que, durante el remojado, el azúcar se difunde fuera de la fruta. Durante la cocción a fuego lento, se ablanda la celulosa, se coagulan ligeramente las proteínas y el material

Tabla 14.5 Contenido de vitamina C de la fruta cruda y hervida a fuego lento

| Fruta | Vitamina C (mg/100 g) | | Porcentaje de pérdida de vitamina C |
	Cruda	Cocida con azúcar	
Manzanas	15	11	127
Zarzamoras	20	14	30
Ciruela damascena	3	2	33
Duraznos	8	trazas	100
Peras	3	2	33
Ciruelas	3	2	33
Ruibarbo	10	7	30

soluble se pierde en el líquido de la cocción. Al mismo tiempo, cuando la cocción a fuego lento se efectúa en un jarabe, el azúcar es absorbido por la fruta. Debido a la baja temperatura utilizada y la presencia de los ácidos de las frutas, los cuales mantienen al pH por debajo de siete, la destrucción de la tiamina (la que está presente sólo en pequeñas cantidades) y el ácido ascórbico es pequeña, aunque, debido a su solubilidad, se difunden gradualmente en el líquido circundante. En la tabla 14.5 se aprecia la pérdida de vitamina C que tiene lugar durante la cocción a fuego lento de la fruta.

Métodos por calor seco

Los métodos de cocción por calor seco están caracterizados por el uso de temperaturas más elevadas que las de los métodos de calor húmedo, y por el uso del aire como medio para llevar el calor de la fuente calorífica a la superficie del alimento. Cuando se colocan alimentos en un horno caliente, aproximadamente 80 por ciento del calor que llega a la superficie de éstos es llevado por convección y cerca del 20 por ciento por radiación. El calor es llevado de la superficie del alimento al interior del mismo por conducción; éste es un proceso relativamente lento debido a la deficiente conductividad térmica del alimento.

La cantidad de transferencia de calor en la cocción por calor seco se ilustra cuando se asa un gran trozo de carne. Si la carne se va a cocer de manera que quede "medio cocida", el centro de la carne debe alcanzar una temperatura de aproximadamente 63°C, en tanto que si ha de quedar

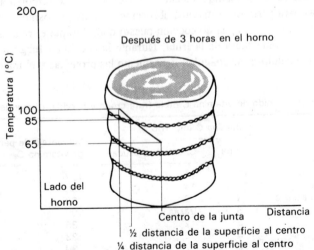

Figura 14.1 Graduante de temperatura en la que se debe cocinar una carne en el horno.

"bien cocida" la temperatura debe ser del orden entre 80 y 88°C. Si se coloca un trozo de carne que pese 4 kg en un horno caliente, el calor es conducido de la superficie al centro de la carne. En la figura 14.1 se representa el gradiente de temperatura a través de la carga después de tres horas de cocción. En esta figura se ilustra el hecho de que el calor es conducido lentamente a través de la carne y que después de tres horas de cocción ésta se encuentra "poco asada o casi cruda". Si se saca la carne del horno después de tres horas, el calor sigue siendo transferido de la superficie exterior caliente hacia el interior más frío de manera que la cocción continúa durante algún tiempo después de que la carne se ha sacado del horno.

Las temperaturas más elevadas que se utilizan en la cocción por calor seco comparadas con la cocción por calor húmedo indican que la pérdida de nutrientes sensibles al calor es correspondientemente mayor. Aparte de las sales minerales, que son estables al calor, todos los nutrientes son afectados hasta cierto punto por el calor seco. Las grasas son estables al calor moderado y, a pesar de que se oscurecen, hay poca descomposición a menos que se calienten a temperaturas elevadas, que es cuando empiezan a descomponerse con la formación de *acroleína*, compuesto de olor acre desagradable (véase freidura). Los carbohidratos son afectados por el calor seco: el almidón se convierte en pirodextrinas que son de color oscuro y le dan su color característico a las tostadas y a la corteza del pan; la sacarosa se convierte en un caramelo de color oscuro en una compleja reacción de varias etapas que incluye una descomposición inicial en monosacáridos y una polimeración final en sustancias coloreadas.

La cocción por calor seco destruye aquellas vitaminas que son inestables al calor, notablemente el ácido ascórbico que, como ya se ha hecho notar, es destruido a temperaturas bastante bajas.

La tabla 14.6 indica el porcentaje promedio de pérdida de las vitaminas del grupo B que tiene lugar cuando la carne y el pescado se cuecen por medio de calor seco. Resulta evidente de esta tabla que se destruye 20 por ciento de dichas vitaminas.

Las proteínas, como ya se vio en el capítulo 8, son exactamente sensibles al calor pero el valor nutritivo no resulta significativamente afectado

Tabla 14.6 Porcentaje de pérdida de las vitaminas B cuando la carne y el pescado se cuecen con calor seco

| Vitamina | Carne | | Pescado | |
	Asada y cocida a la parrilla		Horneado	Asado a la parrilla
Tiamina	20		30	20
Riboflavina	20		20	20
Niacina	20		20	20
Piridoxina	20		10	20
Ácido pantoténico	20		20	20

a menos que se les caliente a una temperatura bastante elevada, como sucede cuando se asa la carne. La pérdida del valor nutritivo depende no sólo de la temperatura de cocción sino también del tiempo de cocimiento y la presencia de otros nutrientes, en particular, carbohidratos.

Los aminoácidos sólo se destruyen a temperaturas elevadas como las que se emplean al asar, y aun entonces la pérdida de proteínas es pequeña y está confinada a la superficie de los alimentos. Una pérdida mucho mayor del valor nutritivo resulta de un cambio en la estructura de la proteína que afecta los enlaces entre los aminoácidos de manera tal que se hacen resistentes a la hidrólisis enzimática. Los aminoácidos afectados de esta manera (de modo notable el ácido aspártico, el ácido glutámico y la lisina) no pueden ser liberados durante la digestión y, por tanto, no son aprovechados por el cuerpo.

TOSTADO NO ENZIMÁTICO Como ya se mencionó, cuando proteínas y carbohidratos se encuentran juntos en el mismo alimento puede ocurrir una pérdida adicional del valor nutritivo debido al *tostado no enzimático* (llamado también reacción de Maillard). Esta reacción tiene lugar entre los grupos amino que se proyectan de una cadena proteínica, un péptido, o un aminoácido y el grupo carbonilo de una sustancia reductasa como la glucosa. Los detalles de la reacción no se conocen en su totalidad pero ésta incluye varias etapas, la primera de las cuales es una reacción de adición entre los grupos amino y carbonilo, y la última es una polimerización para formar una sustancia de color oscuro. Varios aminoácidos experimentan esta reacción, de manera notable la lisina y la metionina. La reacción origina la formación de sustancias que no son hidrolizadas por las enzimas, y las proteínas afectadas de este modo no son aprovechadas por el cuerpo.

El tostado no enzimático ocurre particularmente a temperaturas elevadas y a valores del pH de siete y mayores; también es necesaria una cierta cantidad de humedad. La reducción en el valor nutritivo de la proteína debido al tostado no enzimático se ha estudiado intensamente en términos de la pérdida de lisina durante la cocción. Por ejemplo, se ha hallado que el pan pierde de 10 a 12 por ciento durante el proceso de tostado. Asimismo, se pierde algo de lisina cuando se asa la carne, aunque en la cocina casera se ha determinado que es pequeña.

Además de causar algunas pérdidas en el valor nutritivo de las proteínas durante la cocción por calor seco, el tostado no enzimático es también causa de la producción de algunos cambios convenientes en el sabor, color y aroma de los alimentos cuando éstos se asan, hornean y tuestan. Por ejemplo, mejora la calidad del pan en el horneado y el tostado, y de las nueces y los granos de café durante el tostado. De la misma manera, es causa parcial del sabor de productos tan variados como el extracto de carne, los bizcochos y los cereales para el desayuno.

Freidura o freimiento

La freidura constituye un método conveniente de cocimiento en aquellos casos en los que se desea una alta temperatura y una cocción rápida. La grasa es el medio que se utiliza para que proporcione la elevada temperatura necesaria. Se ha escogido debido a su elevada temperatura de ebullición y a que se puede calentar casi hasta su punto de ebullición sin que se descomponga mucho. Hay dos métodos de freír, siendo el más importante la *freidura por inmersión*.

La freidura por inmersión, como su nombre lo indica, se efectúa en una sartén honda; el alimento se introduce en la grasa cuando ésta está muy caliente, normalmente entre 175°C y 200°C. Tan pronto como el alimento se pone en contacto con la grasa caliente hay un violento burbujeo conforme se vaporiza el agua de la superficie del alimento. Cuando las papas en hojuelas se sumergen en el aceite a 190°C, el vapor producido forma una capa alrededor de las papas en forma de "capa estacionaria" que reduce en gran parte la cantidad de transferencia de calor del aceite a la superficie de la papa. No obstante, una vez que el calor ha pasado a través de esta barrera es conducido rápidamente de la superficie del alimento al interior, debido a la elevada temperatura del aceite. La cocción se efectúa tan rápidamente que la pérdida de sales minerales y sustancias nitrogenadas se reduce al mínimo. La cocción se completa cuando el exterior del alimento está tostado y por lo general requiere un color café dorado.

El segundo método para freír es el llamado *freidura con poca grasa*, el cual se lleva a cabo en un recipiente poco profundo, cuyo fondo está cubierto de grasa. La principal función de la grasa es impedir que el alimento se adhiera a la sartén, la cocción se efectúa principalmente por calor conducido directo. En este método de cocción el calor se aplica solamente a una superficie del alimento cada vez, de manera que pueda obtenerse una cocción desigual a menos que se voltee el alimento con regularidad.

Las grasas que se utilizan para freír deben ser puras debido a que las impurezas es probable que se descompongan a las altas temperaturas empleadas, produciendo sabores y olores desagradables. Los aceites vegetales, siempre que hayan sido cuidadosamente refinados, pueden ser utilizados para freír, y a menudo, dichos aceites se calientan a temperaturas más elevadas que las de las grasas más convencionales sin que se descompongan.

Cuando se utilice grasa o aceite para la freidura por inmersión, se debe verificar la temperatura de la grasa utilizando un termómetro y no se debe permitir que exceda del valor recomendado. Lo anterior se hace porque si la temperatura es muy alta podría alcanzarse *punto de humo* de la grasa, a cuya temperatura aparece un humo azul que indica una incipiente descomposición. Si la temperatura aumenta por arriba del punto de humo la descomposición aumenta rápidamente. El punto de humo de grasas y aceites se encuentra en el intervalo de 135 a 245°C; en este intervalo el aceite de coco se encuentra en el extremo inferior y el aceite puro de cacahuate en el extremo superior.

CAUSAS DEL DETERIORO DE LA GRASA DURANTE LA FREIDURA

1. *Una temperatura demasiado alta* Si la temperatura de la freidura es alta, el vapor generado durante la operación causa una hidrólisis parcial de la grasa y se forma glicerol y ácidos grasos libres; estos últimos pueden sufrir deshidratación con la formación de acroleína. Este compuesto es un aldehído simple insaturado de olor acre desagradable. Es probable que esté presente en pequeñas cantidades en el humo de la grasa:

$$CH_2OHCHOHCH_2OH \rightarrow CH_2=CHCHO + 2H_2O$$

   Glicerol   Acroleína

2. *Acceso del aire* A altas temperaturas el oxígeno del aire causa una rápida oxidación, y el consiguiente deterioro de los aceites utilizados para cocinar. Dicho deterioro es acelerado por la luz. No obstante, siempre que las sartenes tengan tapas, el aceite caliente es cubierto por una capa de vapor liberado del alimento que se está friendo y ésta impide el acceso del oxígeno a la superficie del aceite.

3. *Contaminación causada por residuos de los alimentos* Cuando se cuecen los alimentos por medio de freidura profunda, se desprenden partículas de alimentos que deben eliminarse del aceite antes de volver a utilizarlo para freír. Si dichos residuos de alimentos no se eliminan, el repetido recalentamiento hará que se carbonicen y causen el deterioro y oscurecimiento del aceite.

4. *Pérdida de los antioxidantes naturales* Los aceites y las grasas naturales contienen antioxidantes que ayudan a evitar los cambios por oxidación que causan la rancidez. Cuando se fríen los alimentos, se reduce la concentración de los antioxidantes y, en el caso de la freidura continua, el retiro constante de los alimentos reduce la cantidad de aceite en la sartén, lo que reduce aún más la cantidad de antioxidantes presente. La pérdida de antioxidante se reduce manteniendo un nivel constante de aceite conforme se efectúa la freidura y utilizando con regularidad aceite nuevo.

5. *Efecto de las cantidades infinitesimales de cobre* Las cantidades extremadamente pequeñas ("trazas") de cobre a niveles de 0.1 ppm causan la rancidez del aceite para cocinar. Por consiguiente, es importante utilizar sartenes fabricadas de acero inoxidable, que no contiene cobre.

Resulta evidente de lo anterior que el uso repetido del aceite origina el deterioro, y por tanto, el aceite utilizado para freír se debe cambiar con frecuencia.

Otros factores que deben tomarse en cuenta en la selección de la grasa para freír son las características de sabor y salpicaduras. Las salpicaduras se deben a la presencia de agua en la grasa; el agua se vaporiza al calentarse y hace que la grasa burbujee y forme espuma. Cuando se rompen las burbujas, se dice que la grasa "brinca o salpica", las grasas puras para cocinar no contienen agua y así fríen de modo más suave que la mantequilla y la margarina. Por lo general, se intenta reducir las salpicaduras de la margarina mediante la adición de lecitina, que también mejora la emulsificación.

CAMBIOS NUTRICIONALES   Cuando se fríen los alimentos en aceite, una parte de la grasa utilizada como agente de transferencia del calor pasa a formar parte del proceso cocido, y esto afecta obviamente el valor nutritivo. Por ejemplo, en tanto que el contenido de grasa de las papas crudas es insignificante (0.2 g de grasa/100 g de papas), el contenido de grasa de las papas cuando se fríen en forma de hojuelas aumenta entre 7 y 15 g de grasa/100 g de papas dependiendo del método utilizado para freír. Tal aumento en el contenido de grasa tiene evidentemente una considerable importancia nutricional, de modo especial en vista del peso de la opinión que recomienda reducir la ingestión de grasa como una meta importante para la salud. Los experimentos realizados con el fin de descubrir de qué manera el aumento del contenido de grasa de los alimentos varía con la manera como se realiza la freidura han demostrado que dicho aumento se disminuye utilizando una combinación de vaporización, inmersión en aceite caliente y horneado en vez del método tradicional de freidura profunda.

Cuando se añaden los alimentos al aceite muy caliente hay una rápida evaporación del agua y los jugos naturales desde la superficie de los alimentos que origina la rápida deshidratación de la misma. Esto produce la textura crujiente y el atractivo sabor asociados con los alimentos fritos. Las pérdidas de nutrientes que ocurren durante el proceso de freír no han sido investigados extensamente pero, en general, parecen ser similares a las pérdidas que tienen lugar cuando los alimentos se asan. Las hortalizas experimentan una mayor pérdida de vitaminas cuando se fríen que cuando se hierven. La pérdida de ácido ascórbico en las papas fritas se ha investigado pero los resultados muestran una considerable variación de acuerdo con las condiciones de la cocción. Se encontró que la retención del ácido ascórbico era mayor cuando las papas se cocían rápidamente inmersas en grasa y menor cuando se cocían lentamente en una sartén con poca grasa. Cuando se fríe la carne se pierde algo de vitamina B, y los resultados son similares a los que se dan para los alimentos asados en la tabla 14.7.

Cocción con microondas

En los métodos de cocción hasta ahora considerados el calor se aplica al alimento de una fuente exterior de calor. En la cocción por microondas el calor es generado dentro de los alimentos, y la notable reducción del tiempo de cocción que se obtiene constituye una de las principales ventajas de este método de cocción.

El componente esencial de un horno de microondas es un magnetrón que convierte la energía eléctrica en energía de microondas. El magnetrón recibe energía eléctrica a un voltaje muy alto y la convierte en microondas de una frecuencia extremadamente alta (2450 MHz). Dichas microondas se hallan en la misma categoría que las ondas visibles, infrarrojas y de radio, todas las cuales son formas no ionizables de radiación (a diferencia de los rayos X). Las microondas se desplazan en línea recta y son reflejadas por los metales. Las microondas pasan al horno, se distribuyen uniformemente con la ayuda de un agitador, y son reflejadas por las paredes, la base y el techo metálicos del horno hacia los alimentos que se van a cocer. Las microondas penetran en el alimento hasta una profundidad de aproximadamente 4 cm, y las moléculas del alimento que absorben las microondas de alta frecuencia empiezan a oscilar a la misma frecuencia que las microondas, es decir, ¡2450 millones de ciclos por segundo! Esta rápida oscilación de las moléculas de los alimentos genera fricción entre las mismas produciendo calor.

El grado al que son absorbidas las microondas por las sustancias depende de la constante dieléctrica del material. Los materiales con una constante dieléctrica alta absorben microondas en mayor cantidad que aquéllos con constantes dieléctricas bajas. El agua posee una constante dieléctrica particularmente alta comparada con los materiales sólidos, y de este modo en la cocción por microondas es el agua de los alimentos la que absorbe principalmente la radiación de microondas. De aquí que los alimentos con un elevado contenido de agua se cuezan más rápidamente que aquéllos que contienen menos agua.

Las grasas tienen una constante dieléctrica más baja que la del agua y por consiguiente las partes grasosas de los alimentos se calientan mucho más lentamente que las que tienen un alto contenido de agua. De lo anterior resulta que los alimentos que contienen una mezcla de tejidos acuosos y gaseosos, como el tocino, se cuecen de modo desigual en un horno de microondas. Mientras más homogéneo sea un alimento, se cocerá con mayor uniformidad en un horno de microondas.

Algunos materiales, como el vidrio, el plástico, la porcelana y el barro tienen constantes dieléctricas muy bajas y absorben muy poca radiación de microondas. Por consiguiente, se calientan sólo muy poco con las microondas y resultan recipientes adecuados para los alimentos que se cuecen de esta manera. No se deben utilizar recipientes metálicos ya que éstos reflejan las microondas.

Las microondas penetran en los alimentos hasta una profundidad de 3 a 5 cm dependiendo de la composición del alimento. Así, cuando se exponen pequeños trozos de alimento a las microondas la radiación penetra completamente y se genera calor en todo el alimento dando por resultado una rápida cocción. Los trozos de alimento de mayor tamaño se cuecen más lentamente debido a que aquellas partes del alimento que no son penetradas por las microondas se calientan por conducción a partir de las capas exteriores que han sido penetradas por la radiación. De modo similar, los alimentos que tengan una distribución irregular del agua no se calientan de modo uniforme ya que el agua se calienta rápidamente por las microondas y las regiones circundantes son luego calentadas de modo más lento por conducción.

Los alimentos cocidos por calentamiento con microondas difieren en algunos aspectos de los alimentos cocinados por otros métodos. Por ejemplo, el tiempo de cocción requerido cuando se utilizan microondas es tan corto que los lentos cambios químicos, que son importantes en los métodos lentos de cocción, no tienen tiempo de ocurrir. Así, los alimentos cocidos por microondas no se doran ni adquieren una textura crujiente, pero retienen las sustancias más volátiles; por consiguiente, los alimentos tienen un sabor diferente del usual y esto puede disminuir su aceptabilidad.

El hecho de que un sencillo horno de microondas sea incapaz de tostar y dar una textura crujiente a los alimentos, ha llevado a la manufactura de hornos combinados en los que el calentamiento por microondas es complementado por el calentamiento por convección o con lámparas de halógeno. Algunos hornos combinados también vienen con una parrilla. La utilización de dichos hornos produce alimentos cocidos con características similares a las obtenidas en los hornos convencionales.

Resulta difícil asegurar una distribución uniforme de las microondas dentro de un horno de microondas y esto da por resultado la formación de "puntos calientes" en el alimento. Con el fin de evitar esta dificultad los alimentos se cuecen sobre un plato giratorio. Otra manera consiste en utilizar un ventilador situado en el techo del horno que desvía las microondas de las paredes metálicas del horno.

El mérito particular de la cocción por microondas estriba en el corto tiempo de cocción requerido. Por ejemplo, un filete de pescado se cocina en sólo 30 segundos, una chuleta en un minuto, un pollo en dos minutos y una papa asada en cuatro minutos. La rapidez con que las microondas calientan los alimentos los hace muy útiles como un medio para recalentar rápidamente los alimentos precocidos; un proceso que lleva solamente unos pocos segundos. En restaurantes y hospitales los alimentos cocidos tienen a menudo que mantenerse calientes durante largos períodos antes de ser consumidos, con la consiguiente pérdida de sabor y de valor nutritivo. En estas circunstancias, el uso de microondas permite recalentar rápidamente los alimentos ya cocidos poco antes de consumirlos, eliminando así la ne-

La actividad de un polvo de hornear se ilustra muy sencillamente por medio de la reacción de una solución de ácido clorhídrico con bicarbonato de sodio. Al mezclarlos, se desprende bióxido de carbono en frío sin que quede ningún residuo de gusto desagradable:

$$NaHCO_3 + HCl \rightarrow NaCl + H_2O + CO_2$$

Esta mezcla no se utiliza en la práctica, puesto que la reacción es tan rápida que se perdería una gran cantidad de gas antes de iniciar el horneado. Asimismo, resulta inconveniente utilizar un ácido de solución, y se tendría que controlar muy cuidadosamente la cantidad necesaria de ácido a fin de que no quedara nada de ácido libre en el producto después del horneado.

Si se sustituye el ácido clorhídrico por ácido tartárico la formación de gas, que tiene lugar cuando se añade el agua al polvo de hornear, es bastante más lenta. Al reaccionar con el bicarbonato de sodio, el ácido tartárico se convierte en tartrato de sodio, una sal inofensiva. En los modernos polvos de hornear el ácido es sustituido por la sal ácida, tartrato ácido de sodio, más conocida como crémor tártaro. Esta sal es menos soluble en agua fría que el ácido, de manera que cuando el polvo de hornear se mezcla con el agua hay muy poca reacción; sin embargo, cuando se calienta la mezcla se produce una copiosa corriente de gas.

$$\begin{array}{c} \text{CHOHCOOH} \\ | \\ \text{CHOHCOOK} \end{array} + NaHCO_3 \xrightarrow{\text{Calor}} \begin{array}{c} \text{CHOHCOONa} \\ | \\ \text{CHOHCOOK} \end{array} + CO_2 + H_2O$$

Crémor tártaro   Tartrato de sodio potasio

Un polvo de hornear que contenga crémor tártaro se conserva mejor que uno que contenga ácido tartárico, porque la exposición a la humedad le afecta menos al primero. Además, es más conveniente de utilizar puesto que el bióxido de carbono no se libera en grandes cantidades hasta que la masa no llegue al horno. Puesto que tanto el ácido como la sal cuestan aproximadamente lo mismo, se prefiere normalmente el crémor tártaro.

Asimismo, es posible utilizar varias otras sales ácidas en lugar del crémor tártaro. El *fosfato ácido de calcio*, $CaH_4(PO_4)_2$, tiene la virtud de ser barato pero, como el ácido tartárico, reacciona lentamente con el bicarbonato de sodio en frío cuando la humedad está presente; de aquí que los polvos de hornear que lo contienen tengan características de conservación deficiente. El *pirofosfato diácido disódico*, $Na_2H_2P_2O_7$, conocido generalmente como pirofosfato ácido de sodio, se prefiere debido a sus cualidades superiores de conservación. Este compuesto es la sal ácida del ácido pirofosfórico, $H_4P_2O_7$. Algunas veces se utilizan las dos sales juntas. De la misma manera, el *sulfato de sodio y aluminio* puede ser usado para sustituir al crémor tártaro.

La *glucon-delta-lactona* se utiliza también como el componente ácido del polvo de hornear, en particular para elaborar el pan químicamente leudado. Este compuesto se hidroliza lentamente en agua o en la masa para pan a la temperatura ambiente, produciendo *ácido glucónico*; la rapidez de la hidrólisis, y por tanto la cantidad de bióxido de carbono que se produce aumenta notablemente a las temperaturas altas.

La efectividad de un componente ácido del polvo de hornear se mide en términos de su "índice de neutralización" o "fuerza", y se define como las partes de bicarbonato de sodio neutralizadas por 100 partes del componente ácido. Sobre esta base, la fuerza de las sustancias ácidas utilizadas es como sigue: fosfato ácido de calcio, 80; pirofosfato ácido de sodio, 74; crémor tártaro, 45; y glucono-delta-lactona, 45.

En vez de añadir a la harina una cantidad calculada de polvo de hornear es a veces más conveniente utilizar una harina autoesponjable. Ésta es una harina a la que se le añaden bicarbonato de sodio y una sustancia ácida en proporciones tales que al reaccionar se produce la correcta cantidad de bióxido de carbono para airear la harina. Una de las ventajas de este tipo de harina es que debido a que están presentes el polvo de hornear y la harina en las proporciones correctas, no hay peligro de demasiada o muy poca aeración, y se evitan sabores desagradables.

Las sustancias ácidas añadidas a este tipo de harina son las mismas que se utilizan en los polvos de hornear. Tanto el fosfato ácido de calcio como el pirofosfato de sodio se utilizan en gran escala, ya sea separados o juntos. La gran cantidad de harina absorbe la humedad y así se evita el deterioro del fosfato ácido de calcio.

El uso del polvo de hornear o de la harina autoesponjable causan algo de pérdidas del valor nutritivo, notablemente de la tiamina, durante el horneado. La tiamina es estable a valores bajos del pH pero a valores del pH de seis o más es destruida rápidamente por el calor. Los productos horneados que implican la utilización de harina autoesponjable o del polvo de hornear tienen por lo general un pH de alrededor de 6.8 a 7.3, y a este pH la tiamina es destruida rápidamente durante el horneado. Las pérdidas de tiamina son muy altas en dichos productos horneados, y durante el horneado de pasteles, por ejemplo, puede resultar destruida toda la tiamina.

LECTURAS RECOMENDADAS

GRISWOLD, R.M. *et al.* (1980). *The Experimental Study of Foods*, 2nd. edition. Constable & Co., Londres.

MCGEE, H. (1986). *On Food and Cooking*. Allen & Unwin, Londres (Un interesante y poco convencional libro sobre las características físicas y químicas de la cocción).

WEBB, L. (1977). *Microwave, the Cooking Revolution*. Forbes Publications. (Un análisis elemental pero práctico y ameno).

se suministran cantidades decrecientes del nutriente hasta que una disminución adicional en la ingestión no hace que se reduzca la excreción. Esto indica que se ha administrado el requerimiento mínimo y que, para este nutriente, el cuerpo está en equilibrio. En el caso de aquellos nutrientes que no son excretados, se debe utilizar otras técnicas, algunas de las cuales son complejas y requieren mucho tiempo. En el caso particular de ciertos nutrientes no ha sido posible encontrar métodos experimentales para determinar el requerimiento mínimo, y así los valores se determinan indirectamente observando la ingestión real en las poblaciones saludables. Tales métodos indirectos se han utilizado para la vitamina D, el calcio y los nutrientes, como la vitamina A y la B_{12}, de los cuales se tienen grandes reservas en el cuerpo.

Hay algunos nutrientes en cuyo caso no se ha determinado un requerimiento mínimo debido al hecho de que están tan ampliamente distribuidos en los alimentos que resulta difícil obtener una dieta que contenga menos del requerimiento mínimo. Los minerales sodio y magnesio, muchos oligoelementos y las vitaminas E y K entran dentro de esta categoría.

CANTIDADES RECOMENDADAS El requerimiento mínimo de un nutriente varía de acuerdo con la edad, la estatura y el nivel de actividad de una persona. Además, es posible que no siempre sea cierto que la cantidad mínima sea asimismo la cantidad óptima; puede ocurrir, por ejemplo, que una mayor ingestión de un nutriente que el mínimo sea ventajosa para combatir a una enfermedad. Asimismo, la dificultad de determinar el requerimiento mínimo indica que los valores obtenidos no son muy precisos. Es por todas estas razones que los organismos nacionales e internacionales utilizan cantidades recomendadas de nutrientes en vez de requerimientos mínimos al formular las necesidades dietéticas.

La cantidad recomendada de un nutriente es la cantidad del nutriente que se debe suministrar per cápita en un grupo de personas si se quiere satisfacer las necesidades de prácticamente todos los miembros del grupo. La cantidad recomendada no se refiere a un solo individuo sino que representa una cantidad *promedio* que resultará adecuada para la mayor parte de la gente. Se calcula por lo general sumando a la cifra del requerimiento mínimo un 20 por ciento extra, y debe por tanto satisfacer las necesidades de la gran mayoría de la gente.

La cantidad recomendada en el caso de la energía difiere de la de los nutrientes en que es la misma que el requerimiento mínimo promedio. Esto se debe a que no es aconsejable que las personas reciban más de sus requerimientos de energía, ya que esto origina la obesidad.

En el Reino Unido las cantidades diarias recomendadas de energía y nutrientes son las formuladas en 1979 por el Department of Health and Social Security (Departamento de Salubridad y Seguridad Social) y reproducidas en el apéndice I en la página 446. Las cantidades recomendadas de nutrientes dadas en el apéndice I son para personas saludables, no toman en cuenta las necesidades adicionales que origina cualquier tipo de enfermedad. Por otra parte, la cantidad recomendada de cualquier nutriente en particular se basa en la suposición de que están satisfechas las necesidades de energía y de todos los demás nutrientes. Cuando se utilicen las cantidades recomendadas de nutrientes para planear dietas nutricionalmente adecuadas, o para interpretar los resultados de las investigaciones relacionadas con la dieta, se debe tomar en cuenta el desperdicio de cualquier índole ya que las recomendaciones se refieren a alimento que en realidad se consume. Es asimismo importante apreciar que, debido al hecho de que todos los nutrientes se pueden almacenar en el cuerpo cuando menos por algunos días, no es esencial consumir cada día la cantidad recomendada.

Los principios que se utilizan para establecer las cantidades recomendadas de nutrientes individuales se discuten en el capítulo que se ocupa del nutriente en particular. Aparte de las cantidades recomendadas dadas en el apéndice I, varios organismos nacionales e internacionales han elaborado series de consumo recomendado de nutrientes, entre las cuales las más importantes son las del National Research Council (Consejo Nacional de Investigación) de EE.UU. y el estándar internacional compilado por la FAO de las Naciones Unidad.

La naturaleza de la dieta

La naturaleza de la dieta es importante. Como ya se explicó en el capítulo 3, hasta fecha reciente, la meta era tener una dieta balanceada, es decir una que consistiera en una mezcla de alimentos que incluyera cantidades suficientes de todos los nutrientes esenciales para la prevención de enfermedades por deficiencia. Tales dietas balanceadas se lograban muy fácilmente comiendo grandes cantidades de alimentos de origen animal, como carne, pescado, queso, mantequilla, huevos y leche, los que poseen un contenido elevado de nutrientes, en particular proteínas y grasas, junto con hortalizas y frutas como fuente de minerales y vitaminas.

Sin embargo, en los países occidentales las enfermedades por deficiencia son raras hoy en día y las "enfermedades de la abundancia" como la insuficiencia coronaria y el cáncer se han vuelto muy comunes. Como ya se explicó en el capítulo 3, existe la creencia muy extendida de que dichas enfermedades modernas están relacionadas con la dieta. En la actualidad se considera que es posible obtener una dieta más sana, no mediante un mejor balance de los nutrientes, sino por una cuidadosa selección de alimentos que promueven la salud. De este modo, los alimentos de origen animal deben consumirse con moderación a fin de reducir la ingestión de grasas, en particular grasas saturadas, mientras que los alimentos provenientes de los cereales, particularmente productos de cereales no refinados

proteína a la dieta que las leguminosas. Asimismo, las papas contribuyen con más de la quinta parte de la ingestión de vitamina C. De modo similar, nadie pretendería que la papa es un alimento rico en hierro. Contiene solamente una vigésima parte de lo que contiene el hígado. No obstante, debido a que se consume mucha papa y poco hígado, las papas contribuyen a una dieta normal con más del doble de hierro que el que suministra el hígado.

VARIEDAD DE LA DIETA El estudio de los hábitos alimentarios de las diferentes razas en las distintas partes del mundo revela el hecho de que aunque las necesidades nutricionales son esencialmente las mismas, las maneras como estas necesidades se satisfacen son ilimitadas. Las dietas varían de un número infinito de maneras y no obstante cada dieta suministra cantidades adecuadas de los nutrientes esenciales. Hay muchos factores variables que afectan a la dieta, como el nivel de vida, las costumbres, la abundancia local de ciertos alimentos y los tabúes religiosos.

En los países altamente industrializados, como Gran Bretaña, se dispone de una amplia variedad de alimentos, mientras que en las partes menos desarrolladas del mundo, la elección de los alimentos es más restringida. Sin embargo, dichas dietas restringidas, muchas veces son satisfactorias y suministran cantidades adecuadas de todos los nutrientes. Por ejemplo, los Masai, una tribu del Africa Central, se mantienen con una dieta compuesta en su mayor parte de leche, carne y sangre. Estos alimentos son complementados con bebidas preparadas a base de cortezas de árboles y ciertas raíces. Ésta podría parecer una dieta espartana y hasta repulsiva para nuestros gustos más refinados; no obstante, mantiene a la tribu en estado de buena salud y no se han encontrado enfermedades por deficiencia.

Otro ejemplo proveniente de la Gran Bretaña ilustra el mismo punto y demuestra que existe una notable diferencia entre los hábitos alimentarios aun en un país tan pequeño. Una investigación llevada a cabo hace algunos años, en la isla de Lewis en las Hébridas reveló que los principales componentes de la dieta eran leche, pescado, avena, papas y nabos. Para un habitante de la ciudad ésta podría parecer una dieta intolerablemente frugal, pero su carácter monótono lo dictó la necesidad y no el gusto. La falta de fertilidad de suelo y la falta de sol sólo permitía cultivar cultivos poco exigentes, como avena, papas y nabos, en tanto que la carencia de buenos pastos restringió indudablemente el ganado a unas cuantas vacas, que, por consiguiente, se utilizaron principalmente para leche. Los recursos del mar eran fácilmente aprovechados para obtener un variado suministro de pescado. A pesar de la falta de variedad, el contenido satisfactorio de nutrientes de esta dieta quedó demostrado por el hecho de que los habitantes de la isla, tanto niños como adultos, estaban completamente sanos.

Durante la guerra de 1939 a 1945, cuando Gran Bretaña realizó grandes esfuerzos a fin de reducir las importaciones de alimentos, se elaboró una dieta sencilla que hubiera sido adecuada desde el punto de vista de la nutrición y hubiera requerido un mínimo de alimentos importados. Los principales componentes de esta dieta eran leche, pan integral y hortalizas verdes. Desde el punto de vista científico, una dieta de este tipo hubiera sido bastante satisfactoria, pero nunca se adoptó debido a que se pensó que hubiera sido poco atractiva para una nación moderna industrializada.

Estos ejemplos no tienen la intención de demostrar que una dieta restringida a pocos alimentos poseen alguna virtud especial, sino que indican claramente que dichas dietas podrían ser satisfactorias desde el punto de vista nutrimental, siempre que los alimentos se seleccionen con cuidado.

Cualquier dieta se basa en ciertos *alimentos básicos* que constituyen la mayor parte de la dieta. La naturaleza de los alimentos básicos varía en las diferentes regiones del mundo. La dieta yà citada de los Masai contiene tres alimentos básicos: leche, carne y sangre. La dieta de tiempo de guerra propuesta para Inglaterra en 1940 se basaba en tres alimentos básicos: leche, pan integral y verduras. Mas generalmente se encuentra que los alimentos básicos son ya sea cereales, como trigo y arroz, o raíces amiláceas y tubérculos, como papas y mandioca o yuca. Estos alimentos básicos proporcionan una considerable proporción de la energía total y los nutrientes de la dieta. En los países no desarrollados el alimento básico es particularmente importante y cuando el suministro de dicho alimento es restringido o se interrumpe su suministro debido a una mala cosecha, el resultado inmediato son hambruna y muerte. En los países occidentales, los alimentos básicos son menos importantes debido a la amplia variedad de productos alimenticios disponibles. No obstante, los alimentos básicos siguen siendo importantes y en Gran Bretaña al presente el trigo y las papas son los alimentos básicos de la dieta como lo han sido durante muchos años.

Aunque los alimentos básicos son la base de cualquier dieta, una dieta completa contiene otros alimentos que proporcionan tanto variedad como suministro de nutrientes esenciales. Aunque, como ya se ha visto antes, es posible obtener dietas satisfactorias y saludables utilizando solamente pocos alimentos, por lo general es deseable consumir una amplia variedad de alimentos. No obstante, la variedad de una dieta no garantiza por sí sola que ésta sea saludable, de manera que, aun en esta situación sigue siendo importante la elección de los alimentos. Las pautas de nutrición que se discuten más adelante en este capítulo proporcionan información que permite efectuar selecciones adecuadas en la elección de los alimentos.

La dieta de Gran Bretaña

Los valores del CDR que se dan en el apéndice I representan las cantidades diarias de energía y nutrientes recomendadas para el mantenimiento de la salud, pero queda por contestar la pregunta de cómo se pueden suministrar mejor estos nutrientes. La manera más obvia de encontrar este importante eslabón entre la ingestión recomendada de nutrientes y sus aplicaciones prác-

Cereales.   Los cereales incluyen el trigo y los productos derivados del mismo que constituyen uno de los alimentos básicos de la dieta británica. Por consiguiente, los cereales constituyen un importante grupo de alimentos y hacen considerables contribuciones a cada una de las clases de nutrientes, excepto la grasa. Contribuyen con la mitad de los carbohidratos presentes en la dieta y proporcionan más energía (30 por ciento) que cualquier otro grupo de alimentos. Asimismo, son una importante fuente de vitaminas del grupo B; en particular tiamina, de la cual suministran el 50 por ciento de la ingestión total.

De todos los alimentos procedentes de los cereales que forman parte de la dieta británica, el pan es con mucho el más importante. A pesar de que el consumo de pan ha declinado de 200 g por día en la década de 1950 a 125 g por día en la actualidad, todavía hace una importante contribución a la dieta. Aun cuando el consumo global del pan ha declinado, el consumo del pan negro está aumentando y representa hoy en día aproximadamente 20 por ciento de todo el pan que se come. El pan de todos los tipos proporciona 13 por ciento del total de energía de la dieta. Como ya se explicó en el capítulo 7, ciertos nutrientes (calcio, hierro, tiamina y niacina) se añaden a la harina (excepto a la harina integral) para compensar la pérdida de nutrientes que tiene lugar durante la molienda. Esto explica por qué el pan constituye una fuente tan importante de dichos nutrientes; proporciona 14 por ciento de calcio, 21 por ciento de hierro, 25 por ciento de tiamina y 5 por ciento de niacina en una dieta promedio.

A pesar de que los cereales no son notablemente ricos en riboflavina o niacina, proporcionan 20 y 19 por ciento, respectivamente, de la ingestión total de dichas vitaminas. Esto se debe a que algunos productos derivados de los cereales, como los cereales para el desayuno, se enriquecen con estas vitaminas y a que algunos productos a base de cereales se elaboran con leche y huevos que las proporcionan.

Frutas y hortalizas.   La mayor parte de las frutas y las hortalizas se caracterizan por tener un alto contenido de agua, por lo general dentro del intervalo de 70 a 90 por ciento, y en consecuencia, una baja densidad de nutrientes. Las frutas casi no añaden nada de valor nutritivo a la dieta, excepto vitamina C, de la que proporcionan 40 por ciento. De este porcentaje, 10 por ciento es suministrado por los cítricos y 20 por ciento por otras frutas y sus productos, principalmente jugos de frutas, la mayoría de los cuales son ricos en vitamina C.

Las hortalizas varían considerablemente en cuanto a composición de nutrientes y se consumen en cantidades que varían ampliamente. Las papas, como ya se ha mencionado, constituyen un alimento básico de la dieta británica y en consecuencia se consumen en grandes cantidades y durante todo el año. Las hortalizas para ensaladas y las coles de Bruselas, por otra parte. son cultivos de temporada y se consumen en cantidades mucho más pequeñas. Las hortalizas suministran 50 por ciento de la ingestión total de vitamina C, 22 por ciento de la de vitamina A (principalmente de las zanahorias) y cantidades aprovechables de tiamina (17 por ciento), riboflavina (ocho por ciento) y niacina (15 por ciento). Las papas y las leguminosas (chícharos y frijoles) suministran la mayor parte de estas tres vitaminas del grupo B. Las papas constituyen una fuente muy importante de vitamina C y contribuyen con 22 por ciento de la ingestión total. Suministran asimismo la mayor parte de los carbohidratos y proteínas que proporcionan los vegetales a la dieta.

Grasas. Estas incluyen todas las grasas culinarias de la dieta británica, es decir, mantequilla, margarina, pastas para untar bajas en grasa, aceites y grasas para cocinar. Todas estas grasas, ya sea que se usen para cocinar o bien para untar durante las comidas, proporcionan 36 por ciento del total de grasa de la dieta. En vista del interés actual no sólo en la cantidad de grasa consumida sino también en su naturaleza, vale la pena indicar que la relación entre los ácidos grasos poliinsaturados y los ácidos grasos saturados presentes en la dieta (relación P:S) es 0.3. Las grasas contribuyen con 15 por ciento del contenido energético de una dieta promedio y con 18 y 52 por ciento de las vitaminas liposolubles, A y D, respectivamente.

El azúcar y las conservas. Es importante reconocer que las cifras citadas en las tablas 15.1 y 15.2 están relacionadas con los alimentos que se preparan y consumen en el hogar, es decir, no incluyen los dulces y otros alimentos azucarados adquiridos y consumidos fuera de la casa. El consumo de azúcar en Gran Bretaña es alrededor de 38 kg por persona al año, una cifra que resulta elevada comparada con el consumo en otros países. El azúcar y las conservas traídas a la casa contribuyen solamente con un ocho por ciento de la ingestión total de energía. Se desconoce la cantidad aportada por otros dulces y confituras, pero en el caso de algunos grupos de personas, por ejemplo, los niños, puede ser significativa.

Tendencias de la dieta británica

Los cambios sociales que han tenido lugar en años recientes han alterado considerablemente el patrón de los hábitos alimentarios de los habitantes de Gran Bretaña. Las comidas formales familiares han sido sustituidas en cierta medida por estilos más informales de comer. Las comidas preparadas en las escuelas y planeadas para proporcionar un balance de nutrientes han sido sustituidas por la selección individual y las comidas estilo cafetería o empacadas, de manera que hasta los más jóvenes se han acostumbrado a hacer su propia elección de lo que van a comer. Los trabajadores se acostumbran cada vez más a comer un bocadillo al mediodía en lugar de una comida completa. En el hogar, con frecuencia se prescinde del desayuno, mientras que los bocadillos por la noche mientras se ve la TV pueden sustituir a una comida familiar. Todos estos cambios sociales tienden a darle más importancia a la selección personal y aumentan la posibilidad de que se consuman alimentos elaborados, que se preparan fácil y rápidamente, en lugar de las comidas más convencionales preparadas con alimentos frescos.

Los cambios en los patrones de alimentación que han tenido lugar en Gran Bretaña durante el decenio de 1975 a 1985 se aprecian haciendo notar cómo ha cambiado el consumo de algunos alimentos en particular. La tabla 15.3 pone de relieve los cambios principales. Cuando se consideran los alimentos básicos, el consumo de las papas ha disminuido en 10 por ciento en tanto que el descenso en el consumo de pan blanco ha sido igualado por un aumento de 50 por ciento en la cantidad de pan moreno consumido.

El patrón del consumo de grasa ha cambiado en favor de la margarina, las pastas de untar que no son mantequilla y el aceite para cocinar (los dos arriba del 50 por ciento) a expensas de la mantequilla (que ha disminuido al 50 por ciento), mientras que el consumo de azúcar bajó en diez por ciento. No obstante, esta aparente reducción en el contenido de azúcar puede ser errónea, ya que se refiere al azúcar adquirido como tal y añadido directamente a los alimentos en el hogar o utilizado para cocinar. No incluye el azúcar añadido a los alimentos elaborados. Si se toma en cuenta lo anterior es probable que el consumo total de azúcar durante este período haya sido constante.

La tabla 15.3 pone de relieve el descenso en el consumo de alimentos frescos y enlatados y la creciente utilización de los alimentos congelados. Hace destacar asimismo la creciente popularidad de los jugos de frutas, cuyo consumo ha aumentado tanto que contribuye hoy en día de manera importante a la ingestión de vitamina C.

Tabla 15.3 Cambios en los hábitos alimentarios de los británicos (1975-1985)

Cambio	Alimentos afectados
Aumento del 50%	Pan negro, hortalizas congeladas, jugos de frutas, aceite para cocinar, margarina y pastas para untar que no contengan mantequilla
Aumento del 25%	Pescado congelado, aves de corral (frescas y congeladas)
Aumento del 10%	Cereales, encurtidos y salsas
Sin cambio	Frutas frescas, productos cárnicos, hortalizas elaboradas (excluyendo las congeladas), manteca, queso, café instantáneo, sal
Disminución del 10%	Hortalizas verdes frescas, papas frescas, tocino y jamón
Disminución del 25%	Pescado fresco, harina, pasteles y galletas, carne en canal, leche, huevos, azúcar, dulce de almíbar, té, sopa enlatada
Disminución del 50%	Pan blanco, mantequilla, frutas enlatadas

El alcohol es un componente de la dieta que hasta ahora no se ha considerado. El consumo de alcohol en Gran Bretaña ha estado en aumento desde aproximadamente el año 1950, y las bebidas alcohólicas suministran actualmente de 4 a 9 por ciento de la ingestión total de energía.

Necesidades dietéticas de grupos especiales

La anterior discusión ha tratado de la dieta normal en Gran Bretaña, tal como se determina mediante estudios anuales. Aunque esto resulta muy útil, ya que permite reconocer las tendencias generales, no ayuda a evaluar las necesidades dietéticas de grupos particulares de personas que tienen necesidades especiales. Dichos grupos incluyen mujeres embarazadas y lactantes, bebés y niños pequeños, ancianos e inmigrantes.

Además de los anteriores, existen otros grupos de personas con necesidades dietéticas especiales, como los que están enfermos, aquéllos que por razones de salud o moda desean adelgazar y aquéllos que por razones de conciencia o preferencia son vegetarianos. A continuación se dan tres ejemplos de necesidades nutricionales de grupos especiales.

DIETAS PARA LOS INFANTES   *Lactancia natural o materna.* La leche de la madre es el alimento ideal para un bebé por lo que es aconsejable que las madres amamanten a sus hijos. Asimismo, resulta conveniente que este tipo de alimentación sea continuo durante el primer año pero especialmente durante los seis primeros meses de vida del infante.

Las ventajas de la lactancia natural se hallan bien documentadas. La leche materna proporciona el balance correcto de nutrientes para las necesidades del bebé. Los requerimientos del infante de energía y proteínas (tabla 15.4) son satisfechos de manera natural y fácil por la leche materna durante los seis primeros meses de vida, y no se requiere ningún complemento de nutrientes en tanto la madre reciba una dieta adecuada. Es aconsejable que las madres lactantes tomen complementos de vitamina D a fin de aumentar el aporte al CDR de 10 μg.

Otra ventaja de la lactancia materna es que la leche está disponible a la temperatura y en la cantidad correctas. Además, cuando se amamanta

Tabla 15.4 Consumo diario recomendado (CDR) de energía y proteínas para infantes

Grupos de edades, en meses	Peso corporal (kg)		CDR de energía (kJ)		CDR de proteínas (g)	
	Niños	Niñas	Niños	Niñas	Niños	Niñas
0-3	4.6	4.4	2200	2100	13	12.5
3-6	7.1	6.6	3000	2800	18	17
6-9	8.8	8.2	3700	34000	22	20
9-12	9.8	9.0	4100	3800	24.5	23

al niño es menor el riesgo de infección que cuando se le cría con mamila; el infante es protegido por anticuerpos y otras sustancias presentes en la leche de la madre cuando sus propias defensas protectoras aún no están desarrolladas por completo. La lactancia natural reduce el riesgo de enfermar de diarrea a causa de leche contaminada ya que la leche pasa de la madre al bebé sin ningún contacto externo. Las ventajas que no tienen que ver con la nutrición incluyen el fomento de una estrecha relación física entre la madre y el niño y un efecto benéfico en la salud de la madre. Finalmente, vale la pena mencionar que la probabilidad de que los niños que son amamantados se hagan obesos es menor que en el caso de los niños que se alimentan con mamila debido que en este último método existe la tendencia de preparar leche muy concentrada y añadir a la misma alimentos derivados de los cereales y ricos en energía.

Alimentación con mamila.   Es posible que muchas madres tengan una buena razón por la que no pueden o no deben amamantar, en cuyo caso alimentan con mamila al bebé utilizando una leche maternizada comercial. La leche de vaca tiene una composición muy diferente de la de la leche humana y por sí sola resulta un alimento incompleto para los bebés; por consiguiente, se han hecho muchos intentos de modificarla a fin de hacerla equivalente a la leche de mujer. Aunque dichos intentos no han dado buenos resultados del todo, se dispone de muchos productos comerciales que resultan satisfactorios.

Las leches maternizadas comerciales se encuentran normalmente en forma concentrada, ya sea en polvo o evaporada, y son reconstituidas mediante la adición de agua. La leche de vaca se modifica de diversas maneras a fin de que se asemeje en lo posible a la leche humana. Los principales objetivos son reducir el contenido de minerales y proteínas e incrementar el contenido la lactosa. Además, dichos productos se enriquecen por lo general con vitamina D y que ni la leche de mujer ni la leche de vaca contienen suficiente cantidad de ésta para las necesidades del niño. En algunos productos, la grasa animal de la leche de vaca se sustituye por aceites vegetales. La leche descremada común no resulta adecuada para los infantes debido a que contiene menos vitamina A y tiene un contenido más bajo de energía que la leche de vaca.

Alimentos sólidos.   Aunque el destete (esto es, la transición de leche a alimentos sólidos) tiene lugar a diferentes edades, son pocos los bebés a los que se les debe dar alimentos sólidos antes de los tres meses. Sin embargo, la mayoría de los bebés deben ingerir algo de alimento sólido alrededor de los seis meses.

No hay ninguna razón sólida de naturaleza nutricional para administrar alimentos sólidos antes de los tres meses y en cambio los riesgos que entraña un destete precoz son ciertos. Por ejemplo, la adición temprana de sólidos con alta densidad energética a los alimentos puede producir obesidad en los bebés y el uso adelantado de alimentos derivados de cereales que contengan gluten de trigo predispone al bebé a la *enfermedad celíaca* (véase el capítulo 3).

Cuando se inicia la alimentación con alimentos sólidos, a los bebés se les pueden dar los mismos alimentos que consume el resto de la familia (excepto los muy condimentados) siempre que estén bien picados o colados. Estos alimentos comunes son preferibles a los alimentos comerciales para bebés, los que las más de las veces son endulzados y salados. Cuando los bebés comienzan a tomar leche corriente de vaca deben empezar a recibir complementos de vitaminas, en particular de vitamina D en el caso de que haya poca exposición a la luz solar para sintetizar una cantidad suficiente para las necesidades del bebé. El aceite de hígado de bacalao suministra vitaminas A y D y el jugo de naranja proporciona vitamina C. De manera opcional, las tres vitaminas pueden suministrarse como un complemento vitamínico administrado en forma de gotas. La administración de dichos complementos debe continuarse hasta los dos años de edad y preferiblemente hasta los cinco años.

A pesar de la disponibilidad de complementos vitamínicos adecuados las dietas de algunos bebés y niños pequeños carecen de dichas vitaminas y en una muy pequeña minoría esta deficiencia es lo bastante cuantiosa para producir raquitismo y escorbuto. No obstante, se debe hacer hincapié en que el número de niños que sufren de enfermedades por deficiencia de vitaminas en Gran Bretaña es extremadamente pequeño. Con la creciente comprensión de las necesidades dietéticas de los niños, la mejor transmisión de dichos conocimientos a las madres y la mejor disponibilidad de complementos vitamínicos y alimentos enriquecidos, el raquitismo, que a comienzos del siglo era una enfermedad corriente entre los niños, es ahora rara entre los niños británicos, aunque desafortunadamente no es raro entre los hijos de los inmigrantes asiáticos.

Aparte de las vitaminas, el hierro es el principal nutriente que podría faltar en la dieta de un infante. Al nacer, los bebés cuentan con una reserva de hierro que dura varios meses y ésta, junto con el hierro recibido de la leche humana o la de vaca, satisface sus necesidades durante unos 4 ó 5 meses. Sin embargo, pasado este tiempo es necesario que ingieran alimentos que contengan hierro (resultan adecuados: hortalizas verdes coladas, carne molida y huevos). A pesar de que la deficiencia de hierro que origina anemia no es común en los niños británicos, con frecuencia ocurre entre los hijos de los inmigrantes de países como las Antillas, en los que la dieta tradicional de los infantes es deficiente en hierro.

DIETA PARA LOS ANCIANOS   Los ancianos pueden tener problemas derivados de una dieta inadecuada por una diversidad de razones, entre otras: aislamiento, pobreza, poco disfrute de la comida debido a la pérdida del gusto y el olfato, letargo mental y físico, o bien enfermedad o incapacidad para masticar y digerir de manera apropiada. Además, los ancianos ignoran a menudo los principios de la nutrición. Por éstas y otras razones, los ancianos sufren más a menudo de desnutrición que el resto de la población. Conforme la proporción de los ancianos en Gran Bretaña crece, la tarea de asegurar que reciban una dieta adecuada reviste una importancia cada vez mayor.

Aunque las recomendaciones dietéticas toman en cuenta hasta cierto punto a los ancianos, las necesidades nutricionales de éstos requieren más investigación. Es sabido que las necesidades energéticas disminuyen la con edad debido a la reducción de la actividad física, y las recomendaciones concernientes a los niveles de entrada de energía alimentaria apropiados a los diferentes grupos de edades toman lo anterior en cuenta (véase el apéndice I).

En tiempos recientes se han llevado a cabo varios estudios sobre la dieta de los ancianos. Éstos llegan a la conclusión de que el número de personas desnutridas es probablemente pequeño y no constituye un problema grave; se cree que son las enfermedades y no la desnutrición lo que constituye el problema principal. Alrededor del siete por ciento de los ancianos están desnutridos, y los nutrientes que más probablemente faltan son las vitaminas C y D y el ácido fólico. Las personas mayores de 80 años corren más riesgos que las personas más jóvenes. Sin embargo, la obesidad en los ancianos constituye una causa de desórdenes nutricionales más importantes que la falta de nutrientes en la dieta.

Existen algunos riesgos en particular para las personas mayores. Por ejemplo, es probable que los ancianos que tienen dificultad en pelar las frutas o cocer las papas carezcan de suficiente vitamina C, en tanto que los que están recluidos en sus casas tienen poca o ninguna oportunidad de recibir la luz solar y en consecuencia pueden carecer de vitamina D. El complemento de vitamina D bien puede ser beneficioso para las personas mayores, particularmente en invierno. Finalmente, los ancianos sufren de la pérdida del calcio de los huesos (una enfermedad llamada *osteoporosis*). A pesar de que esta condición no se evita ni remedia por la dieta, los alimentos ricos en calcio como la leche o el queso deben incluirse en las dietas para los ancianos.

LAS DIETAS PARA ADELGAZAR   La naturaleza y los efectos de la obesidad y su ocurrencia frecuente en el Reino Unido y otros países occidentales donde constituye un importante problema para la salud ya se han considerado en el capítulo 3. Aquí se considerará la manera como se utiliza la dieta para reducir el peso.

Muchas personas adelgazan por la sencilla razón de que hay que estar a la moda, pero cada vez se acepta más que muchas personas están demasiado gordas y que esto es inaceptable no sólo por razones estéticas sino asimismo por razones de salud. Las personas que tienen exceso de peso imponen un esfuerzo excesivo sobre el corazón y otros órganos y es más probable que sufran de impedimentos mecánicos debido al esfuerzo aplicado a las articulaciones y los ligamentos. Además, las personas gordas están predispuestas a desórdenes metabólicos. Las estadísticas demuestran que la expectativa de vida de los hombres con un sobrepeso de diez por ciento se reduce en 13 por ciento, mientras que la de quienes tienen un sobrepeso del 30 por ciento se reduce en 42 por ciento.

Se estima que 30 por ciento de los hombres y 65 por ciento de las mujeres en el Reino Unido siguen algún tipo de dieta con el fin de controlar o reducir el peso. La mayoría de las personas que tratan de adelgazar lo hacen modificando de alguna manera sus hábitos de comer, y los métodos tradicionales de adelgazar tratan de reducir la entrada de energía reduciendo la cantidad de alimento consumido. Esto se hace así porque la gente engorda cuando la entrada de energía derivada de los alimentos es mayor que la energía total utilizada por el cuerpo. Los alimentos que quedan después de haber llenado los requerimientos corporales de energía se almacenan como grasa en los depósitos de grasa del cuerpo; con respecto a esto, es importante apreciar que no sólo los alimentos de naturaleza grasa contribuyen a aumentar las reservas de grasa; también contribuyen el exceso de carbohidratos y de proteínas.

Resulta evidente de lo anterior que las reservas de grasa se pueden agotar reduciendo la entrada de energía hasta un nivel más bajo que el utilizado por el cuerpo. Otra manera consiste en mantener la entrada de energía y aumentar la utilización de la misma, mediante una mayor actividad física. Más, desafortunadamente, se necesita hacer una gran cantidad de ejercicio para obtener un efecto notable, se requiere alrededor de dos horas de ejercicio intenso para eliminar una buena comida, y como un aumento en el ejercicio conduce a un aumento en el apetito, la pérdida de peso lograda por medio del ejercicio es probable que sea contrarrestada por el aumento subsecuente de peso debido al consumo extra de comida y bebida.

Al estudiar los diferentes tipos de dietas de adelgazamiento es posible distinguir algunas tendencias. En las décadas de 1960 y 1970 se recomendaban dietas bajas en carbohidratos y dietas en las que se contaban las calorías, mientras que en la década de 1980 han estado de moda las dietas bajas en grasa y altas en fibra.

La esencia de la dieta baja en carbohidratos es sencilla: si la ingestión de alimentos que contienen carbohidratos se restringe habrá una considerable reducción en la entrada de energía. Asimismo, se afirma que el conjunto de grasa se reducirá. Por ejemplo, si se come menos pan se consumirá también menos mantequilla. Así, aunque la dieta baja en carbohidratos permite comer sin restricción alimentos ricos en grasa o proteínas, o en ambos a la vez, la esperanza es que la reducción en el consumo del pan reducirá también el consumo de grasa asociada con éste.

Aunque la dieta baja en carbohidratos gozó en el pasado de gran popularidad, también ha contribuido a crear algunos de los disparates que rodean al tema del adelgazamiento. Los carbohidratos han ganado una mala reputación debido a que se considera son muy "engordadores", lo que está lejos de ser cierto. En esta condenación general de los carbohidratos se incluyen tanto el azúcar como el almidón. Este punto de vista está en franco desacuerdo con la opinión actual que otorga una considerable importancia al mantenimiento de la ingestión de almidón (y fibra) al tiempo que se reduce el consumo de azúcar.

Las dietas en las que se cuentan las calorías, en un tiempo tan popular, se emplean menos hoy en día. En estas dietas, la persona que desea adelgazar consume cualquier tipo de alimentos; siempre que no se exceda una determinada entrada de energía. Dichas dietas poseen la ventaja de que permiten una completa libertad en la selección pero tienen gran desventaja de que todos los alimentos que se consumen deben pesarse y calcularse los valores energéticos. Estas actividades son tediosas y constituyen un factor disuasivo para la adopción de este tipo de dieta como una manera "normal" de comer.

Las dietas bajas en grasa excluyen o limitan considerablemente los alimentos con un alto contenido de grasa pero permiten que se consuman libremente otros alimentos. Las grasas tienen más del doble del valor energético de los carbohidratos o las proteínas de manera que una dieta baja en grasa es con toda probabilidad una dieta baja en energía. Este tipo de dieta es recomendada actualmente por muchos médicos debido a que la disminución de la ingestión de grasas, en particular la de grasas saturadas, se considera saludable y puede ser una manera de reducir el riesgo de insuficiencia coronaria.

Las dietas altas en fibra son al presente muy populares y tienen por meta establecer una dieta que tenga un bajo valor energético pero un alto contenido de fibra. Los alimentos ricos en fibra tienen la ventaja de tener un bajo valor energético al tiempo que, debido a su capacidad de "retener" considerables cantidades de agua, proporcionan volumen y de este modo se produce una sensación de llenura. Por otra parte, como ya se mencionó, se piensa que una mayor ingestión de fibra es conveniente por sí sola, en particular si se trata de una mayor ingestión de fibra de cereales.

Otra ventaja de las dietas con un alto contenido de fibra es que promueven el consumo de alimentos integrales en lugar de los alimentos refinados ya preparados.

Auxiliares dietéticos para el adelgazamiento. Existen varios productos comerciales que sirven de auxiliares al adelgazamiento. Los más rigurosos de todos ellos son las dietas completas, en el sentido de que reemplazan en su totalidad a los alimentos normales. Se han elaborado "dietas muy bajas en calorías" como dietas completas destinadas a producir una rápida pérdida de peso. Proporcionan menos de 2.5 MJ por día, y un producto típico suministra un valor tan bajo como 1.3 MJ por día. Asimismo, proporcionan suficiente cantidad de todos los nutrientes para satisfacer los consumos recomendados. Dichos productos se basan por lo general en leche en polvo a la que se añaden minerales y vitaminas; se producen a menudo en forma de bebidas que sustituyen completamente a las comidas.

Las dietas muy bajas en calorías se han popularizado debido a que producen una reducción de peso muy rápida; se pueden perder hasta 1.5 kg por semana. Sin embargo, dichas dietas deben tratarse con cuidado ya que son tan rigurosas que pueden producir efectos secundarios desagradables como náuseas y diarrea. Este tipo de dietas dan mejores resultados en el caso de personas muy obesas, quienes con toda probabilidad pierden proporcionalmente menos proteínas corporales con respecto a las grasas que las personas moderadamente obesas cuando el aporte de energía se restringe de modo considerable. Tales dietas se considera que son razonablemente seguras hasta por cuatro semanas, pero no se deben prolongar durante más tiempo si no es por consejo médico.

Una de las desventajas obvias que tienen las dietas muy bajas en calorías y los regímenes de alimentación artificial es que no hacen nada para cambiar los hábitos de comer o para disminuir el apetito. Una vez que la persona ha logrado perder peso mediante una dieta de este tipo, es muy probable que vuelva a sus hábitos anteriores de alimentación y que muy pronto recupere el peso perdido. Dichas dietas sólo pueden recomendarse para aquellas personas extremadamente obesas quienes requieren una breve forma de "tratamiento de choque dietético" a fin de iniciar una rápida pérdida de peso. Luego, estas personas deben cambiar a una dieta ya sea baja en grasas o bien a una del tipo alta en fibra que ya han sido descritas, las que les permitirán adquirir hábitos nuevos y permanentes de comer.

Además de las dietas muy bajas en calorías se dispone de diversos productos que tienen como fin ayudar a adelgazar sin sustituir a las comidas normales. En la tabla 15.5 se describen los principales tipos de dichos productos.

Un tipo de reductor del apetito contiene glucosa y se ingiere generalmente en forma de tabletas, poco antes de tomar alimento. Hay algunos datos que indican que la ingestión de glucosa de este modo reduce el apetito; sin embargo, la cantidad de glucosa contenida en dichos productos es tan pequeña que es poco probable que tenga un efecto apreciable en la reducción del apetito. Aquellas personas que los han probado lo confirman (tabla 15.5).

Otro tipo de tabletas reductoras del apetito contienen *metil celulosa*, la que absorbe agua cuando se ingiere y se hincha en el estómago, dando una sensación de llenura. Este producto proporciona volumen pero no tienen ningún valor energético o nutritivo. Sin embargo, la cantidad de metil

Tabla 15.5 Popularidad y eficacia de los auxiliares para adelgazar (tomado del *Consumers' Association Survey*)

Tipo	Porcentaje de de consumidores	Veredicto
Reductores del apetito	17% para los del tipo de metil celulosa 22% para los del tipo de glucosa	Muy pocos los encontraron eficaces
Sustitutos de la carne (comidas con cuenta de calorías)	50% los han probado	35% los consideraron útiles. El alimento en forma de bebida y enlatado tuvo mejor aceptación.
Alimentos con bajo contenido de energía a) sucedáneos del azúcar	90% los han probado 50% para las formas en 25% para las formas líquidas	La mayoría los encontró útiles 80% los consideran útiles Más de 60% los encontraron útiles
b) bebidas bajas en calorías	67% los han probado	
c) productos para untar bajas en grasa	La mayoría los ha probado	

celulosa contenida en los productos comerciales es tan pequeña que es improbable que represente un gran beneficio práctico.

Los productos que sustituyen a las comidas se utilizan para reemplazar algunos alimentos normales (aunque no todos) como parte de una dieta de energía controlada. Pueden estar en forma de galletas y barras de dulce o como polvo que se añade a la leche. Dichos productos contienen una variedad de nutrientes, así como ingredientes que hacen que el que los ingiera se sienta lleno. El carragaen o musgo de Irlanda, la metil celulosa y el salvado se utilizan con este fin; el primero es una sustancia que se extrae de las algas rojas y que actúa como espesante al absorber agua. Así, la presencia del carragaen le da cuerpo a lo que de otro modo sería una bebida "acuosa" y le da a la persona que adelgaza la sensación sicológica de haber ingerido una comida satisfactoria y no una mera bebida. Dichos productos constituyen un método conveniente pero costoso de adelgazar y adolecen de la desventaja de no ayudar a establecer mejores hábitos de comer.

Los auxiliares dietéticos para adelgazar que gozan de mayor popularidad son las versiones de baja energía de los alimentos comunes. El objetivo es fabricar productos que se asemejen al original lo más que sea posible pero con un menor contenido de energía. Esto se obtiene por lo general sustituyendo las sustancias ricas en energía como la grasa y el azúcar por sustancias que carecen de energía como el agua, el aire, el salvado y la sacarina. Estos productos incluyen sustitutos del azúcar, sopas y bebidas de baja energía, aderezos para ensaladas y grasas bajos en energía, pan con una cantidad reducida de almidón, pan tostado bajo en energía y barras y bizcochos con un alto contenido de fibra.

Pautas para una dieta más sana

La dieta normal en Gran Bretaña hoy en día es adecuada desde un punto de vista nutricional en el sentido de que proporciona el CDR de nutrientes recomendado (apéndice I). A pesar de todo esto, las enfermedades de la abundancia como la insuficiencia coronaria y el cáncer, que se piensa están relacionadas de alguna manera con la dieta, han aumentado su frecuencia. Tanto la IC como el cáncer son causas importantes de muerte en los

Tabla 15.6 Recomendaciones nutricionales propuestas por el NACNE (1983)

Componente de la dieta	Consumo actual estimado	Propuesta	
		A largo plazo	A corto plazo
Consumo de energía	—	Se recomienda un ajuste de los tipos de alimentos consumidos y un aumento en el gasto por el ejercicio de manera que el peso de un adulto se mantenga dentro de los límites óptimos de peso correspondientes a la estatura.	
Consumo de grasa	38% de la energía total	30% de la energía total	34% de la energía total
Consumo de ácidos grasos saturados	18% de la energía total	10% de la energía total	15% de la energía total
Consumo de ácidos grasos poliinsaturados	—	Ninguna recomendación específica (a)	
Consumo de colesterol	—	Ninguna recomendación	
Consumo de sacarosa	38 kg per cápita por año	20 kg per cápita por año	34 kg per cápita por año
Consumo de fibra	10 g per cápita por año	30% de la energía por día	25 g per cápita por año
Consumo de sal	De 8.1 a 12 g per cápita por día	Se recomienda una reducción de 3 g per cápita por día	Se recomienda una reducción de 1 g per cápita por día
Consumo de alcohol	De 4 a 9% de la energía total	4% de la energía total	5% de la energía total
Consumo de proteínas	11% de la energía total	Ninguna recomendación	

a) Es posible que en la práctica haya un mayor consumo de ácidos grasos tanto poliinsaturados como monoinsaturados, y una tendencia a aumentar de la relación entre ácidos grasos poliinsaturados y saturados.

países industrializados, y en Gran Bretaña la IC es la principal causa de muerte. La naturaleza del vínculo entre estas enfermedades de la abundancia y la dieta se ha examinado en el capítulo 3, en tanto que la posible función que algunos nutrientes tienen en tales enfermedades se explica en los capítulos dedicados al nutriente en particular.

El hecho de que las enfermedades de la abundancia se consideren relacionadas de alguna manera con la dieta ha llevado a un mayor interés sobre naturaleza de una dieta sana, y, como se mencionó anteriormente, el informe del National Advisory Committee on Nutrition Education (NACNE) de 1983 constituye un intento importante de establecer pautas sobre lo que podría constituir una dieta sana para el Reino Unido. Las principales recomendaciones de dicho informe se dan en la tabla 15.6.

El informe antes mencionado suministra recomendaciones aplicables tanto a corto plazo (la década de 1980) como a largo plazo (hasta el año 2000), y presenta sus propuestas en forma cuantitativa siempre que es posible. En vez de aconsejar vagamente sobre incrementar o reducir la ingestión de ciertos nutrientes da metas precisas. Se hace de este modo con la esperanza de suministrar un punto de referencia para todos aquellos implicados en proporcionar asesoría e información sobre nutrición. La distinción entre los términos a corto y largo plazo toma en cuenta el tiempo relativamente largo que requieren las personas para efectuar cambios radicales en sus patrones de alimentación. Asimismo, les da tiempo a los orientadores (auxiliados de modo optimista por los medios de comunicación) para hacer comprender al público la necesidad de efectuar los cambios propuestos, a los fabricantes y comerciantes para que produzcan y promuevan dietas ''más sanas'' y al gobierno para hacer los cambios legislativos necesarios.

El informe del NACNE recomienda que en el caso de la energía, la entrada sea igual a la salida. No sugiere que la ingestión global de los alimentos se deba reducir, aunque reconoce la importancia del problema de la obesidad. Recomienda enfáticamente la práctica del ejercicio desde la juventud hasta la vejez para promover a la vez el gasto de energía y la salud en general.

La grasa presente en la dieta, discutida en el capítulo 5, es considerada por muchas personas que está asociada con la insuficiencia coronaria y el informe del NACNE recomienda que el total de la ingestión de grasas se disminuya hasta el 34 por ciento de la ingestión total de energía a corto plazo y al 30 por ciento a largo plazo. Una reducción de este tipo en el consumo de grasa ayudaría también a disminuir la obesidad. Se recomienda que la ingestión de grasa saturada se disminuya a largo plazo hasta el diez por ciento de la ingestión total de energía. Sin embargo, este tipo de cambio implicaría un cambio considerable en los patrones de alimentación que incluiría comer menos carne y mantequilla y otros productos lácteos, y se consideró que esto no era posible lograrlo a corto plazo. Por consiguiente, se recomienda en el caso del corto plazo que la ingestión de grasas saturadas se disminuya hasta el 15 por ciento de la ingestión total de energía y que algo de grasa saturada se sustituya por grasas poliinsaturadas. Esto representaría un aumento en el consumo de alimentos, como la margarina blanda, que son ricos en ácidos grasos poliinsaturados. Un cambio como éste aumentaría la relación entre grasas poliinsaturadas y saturadas (relación P:S) de 0.3 al presente a 0.32.

El hecho de que no se haga recomendación alguna acerca del colesterol refleja la opinión de que se cuenta con pocas pruebas que impliquen al colesterol de la dieta como un factor de riesgo de la IC u otras enfermedades de la abundancia.

Las propuestas del NACNE sobre el azúcar y la fibra pueden considerarse al mismo tiempo. Se recomienda que la ingestión de azúcar se reduzca de modo considerable hasta que a largo plazo sea solamente la mitad del consumo actual; mas en el caso de la ingestión de fibra, ésta debe aumentarse notablemente de 20 g per cápita por día al presente a 30 g per cápita por día a largo plazo. El consumo de azúcar, que incluye el azúcar adquirido como tal y que se añade a los alimentos en el hogar y el utilizado en los productos manufacturados, es excepcionalmente elevado en Gran Bretaña. Esto se considera desaconsejable por diversas razones, entre otras: el hecho de que el exceso de alimentos azucarados en la dieta puede reducir el consumo de otros alimentos más nutritivos y que el azúcar contribuye tanto a la obesidad como a las caries dentales.

La reducción del consumo de azúcar implica una reducción en el consumo de productos refinados, mientras que el aumento recomendado en el consumo de fibra representa un aumento en el consumo de alimentos no refinados o integrales. Un cambio de esta naturaleza representaría un paso muy conveniente hacia la adopción de una dieta más saludable. Asimismo, significa un cambio considerable en los hábitos alimentarios y consumir menos productos manufactuados como pasteles, galletas y dulces, así como otros alimentos manufacturados en los cuales el azúcar constituye el principal ingrediente. Significa comer en lugar de todo lo anterior más productos integrales como pan integral y productos derivados del trigo preparados con harina integral y no con harina blanca. Significa asimismo consumir más cereales en forma no refinada como el arroz moreno, así como mayor cantidad de fruta y hortalizas.

El informe del NACNE recomienda una reducción en el consumo de sal. La razón es que la ingestión de sal es unas 20 veces más alta que la necesaria para la salud, y debido a que no es conveniente un elevado consumo de sal para las personas que sufren de presión arterial alta, la cual es uno de los principales factores de riesgo de la IC. Una reducción de tal magnitud en el consumo de sal sólo se podría alcanzar contando con la cooperación de los fabricantes de alimentos ya que las tres cuartas partes del consumo de sal provienen de los alimentos manufacturados. Asimismo, se podría lograr una reducción adicional añadiendo menos sal en el cocinado de los alimentos y no añadiendo más sal en la mesa.

En el informe del NACNE se recomienda que el consumo promedio de alcohol a largo plazo no exceda del cuatro por ciento de la entrada total de energía. Este es equivalente a casi 20 g de alcohol por día lo que significa que el consumo promedio no debe ser mayor de 568 ml de cerveza al día. El consumo de alcohol varía grandemente entre los individuos, lo que explica por qué el consumo actual indicado en la tabla 16.6 se representa por un intervalo del 4 al 9 por ciento de la energía total. El consumo de alcohol ha aumentado en los últimos años y esto se considera desaconsejable para la salud. El NACNE recomienda que ningún individuo ingiera más de 4.3 de cerveza al día.

Finalmente, el informe del NACNE no hace ninguna recomendación sobre el aumento o la disminución de la ingestión de proteínas. Esto se debe a que si se siguen todas las demás recomendaciones del informe la dieta será rica en alimentos no refinados, especialmente derivados de los cereales, y eso asegurará que la ingestión de proteínas sea la adecuada.

Después de publicado el informe del NACNE, el *Department of Health and Social Security* publicó un informe preparado por el *Committee on Medical Aspects of Food Policy* (COMA; Comité para los aspectos médicos de la política alimentaria) sobre la relación entre dieta e IC. Las principales recomendaciones de este informe aparecen en la tabla 15.7. La comparación de las tablas 15.6 y 15.7 muestra algunas diferencias aparentes, y las propuestas del COMA con respecto a las grasas parecen ser menos restrictivas que las propuestas a largo plazo del NACNE. No obstante, las dos series de propuestas son en realidad muy similares ya que las recomendaciones del NACNE incluyen el alcohol al evaluar el consumo total de energía, de manera que el *porcentaje* de la energía total derivada de la grasa resulta más baja.

Las propuestas del COMA son menos amplias que las del NACNE y no hacen recomendación alguna para el azúcar o la fibra de la dieta, excep-

Tabla 15.7 Recomendaciones nutricionales propuestas por el COMA (1984)

Ingredientes de la dieta	Recomendaciones
Total de grasa	35% de la energía total
Ácidos grasos saturados	15% de la energía total
Ácidos grasos poliinsaturados	6.8% de la energía total
Relación P/S (Grasas poliinsaturadas/ grasas saturadas)	0.45
Colesterol	Ninguna recomendación específica
Azúcares simples	Ningún aumento adicional
Alcohol	Evitar un consumo excesivo
Sal	Ningún aumento adicional; considerar la manera de disminuirla
Carbohidratos ricos en fibra	Aumentar el consumo

to para sugerir que el consumo de azúcar no debe aumentar. Las recomendaciones del COMA con respecto a las grasas no son para bebés o niños menores de cinco años, quienes reciben normalmente una importante proporción de su entrada de energía de la leche de vaca.

Las propuestas del NACNE suministran un conjunto general de pautas nutricionales que ofrecen una base para un debate progresivo y la publicación de pautas adicionales. Algunos nutriólogos temen que las pautas nutricionales, mismas que presentan recomendaciones para la persona promedio, no tomen en cuenta las variaciones en las necesidades de las personas, ya sea físicas o sicológicas. Por ejemplo, las recomendaciones de la NACNE dan por resultado una dieta voluminosa que contiene más fibra y menos grasas que la dieta tradicional. Aun cuando esto puede ser conveniente para la mayoría de las personas, bien puede no serlo para los niños pequeños y las personas de poco apetito quienes necesitan consumir alimentos con alta densidad de nutrientes si se desea satisfacer sus necesidades nutritivas.

Aun cuando las pautas de nutrición no produzcan recomendaciones aplicables a todos los individuos, sí ofrecen una manera de mejorar la dieta de la mayoría de las personas sin tener que recurrir a detalladas recomendaciones dietéticas que impliquen alimentos específicos. Así, las metas propuestas pueden ser satisfechas de diversas maneras; de modo que se mantiene la selección individual de qué alimentos específicos van a constituir la dieta.

Aunque la naturaleza de las pautas específicas puede cambiar, se ha alcanzado un amplio consenso acerca de los cambios que es necesario efectuar en las dietas de los países occidentales a fin de hacerlas más saludables. El grado probable al que tales dietas proporcionen una mejor protección contra las enfermedades derivadas de la abundancia se desconoce, pero ciertamente la adopción de tan amplias pautas como base de la dieta *promedio* no resulta perjudicial. El consenso acerca de la naturaleza de dichos cambios se resume como se indica a continuación:

1. Comer menos alimentos con alto contenido de energía y evitar así el sobrepeso.
2. Consumir menos grasas, en especial grasas saturadas.
3. Tomar menos azúcar.
4. Ingerir menos sal.
5. Beber menos alcohol.
6. Comer más alimentos integrales, como pan (preferiblemente de harina integral), cereales, frutas y hortalizas.

LECTURAS RECOMENDADAS

BRITISH CARDIAC SOCIETY (1987). *Coronary Disease Prevention*. Londres.
BRITISH DIETETIC ASSOCIATION (1987). *Children's Diets and Change*. BDA Londres.

BRITISH DIETETIC ASSOCIATION (1985). *The Great British Diet*, Century Hutchinson, Londres.

BRITISH NUTRITION FOUNDATION (1985). *Nutrition During Pregnancy*, BNF Briefing Baper No. 6 BNF, Londres.

BRITISH NUTRITION FOUNDATION (1985). *Nutrition in Catering*, BNF Briefing Paper No. 4, BNF, Londres.

BRITISH NUTRITION FOUNDATION (1986). *Nutrition and the Elderly*, BNF Briefing Paper No. 9 BNF, Londres.

DEPARTMENT OF HEALTH AND SOCIAL SECURITY (1984). Committee on Medical Aspects of Food Policy (COMA), *Diet and Cardiovascular Disease*. HMSO, Londres.

DEPARTMENT OF HEALTH AND SOCIAL SECURITY (1988). Committee on Medical Aspects of Food Policy (COMA), *Present-day Practice in Infant Feeding*, Third Report, HMSO, Londres.

DEPARTMENT OF HEALTH AND SOCIAL SECURITY (1979). *Recommended Daily Amounts of Food Energy and Nutrients for the UK*, HMSO. Londres.

DEPARTMENT OF HEALTH AND SOCIAL SECURITY (1980). *Rickets and Osteomalacia*. HMSO, Londres.

DEPARTMENT OF HEALTH AND SOCIAL SECURITY (1987). Committee on Medical Aspects of Food Policy (COMA), *The Use of Very Low Calorie Diets in Obesity*. HMSO, Londres.

DRUMMOND, SIR J.C. AND WILBRAHAM, A. (1958). *The Englishman's Food: a History of Five Centuries of English Diet*. Jonathan Cape, Londres.

FOOD AND AGRICULTURE ORGANIZATION (1980). *Handbook on Human Nutritional Requirements*. HMSO, Londres.

FOOD AND NUTRITION BOARD, USA (1980). *Recommended Daily Allowances*, 9th edition. National Academy of Sciences, USA.

FOOD AND NUTRITION BOARD, USA (1980). *Towards Healthful Diets*. National Research Council, USA.

FRANCIS, D.E.M. (1986). *Nutrition for Children*, Blackwell, Oxford.

JOINT ADVISORY COMMITTEE ON NUTRITION EDUCATION (1985). *Eating for a Healthier Heart*. Health Education Council, Londres.

KENN, J.R. (Ed.) (1985). *Vitamin Deficiency in the Elderly*, Blackwell, Oxford.

MINISTRY OF AGRICULTURE, FISHERIES AND FOOD (anual). *National Food Survey Committee Reports: Household Food Consumption and Expenditure*. HMSO.

NATIONAL ADVISORY COMMITTEE ON EDUCATION (NACNE) (1983). *Proposals for Nutritional Guidelines for Health Education in Britain*. Health Education Council, Londres.

NATIONAL DAIRY COUNCIL (1988). *Nutrition and Children Aged One to Five*, Fact File 2. NDC, Londres.

ODDY, D. AND MILLER, D. (Eds) (1976). *The Making of the Modern British Diet*, Croom Helm, Beckenham.

ROYAL COLLEGE OF PHYSICIANS (1983). *Report on Obesity*. Royal College of Physicians. Londres.

SLATTERY J. (1986). *Diet and Health: Food Industry Initiatives*, University of Bradford, Food Policy Research Briefing Paper. Bradford.

WENLOCK, R.W. *et al.* (Eds) (1986). *The Diets of British School Children*. HMSO, Londres.

WHEELOCK, V. (1986). *The Food Revolution*. Chalcombe Publications, Marlow.

CAPÍTULO 16

Descomposición y conservación de los alimentos

DESCOMPOSICIÓN DE LOS ALIMENTOS

La mayor parte de los alimentos que consumimos es perecedera y, en el curso natural de las cosas, con bastante rapidez se hace incomible. La descomposición de los alimentos ocurre principalmente como resultado de las reacciones químicas relacionadas con el proceso de envejecimiento y deterioro, por la acción de los microorganismos, o por medio de una combinación de los dos. El conocimiento de cómo y por qué tiene lugar el deterioro permite tomar medidas para evitarlo o disminuirlo. Esto constituye, en esencia, la materia a tratar en este capítulo.

Un alimento que no esté fresco no es necesariamente dañino pero por lo general es menos atractivo para el consumidor que un alimento más fresco. También puede ser menos nutritivo y por consiguiente alcanzar un precio más bajo. La mayor parte de los alimentos no elaborados se deterioran con bastante rapidez cuando se les mantiene a temperaturas normales pero algunos alimentos secos, como los cereales, se conservan en buen estado durante largos períodos. Los alimentos elaborados tienen su origen en el deseo de aprovechar los excedentes estacionales de la producción de alimentos mediante la prolongación del período en que éstos se conservan en buen estado de manera que se les pueda utilizar durante todo el año. La mantequilla, el queso, el tocino y las frutas secas constituyen ejemplos de los primeros alimentos elaborados.

Además del deterioro químico y el ataque por microorganismos, el desecamiento, el enranciamiento, la contaminación con suciedad y productos químicos y los daños causados por las plagas de insectos y de animales vertebrados son factores que contribuyen al deterioro de los alimentos. En muchos casos, este tipo de deterioro puede evitarse si se tiene cuidado en el transporte y el almacenamiento de los alimentos. Aun cuando se sabe mucho sobre cómo tiene lugar el deterioro de los alimentos todavía tienen lugar enormes pérdidas de los mismos, y se ha estimado que sería posible disponer entre 10 y 20 por ciento más de alimentos si se pudiera evitar en su totalidad tal desperdicio.

Descomposición por actividad química

Casi todos los alimentos que se consumen son producidos por organismos vivos, ya sea animales o plantas, y están constituidos en su mayor parte, como ya se ha visto, por compuestos orgánicos. En la planta o el animal vivos estos compuestos participan en varias reacciones químicas complejas y cuidadosamente controladas que, en la mayoría de los casos, dependen de la presencia de enzimas. Cuando se cosecha una planta o se sacrifica un animal, cesan muchas de estas reacciones. No obstante, las enzimas presentes continúan activas y son capaces de seguir catalizando reacciones que afectan adversamente la calidad de los alimentos.

Cuando la fruta se recoge, deja de crecer pero todavía sigue viva y la maduración continúa. Sin embargo, una vez que madura, se deteriora rápidamente a causa de la actividad combinada de las enzimas y los microorganismos, a menos que se tomen medidas para evitarlo.

Las hortalizas, como las frutas, continúan vivas después de cosechadas y están propensas al deterioro de un modo semejante debido a la actividad de las enzimas y los microorganismos y la pérdida de agua. La manera como se deteriora la fruta y las hortalizas en el almacenamiento se describe en el capítulo 13.

Después de que el animal ha sido sacrificado se producen cambios en la carne, y los cambios iniciales son beneficiosos. Es posible que la carne de animales recién sacrificados sea dura y carente de sabor. Mas por lo general no se consume sino hasta que ocurren algunos cambios después de la muerte del animal que la hacen más tierna y sabrosa. Este proceso de "colgado" o "acondicionamiento", como se le conoce, se discutió en el capítulo 9 (véase la página 209).

Si la carne se mantiene por demasiado tiempo a la temperatura ambiente se satura de agua y se descompone, debido en parte al desdoblamiento de las proteínas por las enzimas proteolíticas. Finalmente, se inicia la putrefacción con producción de material viscoso y olores desagradables causados por los bacilos de *Pseudomonas*; de este modo la carne resulta repugnante e incomible. Por razones que no están del todo claras se considera deseable el sabor distintivo de una ligera putrefacción cuando se consumen carnes como la de venado, liebre, faisán y de otros animales de caza. Es por esta razón que dichas carnes tan apreciadas se acondicionan durante más tiempo que las otras carnes.

Además de la descomposición causada por el desdoblamiento de las proteínas, la carne puede asimismo verse afectada por la oxidación de las grasas que siempre están presentes. Las grasas insaturadas son más propensas a enranciarse por la oxidación, y es por esta razón que la carne de aves de corral, cerdo, cordero y ternera no se puede conservar tanto tiempo como la carne de res ya que tienen una más elevada proporción de grasas insaturadas. Las grasas oxidadas constituyen una de las causas de los sabores "raros" de la carne cocida.

Todo lo que se ha dicho acerca del deterioro de la carne se aplica asimismo al pescado, pero en mayor proporción. Esto se debe a que los peces son animales de sangre fría y sus enzimas son capaces de operar eficientemente a temperaturas más bajas que las correspondientes a los animales que viven en tierra. Las enzimas continúan operando a la temperatura de congelación y es por esta razón que el pescado se "echa a perder" con mayor rapidez que la carne, aun cuando se le conserve en el refrigerador.

Descomposición microbiana de los alimentos

Los microbios, o microorganismos, son seres vivientes extremadamente pequeños. Su tamaño varía desde el de ciertas algas lo suficientemente grandes como para ser vistas a simple vista (alrededor de 100 μm) hasta el de los virus que son demasiado pequeños (alrededor de 0.1 μm) para poder ser visto en un microscopio normal; no obstante, se pueden ver utilizando un microscopio electrónico.

Los microorganismos necesitan agua y nutrientes antes de que sean capaces de multiplicarse. En las superficies limpias y secas no se multiplican. Algunos microorganismos, llamados *aerobios*, necesitan también oxígeno procedente del aire; otros, llamados *anaerobios*, son capaces de vivir sin él.

Los microorganismos muestran preferencia por el mismo tipo de alimentos que nosotros, y el alimento húmedo que se conserva en un lugar cálido es probable que sea atacado por los microorganismos, los que se alimentarán del mismo y crecerán en la superficie. Los microorganismos no se multiplican a bajas temperaturas y los matan las temperaturas elevadas.

Además de causar la descomposición de los alimentos, algunos microorganismos, o las toxinas que producen, son nocivos para los seres humanos, y si se ingieren alimentos contaminados por ellos pueden dar como resultado una *intoxicación por alimentos* (véase el capítulo 17).

El alimento que ha sido atacado por microorganismos tiene un aspecto desagradable o despide un olor peculiar. Sin embargo, en muchos casos no es posible determinar mirando una muestra de comida, o probándola, si ha sido atacada. De hecho, el alimento puede estar bastante infectado y tener todavía un aspecto sano, y en este caso es más probable que cause intoxicación que el alimento cuyo deterioro es evidente. Empero se debe recalcar que la presencia de microorganismos no siempre es perjudicial. De hecho, muchos de los sabores de los alimentos más altamente apreciados son una consecuencia de la actividad microbiana. Por ejemplo, los quesos azules, como el Roquefort, el Stilton y el Gorgonzola deben sus sabores característicos a la presencia del moho *Penicilium roqueforti*.

Los microorganismos que son la causa principal de la descomposición de los alimentos son mohos, bacterias y levaduras.

MOHOS   Los mohos son un tipo de hongos. A diferencia de las levaduras y las bacterias, son organismos multicelulares. Los mohos crecen como finos hilos o filamentos que se extienden en longitud y forman a la larga una compleja red ramificada llamada *micelio*. En esta etapa, el crecimiento del moho sobre los alimentos es fácilmente visible como una "pelusilla". Asimismo, los mohos producen *esporas*, o semillas, que son llevadas a considerables distancias por las corrientes de aire e infectan de esta manera a otros alimentos. Las esporas de los mohos están casi siempre presentes en la atmósfera y grandes números de ellos literalmente flotando en los locales donde se hallan alimentos.

La mayor parte de los mohos requieren oxígeno para su desarrollo y esta es la razón por la que generalmente sólo se encuentran en la superficie de los alimentos. La carne, el queso y los alimentos dulces son especialmente propensos a ser atacados por los mohos. En los alimentos alcalinos o muy ácidos (pH menor de 2) el crecimiento de los mohos se inhibe generalmente, aunque algunos mohos crecen incluso en esas condiciones. Los mohos crecen mejor a un pH entre 4 y 6 y una temperatura de alrededor de 30°C; a medida que disminuye la temperatura, disminuye también el crecimiento, aunque a la temperatura de un refrigerador doméstico continúa un crecimiento lento. Los mohos no crecen a temperaturas superiores a la temperatura normal del cuerpo, pero es muy difícil matar a los mohos y sus esporas mediante calor. A fin de poder asegurar la completa destrucción de todos los mohos y sus esporas resulta necesario esterilizar a presión (es decir, a más de 100°C). Otro método consiste en calentar el alimento a una temperatura entre 70 y 80°C en dos o más días sucesivos de manera que las esporas que germinen entre los tratamientos térmicos sean eliminadas.

Ciertos mohos producen sustancias venenosas conocidas como micotoxinas las que son dañinas si se ingieren. El moho *Aspergillus flavus* que se desarrolla sobre el cacahuate y los cereales produce *aflatoxinas* que causan una grave enfermedad si se ingieren. Los mohos crecen sobre otros alimentos, incluyendo el queso y el pan, que por lo general se consideran como poco atractivos pero no dañinos. Sin embargo, es posible que contengan peligrosas micotoxinas y por tanto resulta más seguro abstenerse de comerlos.

BACTERIAS Las bacterias son organismos unicelulares. Se trata de diminutas partículas vivientes ya sea esféricas (cocos), en forma de bastones (bacilos) o espirales (espirilos). Es difícil hacerse una idea del tamaño de una bacteria pero 10^{13} de las mismas (es decir, alrededor de 2 000 veces la población del mundo) pesarían solamente cerca de un gramo. Las bacterias y las esporas de éstas están ampliamente distribuidas. Se encuentran en el suelo, el aire y en el cuerpo humano y el de los animales. Los alimentos no cocidos de todas las descripciones están de modo cierto contaminados con bacterias. De hecho, están tan universalmente distribuidos que resulta extremadamente difícil librarse de ellas.

Las bacterias se desarrollan por la absorción de sustancias simples del medio, y cuando alcanzan un determinado tamaño, la bacteria original se divide para formar dos nuevas bacterias. En circunstancias favorables, esta fusión ocurre cada 20 minutos más o menos, y en 12 horas una bacteria da origen a una colonia de unas 10^{10} bacterias.

Cuando las bacterias se multiplican sobre o dentro del alimento su presencia se hace aparente cuando la población alcanza un número entre 10^6 y 10^7 por gramo de alimento. Las bacterias crecen con mayor facilidad en condiciones neutras, y el crecimiento es generalmente inhibido por los ácidos. No obstante, algunas bacterias toleran bastante bien un pH bajo. Por ejemplo, *Lactobacillus*, que agria la leche produciendo ácido láctico, y *Acetobacter*, que convierte el alcohol etílico en ácido acético, prosperan en condiciones ácidas. Algunas bacterias sólo crecen en presencia del oxígeno mientras que otras, conocidas como *anaerobias*, sólo se desarrollan cuando falta el oxígeno.

Las bacterias se desarrollan mejor dentro de unos límites dados de temperatura, y en su etapa vegetativa (es decir, cuando en realidad están nutriéndose y creciendo) todas resultan susceptibles de ser destruidas exponiéndolas a una temperatura cercana a los 100°C, temperatura a la cual la muerte es instantánea. Las bacterias, como los mohos, forman esporas. La resistencia al calor de las esporas bacterianas varía según la especie y con el pH del medio. Esto se considera con mayor detalle en la página 392.

Los organismos más corrientes en la descomposición de los alimentos son las bacterias *mesófilas* que se originan en los animales de sangre caliente pero que se hallan también en el suelo, el agua y las aguas de albañal. Las bacterias mesófilas se desarrollan mejor a una temperatura cercana a la temperatura normal del cuerpo, entre 30 y 40°C, y no crecen a menos de 5°C. Las *bacterias psicrófilas*, que tienen su origen en el aire, el suelo y el agua, crecen mejor a una temperatura algo más baja, cerca de 20°C, aunque algunas de ellas se encuentran muy bien a temperaturas considerablemente más bajas. Tales bacterias psicrófilas crecen fácilmente a la temperatura de un refrigerador doméstico. Un pequeño grupo de bacterias crecen a temperaturas de hasta 60°C, y son conocidas como *bacterias termófilas*. Las esporas de las bacterias termófilas resisten muy bien el calor.

Las bacterias no son necesariamente nocivas para el hombre, y la especie *Escherichia coli* se encuentra en gran número en el intestino humano. Algunas de las bacterias que se hallan en el intestino son positivamente beneficiosas, ya que sintetizan algunas vitaminas absorbibles del grupo B y vitamina K a partir del contenido del intestino grueso. Las bacterias que no causan daño al ser humano son, sin embargo, capaces de echar a perder los alimentos.

LEVADURAS   Las levaduras son hongos microscópicos unicelulares pero que, a diferencia de los mohos, se reproducen por gemación, es decir, por la formación de un pequeño brote o yema que se separa de la célula madre cuando alcanza un cierto tamaño y emprende una existencia independiente. Las levaduras también forman esporas pero éstas son mucho menos resistentes al calor que las esporas de los mohos y de las bacterias. Las levaduras se encuentran en el suelo y en la superficie de las frutas. Por ejemplo, la presencia de levaduras en la piel u hollejo de las uvas es la razón por la que fermenta el jugo de uva para convertirse en vino. Las levaduras crecen en diversas condiciones, pero la mayor parte prefiere alimentos ácidos (pH entre 4 y 4.5) con un contenido razonable de humedad. La mayor parte de las levaduras se desarrollan mejor en presencia de oxígeno entre 25 y 30°C. Algunas son capaces de crecer a 0°C y temperaturas más bajas. Las levaduras y sus esporas mueren fácilmente calentándolas a 100°C.

Las levaduras se utilizan para elaborar pan (y otros productos fermentados), cerveza y vinagre. Son causa de la descomposición de muchos alimentos que incluyen frutas, jugos de frutas, dulce de almíbar y carne. Aunque causan el deterioro de los alimentos, las levaduras no son *patógenas*, es decir, no causan enfermedades, como el envenenamiento por alimentos.

Los microorganismos atacan a los alimentos debido a que requieren energía y materia prima para mantener sus procesos metabólicos y su crecimiento explosivo. En otras palabras, al igual que nosotros, necesitan alimento (sólo que un poco más). Los microorganismos descomponen las complejas moléculas de los alimentos sobre los que se desarrollan y las convierten en moléculas absorbibles de menor tamaño. Si se deja que los microbios crezcan libremente, su presencia en el alimento se hace a menudo (aunque no siempre) aparente a la vista, y en particular en el caso de la carne, al olfato.

El crecimiento microbiano cesa por lo general cuando el alimento se halla realmente corrompido, ya que los mismos microorganismos no son capaces de tolerar las condiciones que ellos han creado. Los ácidos orgánicos se encuentran entre las sustancias producidas durante la descomposición microbiana de los alimentos, mismos que se acumulan y finalmente suprimen el crecimiento microbiano. Pasado un cierto tiempo, aparece alguna otra especie de microorganismo capaz de tolerar las condiciones más ácidas y continúa entonces el ataque sobre el alimento.

Las *hortalizas y las frutas* tienen una piel seca y relativamente sin poros además de que los jugos de sus células son ligeramente ácidos. De este modo es más probable que resulten más afectadas por el crecimiento de mohos y levaduras que del ataque por bacterias. Las esporas de las levaduras y de los mohos están siempre presentes en el aire pero las frutas y hortalizas intactas no corren un gran riesgo. Sin embargo, si están muy maduras o dañadas, de manera que los fluidos de las células se filtran a la superficie, es muy probable que se desarrollen mohos y levaduras. Si otras condiciones son favorables, el alimento se deteriorará rápidamente. Es bien sabido que "una manzana podrida en un barril" tiene un efecto devastador. Esto se debe, por supuesto, a que la manzana podrida genera millones de voraces microbios que atacan a las manzanas sanas adyacentes.

Las frutas y las hortalizas se mantienen en buenas condiciones el tiempo máximo posible si están limpias, se mantienen frescas y se manejan con cuidado.

El *deterioro de la carne* es causado principalmente por bacterias y mohos, aunque la carne no es inmune al ataque de las levaduras. La carne en canal sana debe estar libre de bacterias. En la práctica, la superficie por lo general es contaminada por el cuero y los intestinos cuando se sacrifica el animal y al cadáver se divide en piezas. Las aves de corral son particularmente propensas a la contaminación bacteriana ya que la piel y las superficies interiores albergan usualmente un gran número de bacterias.

Cuando los microbios se desarrollan sobre la superficie de la carne desdoblan las moléculas de proteína y crecen para formar una película mucilaginosa. En este proceso se forman bióxido de carbono, hidrógeno y amoniaco y la capa superficial de la carne adquiere un color café grisáceo debido a la conversión de la *mioglobina* en *metmioglobina*. Conforme continúa la putrefacción se forman sulfuro de hidrógeno, mercaptanos y aminas, todos los cuales tienen un olor fétido, que en conjunto advierten del estado incomible de la carne.

Resulta muy difícil lograr que la carne esté totalmente libre de bacterias, por lo que casi siempre tiene alguna contaminación superficial. Los efectos nocivos de dicha contaminación se reducen al mínimo almacenando la carne a una baja temperatura (menos de 5°C) a fin de evitar el crecimiento bacteriano. Antes de cocer la carne se debe siempre frotar con un paño *limpio* y húmedo para remover el material mucilaginoso bacteriano.

CONSERVACIÓN DE LOS ALIMENTOS

Los microorganismos están presentes en el aire, el polvo, el suelo, las aguas negras y las manos y otras partes del cuerpo. Están tan ampliamente distribuidos que su presencia en o sobre los alimentos resulta inevitable a menos que se tomen medidas especiales para eliminarlos. Si se quiere que los alimentos se mantengan en buenas condiciones durante un determinado tiempo, es esencial impedir el desarrollo de los microorganismos. Lo anterior se lleva a cabo ya sea matándolos y luego almacenando el alimento en condiciones en las que sea imposible otra infección, o bien creando un ambiente que retarde o detenga el crecimiento de los microorganismos.

La capacidad de conservar a los alimentos en buenas condiciones durante largo tiempo constituye un indudable beneficio. Se reduce la cantidad de alimento desperdiciado y se mantiene baja la frecuencia de intoxicación por alimentos. Asimismo, se dispone de una mayor diversidad de alimentos, que incluyen aquéllos "no propios de la estación" y los procedentes de ultramar, que en otros tiempos no era posible transportar y almacenar. El extendido uso de conservadores, refrigeradores, equipos de congelación y alimentos enlatados y deshidratados ha hecho fácil al consumidor disponer de una amplia variedad de alimentos sanos en cualquier época del año.

Además de suprimir el crecimiento de los microorganismos, un método eficiente de conservación de los alimentos debe hacer que éstos conserven en lo posible sus características originales y perjudiquen lo menos posible el valor nutritivo.

Conservadores químicos

Durante muchos siglos varios compuestos químicos se han utilizado para la conservación de los alimentos; el cloruro de sodio, los nitratos de sodio y potasio, los azúcares, el vinagre, el alcohol, el humo de leña y diversas especias se consideran conservadores tradicionales.

En el capítulo 7 se mencionó un ejemplo de la acción conservadora de las soluciones concentradas de azúcar con respecto al dulce de almíbar y otras conservas azucaradas. La leche condensada azucarada, misma que contiene grandes cantidades de azúcar, es otro ejemplo excelente de este principio. Se mantiene por varias semanas después de abrir la lata libre del crecimiento de microorganismos. Asimismo, los microorganismos no toleran concentraciones altas de alcohol y por esta razón los vinos encabezados se conservan mejor que los que no lo están. De modo similar, el vinagre no permite el crecimiento de muchos microorganismos, característica que se aprovecha en los alimentos encurtidos.

CONSERVACIÓN POR SALAZÓN Y AHUMADO   La carne y el pescado se han conservado por salazón (o curado) desde los tiempos más remotos. Este método se utiliza todavía, a menudo en combinación con el secado o el ahumado, aun en las sociedades más primitivas que disponen de sal. En la Gran Bretaña de la Edad Media los animales más débiles se sacrificaban en el otoño debido a que no se disponía de suficiente alimento para mantenerlos vivos durante el invierno. Se salaban bueyes enteros y se disponía de poca o ninguna carne fresca durante los meses del invierno.

La carne y el pescado se conservan hoy en día mediante la refrigeración y la importancia del curado como método de conservación ha disminuido. No obstante, el tocino y el jamón, los embutidos tipo salami y la cecina todavía son características de la dieta británica. Al presente se utilizan formas más ''ligeras'' de curado de manera que el tocino, por ejemplo, no es tan salado ni tan seco como antes. En consecuencia, es más propenso a la descomposición bacteriana y tiene que ser tratado casi con tanto cuidado como el puerco fresco.

La salazón en seco, en la cual la carne o el pescado se enterraba profundamente en sal granulada que contenía algo de nitrato/nitrito de sodio, ha desaparecido casi totalmente. En el proceso de curado húmedo se utiliza una solución concentrada de sal, o salmuera. Se añade tradicionalmente nitrato de sodio a la salmuera y una parte del mismo es reducida a nitrito de sodio durante el proceso de curado. En realidad, es el nitrito el que actúa como conservador y hoy en día se utiliza a menudo el propio nitrito en lugar del nitrato de sodio.

La carne curada (principalmente de puerco) se prepara generalmente inyectando la carne con una solución concentrada de sal que contiene alrededor de cinco por ciento de nitrato/nitrito de sodio, y en el caso del tocino curado dulce, un poco de azúcar. Luego se sumerge la carne durante unos días en una solución similar. El tocino rebanado y empacado en un envase transparente por el comerciante antes de su venta empieza algunas veces como carne de puerco en rebanadas y la solución del curado se incluye en el paquete. El curado tiene lugar (o se supone que tiene lugar) dentro del paquete. Es inevitable que el producto resulte algo más húmedo que el tocino curado tradicionalmente y no resulta del agrado de todos.

El curado cambia el color de la carne no cocida como resultado de la conversión parcial de la proteína *mioglobina* en *nitrosomioglobina*, cuyo color es de un rojo subido, debido a los nitritos presentes en el licor de curado. Cuando se cuece el tocino o el jamón (o la cecina se conserva todavía más mediante el enlatado) el color se hace más vivo debido a la formación de una nitrosoproteína más compleja. La presencia de los nitritos en los alimentos puede ser nociva debido al riesgo de la formación de nitrosamina (véase la página 383).

Aunque los iones nitrito (NO_2^-) constituyen los principales agentes antimicrobianos en las carnes curadas, las otras sales presentes también ayudan debido a que se disuelven en los fluidos de la carne para formar una solución concentrada en la que los microbios no crecen. Las sales disueltas ''capturan'' algunas de las moléculas de agua, lo que hace que éstas no puedan ser utilizadas por los microorganismos. El contenido aparente de agua (en lo que concierne a los microorganismos) es más bajo que el contenido real de la misma. La cantidad disponible se expresa como la actividad del agua a_w de una muestra de alimento. La propia agua tiene un valor a_w de 1.00 y una solución salina saturada un valor a_w de 0.75.

Tabla 16.1 Contenido de agua y actividad del agua de algunos alimentos

	Contenido de agua	(%)Valor típido de a_w
Carne no cocida	55 – 60	0.98
Queso (Cheddar)	35 – 40	0.97
Pan	38 – 40	0.95
Mermelada	33 – 35	0.95
Carne curada	30 – 35	0.83
Miel	20 – 23	0.75
Frutas secas	18 – 20	0.76
Harina	14 – 16	0.75

La actividad del agua de algunos alimentos se da en la tabla 16.1.

Las bacterias se propagan mejor en aquellos alimentos con una a_w de valor alto siempre, por supuesto, que sean favorables otras condiciones. Muchas bacterias no se desarrollan por debajo de un valor a_w de 0.95, y un valor de 0.91 es el nivel más bajo de actividad acuosa tolerable por las bacterias normaies. Las levaduras y los mohos toleran valores mucho más bajos de a_w que las bacterias. Los valores mínimos de a_w tolerables por las levaduras y mohos normales son 0.88 y 0.80, respectivamente.

El ahumado es otra antigua técnica de conservación de los alimentos. En los principios, es probable que se utilizara el humo procedente de un fuego al aire libre, pero más tarde el ahumado se llevaba a cabo colgando la carne o el pescado (por lo general salado en abundancia) sobre un fuego lento humeante y sin llama en ahumaderos. Los alimentos ahumados poseen por lo general una capa exterior consistente en alquitranes condensados, fenoles y aldehídos, mismos que tienen un poderoso efecto antimicrobiano así como un sabor característico. El efecto conservador está más o menos limitado a la superficie del alimento pero la descomposición interior se retarda debido a que la capa exterior se comporta como una cubierta bactericida. El ahumado hoy en día se utiliza principalmente para darle sabor y color a la carne y el pescado y su efecto conservador tiene una importancia secundaria.

El humo contiene muchos compuestos orgánicos y se han identificado más de 200 compuestos. Entre ellos se encuentran: hidrocarburos policíclicos que se sabe son carcinógenos. Por consiguiente, es posible que el consumo durante largos periodos de grandes cantidades de alimentos tradicionalmente ahumados podría llegar a ser nocivo. Como medida precautoria en la actualidad se emplean a menudo sustitutos del humo en lugar de humo verdadero. Los sustitutos del humo (conocidos en forma inverosímil como ''humo líquido'') se preparan condensando las sustancias volátiles presentes en el humo y separando los componentes hidrosolubles de los hidrocarburos policíclicos carcinógenos insolubles.

Los alimentos genuinamente ahumados tienen un aspecto café ahumado así como un sabor a humo. Los alimentos ahumados ''de imitación'' se tiñen a menudo para dar la impresión de un ahumado total. Los arenques, por ejemplo, se tiñen con el colorante permitido Brown FK (*Brown For Kippers*; pardo para arenques).

UTILIZACIÓN DE CONSERVADORES PERMITIDOS   Históricamente, muchas sustancias tóxicas han sido utilizadas como conservadores de los alimentos. Se han empleado boratos, fluoruros y diversos fenoles, pero en el transcurso del tiempo se ha hecho patente que su eficiencia para matar microorganismos marcha junto a una considerable toxicidad para el ser humano. Sin embargo, esto no impidió que individuos poco escrupulosos los utilizaran, a menudo en cantidad peligrosa. Los conservadores, con frecuencia, se utilizaban con el fin de mitigar el efecto de las prácticas antihigiénicas empleadas en la producción y distribución de los productos. Por ejemplo, la leche se mantiene fresca durante periodos comparativamente largos si se trata previamente con formalina, y esta práctica alguna vez fue común. La formalina es una solución acuosa de formaldehído extremadamente tóxica y que se emplea ampliamente para conservar especímenes zoológicos. Al presente, está prohibida la adición de cualquier conservador a la leche.

El uso de productos químicos en Gran Bretaña con el fin de conservar alimentos está estrictamente controlado por las *Preservatives in Food Regulations* (Reglamentaciones sobre el uso de conservadores en los alimentos de 1979). En dichas reglamentaciones la palabra conservador significa: ''cualquier sustancia que tiene la capacidad de inhibir, retardar o detener el crecimiento de los microorganismos o cualquier deterioro de los alimentos debido a los microorganismos o bien de ocultar los signos de cualquier tipo de deterioro''.

Las reglamentaciones enumeran los *conservadores permitidos* y los alimentos en que se pueden utilizar y especifican la cantidad máxima permisible que debe estar presente. Para los fines de las reglamentaciones, las siguientes sustancias no se consideran como conservadores:

a) cualquier antioxidante permitido.
b) cualquier edulcorante artificial permitido.
c) cualquier blanqueador permitido.
d) cualquier materia colorante permitida.
e) cualquier emulsionante permitido.
f) cualquier agente de mejoramiento permitido.
g) cualquier aditivo misceláneo permitido.
h) cualquier disolvente permitido
i) cualquier estabilizador permitido.
j) vinagre.
k) cualquier carbohidrato soluble endulzante, bebidas espirituosas o vinos.
l) hierbas, especias, extracto de lúpulo o aceites esenciales cuando se utilizan con fines saborizantes.

Tabla 16.2 Conservadores permitidos

Conservador permitido	Ejemplo de utilización
E200 ácido sórbico	Refrescos, yogur de frutas, queso procesado
E201 sorbato de sodio E202 sorbato de potasio E203 sorbato de calcio	Pizza congelada, harina, dulces
E210 ácido benzoico E211 benzoato de sodio E212 benzoato de potasio E213 benzoato de calcio E214 etil 4-hidroxibenzoato E215 etil 4-hidroxibenzoato de sodio E216 propil 4-hidroxibenzoato E217 propil 4-hidroxibenzoato de sodio E218 metil 4-hidroxibenzoato E219 metil 4-hidroxibenzoato de sodio	Cerveza, mermelada, crema para ensalada, bebidas sin alcohol, pulpa de fruta, rellenos para bizcocho a base de frutas, arenque y macarela marinados
E220 bióxido de azufre E221 sulfito de sodio E222 sulfito ácido de sodio E223 metabisulfito de sodio E224 metabisulfito de potasio E226 sulfito de calcio E227 sulfito ácido de calcio	Frutas secas, hortalizas deshidratadas, jugos y jarabes de frutas, embutidos, productos lácteos con base en frutas, sidra, cerveza y vino, se emplea también para impedir el oscurecimiento de las papas crudas peladas y acondicionar la masa para galletas
E230 difenilo E231 2-hidroxidifenilo E232 2-fenilfenato de sodio	Tratamiento superficial de cítricos
E233 tiabendazol	Tratamiento superficial del plátano
E234 nisina	Queso, crema cuajada
E239 hexamina	Arenque y macarela marinados
E249 nitrito de potasio E250 nitrito de sodio E251 nitrato de potasio E252 nitrato de sodio	Tocino, jamón, carnes curadas, cecina y algunos quesos
E280 ácido propiónico E281 propionato de sodio E282 propionato de calcio E293 propionato de potasio	Pan y harina, dulces Budín de Navidad

m) sal común.

n) cualquier sustancia añadida al alimento por medio del proceso de curado conocido como ahumado.

Se debe hacer notar que la mayor parte de los conservadores tradicionales están incluidos en esta lista y, por lo tanto, desde el punto de vista legal, no se consideran en lo absoluto como conservadores.

En la tabla 16.2 se enumeran los conservadores y se dan *ejemplos* de los alimentos en los cuales se pueden utilizar. Cada conservador permitido está identificado por un número de serie que en la etiqueta del producto se puede utilizar en lugar del nombre completo. Los números de serie se encuentran en la centena del 200, y en caso de que el conservador esté aprobado para su utilización en toda la Comunidad Económica Europea, el número es precedido por una E. Aunque existen 35 conservadores permitidos muchos de ellos son en realidad otras formas de un menor número de compuestos "madre".

El *ácido sórbico* y sus sales (E200-E203) son inhibidores del crecimiento de los mohos y las levaduras. El ácido se utiliza en refrescos y yogur y las sales principalmente en productos del tipo de pastel. El ácido sórbico es un ácido insaturado no tóxico y es tratado probablemente por el cuerpo de la misma manera que los ácidos grasos insaturados de origen natural.

$$CH_3-CH=CH-CH=CH-COOH$$
Ácido sórbico

El *ácido benzoico*, C_6H_5COOH, es el compuesto madre de otro grupo de conservadores permitidos muy utilizados que incluyen el propio ácido, sus sales y ésteres y las sales y ésteres del ácido 4-hidroxibenzoico (E210-E219).

Ácido benzoico   Metil 4-hidroxibenzoato

El ácido benzoico se encuentra de manera natural en algunos alimentos. En el cuerpo se combina con el aminoácido glicina y se excreta como ácido hipúrico.

$$C_6H_5COOH + H_2NCH_2COOH \rightarrow C_6H_5CONHCH_2COOH$$
Ácido benzoico   Glicina   Ácido hipúrico

Los derivados del ácido benzoico son metabolizados de la misma manera.
El *bióxido de azufre* y los *sulfitos* (E220-E227) se encuentran entre los conservadores más utilizados. El mismo bióxido de azufre, SO_2, es un gas que se ha utilizado desde la antigüedad para evitar el crecimiento de organismos indeseables en el vino. El gas libre se utiliza muy poco hoy en día como conservador debido a que sus sales (sulfitos, sulfitos ácidos y betabisulfitos) son más convenientes e igualmente eficaces. Desgraciadamente, el bióxido de azufre y los sulfitos tienen un sabor desagradable y un resabio

o gustillo que puede ser detectado por algunas personas a concentraciones muy bajas. No obstante, cuando los sulfitos se utilizan en alimentos que se hierven o cuecen de alguna otra manera, la mayor parte del bióxido de azufre es eliminada y por tanto el resabio no presenta problemas. Otra desventaja de los sulfitos estriba en el hecho de que destruyen rápidamente a la tiamina. Las papas peladas mantenidas en una solución de sulfito (para evitar el oscurecimiento) pierden una parte considerable de su contenido de tiamina.

El *difenilo* y sus derivados (E230-232) y el *tiabendazol* (E233) se utilizan para evitar que los mohos y otras imperfecciones se desarrollen en la piel de los cítricos y los plátanos.

Difenilo   *o*-Hidroxidifenilo

La *nisina* (E234) es el único antibiótico que puede ser utilizado como conservador de los alimentos. Es producido por ciertas cepas del organismo *Streptococcus lactis* y se presenta de manera natural en la leche y los quesos Cheshire y Cheddar. Su presencia hace que dichos quesos sean relativamente inmunes a la descomposición causada por las bacterias que forman gases. Estas bacterias, que están constituidas principalmente por especies del género *Clostridium*, hacen que aparezcan agujeros y a veces grietas en el queso. La nisina es eficaz contra un número muy limitado de organismos. No resulta eficaz contra los organismos gramnegativos, mohos o levaduras, sino sólo contra ciertos organismos grampositivos. Por esta razón no resulta apropiada como conservador de uso general en los alimentos pero resulta útil como conservador ''rematador'' en el caso de los alimentos procesados por calor como los productos enlatados, ya que las esporas resistentes al calor se encuentran solamente entre las bacterias grampositivas.

Por otra parte, no existen usos médicos para la nisina y no hay peligro de que si las bacterias se hacen resistentes a la niacina lo sean también a otros antibióticos. La nisina es un polipéptido y cuando se ingiere es digerida y absorbida sin efectos nocivos de la misma manera que en el caso de otros polipéptidos.

La nisina se utiliza también como conservador para el queso y la crema cuajada. Como es inofensivo para el hombre, no se especifica la cantidad máxima permisible. De cualquier manera, ésta sería difícil de establecer debido a las cantidades variables que están presentes por causas naturales. La cantidad de nisina requerida para impedir la descomposición por *Clostridium* es de alrededor de 2 a 3 ppm. La nisina impide el desarrollo de las esporas bacterianas; no las destruye.

Hexamina (E239), o hexametilenotetramina, $(CH_2)_6N_4$, es un bacteriostático derivado del formaldehído. Tiene aplicaciones limitadas; en una solución poco ácida se convierte lentamente en formaldehído, y éste es con toda probabilidad el conservador eficaz.

El uso del *nitrito/nitrato de sodio y potasio* (E249-E252) para el curado de la carne ya se ha mencionado (véase la página 377). Asimismo, se utilizan en algunos quesos.

Los nitritos inhiben el crecimiento de la bacteria *Clostridium botulinum* que causa la mortal intoxicación alimentaria conocida como botulismo. Sin el uso de los nitritos, el consumo de muchas carnes enlatadas (en particular, en el caso de latas grandes en las que el procesamiento térmico por sí solo resulta menos eficaz para matar las esporas de *Clostridium botulinum*) sería mucho menos seguro.

Desafortunadamente, los nitritos presentes en los alimentos pueden ser convertidos parcialmente en nitrosaminas por la reacción con compuestos aminados. Se ha demostrado que las nitrosaminas causan cáncer cuando se suministran a los animales pero las cantidades utilizadas en estos experimentos de alimentación fueron mucho mayores que las que es probable se consuman cuando se ingieran carnes crudas. No obstante, como una medida de precaución, se prohíbe hoy en día la adición de nitratos o nitritos a los productos elaborados para los bebés y los niños pequeños.

El uso de nitritos y nitratos en los alimentos como conservadores es un asunto en el que hay mucho debate e investigación. Pone de relieve el dilema de decidir si se justifica o no el uso de dichos aditivos. Cuando se hace el balance, considerando su contribución a la reducción de los riesgos para la salud al matar a *Clostridium botulinum*, parecería que el uso continuo de nitritos y nitratos se justifica hasta que se llegue a conocer cualquier efecto nocivo producto por la presencia de mínimas cantidades de nitrosaminas en el cuerpo. Al analizar la utilización de nitratos y nitritos se ha recomendado que la cantidad de nitrito permisible en un determinado alimento se reduzca al *mínimo* necesario para impedir el crecimiento de *Clostridium botulimum* en dicho alimento. No se cuenta con pruebas claras de que los nitratos y los nitritos en la dieta promedio británica sean peligrosos. Pero persiste la duda.

Aun en el caso de que no se permitiera más la utilización como conservadores de los nitratos y los nitritos se consumirían todavía pequeñas cantidades de los mismos. Los nitratos se emplean abundantemente como fertilizantes en la agricultura y de alguna manera llegan a nuestras fuentes de agua y las hortalizas. Se ha estimado que un británico promedio consume alrededor de 60 mg de nitrato por día y recibe otros 10 mg del agua. Las hortalizas constituyen la fuente dietética más importante ya que representan cerca del 75 por ciento de la ingestión total. No obstante, las hortalizas contienen inhibidores de la formación de nitrosaminas, y así es posible que el contenido de nitratos no constituya un problema. La cerveza elaborada con agua cuyo contenido de nitrato es elevado puede ser la fuente principal de nitratos en la dieta de los "grandes" bebedores de cerveza.

El *ácido propiónico*. CH_3CH_2COOH, y sus sales (E280—E283) se utilizan en el pan y otros productos horneados de harina como supresores de los mohos. Algunos fabricantes de pan utilizan el ácido acético, CH_3COOH, en forma de vinagre como fungicida en lugar del ácido propiónico que es más eficaz. El vinagre es un conservador *tradicional* (no un conservador *permitido*) y por tanto no está asociado en la etiqueta con uno de los números E a los que los consumidores consideran injustamente con tanto recelo.

ANTIOXIDANTES Los conservadores que se acaban de discutir previenen o reducen el ataque de los microorganismos, pero no evitan el deterioro de los alimentos por la oxidación. Los alimentos grasos y los productos como pasteles y galletas, que contienen grasas, son particularmente propensos a este tipo de descomposición y se enrancian o se hacen "grasosos" con el paso del tiempo. La rancidez es causada por la oxidación de los radicales de los ácidos grasos insaturados presentes en los triglicéridos que componen las grasas. Las vitaminas solubles en grasa son también destruidas por la oxidación.

Los antioxidantes que de manera natural se hallan en las grasas tienden a prevenir los cambios oxidativos que producen la rancidez. El principal entre todos ellos es la vitamina E, de amplia distribución en los tejidos vegetales que contienen aceites y en menor grado en los tejidos animales. Sin embargo, estos oxidantes naturales no se hallan por lo general en cantidades suficientes para evitar en su totalidad los cambios oxidativos que tienen lugar cuando se almacenan los productos alimenticios; de este modo, resulta necesario añadir antioxidantes que son, en efecto, conservadores con una función especial.

La tabla 16.3 proporciona detalles de los antioxidantes permitidos en Gran Bretaña y ejemplos de los alimentos en los cuales se pueden utilizar. Los números E de los antioxidantes se hallan en la centena de los 300.

Deshidratación

Los microorganismos requieren agua para crecer y reproducirse; la conservación por deshidratación saca provecho de esta situación. El contenido de agua del producto se reduce por debajo de un determinado valor crítico (el cual varía según el producto) y se hace imposible el crecimiento de los microorganismos.

La deshidratación es un método tradicional de conservar los alimentos; el secado al sol se practicaba ya en épocas tan remotas como 2000 a. de C. y las hortalizas secas se venden desde hace alrededor de un siglo y las sopas desecadas desde hace más tiempo. Un pan de "sopa portátil",

Tabla 16.3 Antioxidantes permitidos

Antioxidante permitido	Ejemplo de utilización
E300 L-ácido ascórbico	Bebidas de frutas; también se utiliza para mejorar la harina y la masa del pan
E301 L-ascorbato de sodio	
E302 L-ascorbato de calcio	
E304 L-ascorbil palmitato	Huevos a la escocesa
E306 extractos de origen natural ricos en tocoferoles	Aceites vegetales
E307 alfa tocoferol sintético	Alimentos para bebés a base de cereales
E308 gamma tocoferol sintético	
E309 delta tocoferol sintético	
E310 galato de propilo	Aceites vegetales, goma de mascar
E311 galato de octilo	
E312 galato de dodecilo	
E320 hidroxianisol butilado	Cubos de caldo de res; queso para untar
E321 hidroxitolueno butilado	
E322 lecitina	
	Goma de mascar
	Pastas para untar con bajo contenido de grasa; como emulsionante en el chocolate
difenilamina	Para evitar la "escaldadura" (una descoloración en las manzanas y las peras)
etoxiquina	Para evitar la "escaldadura"

que se cree formaba parte de las provisiones del Capitán Cook para su viaje alrededor del mundo en 1772, existe todavía. Se asemeja a un pan de cola y los análisis químicos han demostrado que su composición ha cambiado poco con el paso de los años.

Las frutas secas se han producido durante muchos años secándolas al sol, pero estas técnicas tan sencillas no son adecuadas para la deshidratación de la mayor parte de los otros tipos de alimentos. En la práctica moderna se utilizan muchos tipos de equipos para deshidratar los alimentos. La desecación se lleva a cabo por lo general haciendo pasar aire a una temperatura y humedad cuidadosamente reguladas sobre o a través del alimento en desecadores de bandeja, secadores del tipo de túnel o tambores secadores rotatorios. Asimismo se utilizan secadores calentados al vacío; la temperatura necesaria para la deshidratación a presión reducida es mucho más baja que la que se requiere a las presiones normales. En el secado al vacío la atmósfera que rodea al alimento contiene una concentración mucho más baja de oxígeno que en los métodos normales de secado, y esto reduce el grado al que tienen lugar los cambios oxidativos.

Un método moderno de secado al vacío es el *secado por congelación* en el cual el alimento *congelado* se seca en condiciones de alto vacío. Es posible que parezca sorprendente el hecho de que un alimento congelado se seque por completo pero es bien sabido que los charcos congelados se secan gradualmente en el invierno y que la ropa puesta a secar se seca lentamente a pesar de estar totalmente congelada. Lo anterior constituye un ejemplo de sublimación (el hielo se convierte en vapor de agua sin pasar por la fase líquida). El secado por este método es muy lento a las presiones normales pero se acelera considerablemente en el *secado rápido por congelación*, en el que se reducen la presión a la que ocurre la sublimación y se suministra calor para proveer el calor latente de sublimación del hielo. La entrada de calor se controla cuidadosamente de manera que la temperatura del alimento no aumente más allá de la temperatura de congelación.

El secado por congelación es particularmente atractivo para el secado de alimentos sensibles al calor. La deshidratación tiene lugar sin pérdida de color y los nutrientes sensibles como las vitaminas quedan intactas. En la mayor parte de los métodos de deshidratación el alimento tiene que ser rebanado o picado a fin de presentar la máxima área superficial posible a la corriente de aire caliente que arrastra la humedad. Empero las piezas grandes de alimentos, como los bisteces enteros, pueden ser secados por congelación, y esto representa una gran ventaja. Conforme se sublima el hielo de la superficie del alimento durante el secado por congelación el frente de desecación retrocede en el alimento hasta que toda el agua ha sido extraída. Los productos altamente porosos contienen solamente un pequeño porcentaje de agua y puede ser almacenado durante largos periodos en empaques a prueba de humedad a la temperatura normal. Los alimentos secados por congelación se rehidratan con rapidez añadiendo agua fría, y el producto resultante se asemeja bastante al material inicial.

El secado por congelación es un proceso relativamente lento que requiere un equipo costoso; los productos secados por congelación son por lo consiguiente más costosos que los productos secados por medios más convencionales.

Antes de deshidratar las hortalizas, ya sea mediante desecación por congelación u otros métodos, son escaldados o "blanqueados" por inmersión en agua hirviendo o por tratamiento con vapor. Esto inactiva las enzimas oxidativas como la *catalasa*, la *fenolasa* y la *oxidasa del ácido ascórbico* y mejora la estabilidad del producto deshidratado. En el caso de las hortalizas con color, el blanqueado mejora asimismo el color del producto. Algo de las vitaminas hidrosolubles se pierde durante el blanqueado en agua pero esto se reduce al mínimo dejando que aumente la concentración de las sustancias hidrosolubles en el agua del blanqueado. Por lo general, se añade sulfito de sodio al agua utilizada para blanquear las hortalizas debido a que así se mejora tanto el color como la retención del ácido ascórbico. En el blanqueado por vapor, las hortalizas se tratan con una aspersión de sulfito antes de aplicar el vapor. Las pérdidas derivadas de la disolución de las sustancias hidrosolubles son mucho menores con el blanqueado al vapor que con el blanqueado por agua. El blanqueado destruye asimismo una gran proporción de los microorganismos presentes. Por ejemplo, la cuenta microbiana se reduce por un factor de 2000 en el caso de los chícharos y de más de 40 000 en el de las papas.

No es necesario remover toda el agua del alimento a fin de impedir la multiplicación de los microorganismos. Las bacterias no se multiplicarán en los alimentos con una actividad acuosa a_w (véase la página 378) inferior a 0.91. El mínimo nivel a_w aceptable por la mayor parte de las levaduras y los mohos es de 0.88 y 0.80, respectivamente. La mayor parte de los alimentos deshidratados contienen menos del 25 por ciento de agua y tienen una actividad acuosa inferior a 0.6. Los alimentos secados por congelación prácticamente no contienen nada de humedad.

La multiplicación de microorganismos no debe ocurrir en los alimentos deshidratados elaborados de manera adecuada pero no son inmunes a otros tipos de descomposición. Los alimentos que contienen grasas son propensos a enranciarse después de cierto tiempo, en particular si el contenido de agua es reducido a un valor demasiado bajo. Esto es cierto en el caso de las papas, pero en el de las hortalizas no grasas, como la col, se debe extraer tanta agua como sea posible, ya que esto ayuda a conservar el ácido ascórbico. La vida de almacenamiento de los alimentos deshidratados aumenta bastante y la pérdida de vitamina A y ácido ascórbico disminuye considerablemente en ausencia de oxígeno. Si se llena por completo el recipiente con alimentos deshidratados comprimidos se reduce al mínimo la cantidad de oxígeno. Empero es más preferible la sustitución del aire en el interior del recipiente con nitrógeno; la mayor parte de los alimentos deshidratados pueden ser almacenados durante dos años o más en latas selladas en las que el aire ha sido sustituido por nitrógeno.

Una de las grandes ventajas de los alimentos deshidratados consiste en que ocupan muy poco espacio. Las papas deshidratadas en forma de polvo, por ejemplo, sólo ocupan un volumen igual a diez por ciento de las papas comunes.

Refrigeración y congelación

Los microorganismos no se multiplican a bajas temperaturas con la misma rapidez que a temperaturas normales. Lo anterior se aprovecha en los refrigeradores domésticos que se utilizan para conservar los alimentos durante cortos periodos. La temperatura en dichos refrigeradores oscila generalmente alrededor de 5°C, temperatura que es suficiente para enfriar el alimento y reducir la actividad de los microorganismos pero insuficiente para proporcionar una larga vida de almacenamiento. Esto se debe a que los microorganismos no mueren y son todavía capaces de crecer y reproducirse pero con mayor lentitud. Además, continúa la actividad de las enzimas, aunque más lentamente, lo que origina cambios químicos en los alimentos y pérdida de calidad.

La refrigeración comercial o enfriamento se aplica a muchos alimentos, entre otros, carne, huevos, frutas y hortalizas. Cuando se refrigera la carne la temperatura disminuye hasta cerca de $-1°C$ y se mantiene en buenas condiciones hasta por un mes.

En la refrigeración en gran escala, el enfriamiento se combina ventajosamente con el almacenamiento con gas, esto es, almacenamiento en una atmósfera enriquecida con bióxido de carbono. Los microbios producen bióxido de carbono por su propia respiración y la adición de este gas a la atmósfera que circunda a los microbios retarda el crecimiento de éstos. La carne de res refrigerada, por ejemplo, se conserva durante diez semanas en una atmósfera que contenga de 10 a 15 por ciento de bióxido de carbono. Las concentraciones de bióxido de carbono más elevadas son todavía más eficaces pero no se utilizan debido a que hacen que la carne adquiera un color oscuro, a causa de la conversión de la hemoglobina en *methemoglobina*.

Aunque la refrigeración en las inmediaciones de $5°C$ permite almacenar los alimentos durante cortos períodos, éstos deben congelarse y almacenarse a una baja temperatura en caso de que se requiera un almacenamiento a largo plazo. Los microorganismos, que constituyen los agentes principales de la descomposición, se inactivan a alrededor de $-10°C$ mientras que las enzimas, que causan la descomposición química y la consecuente pérdida de calidad, se inactivan en gran parte por debajo de $-18°C$. Los congeladores domésticos almacenan los alimentos a cerca de $-18°C$ pero comercialmente se emplea una temperatura de $-29°C$ para asegurar una alta calidad y una larga vida en el almacenamiento.

La mayor parte de los alimentos frescos contienen por lo menos 60 por ciento de agua, parte de la cual (conocida como *agua combinada*) está unida firmemente a los constituyentes celulares, el resto (conocida como *agua disponible* o *congelable*) es móvil. En promedio, las células vegetales contienen seis por ciento de agua combinada y las células animales 12 por ciento. El agua disponible no se congela a $0°C$ a causa de que los sólidos disueltos en ella disminuyen la temperatura de congelación. Por ejemplo, a $-5°C$, el 64 por ciento del agua contenida en los chícharos está congelada; a $-15°C$, 86 por ciento, mientras que a $-30°C$, está congelada 92 por ciento (virtualmente toda el agua disponible).

La rapidez a la que se congelan los alimentos es importante. La buena calidad se mantiene sólo si la congelación es rápida, lo que por lo común significa que la temperatura en el centro térmico del paquete de alimentos debe pasar a través de la zona de congelación, de 0 a $4°C$, en 30 minutos. Es dentro de este intervalo de temperatura en el que se congela la mayor parte del agua disponible y se debe eliminar la mayor cantidad de calor (calor latente de congelación).

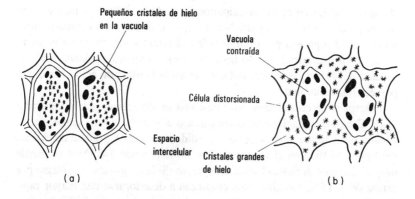

Figura 16.1 Células vegetales: *a*) después de congelación rápida: *b*) después de congelación lenta.

La manera como la rapidez de congelación afecta la calidad se aprecia observando la figura 16.1. Las células vegetales tienen vacuolas relativamente grandes que contienen la mayor parte del agua disponible. Durante la congelación rápida se forman minúsculos cristales de hielo dentro de las vacuolas y como disponen de poco tiempo para crecer no distorsionan la estructura celular. Sin embargo, si la congelación es lenta, se empiezan a formar cristales en los espacios intercelulares fuera de las paredes de la célula y conforme crecen extraen agua del interior de las células dejándolas deshidratadas y distorsionadas. También se pueden formar cristales de hielo dentro de las vacuolas. El proceso en las células animales (que tienen vacuolas de menor tamaño y contienen menos agua) es en términos generales similar.

Si se sumergen los alimentos en nitrógeno líquido (temperatura de ebullición − 196°C) o si se rocían con nitrógeno líquido, éste hierve como resultado de la rápida transferencia de calor desde el alimento. Tiene lugar una congelación casi instantánea y el alimento mantiene su forma y apariencia originales. Esta técnica, conocida como *congelación criogénica*, o *congelación por inmersión*, es relativamente costosa pero resulta útil en el caso de los productos de costo elevado.

La pérdida de valor nutritivo por la congelación y el subsiguiente almacenamiento es pequeña, pero ocurren algunas pérdidas en la preparación preliminar de las frutas y las hortalizas y durante el almacenamiento de casi todos los alimentos congelados.

En una buena práctica comercial existe poca demora entre la recolección de las hortalizas y su congelación, y por consiguiente la pérdida nutricional es insignificante. Las hortalizas y algunas frutas, como las manzanas, se blanquean con agua hirviente o vapor antes de la congelación a fin de destruir enzimas y algunos microorganismos. Esto causa la pérdida de algunas vitaminas solubles en agua, principalmente ácido ascórbico, y también, en menor grado, tiamina. La pérdida real depende de la manera como se lleva a cabo el blanqueado pero, en general, el blanqueado conserva el ácido ascórbico al reducir el tiempo final de cocción requerido e inactivando la oxidasa del ácido ascórbico, reduciendo así la pérdida de ácido ascórbico por el almacenamiento.

Después de congelados, los alimentos se almacenan por lo general a −18°C en los congeladores domésticos o a −29°C en los comerciales. A estas bajas temperaturas hay una pérdida muy lenta y gradual de calidad pero poca pérdida en el valor nutritivo. Sólo el ácido ascórbico se pierde muy lentamente durante el almacenamiento. Si la temperatura aumenta por arriba de −18°C los alimentos empiezan a deteriorarse con mayor rapidez. Por ejemplo, aunque las fresas se almacenan bien a −20°C por más de un año, a −10°C experimentan algo de deterioro en el sabor después de pasados unos meses.

Cuando se descongelan los alimentos congelados ocurren con frecuencia algunas pérdidas de líquido (conocidas como *goteo*) que hacen que se pierdan los nutrientes solubles del alimento. El grado al que tiene lugar el goteo depende de la rapidez a la que se lleva a cabo la congelación, la duración y la temperatura del almacenamiento y la naturaleza celular del alimento. La materia vegetal es más susceptible de gotear que los alimentos de origen animal debido a que las células vegetales tienen vacuolas más grandes que contienen más agua disponible (figura 16.1), y por consiguiente experimentan una mayor distorsión al congelarse lentamente. Las frutas, particularmente las blandas como las fresas, pueden experimentar un goteo considerable con la consiguiente pérdida de vitamina C al descongelarse. (La descongelación de los vegetales puede también causar alguna pérdida de vitamina C y es mejor cocerlos sin descongelarlos). Las frutas blandas experimentan también un colapso parcial de su estructura celular al descongelarse, lo que las hace muy aguadas. Cuando se descongela la carne congelada, puede haber una pérdida considerable de nutrientes solubles, entre otros proteínas y vitaminas B. No obstante, es posible evitar la pérdida de nutrientes por el goteo si el líquido que gotea de la carne se incorpora a la salsa y si se consume el líquido (generalmente en forma de jarabe) proveniente de la fruta.

En conclusión, puede decirse que la pérdida nutricional en el alimento que ha sido congelado y almacenado de manera adecuada es muy pequeña, y es probable que su valor nutritivo sea superior al del producto "fresco" equivalente que bien puede haber experimentado una demora de varios días entre la cosecha y el consumo.

Conservación por calentamiento

ENLATADO   El enlatado, que es el principal método por medio del cual los alimentos se conservan mediante tratamiento térmico, se derivó de la conservación en frascos y, en esencia, ambos procesos son iguales. El principio es bastante sencillo, el alimento se sella en una lata que luego se calienta a una temperatura tal que mueren todos los microorganismos y esporas patógenas capaces de desarrollarse durante el almacenamiento de la lata a temperaturas normales. Como ningún microorganismo tiene acceso al alimento mientras la lata permanezca sellada, no ocurre ninguna descomposición.

Prácticamente es posible enlatar cualquier tipo de alimento y la naturaleza de éste es la que determina en gran parte qué operaciones hay que llevar a cabo antes del enlatado. Primero, se limpia el producto y las partes no comestibles como las semillas de las frutas, las cáscaras o los huesos se eliminan hasta donde sea posible. Las frutas y las hortalizas se someten a un blanqueado preliminar antes del enlatado a fin de ablandarlas y permitir introducir a presión una mayor cantidad en la lata sin que se dañen. En el caso de las hortalizas, el blanqueado sirve asimismo para desplazar el aire y produce un encogimiento ligero. El alimento se coloca dentro de la lata, la que luego se llena hasta cerca de media pulgada de la parte superior con el licor (por lo general, jarabe de azúcar en el caso de las frutas y salmuera en el caso de las hortalizas). Enseguida, se coloca de modo flojo la tapa y la lata y el contenido se calienta hasta alrededor de los 95°C con agua caliente o vapor. Este proceso, conocido como "agotamiento", hace que se expanda el aire que se halla en la parte superior de la lata y desplace cualquier aire remanente en los tejidos de la fruta y las hortalizas. El agotamiento reduce asimismo el esfuerzo sobre la lata durante el tratamiento térmico subsiguiente. Asimismo, reduce considerablemente la cantidad de oxígeno en el espacio superior, y de este modo reduce al mínimo la corrosión de la lata y la oxidación de los nutrientes, en particular del ácido ascórbico, después del sellado. La lata se sella una vez que se completa el agotamiento y queda lista entonces para la esterilización térmica o "procesamiento" como se le conoce.

La mayor parte de los alimentos enlatados se procesan en equipos de cocción calentados por vapor del tipo de cargas individuales o lotes, mismos que son versiones en gran escala de la olla doméstica de presión. La temperatura del procesamiento se controla ajustando la presión a la que opera el equipo.

Mucho se ha trabajado a fin de determinar las condiciones óptimas para procesar los alimentos enlatados. Un procesamiento exagerado tiene un efecto adverso sobre la calidad, y es aconsejable reducir tanto como sea posible el tiempo y la temperatura de procesamiento. Sin embargo, dichas condiciones deben ser lo suficientemente enérgicas como para asegurar que todos los microorganismos nocivos presentes en el alimento enlatado mueran o se inactiven. Las esporas bacterianas mueren rápidamente al calentarlas en condiciones ácidas, y las temperaturas a las que se procesan las frutas no son tan altas como las utilizadas para las hortalizas y la carne.

Las hortalizas y la carne enlatadas se procesan generalmente a 115°C, mientras que las frutas pueden ser procesadas en agua hirviendo. El tamaño de la lata y la naturaleza física del alimento que ésta contiene son otros factores que influyen en la cantidad del calor de procesamiento necesario ya que ambos afectan la penetración térmica. Si está presente un líquido, el calor se distribuye a todas las partes de la lata mediante corrientes de convección. Por otra parte, en el caso de los alimentos sólidos la penetración térmica es más lenta y el tiempo de calentamiento debe ser correspondientemente mayor. Los tiempos de procesamiento para los alimentos que no son sólidos se reducen hasta en dos tercios agitando el contenido de las latas, ya que esto ayuda a la penetración térmica.

Enlatado ATCT La duración del procesamiento térmico es posible reducirla de modo considerable aumentando en gran medida la temperatura a la que se lleva a cabo; teóricamente, los tiempos de procesamiento serían realmente muy cortos si fuera posible utilizar temperaturas muy elevadas. Sin embargo, en la práctica la rapidez a la que el calor penetra hasta el centro del alimento impone una limitación a dichos procesos de alta temperatura por corto tiempo (ATCT) y así sólo se emplean para procesar alimentos *antes* del enlatado. La esterilización se lleva a cabo a unos 120°C, en equipos especiales diseñados para alcanzar una elevada transferencia de calor. Luego, el alimento se enfría poco antes de sellarlo en las latas que han sido previamente esterilizadas con vapor sobrecalentado. Este procedimiento, conocido como *enlatado aséptico*, sólo se utiliza al presente para alimentos líquidos o semisólidos en los que es posible lograr una alta transferencia de calor a una delgada capa del alimento. El tiempo de calentamiento varía de seis segundos a alrededor de seis minutos, lo que depende del tipo de alimento que se va a enlatar.

Una ventaja de los procesos ATCT es que como el alimento se cuece a capas delgadas hay menos probabilidad de que una parte del mismo se procese de más al tratar de asegurarse de que todo el alimento sea procesado de manera adecuada. Por supuesto, esta es la situación en el caso del procesamiento normal "en el interior de la lata". Otra ventaja consiste en que se pueden utilizar latas grandes, mismas que son convenientes para el abastecimiento en gran escala de comida, puesto que no hay problemas con respecto a la penetración hasta el centro de la lata.

Resistencia de los microorganismos al calor Las bacterias, los mohos y las levaduras mueren rápidamente a las temperaturas utilizadas en el enlatado de los alimentos (véase la página 370). Sin embargo, las esporas bacterianas son muy resistentes a las altas temperaturas. La muerte de las esporas bacterianas en los alimentos tratados térmicamente sigue una trayectoria logarítmica en la que parecen iguales proporciones de células supervivientes en cada unidad sucesiva de tiempo. De esta manera, si están presentes inicialmente 10 000 unidades por volumen unitario y parecen 9 000 por exposición a una determinada temperatura durante un minuto, en el segundo minuto morirán 900, 90 en el tercer minuto, 9 en el cuarto minuto y así sucesivamente. Mueren mil veces más esporas en el primer minuto de exposición que durante el cuarto.

La resistencia al calor de un microorganismo particular se expresa en términos del *tiempo de muerte térmica* (TMT) a una determinada temperatura. El TMT es el tiempo requerido para alcanzar la esterilidad en un cultivo o preparación de esporas bacterianas que contengan un número conocido como organismos en un medio específico. A una temperatura particular, el TMT de una determinada preparación de esporas depende del número de esporas presentes. La relación entre el TMT y la temperatura es logarítmica y cuando los valores del TMT se grafican sobre una escala logarítmica contra la temperatura en una escala lineal se obtiene una línea recta, como se muestra en la figura 16.2. Una curva de muerte térmica se caracteriza por el valor del TMT a una temperatura particular, generalmente 121°C, y la pendiente. El símbolo F se utiliza para designar el TMT a 121°C y z para designar a la pendiente. La pendiente de la curva se define como la diferencia de temperatura, en grados fahrenheit, que se requiere para producir un aumento o una disminución de diez veces en el TMT, es decir, para que el TMT atraviese un ciclo logarítmico. En la figura 16.2, F es 2.78 minutos y z es 18.

Asimismo, es posible trazar curvas de muerte térmica para las bacterias vegetativas (la contraparte de las esporas bacterianas). El TMT de las células vegetativas es casi cero a 121°C y por tanto se utiliza 65.5 como la temperatura de referencia para dichos organismos. A fin de evitar confusión se le asigna al TMT de las células vegetativas el símbolo F_1.

Los tiempos de muerte térmica pueden ser utilizados para comparar la resistencia al calor de los organismos, pero es asimismo conveniente contar con algún método para comparar la eficacia de los varios *procedimientos* de procesamiento térmico. Lo anterior se efectúa adaptando el concepto del TMT y utilizando el símbolo F para indicar el *valor esterilizador* o la *letalidad* de un proceso. El valor F de un proceso se define como el número de minutos a 121°C que tendrán un efecto esterilizador equivalente al del proceso (suponiendo un calentamiento y un enfriamiento instantáneo al inicio y al final de la exposición). Si se calcula el valor esterilizador sobre la base de $z = 18$, se utiliza el símbolo F_0. El símbolo F_1 se utiliza para la letalidad de los procesos de pasteurización, en este caso la temperatura de referencia es de 65.6°C.

Las condiciones lo suficientemente enérgicas para matar a las esporas del organismo *Clostridium botulinum*, las que resisten al calor a un pH superior a 4.5 y son particularmente peligrosas (véase la página 410) matarán asimismo todos los otros organismos nocivos. La resistencia al calor de dichas esporas constituye una norma de comparación contra la cual se

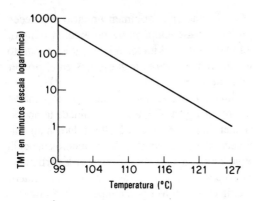

Figura 16.2   Curva de tiempo de la muerte térmica de las esporas de *Clostridium botulinum*.

puede evaluar la eficiencia de un proceso de tratamiento térmico. La figura 16.2 muestra que una preparación de *Clostridium botulinum* que contenía 6×10^{10} esporas fue destruida por exposición a 121°C durante 2.78 minutos. Esta cifra ha sido aproximada a tres y utilizada como el valor mínimo de esterilización aceptable para un proceso seguro, es decir, un proceso $F_o = 3$. Este proceso se conoce como proceso mínimo seguro o, menos formalmente, "cocción de botulinum". La preparación de esporas antes mencionada pasó a través de 12 reducciones decimales (es decir, se redujo sucesivamente en una décima 12 veces) antes de que dejaran de detectarse más esporas, de aquí que un proceso con un valor F_o de 3 se conoce a veces como un proceso 12D. La probabilidad de que una espora de *Clostridium botulinum* sobreviva a dicho proceso es menor de una en 10^{12}. De todo esto es claro que el riesgo de que tenga lugar un brote de botulismo por el consumo de alimentos preparados de modo adecuado es muy pequeño.

Es posible que queden algunos microorganismos viables en los alimentos enlatados pero no causan problemas y, en circunstancias normales, no causan descomposición. Las esporas son incapaces de desarrollarse en los alimentos ácidos y el procesamiento dado a las frutas está pensado principalmente para matar mohos, levaduras y bacterias que no forman esporas, en este caso la presencia de esporas bacterianas es aceptable. En los productos "no ácidos" sólo sobreviven los organismos termófilos altamente resistentes a las elevadas temperaturas de procesamiento y en las condiciones normales de almacenamiento son incapaces de desarrollarse.

Respecto a los alimentos enlatados, no se puede decir que sean estériles sino que son tan estériles como es necesario que lo sean, una condición descrita eufemísticamente como "esterilidad comercial".

Valor nutritivo de los alimentos enlatados   Durante el procesamiento térmico ocurren algunas pérdidas de nutrientes y es posible que se pierda una mayor cantidad de tiamina de la carne durante el procesamiento que la que se perdería durante la cocción normal. Asimismo, el contenido de ácido ascórbico se reduce durante el procesamiento pero una mayor cantidad desaparece durante las primeras semanas de almacenamiento como resultado de la oxidación causada por la pequeña cantidad de oxígeno que queda en la parte superior de la lata. Es posible que ocurra una mayor destrucción de tiamina durante el almacenamiento pero en condiciones normales esta cantidad no debe exceder de 12 a 15 por ciento durante dos años de almacenamiento.

Haciendo a un lado las pérdidas de tiamina y ácido ascórbico antes mencionadas, los alimentos enlatados son tan buenos, desde un punto de vista nutricional, como los alimentos frescos correspondientes. De hecho, las frutas y hortalizas enlatadas es probable que sean mejores debido a que con frecuencia se enlatan pocas horas después de haber sido cosechadas, lo que reduce al mínimo las pérdidas de ácido ascórbico en el preenlatado. La pérdida total de ácido ascórbico en las frutas y hortalizas enlatadas muchas veces es menor que en las hortalizas ''frescas'' adquiridas en estado semifresco y cocidas en la casa.

Descomposición de los alimentos enlatados   Un alimento enlatado de manera correcta se mantiene comestible durante periodos muy largos si las latas no están oxidadas. En 1958 se examinaron algunas latas que habían permanecido selladas durante muchos años. Un bote de budín de ciruelas preparado en 1900 fue abierto y se halló que el contenido estaba en excelente condición. Asimismo, se encontró que la carne contenida en dos latas selladas en 1823 y 1849 estaba libre de descomposición bacteriana pero la grasa se había hidrolizado parcialmente en glicerol y ácidos grasos. El contenido de unas latas llevadas a la Antártida por Shackleton en 1908 y Scott en 1910 y traídas de nuevo a Inglaterra en 1958 se encontró que estaba, con algunas excepciones, en excelentes condiciones.

Cuando ocurre la descomposición de los alimentos enlatados se debe corrientemente a un defecto en la lata. La descomposición puede también ser causada por un tratamiento térmico inadecuado el cual es insuficiente para matar a los microorganismos presentes en el alimento. Ciertas esporas bacterianas resistentes al calor producen ácidos cuando germinan en los alimentos y si esto sucede se origina un deterioro o *agriado sin hinchamiento*. No se produce ningún gas y la descomposición resulta evidente hasta que se abre el bote y se percibe el mal olor del contenido. El organismo que en particular causa el agriado sin gas es *Bacillus stearothermophilus*, cuyas esporas son capaces de sobrevivir la exposición a 129°C durante 20 minutos. Los alimentos que no son ácidos, como los chícharos, es más probable que resulten afectados. El organismo llega al alimento por vía del equipo o los ingredientes infectados como el azúcar o la harina, y la descomposición de este tipo es una indicación de normas, deficientes de higiene en la planta enlatadora.

Otro tipo de descomposición a la que están propensos los alimentos es el *hinchamiento por hidrógeno*. Esta descomposición es causada por bacterias resistentes al calor como *Clostridium thermosaccharolyticum* que produce gas hidrógeno a medida que crecen en el alimento enlatado. Ambos extremos de la lata se abultan como resultado del aumento de presión, para producir lo que se conoce como lata hinchada.

Los alimentos enlatados de manera inadecuada producen algunas veces un olor ofensivo a huevos podridos y pueden tener un color muy oscuro. Esto constituye un ejemplo de descomposición por sulfuro, y es causado por la presencia en el bote de *Clostridium nigrificans*. Este organismo produce el gas sulfuro de hidrógeno que causa el mal olor, pero no se produce una cantidad suficiente de gas para producir la distorsión de la lata. La descomposición de este tipo no es común en Gran Bretaña.

Los tres tipos de organismos que causan descomposición y se acaban de mencionar no son dañinos pero hacen que los alimentos enlatados resulten inapropiados para el consumo. Sin embargo, el hecho de que dichos organismos hayan sobrevivido al proceso de tratamiento térmico indica que el alimento ha sido tratado con calor de manera inadecuada y existe la posibilidad de que estén presentes organismos más nocivos como *Clostridium botulinum*. Nunca se deben consumir productos enlatados descompuestos.

Los productos enlatados deben almacenarse en lugares secos y frescos ya que el almacenamiento a una temperatura más elevada propicia el crecimiento de cualquier microbio termófilo que haya sobrevivido al procesamiento térmico. Las latas que se almacenan se oxidan y, con el tiempo, pueden perforarse con la consiguiente descomposición del contenido.

TRATAMIENTO TÉRMICO DE LA LECHE   La leche es una fuente tan rica de nutrientes que constituye un medio ideal para el crecimiento de microorganismos. Aunque la leche debe estar prácticamente libre de bacterias en el momento en que se obtiene de una vaca limpia y saludable, es casi imposible mantenerla en esta condición. Las bacterias procedentes del recipiente de la leche, del ordeñador o de la máquina de ordeñar y del aire, pasan a la leche en la que encuentran condiciones apropiadas para florecer. Además de todo lo anterior, las vacas enfermas transmiten a la leche bacterias patógenas, de las que la más peligrosa es el *bacilo de la tuberculosis*. En tiempos pasados, este microorganismo causaba miles de muertes anualmente tanto en el ganado como en los seres humanos. En Gran Bretaña en 1931, 2 000 personas murieron de tuberculosis transmitida por la leche. Otros organismos, como *Brucella abortus*, que produce la enfermedad conocida como brucelosis o fiebre de Malta, y *Streptococcus pyogenes*, que causa dolores de garganta y escarlatina, pueden pasar asimismo de las vacas infectadas al ser humano a través de la leche sin tratar.

Al presente, casi toda la leche en Gran Bretaña es tratada térmicamente a fin de asegurar que los organismos dañinos sean destruidos antes de ser consumida. Además de impedir la propagación de la enfermedad, el tratamiento térmico de la leche mejora también de modo considerable las cualidades de conservación de ésta ya que los bacilos lácticos que hacen que se agrie la leche se destruyen también.

Pasteurización de la leche   La leche se pasteuriza calentándola por lo menos hasta 72°C cuando menos durante 15 segundos, después de lo cual se enfría rápidamente a menos de 10°C. Más del 99 por ciento de las bacterias presentes mueren y a pesar de que el producto no está completamente estéril se destruyen todos los organismos nocivos. Los organismos que no mueren, junto con las esporas bacterianas resistentes al calor, se inactivan por el rápido enfriamiento que sigue al calentamiento.

Las temperaturas utilizadas en la pasteurización no son lo bastante altas como para causar cambios físicos o químicos importantes en la leche, de modo que no hay ningún cambio notable en la palatabilidad debido a la pasteurización. En algunos casos, la leche pasteurizada tiene un sabor diferente al de la leche fresca, pero esto se debe a una pasteurización defectuosa; puede ocurrir que la leche se ha calentado hasta una temperatura más alta que la normal o bien el proceso se ha efectuado en un equipo no apropiado y por tanto la leche se ha contaminado.

La pasteurización causa una ligera disminución del valor nutritivo pero, a menos que se haya sobrepasado la temperatura y el tiempo de pasteurización recomendados, sólo resultan afectados el ácido ascórbico y la tiamina, con una pérdida individual entre 10 y 20 por ciento. Empero la leche no es una fuente importante de dichas vitaminas, y aún si no ocurriera dicha pérdida, sólo suministraría una pequeña proporción de las necesidades corporales. Además, el ácido ascórbico es destruido por el almacenamiento bajo la luz directa, en particular la luz solar, de manera que incluso la leche no pasteurizada es una fuente dudosa de esta vitamina.

Leche esterilizada   La leche que ha sido homogeneizada, filtrada y sometida a tratamiento térmico de manera que se mantenga en buenas condiciones en un envase sin abrir cuando menos por una semana y generalmente por varias semanas, se vende como leche esterilizada.

El objetivo de la homogeneización es el de romper los glóbulos de grasa de manera que permanezcan distribuidos uniformemente en toda la leche y no formen una capa en la superficie. Lo anterior se logra calentando la leche a 65°C y forzándola a pasar a través de una pequeña abertura a una elevada presión. Esto rompe las gotitas de grasa y la fina emulsión así formada es estabilizada por las proteínas fijadas por adsorción a la superficie de las gotitas de grasa. A pesar de que se dice que dicha leche está homogeneizada no es homogénea en sentido científico, puesto que por definición una emulsión debe contener dos fases separadas. Después de la homogeneización, la leche se filtra, envasa herméticamente en botellas y calienta a por lo menos 100°C y se mantiene a esta temperatura por un lapso de hasta una hora. En la práctica, se utilizan temperaturas más altas y tiempos más cortos de calentamiento, el ejemplo típico es 112°C durante 15 minutos.

La esterilización de la leche a una temperatura ultraelevada se lleva a cabo antes de embotellarla. Primero, la leche se homogeneiza y luego se calienta a no menos de 132°C durante un tiempo de 1 a 3 segundos, haciéndola fluir sobre una superficie calentada. Se obtiene así un producto totalmente estéril el cual se envasa después de enfriado en recipientes estériles.

La esterilización por los métodos tradicionales causa un cambio en el sabor y la composición física de la leche y produce asimismo una ligera disminución en el valor nutritivo debido a la pérdida de vitaminas. La lactoalbúmina y la lactoglobulina se coagulan, algo de fosfato de calcio precipita y se destruye cerca de 30 por ciento de tiamina y 50 por ciento de ácido ascórbico. La leche esterilizada por el proceso de temperatura ultraelevada se parece mucho más a la leche pasteurizada, tanto en lo que respecta al sabor como a la retención de vitaminas. Las principales virtudes de la leche esterilizada son que su contenido de crema está uniformemente distribuido, es segura y se conserva por periodos considerables.

Formas de leche conservada   La leche es un alimento valioso pero, como ya se ha visto, es perecedera y aun después de la pasteurización es necesaria una rápida distribución y una cuidadosa manipulación. Asimismo, ocupa mucho espacio y su transporte es costoso. Por estas razones, y también a causa de los excedentes estacionales, resultan más convenientes los métodos de conservar la leche en forma concentrada. La leche se concentra eliminando una proporción del agua que contiene y se hace segura mediante un adecuado tratamiento térmico. El agua se elimina por evaporación en techos cerrados al vacío a baja presión. La temperatura se mantiene por debajo de 70°C de manera que las proteínas no se coagulen y se evita la producción de un sabor a cocido. La leche evaporada, conocida también como leche condensada no azucarada, es leche pasteurizada que después de la evaporación se homogeneiza y luego se esteriliza en latas o botes sellados. La leche condensada azucarada se prepara de modo similar, excepto que se añade azúcar y se omite la homogeneización. Después de la evaporación no es necesario ningún tratamiento adicional, gracias a la actividad conservadora del azúcar.

La leche evaporada contiene todavía cerca de 68 por ciento de agua, y una cantidad mucho mayor del agua en la leche fresca puede ser eliminada desecándola, generalmente por pulverización. En este proceso, se concentra primero la leche en condiciones de vacío y a una baja temperatura y luego se seca pulverizándola en forma de gotas diminutas en una corriente de aire caliente. El producto es casi 100 por ciento soluble en agua y desde un punto de vista nutricional es sólo ligeramente inferior a la leche pasteurizada. La leche entera en polvo puede almacenarse durante periodos bastante largos pero adquiere un gusto a sebo después de un almacenamiento de entre 9 y 24 meses debido a cambios oxidativos. Dichos cambios se evitan empacando la leche en polvo en recipientes sellados en los que se sustituye el aire por nitrógeno. La leche secada por aspersión de manera adecuada no se deteriora como resultado del crecimiento de microorganismos ya que la actividad de los mismos es muy baja. Muy pocos microorganismos sobreviven al proceso de pulverización y los que lo hacen mueren gradualmente.

A pesar de que la leche desecada por pulverización es completamente soluble en agua no se humedece con facilidad, lo que origina dificultades al reconstituirla de manera tal que no se formen grumos. La leche en polvo "instantánea" que se reconstituye con facilidad se elabora con leche desnatada secada por pulverización haciendo que se vuelvan a humedecer las partículas en aire húmedo tibio y dejando que formen agregados porosos y esponjosos que se vuelven a secar más tarde.

Conservación de los alimentos por irradiación

Ciertos isótopos radiactivos emiten una radiación electromagnética conocida como rayos γ (rayos gamma) que son extremadamente eficaces para matar microorganismos y se emplean para conservar los alimentos. Sin embargo, en la actualidad la conservación de los alimentos por irradiación no se permite en Gran Bretaña (véase más adelante).

El cobalto-60 y el cesio-137 son dos isótopos radiactivos disponibles como subproductos de la industria energética nuclear. Ambos emiten rayos-γ con energía suficiente para matar a todos los microorganismos que se hallan en los alimentos, pero no tan alta como para que el alimento irradiado se haga a su vez radiactivo.

La unidad de la dosis de radiación es el gray (Gy). Un gray es la dosis de radiación recibida por un kilogramo de materia cuando ésta absorbe un joule de energía de radiación.

Los rayos gamma son capaces de penetrar en el alimento (o cualquier otra sustancia) hasta una considerable profundidad. Por consiguiente, los alimentos pueden ser procesados en grandes cantidades o en un paquete hechos de cualquier material y de cualquier tamaño sin temor de que las partes más internas no queden bien procesadas. El alimento se hace pasar enfrente del radioisótopo por medio de una banda transportadora y luego de una breve exposición el proceso se completa.

Para aumentar la vida de almacenamiento del alimento se utilizan tres niveles de tratamiento por radiación, conocidos en orden de intensidad como radurización, radicidación y radapertización.

Radurización   (bajas dosis—menores de 1 kGy)
Inhibe la brotadura de las hortalizas como cebollas y papas.
Retrasa la maduración de las frutas.
Mata los insectos en granos, arroz y especias.

Radicidación   (dosis moderadas—1 a 10 kGy)
Destruye la mayor parte de los microorganismos y así aumenta la vida
de almacenamiento y reduce el riesgo de envenenamiento por alimentos.
Destruye los parásitos de la carne (por ejemplo: larvas de *Trichina spiralis* que causan la triquinosis).

Radapertización   (dosis elevadas—mayores de 10 kGy)
Esteriliza totalmente los alimentos al matar a todos los microorganismos. Irradiación equivalente al enlatado: para un proceso 12D (véase
la página 394) se requiere una dosis de alrededor de 50 kGy.

Además de inhibir la brotadura y la maduración y matar plagas y microorganismos, la irradiación causa ligeros cambios químicos. Algunas de
las grandes moléculas, como las de carbohidratos y proteínas, se fragmentan y también ocurre alguna destrucción de vitaminas. Existe la posibilidad
de que se formen nuevos compuestos llamados *productos radiolíticos*, pero
sólo estarán presentes en una proporción muy pequeña, quizá de una a dos
partes por millón. Sin embargo, es posible que sean carcinógenos o nocivos de otra manera. Aun estos cambios menores en la composición de un
alimento afectan el sabor y la textura de éste. Por ejemplo, se dice que las
carnes irradiadas tienen un sabor a "cabra". Las hortalizas se hacen suaves y esponjosas después de una intensa irradiación debido a la ruptura parcial de las paredes celulares de celulosa.

Un comité oficial, el Comité Consultivo sobre Productos Nuevos e Irradiados, ha examinado exhaustivamente toda la información actualmente disponible acerca de la seguridad de los alimentos irradiados. Llegaron a la
conclusión de que no hay ningún riesgo para la salud asociado con el consumo de alimentos que han sido irradiados hasta una dosis promedio de
10 kilograys mediante rayos γ de una energía inferior a 5 millones de electrovolts (eV).

No obstante, se abrigan todavía muchas dudas con respecto a los alimentos irradiados. A causa del temor de que sean nocivos no se permite
al presente su venta en Gran Bretaña. Los productos irradiados se venden
en varios países y no se ha informado de efectos nocivos.

LECTURAS RECOMENDADAS

COOK, D.J. AND BINSTEAD, R. (1975). *Food Processing Hygiene*. Food Trade Press
Orpington.

DESROSIER, N.W. (Ed.) (1985). *Microbiology of Frozen Foods*. Elsevier, Amsterdam.

HALLIGAN, A.C. (1987). *Food Spoilage — The Role of Micro-organisms*. Lealtherhead Food Research Association. (Una breve guía elemental para los que no son microbiólogos).

HERSOM, A.C. AND HOLLAND, E.D. (1980). *Canned Foods: Thermal Proccesing and Microbiology*, 7th edition. Churchill Livingstone, Edinburgh.

INSTITUTE OF FOOD AND TECHNOLOGY. (1988). *Preservation in Food*. Londres.

MINISTRY OF AGRICULTURE, FISHERIES AND FOOD (1979). *Refrigerated Storage of Fruit and Vegetables*. HMSO, Londres.

REED, G (Ed.) (1975). *Enzymes in Food Processing*. 2nd edition. Academic Press, Londres. (Un texto completo que incluye propiedades y aplicaciones).

ROBINSON, E.K. (Ed.) (1985). *Microbiology of Frozen Foods*. Elsevier, Amsterdam.

THORNE, S. (Ed.) (1981). *Developments in Food Preservation*, Vol. 1. Applied Science, Barking.

THORNE, S. (1986). *The History of Food Preservation*. Parthenon Publishing Group, Carnforth, Lancs.

TILBURY, R.H. (1980). *Developments in Food Preservatives*, Vol. 1. Applied Science, Barking.

UNILEVER (1988). *Food Preservation*, Unilever Educational Booklet. Unilever, Londres.

WEBB, T. AND LANG, T. (1987). *Food Irradiation: The Facts*. Thorsons, Wellingborough.

WHO/FAO/IAEA (1981). *Wholesomeness of Irradiated Food*. HMSO, Londres.

CAPÍTULO 17

Envenenamiento por alimentos e higiene de los mismos

ENVENENAMIENTO POR ALIMENTOS

El envenenamiento por alimentos puede ocurrir si se ingieren alimentos que contengan venenos de origen químico o biológico. Un número sorprendente de alimentos en su estado natural contienen pequeñas cantidades de sustancias tóxicas. La presencia de solanina en las papas verdes, los oxalatos en el ruibarbo y la espinaca y los compuestos bociógenos (generadores de bocio) de la col, la coliflor y las coles de Bruselas ya se han mencionado. Existen varios otros ejemplos, y en la tabla 17.1 se mencionan algunas de las toxinas presentes en alimentos comunes.

Las sustancias tóxicas que se enumeran en la tabla 17.1 están presentes en los alimentos en tan pequeñas cantidades que en la mayoría de los casos no resultan dañinas. Los ''adictos'' al café, por ejemplo, son capaces de tomar varias tazas de café, cada una de las cuales contiene alrededor de 100 mg de cafeína, sin daño aparente. Sin embargo, una sola dosis de 10 g podría tener consecuencias fatales. (Aquellas personas que no toman café no tienen por qué asumir una actitud de se los dije. Una taza de té contiene alrededor de 80 mg de cafeína y un bote de refresco de cola alrededor de 35 mg.) De modo similar, muchas personas consumen con regularidad alcohol etílico, el cual es indudablemente tóxico, sin experimentar gran daño.

Así como el cuerpo es capaz de tolerar cantidades regulares pero pequeñas de cafeína o alcohol etílico, puede también tolerar pequeñas cantidades de las otras toxinas que se enumeran en la tabla 17.1. Sin embargo, cuando un alimento se consume en exceso, incluso sustancias consideradas normalmente como nutrientes pueden ser tóxicas, y por lo menos una muerte ha sido causada por envenenamiento con retinol (vitamina A). Hay que ad-

Tabla 17.1 Toxinas presentes en algunos alimentos

Almendras, frijol, lima, kirsch, huesos y semillas de frutas	Cianógenos qué producen cianuros	Inhibición del aparato respiratorio con posibles consecuencias fatales
Nuez moscada, macís, pimienta negra, perejil, semillas de apio	Miristicina	Dolores de cabeza, calambres, náuseas, alucinaciones
Papas verdes o en brote	Solanina y chaconina	Trastornos estomacales, efectos nerviosos
Ruibarbo (en particular hojas)	Ácido oxálico	Interferencia con la absorción del calcio
Bebidas alcohólicas	Etanol (alcohol etílico)	Cambios en la personalidad, vómitos, inconciencia, "cruda" o resaca posterior
Col y otras hortalizas del mismo género	Generadores de bocio o bociógenos	Interferencia con la absorción de yodo por la glándula tiroides
La mayor parte de los frijoles *crudos* (en particular, soya)	Inhibidores de la proteasa	Interferencia con la digestión y absorción de las proteínas
Pan y otros productos derivados de los cereales	Ácido fítico	Forma complejos con el hierro y el calcio y puede interferir con la absorción de éstos
Frijoles rojos *crudos*	Hemaglutenina	Hace que los glóbulos rojos se adhieran entre sí
Setas del género *Amanita*	Amanitina	Inactiva enzimas metábolicas, con lo que causa alteraciones graves con posibles resultados fatales
Algunos mariscos	Alcaloide relacionado con la estricnina	Trastornos graves y a veces fatales
Peces, en particular pez globo y peces escombridos (por ejemplo: atún, macarela y bonito) si no son frescos	Diversas toxinas derivadas de los alimentos comidos por el pez	Graves trastornos digestivos
Mostaza	Sanguinarina	Retención de fluidos (hidropesía)
Chirivía o pastinaca, apio, perejil	Psoralenos	Mutaciones genéticas
Té, café, bebidas de cola	Cafeína	Diurética y estimulante
Algunos quesos, extracto de levadura, vinos tintos	Tiramina	Aumenta la presión arterial, jaqueca. Interfiere con algunos fármacos antidepresores

mitir que este es un caso bastante excepcional ya que la víctima, un entusiasta de los alimentos naturales, había tomado un galón (3.7 litros) diario de jugo de zanahoria por espacio de diez días. Existen registros de que el envenenamiento por retinol es también causado por el alto consumo de hígado de oso polar, ¡aunque es poco probable que esto constituya un problema en cualquier parte del mundo!

Las sustancias tóxicas enumeradas en la tabla 17.1 causan tan pocos problemas que el *envenenamiento por alimentos* se usa normalmente para referirse a enfermedades causadas por bacterias o, con menos frecuencia, virus o mohos.

Envenenamiento bacteriano de los alimentos

Este es el tipo más corriente de envenenamiento por alimentos y es causado por la presencia en el alimento de bacterias nocivas o sustancias venenosas producidas por las mismas. El término general "envenenamiento por alimentos" que se utiliza en este capítulo se refiere, más específicamente, al envenenamiento bacteriano de los alimentos. La mayor parte de los lectores se hallan familiarizados por experiencia personal con los síntomas característicos de este tipo de envenenamiento, como dolores abdominales y diarreas acompañados generalmente por vómitos, que se presentan de una a 36 horas después de haber ingerido alimentos, contaminados por bacterias.

Un brote de envenenamiento por alimentos puede ser causado por alimentos que parecen en buen estado a pesar del hecho de que están bastante contaminados por bacterias. De hecho, es poco probable que se coma comida "pasada" o "echada a perder" por lo que ésta no es causa de envenenamiento.

La mayor parte de los casos de envenenamiento por alimentos tienen lugar como resultado de prácticas poco higiénicas, y esto significa que es posible evitarlos. Las bacterias dañinas, o *patógenas* como se les llama, llegan de diversas maneras a los alimentos. La carne y sus derivados es posible que se infecten en la fuente misma de donde provienen, es decir, existe la probabilidad de que provengan de animales que sirven de hospedantes a las bacterias que envenenan a los alimentos. El cuerpo humano es otra fuente importante de organismos que envenenan a los alimentos, mismos que se transfieren fácilmente de la boca, la nariz y los intestinos a los alimentos. Las patógenos pueden ser "portados" y pasados a otras personas por individuos que no están a su vez enfermos. Tales portadores es posible que hayan sufrido recientemente un envenenamiento por alimentos y todavía albergar los organismos que lo causaron en el cuerpo. En algunos casos, los portadores de organismos que envenenan a los alimentos actúan como "hospedantes" durante varios años al haber adquirido inmunidad al organismo de que se trate. Las más de las veces dichas personas no se dan cuenta de que actúan como depósitos de la infección. Los animales pueden también albergar a los organismos contaminantes y transmitirlos a los seres humanos por medio de los alimentos con que aquéllos han estado en contacto. Las ratas, los ratones, las cucarachas y las mascotas domésticas son transmisores del envenenamiento de los alimentos por este mecanismo.

Alimentos de alto riesgo   Algunos alimentos se clasifican como alimentos de alto riesgo debido a que son en particular propensos a ser infectados por organismos patógenos y se preparan para consumirse sin una cocción adicional. Los alimentos de alto riesgo de mayor importancia son:

1. Carne y aves de corral cocidas.
2. Productos cárnicos cocidos (por ejemplo, pasteles con relleno de carne, salsas, sopas y caldo).
3. Leche, crema, natillas y productos lácteos, crema artificial.
4. Arroz cocido.
5. Mariscos.
6. Huevos cocidos y sus productos (por ejemplo: natillas, mayonesas).

ENVENENAMIENTO DE LOS ALIMENTOS POR TOXINAS   Algunas bacterias segregan toxinas o venenos cuando se desarrollan y se multiplican en los alimentos; dichas toxinas se conocen como *exotoxinas*. Las exotoxinas no son células vivientes; son productos químicos venenosos. El período de incubación, esto es, el tiempo que transcurre entre la entrada del veneno al cuerpo y la aparición de los primeros síntomas, es normalmente corto en el caso del envenenamiento con alimentos que contienen toxinas. Las toxinas producen irritación en el estómago; lo que provoca el vómito, a menudo dentro del lapso de dos horas después de haber comido el alimento. De manera normal, siguen dolor abdominal y diarrea.

Las exotoxinas son destruidas por el calentamiento de modo menos fácil que las bacterias de las que provienen. Así si el alimento se calienta sólo lo suficiente para matar a las bacterias, es probable que las toxinas persistan y todavía causen envenenamiento cuando el alimento es ingerido. Las bacterias que causan el envenenamiento de los alimentos mueren por ebullición en agua durante 1 a 2 minutos, en tanto que la destrucción de las toxinas requiere hasta 30 minutos.

ENVENENAMIENTO ALIMENTARIO DE NATURALEZA INFECCIOSA   Este tipo de envenenamiento de los alimentos (más correctamente, infección por alimentos) es causado por la ingestión de alimentos que contienen bacterias vivas en suficiente cantidad para causar enfermedad. Las bacterias que causan este tipo de envenenamiento producen toxinas en el interior de sus propias células. Dichas toxinas, llamadas *endotoxinas*, no son tan resistentes al calor como las exotoxinas antes mencionadas, y si el alimento infectado se calienta a una temperatura lo bastante alta para matar a las bacterias

Tabla 17.2 Envenenamiento bacteriano de los alimentos

Bacteria causante	Fuente y alimentos corrientemente afectados	Enfermedad	
		Período de incubación	Duración
Envenenamiento infeccioso			
Salmonella, en particular *Salmonella typhimurium* y *Salmonella enteritidis*	Carne cruda o insuficientemente cocida, leche, huevos, aves de corral Transportada por mascotas y roedores	De 6 a 72 horas, pero generalmente de 12 a 30 horas	De 1 a 8 días
Listeria monocytogenes	Alimentos precocidos refrigerados. Productos lácteos sin tratar	Véase el texto	
Escherichia coli	Excremento y agua contaminada. Carne y aves de corral crudas o insuficientemente cocidas	De 10 a 72 horas, pero generalmente de 12 a 24 horas	De 1 a 5 días
Campylobacter jejuni	Alimentos de origen animal crudos o poco cocidos, leche cruda o tratada térmicamente de manera insuficiente.	De 3 a 5 días	De 2 a 3 días
Envenenamiento por toxinas			
Staphylococcus aureus	Nariz, boca y piel de los seres humanos. Furúnculos y cortadas Leche cruda y queso fabricado con leche cruda	De 2 a 6 horas	De 6 a 24 horas
Bacillus cereus	Arroz, harina de maíz, hortalizas, productos lácteos	De 1 a 6 horas (el tipo caracterizado por vómito). De 8 a 16 horas (tipo diarreico)	24 horas
Clostridium perfringens	Excrementos animal y humano. Tierra, polvo. Carne y aves de corral crudas o con insuficiente cocción. Salsas, guisados, trozos grandes de carne	De 8 a 22 horas, pero generalmente de 12 a 18 horas	De 12 a 48 horas
Clostridium botulinum	Tierra, carne, pescado y hortalizas. Alimentos enlatados mal elaborados	De 2 horas a 8 días, pero generalmente de 12 a 36 horas	Muerte dentro de 7 días o recuperación lenta

se destruyen también las endotoxinas. El envenenamiento por alimentos tiene lugar si los alimentos infectados *no* se calientan a una temperatura suficientemente alta durante la cocción o si el alimento infectado (por ejemplo: carne cocida) se consume sin cocción adicional. Cuando esto sucede los organismos vivos junto con sus endotoxinas entran a los intestinos y conforme mueren, las endotoxinas son liberadas y causan enfermedad. El período de incubación del envenenamiento de naturaleza infecciosa de los alimentos es generalmente más largo que en el caso del envenenamiento por toxinas ya que se requiere tiempo para que se liberen las endotoxinas. Los síntomas de fiebre, dolor de cabeza, diarrea y vómito por lo general no aparecen sino hasta pasadas unas 12 horas. Los ocho tipos principales de bacterias que provocan el envenenamiento de los alimentos se enumeran en la tabla 17.2.

Salmonella   El envenenamiento por alimentos causado por las bacterias del género *Salmonella* se conoce como salmonelosis. Existen varias cepas diferentes de *Salmonella*, muchas de las cuales toman sus nombres de los lugares donde se observaron por vez primera. Los ejemplos incluyen: *Salmonella typhimurium*, *Salmonella enteritidis*, *Salmonella newport*, *Salmonella dublin* y *Salmonella eastbourne*. Las bacterias son capaces de sobrevivir fuera del cuerpo durante largos períodos y en los alimentos cálidos y húmedos se multiplican rápidamente. Para que se presente la enfermedad los alimentos deben estar antes infectados con un gran número de bacterias vivas (normalmente más de 100 000 por gramo).

La multiplicación de las bacterias del género *Salmonella* se evita manteniendo los alimentos a una temperatura inferior a 5°C. La carne que se ha cocinado y no se va a comer enseguida debe enfriarse rápidamente de manera que se atraviese la zona de temperatura a la que las bacterias se multiplican con rapidez tan pronto como sea posible.

Los alimentos infectados con más frecuencia son la carne (en particular carnes procesadas, como pasteles de carne y queso de puerco), huevos y productos que los contienen, flanes y crema artificial. Las aves de corral y otros animales actúan como portadores de las bacterias del género *Salmonella* y los huevos son una fuente común de infección. Éstos pueden infectarse con *Salmonella enteritidis* en el oviducto de la gallina antes de que sean puestas o bien infectarse después de puestos al contaminarse con el excremento de las aves. Los alimentos que contienen huevo crudo (por ejemplo: mayonesa o recubrimiento de merengue para pasteles) o los huevos poco cocidos (por ejemplo: los huevos pasados por agua o los estrellados, merengues y omelettes) pueden ser causa de salmonelosis. Por esta razón no se permite ningún líquido sin pasteurizar ni huevo congelado entero en la preparación de alimentos en Gran Bretaña. Asimismo, los huevos desecados pueden estar contaminados con *Salmonella* (la desecación por aspersión no la mata) y por tanto se deben utilizar tan pronto como se reconstituyan y cocerlos bien.

Las ratas y los ratones pueden ser portadores de *Salmonella typhimurium* y constituyen una fuente corriente de infección especialmente donde es posible que su excremento se ponga en contacto con los alimentos. Los animales domésticos pueden también excretar bacterias del género *Salmonella* sin mostrar síntomas de envenenamiento por alimentos. Esta constituye una buena razón para excluir a los perros de las tiendas de alimentos.

La carne cruda a menudo está infectado por bacterias del género *Salmonella* y los productos derivados de la carne, en particular si se elaboran de "recortes" y trozos cortados de la parte externa de las piezas de carne, pueden estar muy contaminados. De igual manera, el pescado y las aves de corral están a menudo contaminados con *Salmonella*, y existe un riesgo particular de envenenamiento alimentario cuando las aves congeladas se descongelan sólo parcialmente antes de cocerlas, en especial si se cuecen de modo incompleto. Estas bacterias son fáciles de eliminar y siempre y cuando la cocción sea completa de modo que la temperatura en el centro del alimento sea lo bastante alta (cuando menos 65°C), todas las bacterias de dicho género resultan muertas.

Clostridium perfringens   Esta bacteria, que causa envenenamiento de los alimentos con toxinas, es la segunda causa más corriente de envenenamiento en Gran Bretaña. Se le encuentra en el suelo, en los intestinos del ser humano y de los animales, en los excrementos y en la carne y aves de corral crudas. Las esporas son muy resistentes al calor y permanecen viables después de hervir o asar a fuego lento. Son capaces de crecer fácilmente en la carne cocida que se enfría lentamente o se conserva en un lugar cálido. *Clostridium perfringens* se reproduce cada diez minutos a su temperatura óptima entre 43 y 47°C. Es capaz de seguir creciendo a temperaturas de hasta 50°C, y como es un organismo anaerobio se desarrolla en ausencia del oxígeno. Estas son justamente las condiciones que es probable se encuentren en el centro de un gran corte de carne para asar que se enfría lentamente. Cuando se ingiere la carne infectada se libera la enterotoxina en el intestino y produce envenenamiento por alimentos.

El envenenamiento de los alimentos producido por *Clostridium perfringens* puede ocurrir en los establecimientos que proveen comida en gran escala, donde la carne se cuece poco antes de que se requiera, se deja enfriar y luego se vuelve a calentar antes de servirla. Los grandes trozos de carne utilizados en dichos establecimientos se enrollan y atan apretadamente antes de cocerlos. Esto da por resultado que la contaminación en las superficies exteriores se transfiera al interior del trozo de carne donde la temperatura durante la cocción es insuficiente para matar a las esporas.

Clostridium perfringens no se desarrolla a una temperatura inferior a 10°C, y si la carne no se come enseguida se debe enfriar rápidamente y mantenerla por debajo de esta temperatura. De modo similar, la carne y los platillos preparados con la misma que tengan que recalentarse antes de consumirlos deben *calentarse* y no entibiarse. Las Reglamentaciones (generales) sobre higiene de los alimentos, 1970, que establecen las normas mínimas de higiene para los locales de venta de alimentos en Gran Bretaña, requiere que los alimentos de alto riesgo en los establecimientos proveedores de comida se mantengan por debajo de 10°C o por arriba de 63°C, excepto en el proceso de preparación o cuando se ofrezcan a la venta.

Staphylococcus aureus   El envenenamiento de los alimentos provocado por este organismo es causado por las toxinas producidas por las bacterias que se desarrollan en los alimentos antes de que éstos se consuman. Las bacterias se hallan en la nariz y la garganta de las personas. Asimismo, están presentes en abundancia en uñeros o panadizos, quemaduras y heridas infectadas y en la secreción nasal que se produce luego de un catarro. Llegan a los alimentos principalmente a través de las manos de las personas infectadas. Las bacterias de esta especie se eliminan con bastante facilidad calentando los alimentos pero la toxina es más resistente al calor, y sólo se destruye totalmente por ebullición cuando menos por 30 minutos. El envenenamiento con este tipo de organismo se produce generalmente cuando se comen pasteles rellenos de crema, empanadas o carnes cocidas que han sido contaminadas por las personas que los preparan. Los estafilococos son capaces de crecer en concentraciones más altas de sal con respecto a otras bacterias que envenenan los alimentos, dando como resultado que a menudo causan el envenenamiento de alimentos salados (en especial carnes), como el jamón y el tocino.

Listeria monocytogenes   Este organismo causa la enfermedad conocida como *listeriosis* si se ingieren alimentos contaminados con el mismo. Se le encuentra en una amplia variedad de alimentos, y el pollo crudo por lo común se halla infectado con esta bacteria; también puede estar presente en la leche sin tratar (así como en los productos lácteos elaborados con leche cruda), hortalizas y mariscos.

   Las bacterias de esta clase se multiplican a temperaturas inferiores a las que se producen en muchos refrigeradores domésticos y comerciales. A estas temperaturas permanecen en reposo durante varios días y luego se multiplican rápidamente. Asimismo, algunos alimentos refrigerados precocidos y las ensaladas refrigeradas empacadas en un envase transparente por el detallista poco antes de su venta, se han encontrado contaminados con este organismo. Los alimentos cocidos y enfriados no deben almacenarse por más de cinco días a 4°C y deben consumirse en un plazo no mayor de 12 horas si su temperatura llega a 5°C. Estas bacterias son también bastante resistentes al calor y algunas veces sobreviven en la leche pasteurizada.

   La listeriosis es una enfermedad grave transmitida por los alimentos. Si entra al torrente sanguíneo, una enzima tóxica producida por la bacteria provoca un trastorno grave. Los adultos sanos por lo general son resistentes a la listeriosis pero a las mujeres embarazadas les puede provocar un aborto. Los niños recién nacidos pueden enfermarse de septicemia o meningitis, y la enfermedad resulta fatal en el caso de personas de salud frágil o aquéllas cuyo sistema inmunitario ha sido suprimido.

Afortunadamente, la listeriosis ocurre con poca frecuencia y en 1987 sólo se registraron 249 casos en Inglaterra y Gales. Sin embargo, a causa del riesgo que entraña para los grupos vulnerables y su relativamente alta tasa de mortalidad, debe considerarse como una enfermedad grave transmitida por los alimentos.

Clostridium botulinum   La intoxicación por alimentos cuya causa es este organismo y se conoce como botulismo, es extremadamente grave. Las bacterias producen una toxina que es el veneno microbiano más activo que se conoce, un gramo del cual sería suficiente para matar a 100 000 personas. La tasa de mortalidad causada por el botulismo es de alrededor de 65 por ciento, mas afortunadamente el envenenamiento de este tipo es raro en Gran Bretaña. *Clostridium botulinum* se halla en el suelo y en las hortalizas que han estado en contacto con suelo contaminado. Se le encuentra también en los peces, los intestinos de los cerdos y en algunos otros animales. A semejanza de *Clostridium perfringens* es un organismo anaerobio que produce esporas.

Las esporas de *Clostridium botulinum* son extremadamente resistentes al calor y sobreviven en los alimentos enlatados o embotellados que han sido tratados con calor en forma inadecuada. Como el organismo es anaerobio, se desarrolla dentro del bote si el pH es mayor de 4.5, y la mayor proporción de los casos de botulismo son causados por carne, hortalizas o pescados contaminados que se han enlatado de manera inapropiada. Las empacadoras comerciales conocen bien los riesgos de botulismo y se aseguran que los productos enlatados con un pH mayor de 4.5 se procesen térmicamente lo suficiente como para destruir todas las esporas de *Clostridium botulinum*. Sin embargo, si en el hogar se conservan en frascos o se enlatan alimentos no ácidos, inadvertidamente se les puede dar un procesamiento térmico insuficiente y existe la probabilidad de que sobrevivan algunas esporas. Por esta razón no se recomienda el embotellado o el enlatado de productos no ácidos por personas sin experiencia.

Bacillus cereus   Cuando este organismo se desarrolla en los alimentos causa el envenenamiento de los mismos mediante la producción de exotoxinas. A semejanza de las bacterias del género *Clostridium* forma esporas cuando las condiciones no son favorables, pero a diferencia de las mismas se trata de un organismo aerobio y por consiguiente requiere aire para su desarrollo. Las esporas de *Bacillus cereus* se encuentran frecuentemente en los cereales, en particular en el arroz, la harina de maíz y las especias. Dichas esporas sobreviven a la cocción normal, y si los alimentos cocidos no se enfrían rápidamente ocurre un desarrollo y una producción de exotoxinas rápidos. Una de las exotoxinas producidas no es destruida por exposición a 126°C durante 90 minutos. Obviamente, una vez que se produce esta toxina en el alimento, es poco probable que el recalentamiento la destruya.

A fin de evitar el envenenamiento de los alimentos por *Bacillus cereus*, los alimentos cocidos deben enfriarse rápidamente y almacenarse en el refrigerador. Si se recalienta la comida, lo anterior se debe efectuar rápida y completamente y el alimento consumirse sin demora.

El envenenamiento de la comida causado por *Bacillus cereus* tiene por lo general un período muy corto de incubación seguido por vómitos y la expulsión de la toxina y la bacteria. Otra posibilidad es que no haya vómito, en cuyo caso un período más largo de incubación es seguido por diarrea.

Campylobacter jejuni Este organismo es una causa muy común de envenenamiento de los alimentos en Gran Bretaña. Está presente en una amplia variedad de animales y en el agua sin tratar. La mayor parte de los casos de envenenamiento producidos por *Campylobacter* han sido producidos por las aves de corral y leche cruda o tratada con calor en forma inadecuada.

Escherichia coli Este organismo es un habitante corriente y normalmente inocuo de nuestro intestino. Sin embargo existen muchos subtipos o cepas, y la exposición a una de estas cepas con las que no se está familiarizado (mediante los viajes al extranjero, por ejemplo) puede ser causa de enfermedad. El desorden intestinal que resulta y se conoce, entre otros pintorescos nombres, como diarrea del viajero, es causado por la presencia de bacterias vivas en los alimentos consumidos. Las principales fuentes de contaminación son la carne y las aves de corral mal cocidas.

Otros tipos de envenenamiento de los alimentos

El envenenamiento de los alimentos es causado por mohos y virus, así como por bacterias.

Algunos mohos producen micotoxinas venenosas, y si se ingieren alimentos afectados por éstas resultan graves enfermedades (véase la página 372). Los virus son partículas extremadamente pequeñas (alrededor de 100 a 10 000 veces más pequeñas que el promedio de las bacterias) que se encuentran entre los límites de la materia inanimada y la materia viva. No poseen ninguna de las características usuales de la materia viva y en algunos aspectos pueden ser consideradas como grandes moléculas orgánicas similares a las moléculas proteínicas. No obstante, son capaces de reproducirse dentro de una célula viva, y si entran al cuerpo en el interior o sobre el alimento invaden las células corporales y se multiplican dentro de éstos.

Los virus llegan a los alimentos por medio de la contaminación fecal transmitida por las personas que manipulan a los mismos, y por tanto prestar atención a la higiene personal es importante. Sin embargo, la mayor parte de los casos de envenenamiento viral de los alimentos son causados por la ingestión de mariscos, como ostras, mejillones y berberechos que se han desarrollado en litorales contaminados con aguas negras.

HIGIENE DE LOS ALIMENTOS

El tema de la higiene de los alimentos trata esencialmente de cómo el tratamiento de los alimentos afecta a la salud del consumidor. Los altos estándares de higiene reducen la descomposición de los alimentos y contribuyen a asegurar que cuando se come el alimento éste sea tan saludable y se encuentre tan libre de bacterias patógenas como sea posible.

Son muchos los factores que afectan la calidad y la higiene de los alimentos. Entre otros se tienen:

a) La manera como se cultivan o, en el caso de los alimentos, como se crían y alimentan.
b) El diseño y la limpieza de las instalaciones de la granja, los mataderos y las fábricas en las que se procesan.
c) Los locales, equipo y condiciones en que se almacenan.
d) El cuidado que tienen los que manipulan los alimentos para evitar la contaminación proveniente de otros productos.
e) La higiene personal de las personas que manipulan los alimentos.

No es posible tratar aquí en forma apropiada (ni siquiera en parte) todos estos temas. Empero los dos últimos puntos enumerados son del interés de todos los que manipulan los alimentos y, de hecho, de todos aquellos interesados en los alimentos.

Los principios básicos de un buen manejo higiénico de los alimentos se resume como sigue:

1. Evitar la contaminación de los alimentos con bacterias.
2. Impedir la multiplicación de cualquier bacteria que a pesar de todo logra llegar a los alimentos.
3. Destruir, en aquellos casos en los que sea posible, cualquier bacteria remanente mediante una cocción completa.

Estos tres principios de una buena práctica higiénica se amplían más adelante.

Evitar la contaminación

- Mantener separados los alimentos crudos y los cocidos. No se deben utilizar las mismas superficies y equipos para preparar los alimentos crudos y los que se van a consumir enseguida. Las superficies y el equipo empleados para los alimentos crudos (incluyendo las hortalizas) deben lavarse bien después de utilizarlos.
- Mantener a los animales fuera de las áreas de los alimentos y asegurarse de que los pájaros y los insectos no tengan acceso a dichas áreas.
- Eliminar prontamente los desechos de alimentos.
- No utilizar los recipientes de lavado para la preparación de los alimentos, ni los fregaderos para preparar los alimentos para lavarse las manos.
- Practicar una escrupulosa higiene personal. Es esencial lavarse cuidadosamente las manos después de manipular la carne cruda o después de hacer uso del excusado. A fin de evitar la reinfección de las manos limpias por toallas sucias se deben utilizar toallas *limpias* desechables o secadores de aire caliente para secarse las manos.
- Se deben vestir ropas protectoras (incluyendo una cubierta para la cabeza) en las áreas de alimentos y quitárselas al abandonar dichas áreas.
- Las manos se deben mantener alejadas de aquellas áreas, que incluyen la boca y la nariz, donde abundan las bacterias. Es por esta razón que la ley prohíbe que fumen las personas que manejan alimentos. Los pañuelos sucios y las heridas al descubierto constituyen otra importante fuente de infección.

Evitar la multiplicación de los microorganismos

- Mantener los alimentos fríos o calientes. Evitar la zona de temperatura entre 5 y 65°C en la que florecen las bacterias. Los alimentos deben permanecer en esta peligrosa zona de temperatura el menor tiempo posible.

Cocinar cuidadosamente los alimentos

- Los tiempos y las temperaturas de cocción deben ser suficientes para asegurar que se eliminen todas las bacterias y sus toxinas. Si no se eliminan las bacterias presentes en el alimento (o sus esporas) cuando éste se cuece, se multiplican cuando el enfriamiento pase a través de la ''zona de peligro'' o bien si se mantiene en esta zona de temperatura antes de servirlo.
- La carne y las aves de corral se deben descongelar totalmente antes de cocinarlas. Si no se hace así algunas bacterias o esporas bacterianas pueden sobrevivir al proceso de cocción.

Frecuencia de la intoxicación por alimentos

Las bacterias que envenenan a los alimentos se describieron desde 1888 y en los siguientes 60 años se han identificado los tipos principales de bacterias que causan el envenenamiento de los alimentos. Desde la Segunda Guerra Mundial se ha registrado un notable aumento en la frecuencia de intoxicación por alimentos, y esto ha ocurrido a pesar de un mayor entendimiento y conciencia de las causas del envenenamiento de los alimentos y de unos mejores estándares de vida e higiene.

Durante el decenio de 1960 se modificaron anualmente entre cuatro y cinco mil casos de intoxicación por alimentos en Inglaterra y Gales, aun cuando el número real de casos fue con toda certeza considerablemente más alto ya que los casos más benignos no se registraron. Durante la década de 1970 hubo un aumento gradual en el número de casos registrados de intoxicación alimentaria, tendencia que continuó hasta la década de 1980. En 1981, por ejemplo, se informó de alrededor de 10 000 casos, y en 1988 la cifra fue de alrededor de 30 000, un aumento alarmante en siete años. Se estima que sólo se informa de aproximadamente el diez por ciento del total de casos, por lo que es probable que el número real de casos exceda probablemente de 200 000 casos al año. El envenenamiento por alimentos puede ser considerado como una enfermedad evitable que no está siendo evitada.

Existen muchas razones sobre el aumento de la intoxicación por alimentos en Gran Bretaña durante los últimos años, pero unas de las más importantes son las que se apuntan a continuación:

1. *Un gran aumento en la alimentación colectiva* El suministro de alimentos en gran escala, ya sea en hospitales, escuelas o restaurantes, significa que un solo alimento infectado provoca muchos casos de intoxicación por alimentos.
2. *Menús variados y comidas rápidas* A fin de contar con un amplio menú y elaborar platillos rápidamente, el alimento se cuece previamente y se mantiene caliente hasta que se requiera o bien se recaliente con rapidez y quizá en forma inadecuada en un horno de microondas o en una parrilla de rayos infrarrojos cuando es ordenado.
3. *Consumo cada vez mayor de bocadillos* A pesar de que los procesos de fabricación se controlan cuidadosamente y se realizan en condiciones higiénicas, una fuente de infección origina la contaminación de miles de unidades. Además, el consumo de bocadillos, en particular, los productos preparados a base de carne, que se consumen fríos o solamente entibiados, aumenta el riesgo de intoxicación por alimentos.

4. *Aumento de la industria pecuaria* La cría intensiva de aves y otros animales aumenta la posibilidad de la infección en gran escala de dichos suministros de alimentos, en particular con bacterias del género *Salmonella*.

5. *Rápido aumento en el consumo de comidas para llevar* Dichas comidas se mantienen calientes durante largos períodos o bien se recalientan brevemente en el hogar, lo que permite el rápido crecimiento bacteriano. Por ejemplo, el arroz ''para llevar'' puede estar contaminado con *Bacillus cereus*.

6. *Cambio en los patrones de compras y almacenamiento de los alimentos en la casa* Una rutina de compra semanal en lugar de una diaria significa que los alimentos deben almacenarse durante periodos más largos. Las condiciones incorrectas del almacenamiento propician el desarrollo de las bacterias. El creciente uso de congeladores indica que la carne, en especial la de aves de corral, necesita descongelarse antes de cocinarla. La descongelación incompleta seguida por una cocción normal podría ser insuficiente para matar a todas las bacterias, especialmente en el centro del alimento.

7. *Mayor uso de las comidas empaquetadas* La frecuencia de la contaminación por alimentos es mucho más elevada en verano que en invierno debido principalmente a una refrigeración no adecuada. La creciente tendencia a comer al medio día una comida empaquetada, que incluye a menudo emparedados de carne, aumenta el riesgo de intoxicación alimentaria.

8. *Empleo en los establecimientos de preparación de comidas de personas no capacitadas en higiene* La manipulación en gran escala de los alimentos por personal no capacitado o consciente de los requerimientos de higiene constituye una fuente importante de infección. En estas circunstancias, la *contaminación cruzada*, es decir, la transferencia de bacterias de una fuente contaminada a una sin contaminar, tiene lugar fácilmente y aumenta el riesgo de infección.

En Gran Bretaña, *Salmonella* causa la mayoría de los casos de intoxicación por alimentos, y explica de 70 a 80 por ciento de todos los casos. Le sigue en importancia *Clostridium perfringens*, el cual explica entre el 15 y el 25 por ciento. Los brotes de intoxicación causados por este organismo a menudo implican alimentos que han sido preparados en gran cantidad, y en consecuencia tienden a afectar a un gran número de personas.

Los alimentos que más comúnmente causan intoxicaciones por alimentos en Gran Bretaña son la carne y las aves de corral, mismas que juntas explican cuando menos el 80 por ciento de todos los casos. El envenenamiento por *Clostridium perfringens* es causado principalmente por carne y aves de corral infectados que se recalientan, en tanto que los brotes de *Salmonella* implican carne o aves de corral cocidas y frías. Por otra parte, los estafilococos pueden ser causa de infección de carnes saladas, como el jamón o el tocino.

LECTURAS RECOMENDADAS

ALCOCK, P.A. (1986). *Food Hygiene: A Study Guide*. Stanley Thornes, Cheltenham.

ALCOCK, P.A. (1981). *Food Hygiene Manual*. H.K. Lewis, Londres.

BRITISH ASSOCIATION (1978). *Salmonella, the Food Poisoner* (A review). British Association for the Advancement of Science, Londres.

CHRISTIE, A.B. AND CHRISTIE, M.C. (1977). *Food Hygiene and Food Hazards*, 2nd edition. Faber & Faber, Londres.

DAVENPORT, J.K. (1982). *Food Hygiene in the Catering and Retail Trades*. H.K. Lewis, Londres.

HOBBS, B.C. AND ROBERTS, D. (1987). *Food Poisoning and Food Hygiene*, 5th edition. Edward Arnold, Londres.

SPRENGER, R.A. (1985). *Hygiene for Management*, 2nd edition. Highfield Publications, Rotherham.

TRICKETT, J. (1986). *The Prevention of Food Poisoning*. Stanley Thornes, Cheltenham.

CAPÍTULO 18

Contaminantes y aditivos de los alimentos

Son muchas las personas interesadas en la presencia de "productos quími-cos" en los alimentos y que se preocupan por los probables resultados no-civos de ingerirlos. La letra "E" (que significa la presencia de un aditivo en un alimento) se ha hecho famosa y los proverbiales beneficios de una manzana cada día han sido sustituidos por la creencia ampliamente com-partida de que ¡una letra E al día es más que suficiente! Empero como ya se habrá dado cuenta el lector que haya leído los capítulos precedentes, los propios alimentos están compuestos de sustancias químicas y, en cuanto a esto, también lo están nuestros cuerpos. Lo que por lo general se entien-de por el término "compuestos químicos" con respecto a los alimentos son aquellas sustancias que no forman parte normalmente del alimento en su estado natural o tradicional. Su presencia puede ser el resultado de una con-taminación accidental, o pueden haber sido deliberadamente añadidos para mejorar la elaboración o complementar a los nutrientes que ya se hallan en los alimentos. Afortunadamente, la adulteración deliberada practicada con la intención de engañar ya no es tan corriente hoy en día como en años anteriores. La adición de alumbre a la harina o agua a la leche, así como otros métodos burdos de adulteración, una vez tan comunes, ya no se prac-tican en la actualidad. No obstante, muchas personas tienen la creencia de que los adulterantes de otros tiempos han sido sustituidos por los aditivos del siglo veinte. ¿Cuál es la posición correcta? Consideremos primero qué "sustancias químicas" están presentes en los alimentos y por qué están ahí. De este modo se estará mejor informado para establecer si su presencia está justificada o no.

CONTAMINANTES DE LOS ALIMENTOS

Los alimentos se contaminan de varias maneras pero existen algunas fuentes de contaminación que tienen hoy en día una considerable importancia, y son éstas las que se tratarán aquí.

CONTAMINACIÓN AGRÍCOLA   Muchos cultivos son tratados con insecticidas para impedir el ataque de las plagas de insectos, fungicidas para impedir el crecimiento de los hongos y herbicidas o reguladores del crecimiento para matar a las malas hierbas selectivamente. El tratamiento de los cultivos en proceso de crecimiento con sustancias químicas no es nuevo en lo absoluto. Los insecticidas que contienen azufre se han utilizado por más de cien años y las aspersiones arsenicales *verde de París* y *caldo bodelés,* el cual contiene cobre, se utilizaron por primera vez hace más de un siglo.

Si los agricultores no utilizaran productos químicos, la cantidad de alimento disponible disminuiría considerablemente y su costo aumentaría de manera notable. La gran hambre de Irlanda en el siglo XIX causada por el tizón de la papa constituye un notable ejemplo del sufrimiento que puede causar el fallo de las cosechas. El tizón de la papa se controla totalmente al presente mediante aspersiones con fungicidas, y la catarinita de la papa, una moderna amenaza que podría hacer iguales estragos en las cosechas de papa, utilizando insecticidas. Los plaguicidas y los fungicidas constituyen auxiliares invaluables para una eficiente producción de alimentos, no sólo cuando están creciendo los cultivos, sino después de la cosecha cuando se procede a almacenarlos.

Los modernos productos químicos agrícolas son en su mayor parte compuestos orgánicos complejos y cada vez se hacen más complejos. Muchos de ellos son tóxicos para los animales y los seres humanos, pero se aplican por lo general a las plantas antes de que aparezca la parte que se come o bastante antes de la cosecha a fin de permitir que sean lavados por la lluvia. Las cantidades remanentes en los alimentos para cuando éstos llegan a la mesa son extremadamente pequeñas, nunca más de algunas partes por millón y por lo general todavía menos. Los toxicólogos han determinado la Ingestión Diaria Aceptable (IDA) para los agroquímicos utilizados. La IDA representa una cantidad que podría ingerirse toda la vida sin riesgos apreciables. En la práctica, la IDA se establece en un nivel muy bajo con un factor de seguridad de cuando menos 100, es decir, la IDA se fija a un valor cuando menos 100 veces menor que el nivel en el que no hay efecto. Aun así, se ha hallado que el nivel real de consumo es solamente un pequeño porcentaje de la IDA.

El número de agroquímicos en uso ha crecido notablemente en años recientes. Mientras que en 1926 había sólo 12 productos químicos de uso común, ahora existen más de 600. En Gran Bretaña, el *Pesticides Safety Precautions Scheme* (Programa de medidas de seguridad para plaguicidas) es un esquema no establecido por la ley y según el cual los plaguicidas nuevos se evalúan primeramente con respecto a seguridad y luego con respecto a eficiencia de manera que ninguna sustancia entra en uso antes de ser cuidadosamente evaluada.

Antibióticos Así como se trata el terreno y los cultivos con sustancias químicas, los animales también se tratan con productos químicos en forma de antibióticos. Éstos se utilizan para curar enfermedades de los animales como mastitis, enteritis, pulmonía y heridas y patas infectadas. Con el uso de los antibióticos, ahora se controlan muchas infecciones de los animales que anteriormente eran causa de grandes problemas. Asimismo, los productores se ven tentados a administrar a los cerdos y las aves de corral antibióticos cuando aparentemente éstos no sufren de ninguna enfermedad. Se supone que al hacerlo así se le dará a los animales una protección general contra las enfermedades o bien serán más capaces para soportar el estrés y por consiguiente se desarrollarán con mayor rapidez o darán una mayor producción de huevos.

Los antibióticos se utilizan también para estimular el crecimiento: con este propósito sólo es posible utilizar tres antibióticos, y ninguno de ellos se emplea para tratar a los seres humanos.

El uso de antibióticos para tratar a los animales infectados cuenta con la aprobación general. De hecho, el uso de antibióticos en la práctica veterinaria ha sido una bendición para los productores y, todavía más, para los propios animales. Sin embargo, el uso de antibióticos como complemento de los alimentos para animales ya es otra cosa, y esta práctica es ampliamente cuestionada.

El uso indiscriminado de los antibióticos por los productores no es aprobado por la mayor parte de los médicos veterinarios y se acepta generalmente que los antibióticos sólo deben emplearse para el tratamiento de infecciones específicas. La razón de lo anterior estriba en que los microorganismos que están expuestos continuamente a bajas concentraciones de un antibiótico pueden hacerse resistentes a los antibióticos; si esto tiene lugar, el antibiótico resulta ineficiente cuando se le requiera para tratar una enfermedad causada por el organismo de que se trata. Un organismo que ha adquirido resistencia a un antibiótico es capaz, en ciertas circunstancias, de transmitir esta resistencia, meramente por contacto, a un organismo que previamente era sensible. Esta situación se conoce como *resistencia por contacto a los antibióticos*.

Cuando los organismos se vuelven resistentes a los antibióticos resulta más difícil para los médicos veterinarios tratar a los animales infectados. Además, debido al hecho de que existe un inevitable intercambio de organismos entre los animales y el hombre, pueden originarse dificultades similares al tratar a los seres humanos infectados. Sería muy desafortunado que, como resultado de su utilización en veterinaria, el organismo de la fiebre tifoidea, *Salmonella typhi*, se volviera resistente al antibiótico cloranfenicol (cloromicetina) ya que éste es con mucho el fármaco más eficaz de que se dispone para el tratamiento de la fiebre tifoidea humana. Empero, al presente no hay indicios de que esto ocurra. El cloranfenicol se utiliza ampliamente para tratar a los animales y no han habido casos de fiebre tifoidea que no respondan al tratamiento con dicha droga.

Una objeción más al uso extendido de los antibióticos por los productores estriba en el riesgo de que un individuo que es alérgico a un antibiótico particular se enferme si toma leche que contenga dicho antibiótico. A fin de evitar que esto suceda se requiere que los productores retengan la leche procedente de las vacas tratadas hasta que los residuos de los antibióticos hayan alcanzado niveles insignificantes. Por lo general, después de 48 horas ya no se detectan rastros del antibiótico pero en algunos casos pueden transcurrir hasta 14 días antes de que la leche sea aceptable. Menos del 1% de las muestras de leche analizadas contienen antibiótico pero, aun así, existe todavía el riesgo de una reacción alérgica.

Plomo   Las frutas y las hortalizas cultivadas cerca de las grandes ciudades o las carreteras de mucho tráfico pueden verse seriamente contaminadas con el plomo que se deposita proveniente de los gases del escape de los vehículos motorizados. La mayor parte de la gasolina contiene tetraetilo de plomo para mejorar sus cualidades antidetonantes, y en la combustión, el plomo es convertido en óxido y bromuro de plomo que se incorporan a la atmósfera junto con los gases del escape. Afortunadamente, las frutas y las hortalizas se lavan por lo general antes de comerlas y de esta manera se elimina la contaminación superficial. Sin embargo, el plomo absorbido del terreno contaminado por la planta en desarrollo no puede ser eliminado y puesto que se trata de un veneno acumulativo, el consumo a largo plazo podría ser dañino.

No existen límites legales para la cantidad de plomo en los alimentos (excepto en el caso de los alimentos enlatados y para bebés).

Materias colorantes   La adición de materias colorantes a los alimentos está estrictamente controlada (véase la página 426) pero las restricciones no se aplican al alimento para animales o peces. El colorante para alimentos cantaxantina se utiliza en el alimento para peces en forma de bolitas para impartirle un color a salmón y a trucha rosada. Se ha recomendado que sólo se permitan las cantidades especificadas, y si se ha tratado de este modo al pescado deberá indicarse en la etiqueta. Asimismo, se han hecho recomendaciones similares con respecto al uso de colorantes en los alimentos de las aves de corral destinados a impartirle color a las yemas de los huevos.

CONTAMINACIÓN RADIACTIVA   La contaminación de los alimentos con *radioisótopos*, mismos que entran a la atmósfera como resultado de accidentes en las plantas de energía nuclear o en las plantas para el reprocesamiento del combustible nuclear, representa un serio problema de la época moderna. Los radioisótopos son formas inestables de los átomos que cambian a formas más estables emitiendo radiación y partículas atómicas. A pesar de que los radioisótopos son inestables permanecen activos y emiten radiación durante un período muy largo. La radiación y las partículas atómicas emitidas son extremadamente nocivas para las células vivientes. Los radioisótopos que entran a la atmósfera se distribuyen ampliamente y finalmente caen al suelo a varios miles de kilómetros del punto de entrada. Cuando los radioisótopos caen sobre el suelo y la vegetación pueden ser absorbidos por las plantas. Si éstas son comidas por los humanos o los animales y absorbidos los nutrientes, los radioisótopos se incorporan a los tejidos corporales con resultados dañinos.

El tratamiento de los alimentos con radiación ionizante para fines de conservación (véase la página 399) no produce radioisótopos si se lleva a cabo en forma apropiada y no vuelve radiactivos a los alimentos.

CONTAMINACIÓN POR LOS MATERIALES DE EMPAQUE   En años recientes se ha observado algo de interés con respecto a la posible contaminación de los alimentos causada por la transferencia de sustancias químicas desde los materiales en los que se empacan los alimentos. Los plásticos se utilizan cada vez más como materiales para empacar y aunque los polímeros en sí no son tóxicos, es posible que los compuestos que se les añaden en ocasiones no sean igualmente inocuos. Es muy probable que se hayan utilizado catalizadores, como peróxidos orgánicos o sales metálicas complejas, para iniciar la polimerización y éstos permanezcan en el producto polimerizado. A muchos materiales plásticos se les incorporan agentes plastificantes para aumentar la flexibilidad. Por lo general se trata de líquidos orgánicos viscosos como los ésteres de los ácidos ftálico, fosfórico o ricinoleico. Los plásticos pueden ser afectados adversamente por la oxidación atmosférica, en particular cuando están en forma de hojas delgadas que presenten una gran superficie al aire, y para disminuir esta condición se emplean antioxidantes. Sin embargo, por desgracia, los antioxidantes que se utilizan no son los aprobados para su utilización en los alimentos. Los estabilizadores, que pueden ser sales orgánicas del estaño o bien sales de calcio de ácidos grasos, se utilizan en algunos materiales plásticos y pigmentos; asimismo, pueden estar presentes compuestos antiestáticos, bactericidas y fungicidas. Cuando se utilizan plásticos como material para envasar alimentos, cualquiera de estas sustancias puede llegar al alimento. Sólo estarán presentes cantidades muy pequeñas en los alimentos, pero aun estas mínimas cantidades resultan tóxicas si se ingieren durante algún tiempo.

Los materiales para empacar a base de papel se emplean ampliamente para los alimentos, e incluso esos pueden ser una fuente de contaminación si, como sucede a menudo, el papel o el cartón se tratan a fin de aumentar la resistencia de éstos cuando estén húmedos o mojados. Este papel resistente al agua se fabrica impregnando el papel o la pulpa con una resina de urea formaldehído o melanina formaldehído, y es posible que el formaldehído pase del papel tratado al alimento. En los alimentos se permite la presencia de hasta 5 ppm de formaldehído proveniente de cualquier resina utilizada en la fabricación de papel resistente a la humedad o de los recipientes plásticos para alimentos.

ADITIVOS PARA LOS ALIMENTOS

Los aditivos son sustancias naturales o sintéticas que se añaden a los alimentos con un propósito particular. Desde el punto de vista legal (Reglamentaciones de etiquetado de los alimentos, 1984) un aditivo se define como:

> cualquier sustancia que por lo común no se le considera o utiliza como alimento, que se añade a o se usa en o sobre el alimento en cualquier etapa para modificar las cualidades de conservación, textura, consistencia, apariencia, sabor, olor, alcalinidad o acidez o bien cumplir cualquier otra función tecnológica en relación con el alimento.

La mayor parte de los alimentos elaborados y manufacturados contienen aditivos, y en Gran Bretaña el uso de aditivos de las siguientes categorías está controlado por la ley.

1. Conservadores
2. Antioxidantes
3. Emulsionantes y estabilizadores
4. Colorantes
5. Edulcorantes
6. Aditivos misceláneos

En cada categoría, sólo se añaden a los alimentos las sustancias conocidas como *aditivos permitidos*. Las cuatro primeras categorías corresponden a la clasificación de la Comunidad Económica Europea. La categoría 6, aditivos misceláneos, incluye disolventes, aceites minerales, modificadores del sabor, agentes para evitar la formación de terrones y agentes leudantes. Cualquier sustancia que no se encuentre en alguna de las categorías controladas podrá ser añadida al alimento sujeta a la limitación general impuesta por la Ley alimentaria que establece que dicha sustancia ''no debe hacer al alimento perjudicial para la salud''.

A la mayor parte de los aditivos permitidos se les ha dado un número de serie. Donde el uso está también controlado por la CEE el número de serie va precedido por una E.

Algunos aditivos permitidos son sustancias de origen natural. La pectina (E440a), por ejemplo, que se utiliza como gelatinizante, se obtiene de

las manzanas. Otros aditivos permitidos son "imitaciones" manufactura-
das de sustancias naturales. Un ejemplo lo constituye el ácido L-ascórbico
(E300) que se fabrica en gran escala para emplearlo como aditivo de los
alimentos, y es idéntico en todos sus aspectos a la vitamina C que se produce de manera natural. Además de los compuestos naturales y de los idénticos a éstos, existe un número considerable de aditivos permitidos que no
son de origen natural y son de naturaleza puramente sintética. Esto no quiere
decir que sean nocivos, pero es principalmente este tipo de aditivo al que
la gente pone objeciones. La azodicarbonamida (E927), que se utiliza como
mejorador de la harina (véase la página 158), constituye un ejemplo de este
tipo de aditivo.

Conservadores

Los conservadores impiden la descomposición microbiana de los alimentos, como se describe en el capítulo 16. Existen 35 conservadores permitidos y todos, excepto uno (la nisina), se pueden también utilizar en todos
los países de la CEE. En la tabla 16.2 (véase la página 380) se da una lista
de conservadores permitidos. Los números de serie de éstos se hallan en
la centena de los 200.

Antioxidantes

Los antioxidantes impiden que se hagan rancios las grasas y los aceites,
y su utilización se describe en el capítulo 16. Los antioxidantes permitidos
son 16, y todos, excepto dos (difenilamina y etoxiquina), cuentan con autorización para utilizarse en todos los países de la CEE. En la tabla 16.3 (véase
la página 385) se da una lista de antioxidantes permitidos. Los números
de serie se encuentran en la centena de los 300.

Emulsionantes y estabilizadores

Los emulsionantes se utilizan para hacer estables las emulsiones o suspensiones cremosas de aceite y grasas en agua (véase la página 78). Asimismo,
se emplean para retardar el envejecimiento de los productos horneados. Los
estabilizadores se utilizan para mejorar la estabilidad de las emulsiones e
impedir la separación de sus componentes. Existen 54 emulsionantes y
estabilizadores permitidos, y todos, con excepción de cuatro, se utilizan
en los países de la CEE. Incluyen: gomas comestibles, como la goma de
semilla de algarrobo, goma tragacanto y de acacia (goma arábiga); ácido
algínico y alginatos; derivados de la celulosa; mono y diglicéridos de ácidos grasos como el monoestearato de glicerilo; pectinas; varios derivados
del sorbitán y ésteres del polietileno. El gran número de emulsionantes y
estabilizadores permitidos reflejan su amplio uso en una gran variedad de

diferentes tipos de alimentos elaborados en los que se requiere "cremosidad" y capacidad de "extenderse". La crema para ensaladas, los helados, los postres instantáneos, el queso, el pescado y la carne para untar, la margarina y los productos untables con bajo contenido de grasa contienen emulsionantes o estabilizadores, o ambos.

Los números de serie de los emulsionantes y los estabilizadores se hallan en la centena de los 400.

Colorantes

Los tintes y los pigmentos que se utilizan en los alimentos se conocen colectivamente como colorantes de los alimentos o, simple y sencillamente, colorantes. Se añaden a los alimentos para hacerlos más atractivos al consumidor o al comprador o bien para reponer los colores naturales que se pierden durante la elaboración de los alimentos. Las fresas enlatadas, por ejemplo, serían de un color café grisáceo si no se les añadiera colorante y los chícharos enlatados tendrían un color verde pardusco.

La adición de colorantes a los alimentos está controlada por la ley en casi todos los países y en Gran Bretaña sólo se pueden usar 50 *colorantes permitidos.* Sus números de serie varían entre 100 y 180; unas dos terceras partes de ellos pueden ser utilizados en toda la CEE. Muchos de los colorantes permitidos son de origen natural e incluyen el azafrán, la cochinilla, los carotenos (y las xantofilas, estrechamente relacionadas con éstos) y las antocianinas, que le dan color a las frutas maduras. Otros colorantes permitidos son sustancias inorgánicas como el pigmento blanco bióxido de titanio y aluminio finamente dividido y el oro y la plata que se utilizan en la decoración de pasteles.

La lista de los colores permitidos incluyen algunos tintes sintéticos. Se conocen miles de estas sustancias pero en su mayoría son demasiado tóxicas para utilizarlas en los alimentos, y se sabe que algunas son carcinógenas (es decir, capaces de producir cáncer). Por esta razón sólo 15 han sido aprobadas para su utilización en los alimentos. El uso de la mayor parte está autorizado en todos los países de la CEE (esto es, tienen números E), pero cuatro de ellas no lo están y sólo se pueden utilizar en Gran Bretaña. Asimismo, no se debe añadir a la carne, pescado, aves, frutas, crema, miel, hortalizas, vino, café, té y leche condensada o en polvo ninguna materia colorante. Además, por acuerdo con los productores, los colorantes no se usan en los alimentos preparados para los bebés y los infantes.

Edulcorantes

Los edulcorantes, o dulcificantes como se les conoce generalmente, se dividen en dos categorías. Los *dulcificantes intensos* son muchas veces más dulces que la sacarosa y se utilizan por consiguiente en muy bajas concentraciones. Los *dulcificantes por volumen* son casi tan dulces como la sacarosa y por tanto se utilizan en cantidades aproximadamente iguales. La relativa dulzura de los azúcares de origen natural y de los edulcorantes artificiales se han considerado en el capítulo 6 (véase la página 115).

Hay cuatro edulcorantes intensos permitidos:

1. *Acetosulfato de potasio*, se utiliza en alimentos enlatados, bebidas no alcohólicas y endulzadores de mesa.
2. *Aspartame*, se utiliza en bebidas no alcohólicas, yogur, mezclas preparadas para postres y bebidas y tabletas para endulzar.
3. *Sacarina* (y sus sales de sodio y calcio), utilizada en bebidas no alcohólicas, sidra y tabletas para endulzar.
4. *Taumatina* utilizada en tabletas para endulzar y yogur.

El aspartame (que se vende con el nombre comercial de Nutrasweet) es un dipéptido obtenido de los aminoácidos L-aspártico y L-fenilalanina. Es descompuesto por el cuerpo en sus aminoácidos constituyentes. Las personas que sufren de la enfermedad genética fenilcetonuria son incapaces de metabolizar la fenilalanina y se duda de que el aspartame pueda ser consumido con seguridad por dichas personas. No obstante, el comité gubernamental responsable de supervisar el uso de las sustancias químicas en los alimentos ha llegado a la conclusión de que el aspartame puede ser utilizado sin peligro por los fenilcetonúricos.

A ninguno de los dulcificantes intensos permitidos se les ha asignado un número de serie y su uso no se ha aprobado en la CEE.

Los dulcificantes por volumen (conocidos a veces como dulcificantes nutritivos) son principalmente azúcares hidrogenados: el *jarabe de glucosa hidrogenada*, la *isomalta* y el *manitol* (E421) se utilizan en las confituras libres de azúcar; el *sorbitol* (E420) se utiliza en las confituras libres de azúcar y las mermeladas para diabéticos; y el *xilitol* se utiliza en la goma de mascar sin azúcar.

Los endulzadores por volumen no requieren insulina para ser metabolizados y pueden, por consiguiente, ser utilizados por los diabéticos.

Aditivos misceláneos para los alimentos

Existen muchos otros usos para aditivos no incluidos en alguna de las cinco principales categorías que se acaban de discutir, y en Gran Bretaña se han aprobado más de 120 aditivos misceláneos para ser utilizados en los alimentos. Por lo general, estos aditivos se emplean como auxiliares de los procesos y los principales tipos se enumeran en la tabla 18.1. Sólo aquellas sustancias cuyo uso ha sido aprobado podrán ser utilizadas para los fines enumerados en esta tabla.

Tabla 18.1 Aditivos utilizados como adyuvantes de la elaboración

Ácidos y bases	Modificadores del sabor	Aceites minerales
Antiaglutinantes	Blanqueadores de la harina	Gases para empaquetado
Antiespumantes	Mejoradores de la harina	Propelentes
Soluciones amortiguadoras	Agentes de glaseado	Antiadherentes
Agentes para dar volumen	Humectantes	Secuestrantes
Agentes para afirmar	Congeladores de los líquidos	Disolventes

MODIFICADORES DEL SABOR   Un modificador del sabor es una sustancia que es capaz de realzar, reducir o modificar de otra manera el gusto o el olor, o ambos, de un alimento. Los modificadores del sabor, o intensificadores o acentuadores, son por sí solos prácticamente insípidos pero intensifican el sabor de sopas, carne y otros alimentos con sabor.

El intensificador de sabor de mayor utilización es el glutamato monosódico (E621), o GMS como se le conoce corrientemente. El GMS es la sal sódica del ácido glutámico, un aminoácido que es un componente usual de las proteínas (véase la página 183). Está presente en la salsa de soya, la que se prepara fermentando o hidrolizando soya, y se ha utilizado en esta forma durante mucho tiempo como un intensificador del sabor en la comida china. El propio GMS se prepara en gran escala permitiendo que una bacteria específica se desarrolle en una solución que contiene iones amonio.

La gran mayoría de las sopas deshidratadas y los caldos en cubos contienen GMS y está asimismo presente en muchos alimentos "carnosos" preparados. Algunas personas reaccionan desfavorablemente al GMS y sufren de lo que ha llegado a conocerse como el "síndrome de los restaurantes chinos" si comen alimentos que lo contengan. Este síndrome se manifiesta en una diversidad de formas que incluyen palpitaciones, dolores en pecho o cuello y mareos. Se ignora la causa y los síntomas desaparecen pronto. No se considera que el GMS sea nocivo pero, como medida de precaución, no se añade hoy en día a los alimentos manufacturados para bebés y niños de corta edad.

La capacidad del GMS de aumentar o acentuar el sabor se intensifica si se utiliza en conjunción con el monofosfato de inosina (E631) o el monofosfato de guanosina (E627).

El *sodio 5'-ribonucleótido* (E685) es otro poderoso acentuador permitido del sabor. Los ribonucleótidos son compuestos formados a partir del azúcar ribosa, ácido fosfórico y una base orgánica como la guanina. Se hallan en todos los tejidos animales y están presentes en los extractos de levadura y contribuyen sustancialmente al característico sabor a carne de éstos. Sin embargo, tan pronto como un animal es sacrificado, las enzimas llamadas *fosfatasas* empiezan a descomponer los ribonucleótidos y para el tiempo en que el alimento llega a la mesa se ha perdido una gran cantidad de las propiedades intensificadoras de los nucleótidos. Mediante la adición de

Tabla 18.2 Disolventes permitidos

Alcohol etílico	Glicerol	Triacetato de glicerilo
Acetato de etilo	Monoacetato de glicerilo	Alcohol isopropílico
Éter dietílico	Diacetato de glicerilo	Propilenglicol

ribonucleótidos a los alimentos de origen animal se puede compensar dicha pérdida de sabor.

Los ribonucleótidos intensificadores del sabor se emplean en sopas, pastas de carne y pescado, todos los tipos de productos cárnicos enlatados, embutidos, tortas de carne y otros productos elaborados en los que la carne o el pescado es el principal ingrediente. Como el poder intensificador de estos acentuadores del sabor es muy grande, diez veces el del GMS, sólo se requieren cantidades muy pequeñas (tan pequeñas como 20 ppm).

DISOLVENTES A menudo se añaden saborizantes y colorantes a los alimentos en forma de soluciones concentradas de disolventes orgánicos. Asimismo, los disolventes se emplean para facilitar la incorporación de otros ingredientes a los alimentos, y sólo es posible utilizar los nueve solventes enumerados en la tabla 18.2. El agua, el ácido acético, el ácido láctico, cualquier propulsor o cualquier aditivo permitido de los alimentos (por ejemplo: un conservador o un emulsionante) no se consideran como disolventes. No se les han asignado números de serie a los disolventes permitidos.

ACEITES MINERALES Los aceites minerales y las ceras son hidrocarburos de peso molecular bastante elevado. En la vida diaria resultan familiares como aceites lubricantes, parafina medicinal, gel de petróleo (por ejemplo: Vaselina) y cera (por ejemplo: velas).

Los hidrocarburos no se metabolizan y por consiguiente no tienen ningún valor nutritivo. Su presencia en el alimento no es aconsejable ya que pueden interferir con la absorción de las vitaminas liposolubles A y D, y si se hallan presentes en una forma altamente emulsionada, se depositan en ciertos órganos.

Los aceites minerales pueden incorporarse a los alimentos, en pequeñas cantidades, como resultado de las operaciones de elaboración de los alimentos. Los aceites utilizados para lubricar la maquinaria pueden llegar a los alimentos, por lo que siempre que sea posible, las partes móviles que se ponen en contacto con los alimentos deberán lubricarse con aceite vegetal. Por desgracia, a pesar de que los aceites vegetales son eficaces como lubricantes cuando se aplican por primera vez, tienden a ponerse "gomosos" y tener el efecto inverso después de pasado cierto tiempo.

A las frutas secas, como las ciruelas pasas, las grosellas, las pasas y las sultanas se les aplica una capa superficial de aceite mineral permitido (E905) para impedir que se peguen formando una apretada masa durante el almacenamiento como resultado de la exudación del jarabe azucarado a través de grietas en la superficie. El recubrimiento de aceite mineral mejora también la apariencia de la fruta y evita el ataque por insectos. Se puede usar hasta 0.5 por ciento. A los cítricos se les aplica una capa de aceite mineral para reemplazar los aceites protectores naturales que se pierden durante las operaciones de limpieza para la remoción de tierra y mohos. Asimismo, a ciertos quesos se les aplica una capa de aceite mineral para reducir al mínimo la desecación y la pérdida de peso. Impide asimismo el desarrollo de los mohos y mejora la apariencia del queso. A los huevos que se van a conservar en refrigeración se les aplica un delgado revestimiento de aceite mineral.

La adición de aceite mineral a los alimentos como se acaba de describir ya no se permite en Gran Bretaña.

POLIFOSFATOS   Una amplia variedad de ácidos fosfóricos, así como sus sales de sodio, potasio y calcio, se emplean como aditivos de los alimentos. Para su uso en los alimentos se permiten veintiséis de esas sustancias, desde el ácido ortofosfórico, H_3PO_4, de estructura sencilla hasta los complejos polifosfatos.

Los fosfatos, y en particular los polifosfatos, se añaden a las carnes y al pescado a fin de permitir una mayor retención del agua y una mayor solubilidad de las vitaminas y, como se afirma, para mejorar la textura.

Es posible hacer que la carne de pollo y otras aves de corral absorban agua mediante la ayuda de los polifosfatos. Si este es el caso, es preciso indicarlo en la etiqueta, y si la cantidad del agua añadida excede del cinco por ciento, también se debe indicar. Cuando no se emplean polifosfatos no es necesario declarar la cantidad de agua añadida, aun cuando algunas aves de corral congeladas pueden contener hasta ocho por ciento de agua.

Saborizantes

Al presente los saborizantes pueden utilizarse en los alimentos sin ninguna restricción. Es de esperarse que con el tiempo estén sujetos a control de la misma manera que los aditivos permitidos que se acaban de discutir. Sin embargo, las dificultades que hay que vencer para lograrlo son muy grandes debido al gran número de saborizantes disponibles y las mínimas concentraciones a las que con frecuencia se utilizan. La combinación y uso de los saborizantes es más semejante a un arte que a una ciencia y por consiguiente es más difícil controlarlos de manera científica. El sabor es uno de los atributos más importantes de los alimentos y es detectado por los sentidos del gusto y el olfato. El gusto mismo está constituido por los cuatro gustos primarios (dulce, ácido, salado y amargo) que son detectados por las papilas gustativas situadas en la boca, principalmente en la lengua, el paladar y las mejillas. El olfato es detectado por células extremadamente sensibles situadas en la parte superior de la cavidad nasal.

Los agentes saborizantes se han utilizado desde los tiempos más remotos para aumentar el atractivo de los alimentos. Originalmente, los saborizantes eran las formas desecadas, y a menudo pulverizadas de especias, hierbas, bayas, raíces y tallos de plantas. Por ejemplo, las especias como pimienta, clavos y jengibre eran apreciadas por su capacidad de añadir interés y palatabilidad a una dieta monótona. Los condimentos y las especias eran invaluables no sólo por su sabor sino debido a que contribuían a enmascarar el mal olor de la carne pasada.

Conforme aumentó la demanda de saborizantes se idearon métodos para extraer los principios activos de los mismos. Los tipos más importantes de saborizantes naturales son los *aceites esenciales* que se extraen de los tejidos vegetales. Dichos aceites (que son muy diferentes desde el punto de vista químico de los aceites y grasas discutidos en el capítulo 4) son volátiles (fáciles de vaporizar) y poseen un poder saborizante muchas veces mayor que el de la materia prima de donde provienen. Los saborizantes sintéticos que por lo general son copias de los aceites esenciales resultan más baratos y mucho más convenientes de utilizar que los saborizantes naturales correspondientes. Se disuelven por lo general en alcohol etílico u otro disolvente permitido pero también se obtienen formas en polvo, preparadas mediante secado por aspersión del material saborizante que se encuentra en solución en goma arábiga. Estos polvos se utilizan ampliamente en los alimentos instantáneos pulverizados, como los postres al instante.

La industria alimentaria dispone de miles de saborizantes, y la clasificación de saborizantes sintéticos y naturales aparece en la tabla 18.3.

Muchas de las sustancias más simples con sabor a frutas son *ésteres,* los que se forman cuando ácidos carboxílicos reaccionan con alcoholes. El acetato de etilo, por ejemplo, que es un líquido con aroma a fruta, se produce cuando se calientan juntos ácido acético y alcohol etílico:

$$CH_3COOH + C_2H_5OH = CH_3COOC_2H_5 + H_2O$$

Acetato de etilo

La reacción tiene lugar también a la temperatura ambiente, pero mucho más lentamente, y de esta manera se forman ésteres, en particular acetato

Tabla 18.3 Clasificación de los saborizantes

Naturales	Sintéticos		
Hierbas, especias	Ácidos	Éteres	Ésteres
Aceites esenciales, extractos,	Acetales	Cetales	Otros
destilados	Alcoholes	Cetonas	
Alimentos (por ejemplo: cocoa)	Aldehídos	Lactonas	

Tabla 18.4 Ésteres que se emplean como saborizantes

Nombre	Fórmula	Uso
Formato de etilo	$HCOOC_2H_5$	Ron, esencias de frambuesa y durazno
Acetato de etilo	$CH_3COOC_2H_5$	Esencias de manzana, pera, fresa y durazno
Acetato de pentilo	$CH_3COOC_5H_{11}$	Esencias de pera, piña y frambuesaa
Butirato de pentilo	$C_4H_9COOC_5H_{11}$	Esencias de plátano, piña y durazno
Caproato de alilo	$C_5H_{11}COOC_3H_5$	Esencia de piña

de etilo, durante la maduración del vino y contribuyen al tan apreciado buqué. Asimismo, se pueden preparar de la misma manera otros ésteres fácilmente y a poco costo calentando juntos el ácido y el alcohol apropiados, por lo general en presencia de un catalizador.

En un tiempo los saborizantes sintéticos con sabor a fruta consistían en un solo éster y constituían por consiguiente imitaciones bastante deficientes. Cuando se logró conocer la composición de los saborizantes naturales se hizo posible mezclar diversos materiales sintéticos a fin de imitar con mayor exactitud el sabor natural. Los ésteres constituyen por lo general el tipo de saborizante más utilizado, y en la tabla 18.4 se enumeran algunos de los utilizados más corrientemente.

Mediante la cromatografía de fase de vapor, que constituye una técnica muy sensible para separar en sus componentes las mezclas de compuestos volátiles, es posible analizar los saborizantes naturales. Los resultados de dichas investigaciones demuestran que los saborizantes naturales son generalmente mezclas complejas de muchas sustancias diferentes, algunas de las cuales están presentes en cantidades extremadamente pequeñas. Sin embargo, de manera ocasional, el sabor de un saborizante natural depende mayormente de la presencia de una sola sustancia que puede ser el ingrediente principal, como el *eugenol* en el aceite de clavo que constituye 85 por ciento del aceite, o un ingrediente menor, como el *citral* en el aceite de limón que constituye solamente cinco por ciento del aceite.

En aquellos casos raros en los que un sabor natural está compuesto total o predominantemente de un solo compuesto químico, es fácil obtener un substituto sintético sin mayor problema. Sin embargo, por lo general es preciso combinar un gran número de sustancias para obtener una buena imitación del sabor natural.

Nutrientes añadidos

Con el fin de mejorar sus cualidades nutritivas se añaden nutrientes a algunos alimentos procesados. En algunos casos, los nutrientes añadidos son para reponer a los que se perdieron durante la elaboración. Por ejemplo, en la fabricación de la papa deshidratada, se pierde una gran parte del ácido ascórbico (vitamina C) presente originalmente y se añade ácido ascórbico sintético para reponerlo y que actúe como antioxidante. La adición de hierro, tiamina y niacina a todas las harinas (excepto la integral) para reponer las pérdidas debidas a la molienda constituye otro ejemplo (véase la página 156).

Los aditivos nutrientes se utilizan no sólo para mantener el valor nutritivo sino también para mejorarlo. Esto se conoce como *fortalecimiento* o *enriquecimiento* de los alimentos. Dicha adición de nutrientes puede ser un requerimiento legal para salvaguardar la salud pública o hacerse voluntariamente por parte del fabricante. El enriquecimiento de la margarina con vitaminas A y D a fin de que su contenido vitamínico sea equivalente al de la mantequilla de verano es obligatorio, como lo es la adición de nutrientes a la harina. Por otra parte, el fortalecimiento de los cereales para el desayuno con una gama de vitaminas y minerales o la adición de vitamina C a las gaseosas y los jugos de frutas no se requiere legalmente.

La definición de los aditivos, en las *Food Labelling Regulations* (Reglamentaciones para la rotulación de los alimentos) de 1984, excluye específicamente a los nutrientes, y así, por ilógico que parezca, los nutrientes añadidos no se consideran legalmente como aditivos.

SEGURIDAD DE LOS ADITIVOS

Existe una amplia y comprensible preocupación, que llega casi a la histeria en algunos casos, acerca de la presencia de "productos químicos" en los alimentos. Los aditivos, junto con los "números E" que los acompañan, han adquirido inmerecidamente una mala reputación entre el público en general. Es de esperar que los lectores de este libro estén mejor informados y apreciarán que una de las razones principales de añadir aditivos a los alimentos es la de asegurar que éstos sean seguros al comerlos y que los alimentos perecederos estén disponibles en buenas condiciones durante todo el año.

El propósito de las reglamentaciones que controlan el uso de aditivos en los alimentos es evitar los excesos que de otro modo podrían ocurrir con los daños consiguientes para la salud. Sin embargo, el público en general considera la presencia de aditivos en los alimentos y las reglamentaciones que controlan su uso como aspectos de una vasta conspiración practicada por una industria alimentaria carente de escrúpulos sin tomar en cuenta los posibles daños. ¿A qué grado, si es que lo hay, podrán estar justificadas estas sospechas? ¿Es *posible* que el uso de aditivos haga menos seguros nuestros alimentos? ¿O es que la otra posibilidad (que los aditivos hacen más seguros, más baratos, más variados y más atractivos a los alimentos) está más cerca de la verdad?

Son muchas las personas que consideran que la adición de productos químicos de cualquier clase a los alimentos, con cualquier fin, es una práctica que sólo merece ser condenada. Dichas personas son las que acusan a los hombres de ciencia que se ocupan de los alimentos de "echar a perder" a los alimentos y hacerlos con ello de algún modo perjudiciales para la salud. Las más de las veces no se dan cuenta de que muchos de los alimentos tradicionales que se consideran como "alimentos naturales" están muy alejados de su condición original como resultado del tratamiento con sustancias químicas que, debido a que se emplean desde hace mucho tiempo, ya no se consideran como aditivos. Las técnicas tradicionales para procesar los alimentos como la cocción, el ahumado, el encurtido y el curado originan cambios químicos y físicos, y la idea de que las técnicas modernas de elaboración de los alimentos pertenecen a una categoría diferente, y posiblemente más nociva, de la de aquellos métodos consagrados por el tiempo carece de fundamento.

Es indudable que si no fuera por los científicos que se ocupan de los alimentos habría menos alimento para la siempre creciente población del mundo de lo que se tiene hoy en día. La utilización de agroquímicos y aditivos alimentarios ha sido la causa principal de la notable mejora en los estándares nutricionales del mundo occidental que ha tenido lugar más o menos en los últimos 50 años.

Por lo general se acepta que el uso de los aditivos en los alimentos está justificado cuando cumplen una o más de las siguientes funciones:

1. Mantenimiento de las cualidades nutritivas.
2. Mejora en las cualidades de conservación o de estabilidad con una reducción del desperdicio.
3. Aumento del atractivo del alimento de manera que no lleve a engaño.
4. Aporte de adyuvantes esenciales para el procesamiento.

Entre las situaciones en las que el uso de aditivos alimentarios no obran en favor de los intereses del consumidor, y que no se deben permitir, se incluyen las siguientes:

1. Cuando ocultan técnicas de manejo y una elaboración defectuosas.
2. Cuando se engaña al consumidor.
3. Cuando el resultado es una reducción considerable en el valor nutritivo de un alimento.

Es importante que los riesgos de posibles efectos nocivos debido a la presencia de productos químicos en los alimentos sean insignificantes en comparación con los beneficios derivados, y los aditivos de los alimentos aprobados para utilizarse en Gran Bretaña cumplen una función útil sin dañar a la gran mayoría de los consumidores. Es preciso aceptar, sin embargo, que algunas personas sensibles reaccionan adversamente a ciertos aditivos de los alimentos. El Comité científico alimentario de la Comunidad Económica Europea ha estimado que es posible que de 0.03 a 0.10 por ciento de la población sea sensible al aditivo de un alimento. Esto es a todas luces desafortunado, pero debe tomarse en cuenta que el número de personas que experimenta reacciones adversas a otros alimentos (por ejemplo: fresas o mariscos) probablemente sobrepasan estas cifras. Se ha estimado que de 0.3 a 2.0 por ciento de los niños de Gran Bretaña sufren de intolerancia dietética. Estos valores sobrepasan en un factor de 10 a 20 al número de personas que se consideran como sensibles a los aditivos alimentarios.

Es evidente que los aditivos no se deben condenar ni exonerar como clase, sino que cada uno se debe considerar y juzgar con base en sus propios méritos. Algunos productos químicos son tan inaceptables que su presencia en los alimentos es indefendible. El formaldehído, los fluoruros y los compuestos tóxicos similares que se utilizaron como conservadores caen dentro de esta categoría; lo mismo ocurre con los colorantes que se sabe son carcinógenos para el hombre.

Sólo ligeramente menos aceptables que las que se acaban de mencionar son aquellas sustancias que se *piensa* son capaces de causar daño cuando se ingieren. Las materias colorantes sintéticas resultan algo sospechosas a causa de que, como ya se apuntó, muchas de ellas son tóxicas. Asimismo, se conocen varios miles de tintes sintéticos, parecería fácil confeccionar una lista de algunas docenas que resultarían adecuados para dar color a los alimentos y de los que se podría garantizar su seguridad. No es posible, sin embargo, a pesar de las pruebas más rigurosas, estar seguros de que un producto que es aparentemente inofensivo lo sea en realidad. Esto explica por qué las listas de colorantes permitidos varían de un país a otro. Noruega y Suecia prohíben la presencia de todos los colorantes sintéticos en los alimentos y varios de los colorantes permitidos en Gran Bretaña no son aprobados para su uso en otros países de la CEE. El número de colorantes cuyo uso está aprobado en Gran Bretaña disminuye constantemente conforme se adquieren nuevas pruebas de la toxicidad de los mismos. La presión de la opinión pública (bien informada o no) y una "prensa amarillista" ha sido causa de que muchas importantes cadenas de tiendas de autoservicio impongan prohibiciones sobre la presencia de ciertos aditivos en sus productos de "marca propia".

La tartrazina (E102), un colorante permitido amarillo brillante muy utilizado en refrescos y repostería, ha adquirido la reputación de provocar intolerancia alimentaria y causar hiperactividad en los niños. Sin embargo, el Comité consultivo sobre alimentos (que proporciona asesoría científica al *Ministry of Agriculture, Fisheries and Food*) considera que la tartrazina no representa más problemas que cualquier otro colorante o ingrediente alimentario.

Los colorantes alimentarios se utilizan en bajas concentraciones, y se estima que en Gran Bretaña la ingestión promedio diaria varía entre 10 y 50 mg. Asimismo, se estima que el consumo de colorantes individuales nunca es mayor del diez por ciento (y en la mayoría de los casos menos del uno por ciento) de la Ingestión Diaria Aceptable (IDA) determinada por los toxicólogos (véase la página 420).

Algunas veces se utilizan los aditivos para impartir a los productos manufacturados propiedades asociadas con la presencia de ingredientes tradicionales. Los emulsionantes utilizados para disminuir la cantidad de grasa necesaria en la manufactura de pasteles y pan se incluyen en esta categoría. A pesar de que los compuestos de este tipo reducen la cantidad de grasa requerida para producir las familiares características físicas del pastel, no satisfacen, por supuesto, las funciones nutritivas de la misma. La cantidad de grasa que se pierde de este modo, cuando se considera en términos de un individuo, no es grande pero para alguien que subsiste con una dieta inadecuada es probable que sea muy importante. Empero la mayor parte de la gente consume demasiada grasa y una reducción en la ingestión de la misma no deja de ser deseable.

La crema sintética y el merengue a menudo se fabrican hoy en día a partir de derivados de la celulosa que no tienen absolutamente ningún valor nutritivo. El uso de materia colorante en los pasteles para dar un aspecto delicioso es también blanco de las críticas. Existen varios otros ejemplos del uso de aditivos que no contribuyen en lo absoluto a la nutrición del consumidor. Las clases más caras de productos alimenticios se prestan particularmente bien al refinamiento y es posible argüir que éstos no se comen, en ningún caso, por su valor nutritivo. Sin embargo, se trata de un argumento engañoso y no quita del todo la impresión de que el uso de dichas sustancias equivale a un fraude.

Cabe suponer que la adición de nutrientes a los alimentos estaría por encima de toda sospecha pero no siempre es así, e incluso en este caso es preciso proceder con precaución. Las cantidades de nutrientes empleadas, no importa lo inocente que parezcan, deben tener alguna relación con las necesidades del cuerpo. El mal efecto producido por una ingestión excesiva de vitamina D, mencionado en el capítulo 12, demuestra que *es posible* ingerir demasiado de algo bueno.

EL EQUILIBRIO ENTRE RIESGO Y BENEFICIO En general se acepta que no es posible demostrar que ningún aditivo de los alimentos es absolutamente seguro. Es imposible demostrar que un aditivo *no* causa daño, y en esta situación resulta provechoso los posibles riesgos con respecto a los beneficios conferidos.

La evaluación del equilibrio riesgo/beneficio queda bien ejemplificada por la utilización de nitritos y nitratos en la conservación de los derivados de la carne discutida en el capítulo 16. El beneficio derivado de la utilización de estos aditivos está bien establecido; destruyen las bacterias de la especie *Clostridium botulinum* y evitan así la intoxicación alimentaria. Sin embargo, existe el riesgo de que los nitritos en los alimentos se conviertan parcialmente en nitrosaminas que se sabe producen cáncer en los animales. No se sabe que los nitritos hayan causado daños al ser humano a los niveles permitidos en dichos alimentos. Empero el riesgo persiste y es un asunto de juicio si se considera que el riesgo está justificado a la luz de los beneficios conocidos.

Con algunos tipos de aditivos resulta más difícil evaluar los riesgos y los beneficios. Los colorantes en los alimentos constituyen un ejemplo apropiado. El riesgo derivado de la utilización de colorantes en los alimentos es evidente debido al conocimiento que se tiene de que *algunos* colorantes sintéticos son carcinógenos. Los beneficios que se derivan de la utilización de los colorantes en los alimentos, por otra parte, son más difíciles de evaluar, aunque es cierto que mejoran la atracción y el aspecto de los alimentos. Resulta evidente que el riesgo de utilizar un carcinógeno conocido importa más que los beneficios, que de ningún modo se consideraría el uso de dicha sustancia. Las dificultades surgen en el caso de las sustancias que se *ignora* sean carcinógenas pero que tampoco se puede asegurar *con certeza* que no lo sean. La decisión de permitir el uso de dicha sustancia como aditivo para los alimentos resulta en el mejor de los casos un acuerdo basado en consideraciones de riesgo/beneficio analizadas anteriormente. La evaluación del reisgo sólo se puede efectuar sobre la base de las pruebas científicas disponibles, u obtenibles, en el momento. No obstante, es posible que las pruebas acumuladas más tarde durante su utilización, y posiblemente con el uso de técnicas científicas mejoradas, demuestren que no es aconsejable el uso continuado del aditivo. En el ínterin, se puede haber causado mucho daño a los consumidores, y es por esta razón que resulta necesario obrar con extrema cautela antes de permitir la utilización de un aditivo alimentario.

La utilización de los colorantes sintéticos resulta particularmente difícil de justificar. Muchas personas consideran que los riesgos, aunque pequeños, sobrepasan considerablemente a los dudosos beneficios cosméticos de los aditivos. El número de colorantes sintéticos permitidos ha disminuido de 32 en 1957 (cuando apareció la primera lista de colorantes permitidos) al número actual de 15. Quizá, a su debido tiempo, se prohibirá en Gran bretaña el uso de los colorantes sintéticos en los alimentos, y dicho paso se cree contará con la aprobación general.

Es posible que los lectores pesimistas se sientan inclinados a privarse de todos los alimentos que contengan aditivos, pero esta medida resulta bastante difícil de llevar a cabo. Afortunadamente, los riesgos, aunque reales, son (para la mayoría) extremadamente pequeños y resultan insignificantes cuando se comparan con otros riesgos. Los fumadores, en particular, tienen menos motivos para preocuparse acerca de los peligros de los aditivos en los alimentos que de la amenaza para la salud derivada de fumar, la que es probablemente miles de veces más grande. El consumo de excesivas cantidades de alcohol y, posiblemente, de café o refrescos de cola de igual modo no está libre de riesgos. De preocupación más general (y sobrepasando con mucho los riesgos dietéticos ya mencionados) son los riesgos que constituyen una amenaza a la vida y se hallan asociados con la obesidad, la hipertensión y la insuficiencia coronaria. Todas estas condiciones están relacionadas con la dieta (véase el capítulo 15) y plantean indudablemente una amenaza mucho mayor a la salud colectiva que la presencia en los alimentos de minúsculas cantidades de aditivos.

Leyes sobre alimentos y control de aditivos alimentarios en Gran Bretaña

La adulteración de los alimentos remonta sus orígenes a la antigüedad, y en Inglaterra la primera acción para impedir la adulteración fue tomada por los gremios. Por ejemplo, en los reinados de Enrique II y Enrique III la pimienta se utilizaba ampliamente para conservar la carne y otros productos pero debido a su elevado costo era corriente la adulteración. Para remediar esta situación, se le otorgaron derechos al gremio de los especieros para seleccionar las especias a fin de controlar la calidad. En los siglos XVI y XVII prevaleció la adulteración de los alimentos y se hicieron corrientes prácticas como la dilución con harina de la mostaza, la adición de hojas (por ejemplo: hojas chamuscadas de roble al té), la mezcla de arena, cenizas y aserrín al pan y la adición de agua a la leche. Algunas formas de adulteración, como la adición de ácido sulfúrico al vinagre, eran todavía más graves y hacían venenosos a los alimentos.

La adulteración de los alimentos continuó sin disminuir durante los siglos XVIII y XIX, y a resultas de las expresiones cada vez mayores de descontento público y la publicación de los resultados de una investigación efectuada por una comisión parlamentaria, se promulgó la Ley contra la adulteración de alimentos y bebidas de 1860. Esta ley fue extensamente modificada y reforzada por la Ley sobre la venta de fármacos y alimentos de 1875, que hizo obligatorio el nombramiento de analizadores públicos y confirió a los inspectores el derecho a tomar muestras para análisis. Han transcurrido más de 100 años desde la promulgación de la ley de 1875, y durante este período se ha aprobado un vasto cuerpo de leyes que controlan la composición, producción, distribución y venta de los alimentos.

El reglamento actualmente en vigor es la Ley sobre alimentos de 1984, que consolida la legislación anterior y toma en cuenta el hecho de que Gran Bretaña forma parte de la CEE. Esta condición de miembro impone obligaciones a Gran Bretaña para ajustarse a la ley de la CEE. Las *reglamentaciones* de la Asamblea y Comisión de la Comunidad Europea son obligatorias y se aplican en su totalidad a los estados miembros. Una *orden* es también obligatoria en lo que se refiere a los resultados, pero los medios para lograr el resultado se dejan al criterio de cada estado miembro.

El propósito fundamental de la Ley sobre alimentos de 1984 es lograr que el alimento se halle en las mejores condiciones posibles cuando se con-

Tabla 18.5 Reglamentaciones para aditivos alimentarios en Inglaterra y Gales

The Antioxidants in Food Regulations 1978 (SI 1978 No. 105)
[Reglamentaciones para los antioxidantes alimentarios, 1978 (SI 1978 No. 105)]
The Colouring Matter in Food Regulations 1973 (SI 1973 No. 1340)
[Reglamentaciones para las materias colorantes en los alimentos, 1973 (SI 1973 No. 1340)]
The Emulsifiers and Stabilizers in Food Regulations 1980 (SI 1980 No. 1833)
[Reglamentaciones para los emulsionantes y estabilizadores en los alimentos, 1980 (SI 1980 No. 1833)]
The Mineral Hydrocarbons in Food Regulations 1966 (SI 1966 No. 1073).
[Reglamentaciones de los hidrocarburos minerales en los alimentos, 1966 (SI 1966 No. 1073)]
The Miscellaneous Additives in Food Regulations 1980 (SI 1980 No. 1834)
[Reglamentaciones para aditivos misceláneos, 1980 (SI 1980 No. 1834)]
The Preservatives in Food Regulations 1979 (SI 1979 No. 752)
[Reglamentaciones para los conservadores alimentarios, 1979 (SI 1979 No. 752)]
The Solvents in Food Regulations 1967 (SI 1967 No. 1582)
[Reglamentaciones para los disolventes alimentarios, 1967 (SI 1967 No. 1582)]
The Sweeteners in Food Regulations 1983 (SI 1983 No. 1211)
[Reglamentaciones para los dulcificantes en los alimentos 1983 (SI 1983 No. 1211)]

suma. La ley de 1984 y las leyes asociadas prescriben normas legalmente obligatorias de composición y tratamiento y consideran un delito la infracción de las mismas. Asimismo, prohíben la adición a los alimentos de cualquier sustancia que los haga "nocivos para la salud". Demandan también que los ministros "vean la conveniencia de restringir, hasta donde sea practicable, el uso de sustancias sin ningún valor nutritivo como alimento o ingredientes alimentarios". La Ley sobre alimentos faculta a los ministros de Alimentos y Salud a establecer reglamentaciones concernientes a los alimentos y éstas, después de su aprobación por el Parlamento, se publican como *Statutory Instrument* (orden que tiene la fuerza de ley) legalmente obligatoria. En la tabla 18.5 se muestran las reglamentaciones más importantes que controlan la utilización de aditivos alimentarios en Inglaterra y Gales. En Escocia e Irlanda del Norte existe una legislación similar.

LECTURAS RECOMENDADAS

ACCUM, F. (1966). *Treatise on Adulterations of Food, 1820.* Reeditado por Mallinckodt, USA.

BLAXTER, K. (Ed.) (1980). *Food Chains and Human Nutrition.* Applied Science Publishers, (Incluye una discusión sobre plaguicidas y radiactividad).

BRITISH NUTRITION FOUNDATION (1987). *Food Processing — a Nutrition Perspective.* BNF Briefing Paper 11. BNF, Londres.

BRITISH NUTRITION FEDERATION (1975). *Why Additives? — The Safety of Food.* Forbes Publications, Londres.

CONSUMERS' ASSOCIATION (1980). *Pesticide Residues and Food.* Consumers' Association, Londres.

COUNSELL, J.N. (Ed) (1981). *Natural Colours for Food and Other Uses*. Applied Science, Barking.

FARRER, K.T.H. (1987). *A Guide to Food Additives and Contaminants*. Parthenon Publishing Group, Carnforth, Lancs.

FOOD ADDITIVES AND CONTAMINANTS COMMITTEE (1973). *Interim Report on the Review of Colouring Matter in Food Regulations*. HMSO, Londres.

FOOD ADDITIVES AND CONTAMINANTS COMMITTEE (1982). *Report on the Sweeteners in Food*. HMSO, Londres.

GRENBY, T.H. (Ed.) (1983). *Developments in Sweeteners — 2*. Applied Science, Barking.

HANSSEN, M. (1984). *E for Additives*. Thorsons, Wellingborough.

HEATH, H.B. (1978). *Flavour Technology*. Avi, USA.

JUKES, D.J. (1978). *Food Legislation in the UK,* 2nd edition. Butterworth & Co., Sevenoaks.

LUCAS, J. (1975). *Our Polluted Food; a survey of the risks*. Charles Knight, Croydon. (Un estudio sobre agroquímicos, radiactividad y elementos minerales).

MERORY, J. (1973). *Food Flavourings: Composition, Manufacture and Use* 2nd edition, vol. 1, Avi, USA.

MERORY, J. (1973). *Food Flavourings: Composition, Manufacture and Use* 2nd edition, vol. 2, Avi, USA.

MILLER, M. (1985). *Danger! Additives at Work*. London Food Commission, Londres.

MILLSTONE, E. (1986). *Food Additives*. Penguin Books, Harmondsworth.

MILLSTONE, E. AND ABRAHAMS, J. (1988). *Additives: A Guide for Everyone*. Penguin Books, Harmondsworth.

MINISTRY OF AGRICULTURE, FISHERIES AND FOOD (1976). *Food Quality and Safety: A Century of Progress* (Symposium Report). HMSO, Londres.

MINISTRY OF AGRICULTURE, FISHERIES AND FOOD (1984). *Look at the Label*. HMSO, Londres.

MINISTRY OF AGRICULTURE, FISHERIES AND FOOD (1987). *Food Additives, The Balanced Approach*. HMSO, Londres.

MINISTRY OF AGRICULTURE, FISHERIES AND FOOD (1987). *Survey of Consumer Attitudes to Food Additives*. HMSO, Londres.

NATIONAL ACADEMY OF SCIENCES (USA) (1983). *Toxicants Naturally occurring in Foods*.

TAYLOR, R.J. (1980). *Food Additives*. John Wiley & Sons, Chichester.

WALFORD, J. (1980). *Developments in Food Colours — I*. Applied Science, Barking.

WHEELOCK, V. (1980). *Food Additives in Perspective*. University of Bradford Briefing Paper, Bradford.

Lista de lecturas generales

BANWART, G.J. (1979). *Basic Food Microbiology.* Avi, USA.

BARASI, M.E. AND MOTTRAM, R.F. (1987). *Human Nutrition,* 4th edition. Edward Arnold, Londres.

BENDER, A.E. (1982). *Dictionary of Nutrition and Food Technology,* 5th edition. Newnes-Butterworth, Sevenoaks.

BENDER, A.E. (1978). *Food Processing and Nutrition.* Academic Press, Londres.

BERK, Z. (1976). *Braverman's Introduction to the Biochemistry of Foods,* 2nd edition. Elsevier, Amsterdam. (Contiene algunos conceptos avanzados de química).

BINGHAM, S. (1987). *The Everyman Companion to Food and Nutrition.* Dent & Sons, Londres.

BIRCH, G.G. AND PARKER, K.J. (1980). *Food and Health: Science and Technology.* Applied Science, Barking.

BIRCH, G.G., SPENCER, M. AND CAMERON, A.G. (1986), *Food Science,* 3ed edition, Pergamon Press, Oxford.

BOARD, R.G. (1983). *Modern Introduction to Food Microbiology.* Blackwell, Oxford.

BRITISH NUTRITION FOUNDATION (1984). *Eating in the Early 1980s.* BNF, Londres.

CLARKE, D. AND HERBERT, E. (1986). *Food Facs. A Study of Food and Nutrition.* Macmillan Educational, Londres.

CLYDESDALE, F. (Ed.) (1979). *Food Science and Nutrition; Current Issues and Answers.* Prentice-Hall International, Hemel Hempstead.

COTTRELL, J. (1987). *Food and Health: Now and the future.* Parthenon Publishing Group, Carnforth, Lancs.

COTTRELL, J. (1987). *Nutrition in Catering.* Parthenon Publishing Group, Carnforth, Lancs.

COULTATE, T.P. (1984). *Food: The Chemistry of its Components.* Royal Society of Chemistry, Londres.

FENNEMA, O.R. (Ed.) (1985). *Food Chemistry,* 2nd edition. Marcel Dekker Inc., USA.

FRAZIER, W.C. AND WESTHOFF, A. (1978). *Food Microbiology*, 3rd edition McGraw-Hill, USA.

GIBNEY, M.J. (1986). *Nutrition, Diet and Health*. Cambridge University Press, Cambridge.

GRISWOLD, R.M. *et al*. (1980). *The Experimental Study of Foods*, 2nd edition. Constable & Co., Londres.

HAMILTON, E.M.N. AND WHITNEY, E.N. (1982). *Concepts and Controversies in Nutrition*, 2nd edition. West Publishing Co., USA.

HARTLEY, D. (1956). *Food in England*. Macdonald, Londres. (Un interesante estudio histórico).

HENMANN, W. (1980). *Fundamentals of Food Chemistry*. John Wiley & Sons, USA.

HOFF, J.E. (Compiler) (1973). *Food: Readings from Scientific American*. W.H. Freeman, Oxford.

JAY, J.M. (1986). *Modern Food Microbiology*, 3rd edition. Van Nostrand Reinhold, Wokingham.

KARE, M.R. AND BRAND, J.G. (Eds) (1987). *Interaction of the Chemical Senses with Nutrition*. Academic Press, Londres.

LANKFORD, R.R. AND JACOBS-STEWARD, P.M. (1986). *Foundations of Normal and Therapeutic Nutrition*. John Wiley & Sons, Chichester.

MINISTRY OF AGRICULTURE, FISHERIES AND FOOD (1985). *Manual of Nutrition*, 9th edition. HMSO, Londres.

MULLER, H.G. AND TOBIN, G. (1980). *Nutrition and Food Processing*. Croom Helm, Beckenham.

PARRY, T.H. AND PAWSEY, R.K. (1984). *Principles of Microbiology for Students of Food Technology*, 2nd edition. Hutchinson Educational, Londres.

PASSMORE, R. AND EASTWOOD, M.A. (1986). *Human Nutrition and Dietetics*, 8th edition. Churchill Livingstone, Edinburgh. (Un libro de texto completo).

PAUL, A.A. AND SOUTHGATE, D.A.T. (1978). *McCance and Widdowson's 'The Composition of Foods'*, 4th edition HMSO, Londres.

PYKE, M. (1981). *Food Science, and Technology*. 4th edition. John Murray, Londres.

RANKIN, M.D. (Ed.) (1984). *Food Industries Manual*, 21st edition. Leonard Hill, Glasgow.

RITSON, R. (Ed.) (1986). *The Food Consumer*. John Wiley & Sons, Chichester.

SOYER, A. (1977). *The Pantropheon or A History of Food and is Preparation in Ancient Times*. (Publicado en 1853). Paddington Press, Nueva York.

STEWART, G.F. AND AMERINE, M.A. (1982).*Introduction to Food Science and Technology*, 2nd edition. Academic Press, Londres.

TANNAHILL, R. (1988). *Food in History*. Penguin Books, Harmondsworth. (Un interesante resumen que incluye una sección final sobre 'The scientific revolution').

TANNENBAUM, S.R. (Ed.) (1979). *Nutritional and Safety Aspects of Food Processing*. Marcel Dekker, USA.

TRUSWELL, A.S. (1986). *ABC of Nutrition*. British Medical Association, Londres. (Una colección de artículos del British Medical Journal.)

TUDGE, C. (1985). *The Food Connection*. BBC, Londres.

WEININGER, J. AND BRIGGS, G.M. (Eds) (1983). *Nutrition Update*, vol. 1. John Wiley & Sons, Chichester.

WEININGER, J. AND BRIGGS, G.M. (Eds) (1985). *Nutrition Update*, vol. 2. John Wiley & Sons, Chichester.

WINICK, M. (Ed.) (1985). *Nutrition in the Twentieth Century*. John Wiley & Sons, Chichester.

YUDKIN, J. (1985). *The Penguin Encyclopaedia of Nutrition*. Penguin Books, Harmondsworth.

Apéndices

Apéndice I Consumo diario recomendado de energía alimentaria y de algunos nutrientes para grupos de población en el Reino Unido (1979). Cortesía de la H.M. Stationey Office.

Intervalo de edades, Actividad años	Energía		Proteína (g)	Calcio (mg)	Hierro (ng)
	MJ	jcal			
Niños					
menos de 1 año	(a)	(a)	(a)	600	6
1	5.0	1200	30	600	7
2	5.75	1400	35	600	7
3-4	6.5	1560	39	600	8
5-6	7.25	1740	43	600	10
7-8	8.25	1980	49	600	10
9-11	9.5	2280	57	700	12
12-14	11.0	2640	66	700	12
15-17	12.0	2880	72	600	12
Niñas					
menos de 1 año	(a)	(a)	(a)	600	6
1	4.5	1100	27	600	7
2	5.5	1300	32	600	7
3-4	6.25	1500	37	600	8
5-6	7.0	1680	42	600	10
7-8	8.0	1900	47	600	10
9-11	8.5	2050	51	700	12
12-14	9.0	2150	53	700	12
15-17	9.0	2150	53	600	12
Adultos					
18-24	Sedentaria	10.5	2510	63	500	10
	Moderadamente activa	12.0	2900	72	500	10
	Muy activa	14.0	3350	84	500	10
35-64	Sedentaria	10.0	2400	60	500	10
	Moderadamente activa	11.5	2750	69	500	10
	Muy activa	14.0	3350	84	500	10
65-74	Suponiendo una	10.0	2400	60	500	10
75 +	vida sedentaria	9.0	2150	54	500	10
Adultas					
18-54	La mayor parte de las ocupaciones	9.0	2150	54	500	12(b)
	Muy activa	10.5	2500	62	500	12(b)
55-74	Suponiendo una	8.0	1900	47	500	10
75 +	vida sedentaria	7.0	1680	42	500	10
Embarazo		10.0	2400	60	1200	13
Lactancia		11.5	2750	69	1200	15

(a) Véase la tabla 15.4
(b) Es posible que estas cantidades no cubran las pérdidas menstruales intensas.
(c) Los niños y los adolescentes en el invierno y los adultos recluidos probablemente necesiten un complemento de 10 μg diarios.

Apéndice I *(Continuación)*

Equivalentes de vitamina A retinol (μg)	Vitamina D (μg)	Tiamina (mg)	Riboflavina (mg)	Equivalentes de niacina (mg)	Vitamina C (mg)
450	7.5	0.3	0.4	5	20
300	10.0	0.5	0.6	7	20
300	10.0	0.6	0.7	8	20
300	10.0	0.6	0.8	9	20
300	(c)	0.7	0.9	10	20
400	(c)	0.8	1.0	11	20
575	(c)	0.9	1.2	14	25
725	(c)	1.1	1.4	16	25
750	(c)	1.2	1.7	19	30
450	7.5	0.3	0.4	5	20
300	10.0	0.4	0.6	7	20
300	10.0	0.5	0.7	8	20
300	10.0	0.6	0.8	9	20
300	(c)	0.7	0.9	10	20
400	(c)	0.8	1.0	11	20
575	(c)	0.8	1.2	14	25
725	(c)	0.9	1.4	16	25
750	(c)	0.9	1.7	19	30
750	(c)	1.0	1.6	18	30
750	(c)	1.2	1.6	18	30
750	(c)	1.3	1.6	18	30
750	(c)	1.0	1.6	18	30
750	(c)	1.1	1.6	18	30
750	(c)	1.3	1.6	18	30
750	(c)	1.0	1.6	18	30
750	(c)	0.9	1.6	18	30
750	(c)	0.9	1.3	15	30
750	(c)	1.0	1.3	15	30
750	(c)	0.8	1.3	15	30
750	(c)	0.7	1.3	15	30
750	(c)	1.0	1.6	18	60
1200	(c)	1.1	1.8	21	60

Apéndice II Equivalencia de unidades

	No métricas	Equivalentes métricos
Energía	1 kilocaloría	4200 joules
		4.2 kilojoules
Temperatura	32° Fahrenheit	0° Celsius
	212° Fahrenheit	100° Celsius
	Para convertir °F en °C: $-32°$ y luego $x \dfrac{5}{9}$	
Volumen	1.8 pintas	1 litro
		1000 mililitros
	1 pinta	568 mililitros
	1 galón	4.5 litros
Peso	1 onza	28.4 gramos
	1 libra	454 gramos
	2.2 libras	1 kilogramo
Longitud	1 pulgada	2.5 centímetros
	1 pie	30.5 centímetros
	39.4 pulgadas	100 cm
		1 metro

Índice

Los números en **negritas** se refieren a las tablas

absorción, 38
abundancia, enfermedades de la, 44, 104
aceite de cacahuate, 66
aceite de la semilla de la palmera, 67
aceite de oliva, 67, 78
aceite de palma, 66
aceite mineral, 429
aceites, 58
    hidrogenación de los, 69
    marinos, 65
    ranciedad de los, 71
    refinación de los, 68
    vegetales, 66
aceites esenciales, 431
acesulfamo de potasio, 427
acetato de etilo, 431
acético, ácido, 118
acetoacético, ácido, 103
acetona, 103
achicoria, 242
ácido desoxirribonucleico (DNA), 191
ácido glutámico, 183
ácido málico, 315
ácido pantoténico, 289
ácidos
    carboxílicos, 59, 161
    ceto, 226
    como conservadores, 381
    de las frutas, 315

    grasos, 59, **61,** 63
    grasos esenciales, 63
    grasos poliinsaturados (AGPI), 59, 83, 86, 365
    monoinsaturados, 58
    poliinsaturados, 58, 83
    saturados, 58
acroleína, 331, 334
actina, 209
actividad del agua, 377, **378,** 387
actomiosina, 209
adelgazamiento, 358, **362**
aditivos de los alimentos, 424
    control de los, 438
    equilibrio de riesgo/beneficio, 436
    misceláneos, 427
    reglamentaciones, **439**
    seguridad de, 433
adsorción, 70
adulteración de los alimentos, 438
aflatoxina, 372
agroquímicos, 420
agua, 231, 388
    abastecimiento y salud, 239
    calor específico latente del, 235
    como disolvente, 235
    dura, 237
    esterilización del, 238

fluoración del, 237, 268
mineral, 238
ahumado, 376
albúmina, 193
alcohol, 10, 161, 245
efectos en el cuerpo, 250
y la salud, 252, **363,** 365, **366**
alergeno, 54
alergia a los alimentos, 53
alimentos, 10
congelados, 390
contaminantes, 420
legislación, 438
libres de gluten, 52
valor energético de los, 16
almidón, 122, 123, 127, 245
amilasa salival, 34
amilasas, 160
amilopectina, 123, 160
amilosa, 123
amina, 184
aminoácidos, 180, **182**
clasificación, 181
características, 181
esenciales, 181, **195**
limitantes, 197
anaerobios, 373
anemia, 261
anemia perniciosa, 291
anfotérico, carácter, 182
anorexia nerviosa, 51
antibióticos, 421
antioxidantes, 73, 234, 384,
425
antocianinas, 319
araquidónico, ácido, 63
arginina, 183
arroz, 173
arsénico, **269**
arteria coronaria, 104
ascórbico, ácido, 294
en las frutas, **329**
en las hortalizas, **326**
fuentes de, 293, **350**
ingestión de, 296
pérdidas de, 294, **327**
y la salud, 296
aspartamo, 427
aterosclerosis, 104
avena, 171
aversión a los alimentos, 53
aves de corral, 211
avidina, 290

azúcar (sacarosa), 15, 29, 117, 137, **350**
confitería, 150
en la dieta, 136, 147
fabricación, 137
refinación, 137
variedades, 138
y la salud, 148, **363,** 364, **366**
azúcar de caña, 117, 137
azúcar de leche, 91, 119
azúcar de malta, 118
azúcar de remolacha, 117, 137
azúcar de uva, *véase* glucosa
azúcar invertido, 147
azúcar morena, 139
azúcar para betún, 139

Bacillus cereus, 411
bacilo de Koch o de la tuberculosis, 396
bacilos lácticos, 91
bacterias, 373, 405
bayas, 301
bebidas
alcohólicas, 11, 244, **245**
de frutas, 243
espirituosas, 249
no alcohólicas, 239
benzoico, ácido, 381
beriberi, 42, 174, 283
bicarbonato de sodio, 339
bija o achiote, 100
bilis, 36
biotina, 289
bióxido de azufre, 146, 381
biuret, prueba de, 194
blanqueado, 387, 389
bocio, 267
bromelina, 213
butírico, ácido, **61,** 72

cacao, 11, 143, 243
cacao, granos de, 243
cacao, manteca de, 243
café, 11, 241
instantáneo, 242
y la salud, 111, 242
cafeína, 11, 240
calcio, 169, 255, **258**
calcio, fosfato ácido de, 341
calcio, fosfato de, 255
calcio, oxalato de, 256
calor de combustión, 16
caloría, 16
Campylobacter jejuni, 412

caramelo, 163
carbohidratos, 113, 129, **135**
carcinógenos, 426
caries dentales, 148
carne, 208, 377
   ablandadores, 212
   ácidos grasos de la, **211**
   cocción de la, 212, **331**
   composición de la, 212
   contaminación de la, 408
   contribución a la dieta, **350**
   de res, 330
   descomposición de la, 375
carnitina, 183
caroteno, 158, 275
carotenoides, 318
caseína, 90, 193
casis, 302
catalasa, 205
catalizador, 26, 70
cebada, 172
células, humanas, 23, 31
celulosa, 45, 121
centeno, 171
ceras, 58
cereales, 150, **350**
cerezas, 301
cerveza, 249
cetosis, 103
ciclo del nitrógeno, 179
ciencia de los alimentos, 9
cinc, 264
ciruelas, 301
cis, forma, 63, 71, 106
cisteína, 183, 187
cistina, 183
cítrico, ácido, 315
cítricos, 301
clara de huevo, 193, **222**
cloro, 238, 266
clorofila, 317
cloruro de sodio, 235, 261
clostridios, 337
Clostridium botulinum, 383, 393, 411
Clostridium perfringens, 409
coagulación, 193
cobalamina, 290
cobalto, **265**, 266
cobre, 264, 334
cocción, 321
   calor húmedo, 325
   calor seco, 330
   efectos, 324

   pérdida de nutrientes en la, **324**
   transferencia de calor en la, 322
   transferencia de masa en la, 323
cocción con microondas, 336
   cambios nutricionales en la, 338
cocido, 329
coenzimas, 28, 131, 205
cofactores, 28, 205
col, **326, 327**
col de Bruselas, **326, 327**
colágeno, 188, 194, 210, 257
colecalciferol, *véase* vitamina D
colesterol, 58, 101, 105, 177, **363**, 364, **366**
   e insuficiencia coronaria, 106
   fuentes de, 101
conducción, 323
congelación, 387
congelación criogénica, 389
conservación, métodos de, 375
conservadores, 147, 376, 425
   en las reglamentaciones de los
     alimentos, 379
   permitidos, **380**
constante dieléctrica, 336
convección, 322
Cori, ciclo de, 132
covalencia, 60
crema, 93, **350**
   composición de la, **94**
crema para ensalada, 78
crémor tártaro, 340
cromo, **265**
cuajo, 90

chalaza, 221
Cheddar, queso, 96
chícharos, 312
   secos, 347
chocolate, 143
Chorleywood, proceso, 163

deficiencias, enfermedades por, 48, 271
densidad de nutrientes, 346
descarboxilación, 184
descomposición, 369
deshidratación, 384
desnaturalización, 192
desnutrición, 12
desnutrición por falta de proteínas y
   energía, 202
dextrina, 124, 137, 160
dextrorrotatoria, 115

dextrosa, *véase* glucosa
diacetilo, 94
diabetes mellitus, 134
dieta, 41, 345
    balanceada, 43
    de eliminación, 54
    de grupos especiales, 355
    de los ancianos, 357
    de los bebés, 355
    e IC, 106
    en Gran Bretaña, 42, 348, 349
    para adelgazar, 358
    tendencias en la, 353
    variedad de la, 348
    y la salud, 343, 363
    y las enfermedades de la abundancia, 45
    y los nutrientes, 344, 347
difenilo, 382
difosfato de adenosina (ADP), 133
digestión, 32
    enzimas y la, 33
dipeptidasas, 38
dipéptidos, 185
disacáridos, 114, 117
disolventes, **429**
drupas, 301
dulces hervidos, 140
dulzura, relativa, **119**
duraznos, 301

ebullición, 327
edulcorantes, 120, 426
elastina, 210
elementos minerales, 253
elementos traza, 264, **265**, 268
embutidos, 216
emulsionantes, 75, 224, 425
emulsiones, 74
endopeptidasas, 34, 204
endospermo, 152
energía, 21
    de activación, 26, 70
    para el crecimiento, 20
    para la actividad muscular, 20
    y la salud, **363**, 364
enfermedad celíaca, 51, 357
enfermedades infecciosas, 42
enfermedades relacionadas con los alimentos, 49, 105
enlace
    covalente, 60

doble, 60
sencillo, 60
enlace bisulfuro, 187
enlaces de hidrógeno, 126, 187
enlatado, 390
    del tipo alta temperatura por corto tiempo, 392
ensayos clínicos, 47
enzima, 23, 204
    teoría de la cerradura y la llave, 28, 204
epidemiología, 46
erepsina, 37, 204
ergocalciferol, 278
Escherichia coli, 412
escorbuto, 42, 296, 357
escutelo, 152
espagueti, 170
especias, 431
espumantes, 85
espumas, **74**, 193, 195, 223
estabilizadores, 78, 80, 425
estaño, **269**
esteárico, ácido, 57
ésteres, 57, 431
esteroides, 58
estrógeno, 257
estudio de Oslo, **108**
estudios de correlación, 46
etanol, (alcohol etílico) *véase* alcohol
eteno, 305
exopeptidasas, 34, 204
exotoxinas, 406
extractos de carne, 36, 211

factores de riesgo, 46, 104
fenilalanina, 184
fenolasa, 240, 306
fermentación, 157, 162
fibra dietética, 16, 45, 122, 169, 174, 303
    efectos de la, 175
    fuentes de, 175
    naturaleza de la, 174
    requerimientos de, 177
    y la salud, 176, **363**, 364, 366
ficina, 213
fitasas, 160
fítico, ácido, 160, 256
flavonoides, 316, 319
flúor, 267, **269**
fólico, ácido, 291
forma *trans*, 63, 71, 106
formaldehído, 424

fortificación, 433
fosfolípidos, 57
fósforo, 255, **258**
fotosíntesis, 14, 114
freidura, 333
   cambios nutricionales de la, 335
   deterioro de la grasa, 334
frijoles, 312
   horneados, 312
fructosa, 116, 136
frutas, 299
   almacenamiento, 306
   aroma, 315
   blandas, 300
   composición, **304**
   color, 317
   conservación de, 391
   contribución a la dieta, **350**
   en la fabricación de mermelada, 145
   gusto, 315
   secas, 385
   tipos de, 300
   valor nutritivo, 303
frutos de pepita o en pomo, 300
fudge, 141
Fusarium graminearum, 229

galletas, 170
gelación, 195
gelatina, 80, 194, 215
gelatinización, 126
geles, 74, 126, 194
germen, 152
gliadina, 52, 162
glicerol, 57, 72, 77
glicina, 181
glucógeno, 121, 128
glucolisis, 131
glucono-delta-lactona (GDL), 341
glucosa, 114, 136
   isomerasa, 137
   jarabe de, 124, 136, 195, 427
   oxidación de la, 130
glutamato monosódico (GMS), 184, 428
gluten, 52, 158, 162, 163
glutenina, 162, 191
gomas, 78, 80, 425
grado de insaturación, 60
grasa, 58
   animal, 65
   contribución a la dieta, 100, **350**
   en el cuerpo, 101
   invisible, 211

   naturaleza física, 64
   para cocinar, 84
   poliinsaturada, **62**, 106, **363**, 365, 366
   ranciedad, 71
   saturada, **62**, 106, **363**, 365, **366**
   superglicerinada, 84
   y la salud, 104, **363**, 364, 366
grasas para cocinar, 84
grupo prostético, 28, 191, 205

haggis, 217
halógenos, 266
hamburguesas, 217
harina, 153, **156**
   enriquecimiento de la, 170
   enzimas en la, 159
   índice de extracción, 156, **169**
   mejoradores, 158
   molienda, 153
   tipos de, 156, 157, 159
harina de avena, 171
harina de maíz, 173
harina de soya, 226
heces fecales, 38
helado, 79
hemo, 205, 210
hemoglobina, 259
hexamina, 383
hidrogenación, 69, 81, 83
hidrolasas, **33**
hidrólisis, 33
hielo, 232
hierbas, 430, **431**
hierro, 156, 259, **260**
hígado, 208, **260**, **291**
higiene de los alimentos, 413
hinchazón dura, 396
histamina, 54, 184
hojuelas de maíz, 173
homogeneización, 89
hongos, **228**
horneado, 165, 339
hortalizas, 307, 375
   almacenamiento, 313
   color, 317
   composición, **308**
   conservación, 391
   contribución a la dieta, **350**
   efectos de la cocción, 294, **327**, 336
   en la dieta, 307
   raíces, 309
   verdes, 309

huevos, 220
  en la cocción, 223
  su contribución a la dieta, **350**

índice de yodo, 61
índice metabólico basal (IMB), 18
inducción electromagnética, 323
informe del COMA, 48, 109, 149, 263,
  366
informe del NACNE, 48, 109, 149, 177,
  263, 346, **363**, 364
insecticidas, 420
insuficiencia coronaria (IC), 45, 104, 177
insulina, 102, 134
intercambio de iones, 238
interesterificación, 65
intolerancia a los alimentos, 52
intoxicación alimentaria, 403
    bacteriana, 405, **407**
    frecuencia, 415
    infecciosa, 406
    tóxica, 406
inversión, 95, 118, 140, 146
iones, 235
irradiación, 399
isocítrico, ácido, 315
isomerismo óptico, 115

jaleas de mesa, 195
jarabe dorado, 139
joule, 16
jugos de frutas, 244
jugo gástrico, 35
jugo intestinal, 36
jugo pancreático, 36
junket, 90

kilocaloría, 16
kilojoule, 16
Krebs, ciclo de, 103, 132
Kwashiorkor, 202

lactasa, 29
láctico, ácido, 91
lactoalbúmina, 90
lactoglobulina, 91, 185
lactona, 292
lactosa, 29, 91, 119
    intolerancia, 150
Lassaigne, prueba de, 193
leche, 87, **88**
    condensada y endulzada, 398
    en polvo, 398
    esterilización, 397

evaporada, 398
homogeneizada, 397
pasteurización, 397
su contribución a la dieta, **350**
tipos, 92
lecitina, 39, 58, 78, 85, 334
lentejas, 311
leudantes, 339
levadura, 157, 162, 163, 374
Ley de los alimentos de 1984, 438
licores, 249
lignina, 174
limones, 302
linoleico, ácido, 63
linolénico, ácido, 63
lipasas, 38, 161
lípidos, 57, 100, 101, 104
lipoproteína, 39, 102
lipovitelenina, 222
lipovitelina, 222
lisina, 169
listeria, 410
Listeria monocytogenes, 410

macarrones, 170
magnesio, 264
magnetrón, 336
Maillard, reacción de, 143, 165, 332
maíz, 172
malta, 245
maltasa, 29, 118
maltosa, 29, 118, 245
manganeso, **265**
manitol, 427
manteca, 65
mantequilla, 72, 94
máquina *votator*, 83
marasmo, 203
margarina, 80
    blanda, 83
    dura, 83
manzanas, 300
marinado, 213
materia colorante, 422, 426
materiales para empaque, 423
mayonesa, 78
mermelada, 145
metabolismo basal, 18
metas dietéticas, 48, 362
metil celulosa, 361
metil pectato, 128
metionina, 183
metmioglobina, 210, 213, 375

micotoxinas, 372
microorganismos, 371, 399
  resistencia al calor, 392
miel, 136
Millon, reacción de, 194
mioglobina, 210, 213, 259, 375
miomeros, 217
miosina, 209
modificadores del sabor, 428
  sintéticos, 316
mohos, 372
monoestearato de glicerilo (MEG), 77, 85
monofosfato de adenosina (AMP), 133
monosacáridos, 114, 136
mucina, 34

naranjas, 301
niacina (ácido nicotínico), 285, **350**
nicotinamida, 285
níquel, 26, 70
nisina, 382
nitratos, 383
nitritos, 383
nitrógeno, 179, 196
nitrosaminas, 377
nitrosomioglobina, 377
nucleoproteínas, 191
números E, 381, 419
nutrición, 10
nutrientes, 12

obesidad, 49, 149
oleico, ácido, 63
oleomargarina, 81
oligoelementos, **265**
osteomalacia, 257, 279
osteoporosis, 257
ovoalbúmina, 193, 221
oxálico, ácido, 315
oxidación, 15
oxidasas, 295
oxígeno, 12
oximioglobina, 213
ozono, 237

pan, 161
  composición, **169**
  elaboración, 161
  envejecimiento, 165
  horneado, 165
  variedades, **167**
papaína, 301

papas, 293, 310, 387
  cocción de las, 123, 309
pasta, 170
pasta de azúcar, 141
pasteles, 84
patógenos, 405
pectina, 128, 145, 174
pelagra, 173, 202, 287
peras, 300
pepsina, 30
peptidasas, 34, 204
péptidos, 184, 185
peptonas, 36
pescado, 217, **218**
  cocción del, 219, 329, **331**
  contribución a la dieta, **350**
piridoxal, 288
piridoxamina, 288
piridoxina, 288
pirúvico, ácido, 131
placa, 105
plaguicidas, 420
plátanos, 302
plomo, **269**, 422
polifosfatos, 430
polipéptidos, 185
polisacáridos, 120
pollo, 210
polvo de hornear, 339
potasio, 261
potasio, bromato de, 163
potasio, cloruro de, 261
preparación de la masa, 162
productos de carne, 215
productos del pescado, 219, **220**
productos enlatados, 392
  deterioro de los, 395
  valor nutritivo de los, 395
productos lácteos, 87
productos para untar, bajos en grasa, 83
prolaminas, 189
propiónico, ácido, 384
proteína de soya, 227
proteína vegetal texturizada, 227
proteínas, 204
  calidad de las, 196
  clasificación de las, 187, **190, 191**
  como fuentes de energía, 206
  complementarias, 197
  digestibilidad, 198
  digestión de las, 37, 203
  elevada ingestión de, 202
  en el cuerpo, 203

en los alimentos, **207**
estructura, 185
evaluación química, 197
fibrosas, 188
fuentes, **207, 208**
globulares, 189
metabolismo, 205
nuevas, 226
propiedades, 191
pruebas para las, 193
punto isoeléctrico de las, **192**
requerimiento de, 196
unicelulares, 228
valor biológico, 196
y la adaptabilidad humana, 201
protopectina, 128, 146
punto de humo, 333
punto isoeléctrico, 183

queratina, 188
queso, **96, 97, 99, 350**
quilomicrones, 102
quimo, 36
quimotripsina, 30

radiación, 322
radiactividad, 422
radical libre, 73
radioisótopos, 399, 422
ranciedad, 71
ranciedad hidrolítica, 72
ranciedad oxidativa, 72
raquitismo, 42, 279, 357
ravioles, 170
reacción en cadena, 72
reacción xantaproteica, 194
reacciones anabólicas, 24
reacciones catabólicas, 24
recubridora, 144
refrigeración, 387
renina, 36, 90
resistencia a las drogas adquirida por
    contacto, 421
retinol, *véase* vitamina A
retinol equivalente, 275
Rhizobium, 180
riboflavina, 267, 284, **350**
ribonucleico, ácido, 191
ribonucleótidos, 424
roux, 127

saborizantes, 430, **431**
sacarina, 427

sacarosa, 29, 117
sal, *véase* cloruro de sodio
    adición de yodo a la, 267
    en la elaboración del pan, 162
    y la salud, 263, **363**, 365, **366**
    yodatada, 267
saliva, 34
salmonela, 408, 422
Salmonella enteritidis, 408
Salmonella typhimurium, 409
salvado, 152
secado por congelación, 386
secado por congelación acelerado,
    386
selenio, **265**
semolina, 155, 170
sherry, 248
sinéresis, 97
sistemas coloidales, 73, **74**
sodio, 261, 262
solanina, 312
soles, 74
sórbico, ácido, 381
sorbitol, 427
soya, 66, 224
Staphylococcus aureus, 410
suero de leche, 90
sulfito, 139, 381
sulfuro de dialilo, 317

tartárico, ácido, 315, 340
tartrato ácido de potasio, 340
tanino, 240, 316
tartrazina, 435
taumatina, 427
té, 11, 239
tecnología de los alimentos, 9
termogénesis, 19
tensión interfacial, 76
tejido muscular, 208
thearrubiginas, 241
tiamina, 282, **350**
tiempo de muerte térmica, 393
tirosina, 184, 194
tiroxina, 266
toffee, 142
tofu, 226
toronja, 302
tostado no enzimático, 143, 332
toxinas de los alimentos, 404
transaminación, 206
transporte de nutrientes, 39
triestearina, 57

trigo, 151
  grano de, 151
trifosfato de adenosina (ATP), 103, 132,·
  256
triglicérido, 57
tripsina, 30, 204
triptófano, 184

uvas, 246, 302

vaporización, 328
vellosidades intestinales, 38
vermicelli, 170
vino, 246
  encabezado, 248
vísceras, 208
vitamina A, 274
  efectos de la deficiencia, 277
  fuentes de, 275, **350**
  ingestión de, 277
vitamina B_1, *véase* tiamina
vitamina B_2, *véase* riboflavina
vitamina B_6, *véase* piridoxina
vitamina B_{12}, *véase* cobalamina

vitamina C, *véase* ácido ascórbico
vitamina D, 278
  fuentes de, 278, **350**
  ingestión de, 279
vitamina E, 280
vitamina K, 281
vitaminas, 43, 271
  hidrosolubles, 274
  liposolubles, 281
vitaminas del grupo B, 281, **331**

whisky, 245, 249

xantofila, 158, 318
xilitol, 427

yema de huevo, 222
yodo, 266
yogurt, 94

zabaglione, 224
zanahorias, **326, 327**
zimasa, 246
zwitterion, 183

—oOo—

LA EDICIÓN, COMPOSICIÓN, DISEÑO E IMPRESIÓN DE ESTA OBRA FUERON REALIZADOS
BAJO LA SUPERVISIÓN DE GRUPO NORIEGA EDITORES.
BALDERAS 95, COL. CENTRO. MÉXICO, D.F. C.P. 06040
0226865000904505DP9209IE